汲古叢書34

松井嘉徳著

周代国制の研究

汲古書院

目次

緒言……5
第Ⅰ部……19
第Ⅰ部の課題……20
第一章　周の領域とその支配……25
はじめに……25
第一節　支配領域の編成……28
第二節　わが心は四方におよぶ……33
第三節　淮夷はもと我が貝畮の人……42
おわりに……50
第二章　周王の「都」……55
はじめに……55
第一節　周王の所在……57
第二節　周王朝の「都」……64
第三節　「都」としての鄭……73

おわりに……82
第Ⅱ部……89
第Ⅱ部の課題……90
第一章　「王家」と宰……94
はじめに……94
第一節　「王家」……96
第二節　宰の職掌……105
第三節　宰の地位……110
おわりに……116
第二章　西周の官制……122
はじめに……122
第一節　青銅器銘における「事」……125
第二節　青銅器銘における「嗣」……132
第三節　西周の「嗣」職……146
おわりに……153
第Ⅲ部……161
第Ⅲ部の課題……162
第一章　西周の氏族制……164

はじめに……164
第一節　[排行] 某父という称謂……165
第二節　称謂のヴァリエイション……178
第三節　氏族制と官制……189
おわりに……201
第二章　分節する氏族……208
はじめに……208
第一節　鄭にかかわる称謂……209
第二節　井氏の分節化……215
第三節　虢氏の分節化……227
おわりに……239
第Ⅳ部……253
第Ⅳ部の課題……254
第一章「県」制の遡及……256
はじめに……256
第一節「県」制遡及に関する議論―李家浩一九八七の吟味……257
第二節　東周期の「県」制をめぐる研究史……260
第三節　再び「県」制遡及に関する議論……268

おわりに……272
第二章　分裂する王室……277
はじめに……277
第一節　鄭桓公の「封建」……278
第二節　分節する王室……282
第三節　分裂する王室……290
おわりに……303
結びにかえて……315
青銅器銘一覧（および引用索引）……1
引用文献一覧……47
中文要旨……67

周代国制の研究

緒言

周代の国制はどのように語られてきたのだろうか。「中国の政治と文化の変革は、殷周の際より劇しきはなし（中国政治与文化之変革、莫劇於殷周之際）」との書き出しで始まる「殷周制度論」（『観堂集林』巻一〇）において、王国維は「周人の制度の大いに商（殷）に異なるもの（周人制度之大異於商者）」として、

一、立子立嫡之制
二、廟数之制
三、同姓不婚之制

の三つをあげ、特に「周人改制の最大」のものと評価する「立子立嫡之制（法）」から、「宗法」「喪服之制」あるいは「封建子弟之制」「君天子臣諸侯之制」といった周に独自の諸制度が派生したと述べている。[1]

「立子立嫡之制」から派生したとされる「封建子弟之制」「君天子臣諸侯之制」について、王氏はおおよそ次のように述べる。

嫡庶の制と補完しあうのは、子弟分封の制である。商（殷）人は兄弟相及であったため、殷王の子は嫡庶長幼の別なく、皆な将来の後継者たりえた。それ故、殷では開国のはじめから同姓の封建はおこなわれなかった。…これに対し、周人は嫡長子を立てたので王位継承者ははじめから定まっており、それ以外の嫡子・庶子はその貴賤賢否を見定めて、それぞれ国邑に分封された。周初、兄弟の国十五、姫姓の国四十が建てられたが、それらは大体邦畿の外においてであった。後の周王の子弟もまた畿内の邑を食邑とした。それ故、殷の諸侯がみな異姓であったのに対して、周では同姓と異姓諸侯が相半ばした。このことは政治・文化の施行と大いに関係があり、天子・諸侯の君臣の分もまたこれによって定まった。(2)

殷が「兄弟相及」という王位継承法をとっていたこと、あるいは異姓諸侯しか存在しなかったことなど、殷代についての王氏の認識には多々修正すべき点があるだろうが、(3)ここではそのことについての議論はひかえることにしよう。『周代国制の研究』と題した本書において確認しておきたいことは、周の「封建子弟之制」ないしは「君天子臣諸侯之制」についての王氏の理解であり、それはおおよそ次の二点に整理することができる。

第一に、周の「封建」は同姓・異姓相半ばするものではあったが、その本質は同姓諸侯の存在に求められること。「周初、兄弟の国十五、姫姓の国四十が建てられた」との指摘は、『春秋左氏伝』昭公二八年の、

昔、武王　商に克ち、天下を光有す。其の兄弟の国せる者十有五人、姫姓の国せる者四十人。皆な親を挙ぐるなり。（昔武王克商、光有天下。其兄弟之国者十有五人、姫姓之国者四十人。皆挙親也）。

の記事に依拠したものだが、そこに「皆な親を挙ぐるなり」とあったように、周の「封建」とは何よりもまず血縁原理を基礎としたものであった。王氏はさらに、「周初に建てられた国はすべてその功臣・昆弟・甥舅（新建之国皆其功臣・昆弟・甥舅）」であり、とりわけ「魯・衛・晋・斉の四国は、王室の至親ゆえに東方の大藩とされた（魯・衛・晋・斉四国、又以王室至親為東方大藩）」のであり、これら諸侯の「封建」によって「天子・諸侯の君臣の分」が定まったと指摘している。

王氏の第二の指摘は、周の支配領域は「邦畿の外」と「畿内」に大別されるものの、そのいずれの領域にも周王の同姓（子弟）が「封建」されていたということである。王氏は「邦畿の外」と「畿内」への「封建」の相違を、「周初」と「後の周王」という時代差のなかに解消しようとするが、その当否をおくとしても、「邦畿の外」と「畿内」がともに「封建」原理に貫かれていたと王氏は指摘しているのである。

周の「封建」ないし「封建制」は教科書的常識に属している。いま、手許にある高校世界史の教科書から引用すれば、

周王は、血縁の近い氏族を中心とする有力氏族の首長に諸邑を与えて、統治をまかせる支配体制をつくりあげた。これを周の封建制という。…諸侯・卿・大夫・士と序列化される支配者層は、それぞれ本族・分族という関係の血縁集団（宗族）を組み、宗法という規範で結束を固めた。しかし、氏族制にもとづく血縁的な絆はしだいに弱くなり、封建制もゆらぎはじめた。（東京書籍『世界史B』、一九九八年）

といった具合である。ほぼ「常識」的な理解を示していると思われるが、この記述が先にみた王氏の理解を踏襲したものであることは明らかである。

それでは、この常識的知識に属する周の「封建制」は、日本の中国史学界においていかに語られてきたのであろうか。やや古い論考ではあるが、仁井田陞一九五一は周の「封建制」について次のように述べている。仁井田氏は「中世=封建制社会つまり農奴制社会は一つの発展段階的な社会構成、つまり歴史的範疇である」（九七頁）[4]と述べたうえで、

中国古代のいわゆる「封建」を古代=奴隷制の上の上層建築として、これをフューダルなものとしない…。（九七頁）

と主張する。農奴制（あるいは荘園制）といった社会経済的要素を封建制の実体と考え、これを経済的発展段階の一類型とする経済史的封建制概念にもとづく発言であるが、周の「封建制」は奴隷制を下部構造とする「上層建築」として、その経済史的封建制概念から排除されているのである。さらに仁井田氏は次のようにも発言する。

周代のいわゆる「封建」とヨーロッパのフューダリズムとは、政治制度の外形が似ているにも拘らず、質的には全く異るものであり、ことに中国のいわゆる「封建」にあっては、忠誠契約の地盤を欠くものである…。（一一九頁）

ここでいうフューダリズムとは、ヨーロッパ中世における主従制（家士制）と恩貸地制が結合して成立したレーエン制を基準とする法制史的封建制概念であるが、周の「封建制」は、「契約的・人為的であり、独立対等の主体者間を互いに条件づけ制約する御恩と奉公の忠誠契約的関係」（一二六頁）を欠く、「血縁的即ち自然的」（一二七頁）関係に過ぎないものとして、その法制史的封建制概念からも排除されてしまった。このような言説は、何も仁井田氏にのみ限ったものではない。例えば、

これは中国の文献で「封建」と呼ばれるが、周王室と諸侯とが血縁を絆として結ばれている政治体制という点で、ヨーロッパ中世の封建制とも、唯物史観で言うところの、農奴制を主たる生産関係とする社会発展の段階である封建制とも異なっている。（藤家禮之助一九九二　第Ⅰ篇「中国」一章「先秦」　三〇頁）

という一文もまた仁井田氏のそれと全く同じ地平に属している。

周の「封建制」は、経済史的な「封建制」とも法制史的な「封建制」とも異質な、特殊中国古代的なものへと追いやられてしまった。

中国人のいわゆる封建制は秦漢以後に成立した現実の郡県制国家と完全に対立し、これに先だつ制度として頗る観念的に構成された制度である。…封建制とは、天子が自己の任命する官僚により直接に天下を統治することなく、天下を国に分割し、諸侯にこれを与えて世襲的に統治せしめる制度であると考えられているのである。（貝塚茂樹一九四六　十五頁）(5)

という一文に登場する「頗る観念的に構成された制度」といった表現や、

旧来の中国の伝統的歴史記述、或は歴史意識において、中国史を前後二つに分ける基本的観念に、「封建」と「郡県」とがある。そこでいう「封建」とは、ことわるまでもなく、「フューダリズム」の訳語としての封建制の概念とは一応かかわりなく、それよりもはるか遠い昔から、中国の古典とその学問的伝統のなかで、「封建」という文字で表現され、観念されてきた、中国固有の或種の政治秩序を意味する。（増淵龍夫一九五八　三七七頁）(6)

に見える「中国固有の或種の政治秩序」といった表現は、日本の中国史学界において周の「封建制」が置かれていた立場をはっきりと物語っているだろう。

「封建制」という言葉は、周代の国制を「常識」的に語る場ではなおその生命力を保っているが、それを「学術」的に語る場においてはある種の「観念」と評価され、その生命力を失ってしまったかに思われる。それでは、もはや「封建制」という言葉では語りえなくなってしまった周代の国制は、日本の中国史学界においていかなる言説をもって議論されてきたのであろうか。一九七〇年に発表された松丸道雄「殷周国家の構造」は、それ以前の殷周史研究の論点を要領よくまとめており、いまなお有益である。以下、松丸氏の整理を出発点として、学説史的検討をおこなうこととしよう。

戦後日本の殷周史研究には、都市国家論と邑制国家論という二つの大きな潮流が併存していた。宮崎市定・貝塚茂樹両氏に代表される都市国家論は、若干ニュアンスの差はあるものの、氏族制社会―都市国家―領土国家―大帝国という国家形態の普遍的発展段階のなかに殷周史を位置づけようとしたものであった。(7) 一方、宇都宮清吉氏に始まる氏族制的邑制国家論は、殷周時代の邑はたがいに対立的・独立的な存在ではなく、相互に緊密な精神的・物質的従属関係にあったとする松本光雄一九五二・同一九五三の所説にもとづき、秦漢ないしは春秋戦国史の研究者によって「推測」的に提唱されたものであった。

以上のように学説史を整理したのち、松丸氏は「史料の示すところの名に従うため」、かつ「中国古代史の展開を、まず何よりも直接史料にもとづいてその特殊性を理解していくべきだと考える」（五四頁）ために、殷周時代の国家を邑制国家と規定することとなる。氏の論考は、「推測」的に提唱されていた邑制国家論を「直接史料にもとづいて実証的に解明しようとする試み」（五三頁）であったと評価できるだろう。しかしながら、当時の国家のありようを邑制国家と規定しようが、都市国家と規定しようが、はたまた中江丑吉一九二五のように邑土国家と呼ぼうが、侯外廬一九五五のように城市国家と呼ぼうが、その基本的単位となる聚落が「邑」と表記されていたことは自明の事実に属していたはずである。邑という名称のみを根拠として、そこから直ちに邑制国家論を主張できるわけではないだろう。(8) また中国古代の特殊性―具体的には秦漢時代の個別人身的支配―が直ちにそれに先行する氏族制的邑制国家の存在を示唆するものでもない。(9) 都市国家論（特に貝塚氏）が邑内部に市民（あるいは戦士）を見いだそうとし、邑制国家論が邑の氏族制的側面を強調したように、邑の存在に焦点をあてて当時の国家形態を論ずること、それが都市国家か邑制国家かを論ずることは、実は松丸氏も問題として指摘していた「個々の邑制国家内部の社会構造がいかなるものであったのか」（五四頁）という問いにかかっていたのである。

しかしながら、殷周期の社会構造―邑制国家論の立場に立てば、それは主に邑の氏族制的側面を意味することになろう―は、実はさほど明らかにされてはこなかった。一般的に当時の邑が血縁的・氏族制的側面をもっていたことは推定できるだろうが、例えばその氏族制が何らかの再編を蒙ったものであったのか、あるいはより古い時代にまで遡りうるものであったのか、という問いには未だ確定した解答は与えられていない。当時の社会構造を探るにあたって、甲骨文に史料的限界があることは明らかである。一方、西周期の青銅器銘による研究からは、西周中期から後期にかけての時期に王畿内の邑が分断・解体され、その構成員が領主的支配のもとに組み込まれていったであろうことが推定されている（伊藤道治一九六四、松井嘉徳一九八四）。少なくとも西周期に関する限り、伊藤道治一九八七の「耕地・農民をも含んで一つの聚落を構成する邑が即ち里であり、またそれが一つの血縁的な族集団によって構成され、里君即ち族長であると一般化して考えることは、西周時代の社会を考える際に、大きな誤りを招くことになるであろう」（一七〇頁）という指摘が、学界の到達点を示しているものと考えられる。邑制国家論の立場にたつ松丸道雄一九七〇には、例えば「氏族制にもとづく邑制国家」（八九頁）や「各邑制国家内部においては、古い族制がそのままに持ち越され」（九九頁）といった表現が見えているが、そこにいう氏族制（族制）について、我々は確定的な知識をさほど共有してはいないのである。事態は邑内部に市民（あるいは戦士）を見いだそうとした都市国家論においても同様であろう。要するに、殷周期の社会構造にまで踏み込み、その国家のありかたを議論しようとする方法論には一定の限界があると認めざるをえないのである。国家形態の普遍的発展段階のなかに殷周史を位置づけようとした都市国家論と、中国古代の特殊性のなかに殷周史を位置づけようとした邑制国家論は、それぞれ異なったイメージを提供するが、当時の社会構造にかかわる知識の限界点の向こう側に立脚し、その国制を議論しようとする態度については両者選ぶところがないのである。

周代の国制を議論するにあたっては、都市国家論ないしは邑制国家論といった言説とは別に、周代の官制をめぐる研究領域が存在することにもふれておく必要がある。青銅器銘に、例えば𤔲土（司徒）・𤔲馬（司馬）・𤔲工（司空）といった、『周礼』へとつらなる官職が登場することは夙に知られた事実である。郭沫若一九五二「周官質疑」は青銅器銘に見える官職と『周礼』のそれとの比較を試みた初期の論考であったが、その後も官職にかかわる青銅器銘は増加し続け、張亜初・劉雨一九八六『西周金文官制研究』には、傅保・師官・司徒・司馬・司空・史官・祝卜・𤔲士・公族・宮廷などに分類された約九〇もの官職が列挙されている。

周代に何らかの官制が存在していたことは疑いようのない事実である。しかしながら、先にみた都市国家論ないし邑制国家論は、当時の社会構造を議論の主な対象としたために、直接的には社会に属さない官制の存在を射程に入れることができなかった(10)。周代の国制を議論するにあたって、その議論に官制の問題を取り込めなかったのは片手落ちといわざるをえないのだが、同時に周代の官制をめぐる研究もまた、都市国家論・邑制国家論の議論を十分には取り込んでこなかった。官制研究の主要な関心は、青銅器銘にみえる諸々の官職の職掌ないしは統属関係を確定することにあり、そのような関心の行き着く先には官制の復元研究がまっていた。官職を帯びる人物が出自する氏族、あるいは官職の職掌対象としての氏族・邑といった関心が無いわけではないが、官職の職掌・統属関係をめぐる議論において、社会構造にかかわる問題は、とりあえず括弧に入れて議論の外に置いておくことができたのである。周代の国制をめぐる研究は、邑内部の社会構造あるいは邑と邑との従属関係といった問題系をめぐる都市国家論・邑制国家論と、官職の職掌・統属関係といった問題系をめぐる官制研究という二つの領域に引き裂かれ、ともにある種の閉塞状況におちいってしまったように思われる。それでは、この閉塞状況を乗り越えるためには、いかなる方向へと議論を展開し、何を議論すればよいのであろうか。

いま一度、王国維の指摘にたちかえってみよう。王氏は「周人の制度」の本質を「立子立嫡之制」、そしてそれから派生する「封建子弟之制」「君天子臣諸侯之制」などに求めていた。王氏が直接明言することはなかったが、王氏の考える「周人の制度」の中核に位置し、その制度を支えていたのは、子弟を「封建」し、また諸侯を自らの臣とする周王あるいはその王室であったはずである。周代の国制を考えるための基本的な問題は、松丸道雄一九七〇も指摘するように「王とそこに封建された諸侯とは、具体的にどのような関係によって結合していたのか」（九一頁）という問いかけであろうが、それは何も「邦畿の外」に「封建」された諸侯と周王の関係を問うことだけではないだろう。王氏が指摘したように、「畿内」の地もまた「封建」原理に貫かれていたのであり、同時にその「畿内」に「封建」されていた諸氏族の構成員が王朝の官制を担っていたのである。子弟を「封建」し、また諸侯・諸氏族を自らの臣とする周王に視座を求めるならば、そこから見えてくるものは、「封建」によって王室から順次枝分かれし分節していく諸侯・諸氏族の姿であり[11]、王命に基礎づけられた官制に組み込まれていく諸氏族構成員の姿である。従来の都市国家論・邑制国家論あるいは官制研究は、この周王（王室）をあまりにも等閑視しており、互いの議論を接続する場を見失ってきたように思われる。「臣諸侯」はそれだけで完結するものではなく、「君天子」の三文字をともなっていたはずである。「君天子」すなわち周王をめぐる問題を議論することによって、都市国家論・邑制国家論あるいは官制研究の成果を取り込みつつ、それらを接合するための新たな地平を見いだすことができるはずである。

なお、本書の第Ⅰ部・第Ⅱ部・第Ⅲ部においては大量の青銅器銘を利用することとなるが、以下にはその扱いについての原則を示しておきたい。青銅器銘もまた史料である以上、当然その年代を付されて考察の対象となるべきこと多言を要しない。しかしながら、周知のように周代の開始について学界は未だ確定した実年代を共有しておらず、従って歴代周王の在位年数についても、共和元（紀元前八四一）年以前の諸王に確定した年数を与えることはできない[12]。西周期の青銅器銘には、例えば頌鼎（簋・壺）銘（後期・ⅢB）に「隹三年五月既死覇甲戌」とあるように、周王の在位年・月・月相（初吉・既生覇・既望・既死覇）・干支からなる紀年が数多く記録されているが、周王の在位年数を確定できない状況下でその紀年に実年代を与えることは困難である。また西周期の暦譜を再現し、青銅器銘の紀年をそれに当てはめようとする研究も数多く存在するが、浅原達郎一九八六が指摘したように、この方法論によっても青銅器銘の紀年に実年代を与えることには大きな困難がともなう[13]。以上のことから、本書では青銅器銘に実年代を与えることを断念し、それに代わる次善の策として、現時点で最も網羅的な青銅器銘の集成である中国社会科学院考古研究所編『殷周金文集成』（一九八四〜一九九四年。以下『集成』）の断代案と、青銅彝器の型式学的研究である林巳奈夫『殷周時代青銅器の研究―殷周時代青銅器綜覧一』（一九八四年）・同『春秋戦国時代青銅器の研究―殷周時代青銅器綜覧三』（一九八九年。以下『研究』[14]）の断代案を採用することとした。

なお、『集成』は断代案を西周早期・中期・晩期と表記するが、早期・晩期という語彙は日本語ではやや異なったニュアンスを示すため、本書ではこれを前期・後期に改めた。また『研究』は西周期をⅠ期・Ⅱ期・Ⅲ期に分かち、これについて「西周二五七年[15]を三つの期に分けると各期が大体八、九十年といふ数字になり、各期について春秋戦国時代と大凡同じ年数になる。そこで西周を大きく前・中・後の三期に分けることにした」（一九二頁）と述べている。本書で利用する青銅器銘については、各章本文の初出にあたって断代のデータを付すことにするが、それについては、右に引いた頌鼎（簋・壺）銘の（後期・ⅢB）のように、『集成』の断代案・『研究』の断代案の順に表記する[16]。

（1）定為立子立嫡之法、以利天下後世、而此制実自周公定之、是周人改制之最大者、可由殷制比較得之、有周一代礼制、大抵由是出也。

（2）又与嫡庶之制相輔者、分封子弟之制是也。商人兄弟相及、凡一帝之子、無嫡庶長幼、皆為未来之儲弐。故自開国之初、已無封建之事。…周人既立嫡長、則天位素定、其余嫡子庶子、皆視其貴賤賢否、疇以国邑。開国之初、建兄弟之国十五、姫姓之国四十、大抵在邦畿之外。後王之子弟、亦皆使食畿内之邑。故殷之諸侯皆異姓、而周則同姓異姓各半。此与政治文物之施行甚有関係、而天子諸侯君臣之分、亦由是而確定者也。

（3）例えば、陳夢家一九五六　第十九章第一節は「殷周制度論的批判」と題され、王氏への批判にあてられている。

（4）引用の頁数については、仁井田陞一九六二（一九九一年補訂版）所収の頁数を示した。以下も同じ。

（5）引用の頁数については、『貝塚茂樹著作集』第四巻所収の頁数を示した。

（6）引用の頁数については、増淵龍夫一九九六所収の頁数を示した。

（7）宮崎市定・貝塚茂樹両氏の都市国家論の学説史的検討については、太田幸男二〇〇〇を参照のこと。

（8）堀敏一二〇〇〇に「邑という語はあらゆる集落をさす語で、都市であろうが農村であろうが、みな邑といいます。だから邑制国家などという語はなにものをも意味しないのです」（六二頁）との指摘がある。

（9）西嶋定生氏のいわゆる旧説と新説は、「世界史の基本法則」追求の時代と「特殊性」追求の時代に対応するが、前者の家父長制的家内奴隷が析出されてくる母胎も、後者の自営小農民が析出されてくる母胎も、ともに氏族制的邑共同体と規定されていた。

（10）そのなかにあって、増淵龍夫氏はやや例外的な存在である。氏は戦国期以降の官僚制研究の「前提的仮説」としてではあるが、邑制国家論の立場から西周期の官制に言及している。ただしそれは、本書第Ⅳ部第一章「おわりに」で指摘するように、あくまでも戦国期以降に展開する家父長制的官僚制の「端緒的形態」として評価されたものにすぎない。

（11）田村和親一九八八が描き出した「封建」諸氏族の概念的系譜は、周の王室から「封建」氏族が順次枝分かれしていく分節構造をとっている。さらに田村氏は、その系譜を「平面」領域に投影し、「周王朝の範囲（領域）を周室と諸侯が分割し、…諸侯の領域を侯室及び各氏が分割経営し、氏の領域を更にその分氏が分割経営する」（八二頁）という領域支配の姿を導き出している。それぞれの領域を「分割経営」する氏族は邑に居住していたはずであるから、この分節構造をとる系譜と対応する「分割経営」は、邑制国家論が想定していた邑と邑との従属関係のあり方にほぼ重なることになるだろう。

（12）　周代の開始、すなわち武王の克殷（克商）の実年代について、北京師範大学国学研究所一九九七は紀元前一一二七年から紀元前一〇一八年の間に三六もの学説があることを紹介している。また歴代周王の在位年数についての諸研究は、朱鳳瀚・張栄明一九九八にまとめられている。

（13）　浅原達郎一九八六は、暦譜復元の障礙として、（一）各王の在位年数がわからないこと、（二）月相用語の意味がわからないこと、（三）当時の暦法の詳細がわからないこと、（四）銘文に書かれた日付が正確かどうかわからないこと、の四点をあげている。これは暦譜復元のいわば質的な障礙を指摘したものであり、紀年青銅器銘の量的増加によっても容易に解決できるものではない。

（14）　『殷周時代青銅器の研究―殷周時代青銅器綜覧一』ならびに『春秋戦国時代青銅器の研究―殷周時代青銅器綜覧三』は基本的に同じ方法論によって青銅彝器の断代を試みたものであり、両書を一括して『研究』と略称する。なお、林氏によって春秋Ⅰ期以前に断代された青銅彝器は『殷周時代青銅器の研究』に、春秋Ⅱ期以降の青銅彝器は『春秋戦国時代青銅器の研究』に著録されている。

（15）　林氏は西周の開始を紀元前一〇二七年とする陳夢家の説を採用している。

（16）　なお、本書末には引用青銅器銘一覧を付しておいた。そこには『集成』の著録番号・断代案、『研究』の著録番号・断代案とともに、現在、中国で進行中の「夏商周断代工程」の成果の一つとして上梓された王世民・陳公柔・張長寿一九九九『西周青銅器分期断代研究』の著録番号・断代案を示してある。適宜参照されたい。

第Ⅰ部

第Ⅰ部の課題

山西省曲沃県北趙村晋侯墓地八号墓より出土した晋侯蘇鐘は、八鐘二セットの計十六鐘からなる編鐘である。このうちの十四鐘は香港に流出したが、現在は上海博物館の所蔵に帰し（馬承源一九九六）、流出をまぬがれた残り二鐘は山西省考古研究所に保管されている（北京大学考古学系・山西省考古研究所一九九四）。銘文は編鐘全十六鐘に連続する刻銘で、[1]全体で三五五字、西周期の青銅器銘としては毛公鼎銘（後期・ⅢB）に次ぐ長銘である。『史記』晋世家に記録される晋の献侯籍の名「籍」について、索隠に「系本（世本）及び譙周は皆な蘇に作る（系本及譙周皆作蘇）」とあることから、編鐘の作器者晋侯蘇は晋の献侯に比定されているが、銘文冒頭の「王卅又三年」の紀年記事、ならびに「正月既生覇戊午」以下の豊富な暦日記事については議論が百出し、いまだ学界共通の認識を得る段階には到達していない。[2]ここでは一応、「王卅又三年」を宣王三三（前七九五）年とする立場をとり、暦譜の問題には立ち入らない。

銘文を以下に示そう。

隹王卅又三年、王親遹省東国・南国。[3]正月既生覇戊午、王歩自宗周、二月既望癸卯、王入格成周。二月既死覇壬寅、王殿往東、三月方死覇、王至于□、分行。王親命晋侯蘇、率乃𠂤、左洀濩、北洀□、伐夙夷。晋侯蘇折首百又廿、執訊廿又三夫。王至于𩰫城、王親遠省𠂤。王至晋侯蘇𠂤。王降自車、位南嚮、親命晋侯蘇、自西北隅敦伐匍城。晋侯率厥亜旅・小子・或人、先陥入、折首百、執訊十又一夫。王至、淖々列々夷出奔。王命晋侯蘇、率大室小臣・車僕、従逋逐之。晋侯折首百又一十、執訊廿夫。大室小臣・車僕折首百又五十、執訊六十夫。王隹返帰、在成周公族整𠂤宮。六月初吉戊寅、旦、王格大室、即位。王呼善夫曰、召晋侯蘇。入門、位中廷。王親賜駒四匹。蘇拝稽首、受駒以出、返入、拝稽首。丁亥、旦、王御于邑伐宮。庚寅、旦、王格大室。嗣工揚父入右晋侯蘇。王親儕晋侯蘇秬鬯一卣・弓矢百・馬四匹。蘇敢揚天子丕顕魯休、用作元龢揚鐘、用昭格前文人其厳在上。翼在下、𣪕々𥏻々、降余多福。蘇、其万年無疆。子々孫々、永宝茲鐘。

これ王の卅又三年、王親ら東国・南国を遹省す。正月既生覇戊午、王　宗周より歩し、二月既望癸卯、王　成周に入り格《いた》る。二月既死覇壬寅、王　東に殿往し、三月方死覇、王　□に至り、分行す。王親ら晋侯蘇に命ず、乃《なんじ》が𠂤を率い、左より濩を洀《くつがえ》し、北より□を洀し、夙夷を伐て、と。晋侯蘇　折首百又廿、執訊廿又三夫あり。王　匍城に至り、王親ら𠂤を遠省す。王　晋侯蘇の𠂤に至る。王　車より降り、位して南嚮し、親ら晋侯蘇に命ず、西北隅より匍城を敦伐せよ、と。晋侯　その亜旅・小子・或人を率い、先んじて陥入し、折首百、執訊十又一夫あり。王の至るや、淖々列々として夷出奔す。王　晋侯蘇に命ず、大室小臣・車僕を率い、従いてこれを逋逐せよ、と。晋侯　折首百又一十、執訊廿夫あり。大室小臣・車僕　折首百又五十、執訊六十夫あり。

王これ返り帰りて、成周の公族整𠂤宮に在り。六月初吉戊寅、旦、王　大室に格り、位に即く。王　善夫を呼びて曰く、晋侯蘇を召せ、と。門に入り、中廷に位す。王親ら駒四匹を賜う。蘇拝稽首し、駒を受けて以て出で、返入し、拝稽首す。丁亥、旦、王　邑伐宮に御す。庚寅、旦、王　大室に格る。嗣工揚父入りて晋侯蘇を右く。王親ら晋侯蘇に秬鬯一卣・弓矢百・馬四匹を儕《おく》る。蘇　敢えて天子の丕顕なる魯休を揚し、用て元龢な

図1　晋侯蘇鐘　第1鐘

る揚鐘を作り、用て前文人を昭格す。前文人それ厳として上に在り。下に在るを翼け、敳々彙々として、余に多福を降されんことを。蘇よ、それ万年無疆ならんことを。子々孫々、永くこの鐘を宝とせよ。

銘文はその内容から前後二段に分割できるだろう。銘文前半は、周王および晋侯蘇による夙夷征討の経緯が詳述され、晋侯蘇とその配下の軍事集団による戦果が数回にわたって記録されている。「折首百又廿、執訊廿又三夫」「折首百、執訊十又一夫」「折首百又一十、執訊廿夫」「折首百又五十、執訊六十夫」と記録される俘馘は、玁狁征討を記録した虢季子白盤銘（後期）の「折首五百、執訊五十」、あるいは多友鼎銘（後期）の「折首二百又□又五人、執訊廿又三人」「折首卅又六人、執訊二人」「折首百又十又五人、執訊三人」に匹敵するものであり、このたびの夙夷征討が大規模なものであったことを伝えている（王世民一九九七）。

銘文後半は、成周帰還後の一連の儀礼へと話題が移り、「王親ら駒四匹を賜う」「王親ら晋侯蘇に秬鬯一卣・弓矢百・馬四匹を儕《おく》る」のように、周王から晋侯蘇への賜与が二度にわたって記録される。そして最後に、「蘇　敢えて天子の丕顕なる魯休を揚し、用て元龢なる揚鐘を作り」以下、晋侯蘇の作器への願望によって銘文は締めくくられるのである。

以上の要約から、晋侯蘇鐘銘の主要な関心が晋侯蘇（およびその軍事集団）の戦果、賜物によって示された周王の恩寵、そして晋侯蘇の作器への願望にあったことは明らかだろう。華々しい戦果や数多くの賜物が記された十六鐘からなる編鐘は、それによって祖先を祭祀し、多福が降されんことを願うに相応しいものであったに相違ない。しかしながら、この晋侯蘇鐘銘を仔細に検討するならば、そこには晋侯蘇への関心とは別の、もう一つの関心が銘文全体を貫いていることに気付くはずである。

「これ王の卅又三年、王親ら東国・南国を遹省す」との書き出しで始まる晋侯蘇鐘銘は、以下、

正月既生覇戊午、王　宗周より歩し、
二月既望癸卯、王　成周に入り格《いた》る。
二月既死覇壬寅、王　東に殿往し、
三月方死覇、王　□に至り、分行す。
王　匔城に至り、
王　晋侯蘇の𠂤に至る。
王の至るや、淖々列々として夷出奔す。
王これ返り帰りて、成周の公族整𠂤宮に在り。
六月初吉戊寅、旦、王　大室に格り、位に即く。
丁亥、旦、王　邑伐宮に御す。
庚寅、旦、王　大室に格る。

の十一回にわたって周王の所在に言及しており、読みようによっては周王の行動記録ともいえる内容を含んでいる。この執拗ともいえる周王の所在地への言及は、作器者であるはずの晋侯蘇の所在地がほとんど言及されず、僅かに周王の所在地によって暗示されるにすぎないことと際だった対照をなしている。周王の所在地に対する執拗な関心、およびそれへの言及は、銘文全体のなかであたかも通奏低音のように響き、それによって晋侯蘇の所在地を暗示するとともに、晋侯蘇の戦果、周王からの恩寵、作器への願望といった銘文の主旋律を支えているかの如きである。

周王の所在地への執拗な関心。何故に周人は周王の所在地にこれほどの関心を示すのだろうか。周王の所在によって示されるものとは何であり、またそれによって与えられていた王朝の秩序とはどのようなものであったのだろうか。

（1）各セットの低音部二鐘と高音部六鐘との間には紋様など形式上の相違があり、本来別々のセットであった鐘を組み合わせたうえで、あとから銘文を刻んだ可能性が大きいとされる。晋侯蘇鐘を含む西周後期の編鐘の設計については、浅原達郎二〇〇〇を参照のこと。

（2）銘文に見える（周）王については、これを厲王とする説と宣王とする説がある。また銘文内の暦日記事についても、例えば成周に到着した「二月既望癸卯」と成周を出発する「二月既死覇壬寅」の二つの暦日は、壬寅が癸卯に一日先行する日付であるために、そのまま単純に同一月内の日付として処理できないといった問題が指摘されている。晋侯蘇鐘銘の暦日をめぐる議論については、さしあたり馮時一九九七を参照のこと。

（3）本書で「国」と記した文字は、本来は「或」字に作られている。この「或」字は「国」ないしは「域」と隷定されるが、本書では「国」に統一する。

第一章　周の領域とその支配

はじめに

西周後期、その暴虐侈傲ゆえに国人の反乱を招き、遂には彘に出奔したと伝えられる厲王胡は、宗周鐘（後期・Ⅲ）・㝬簋（後期・ⅢA）・五祀㝬鐘（後期）という三つの青銅彝器を残している。周王自身の作器にかかる青銅彝器はほとんど残存しておらず、[1]この三つの青銅器銘は周王自身の言葉を伝える貴重な史料である。

残念ながら、五祀㝬鐘銘は拓本の状態が悪く通読は困難であるので、ここでの考察からは除外し、[2]最初に一九七八年に陝西省扶風県斉村の窖蔵から発見された㝬簋（羅西章一九七九）の銘文を検討することとする。㝬簋銘は「王曰」で始まるいわゆる自述形式の銘文で、例えば「㝬、其万年（㝬よ、それ万年までも）」という表現に見える作器者名「㝬」が、文献史料に伝えられた厲王の名「胡」にあたることについて諸家異論はない。

王曰、有余雖小子、余亡康昼夜、経雍先王、用配皇天。簧黹朕心、墜于四方。肆余以餕士・献民、爯盩先王宗室。㝬作䵼彝宝簋、用康恵朕皇文刺祖考、其格前文人。其頻在帝廷陟降、𩱦圞皇帝大魯命、用𪓔保我家・朕位・㝬身、

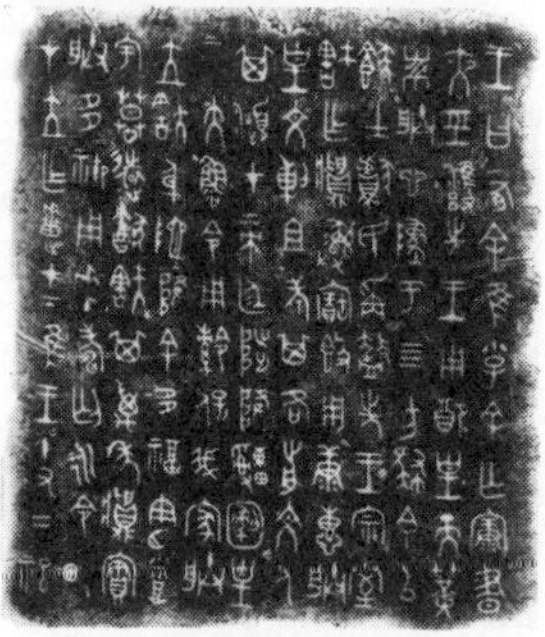

図2　㝬簋

陟々降余多福憲烝、宇慕遠猷。㝬、其万年、䵼実朕多禦、用𡨦寿匄永命、畯在位、乍疐在下。隹王十又二祀。

王曰く、有余は小子と雖も、余は昼夜を康《むな》しくするなく、先王に経雍し、用て皇天に配す。簧黹なる朕《わ》が心は、四方に墜《およ》ぶ。ゆえに余は篠士・献民を以《ひき》いて、先王の宗室に爯盩す。㝬　䵼彝宝簋を作り、用て朕が皇文剌祖考に康恵し、それ前文人を格《いた》す。それ頻りに帝廷に在りて陟降し、皇帝の大魯命を〓〓し、用て𪓔《つと》めて我が家・朕《わ》が位・㝬《わ》が身を保ち、陟々として余に多福憲蒸・宇慕遠猷を降されんことを。㝬よ、それ万年までも、朕が多禦を䵼実し、用て寿を𡨦《いの》り永命を匄《もと》め、畯《なが》く位に在りて、乍《すなわ》ち疐《とどま》りて下に在らんことを。これ王の十又二祀なり。

在位十二年の紀年をもつこの青銅器銘は、先王にならって天命に応ずる厲王の心が遍く「四方」におよんだこと、宗廟において先王を宣揚する青銅彝器を作り、先王もまた皇帝（皇天）の大いなる命によって厲王の「我が家・朕《わ》が位・㝬《わ》が身」を守り、多くの福佑・智恵が降されんことを求める内容からなっている。

一方、南国𠬝子の反乱を平定することによって「南夷・東夷」の「廿又六邦」が王に帰順・見事したことを記念する宗周鐘には、

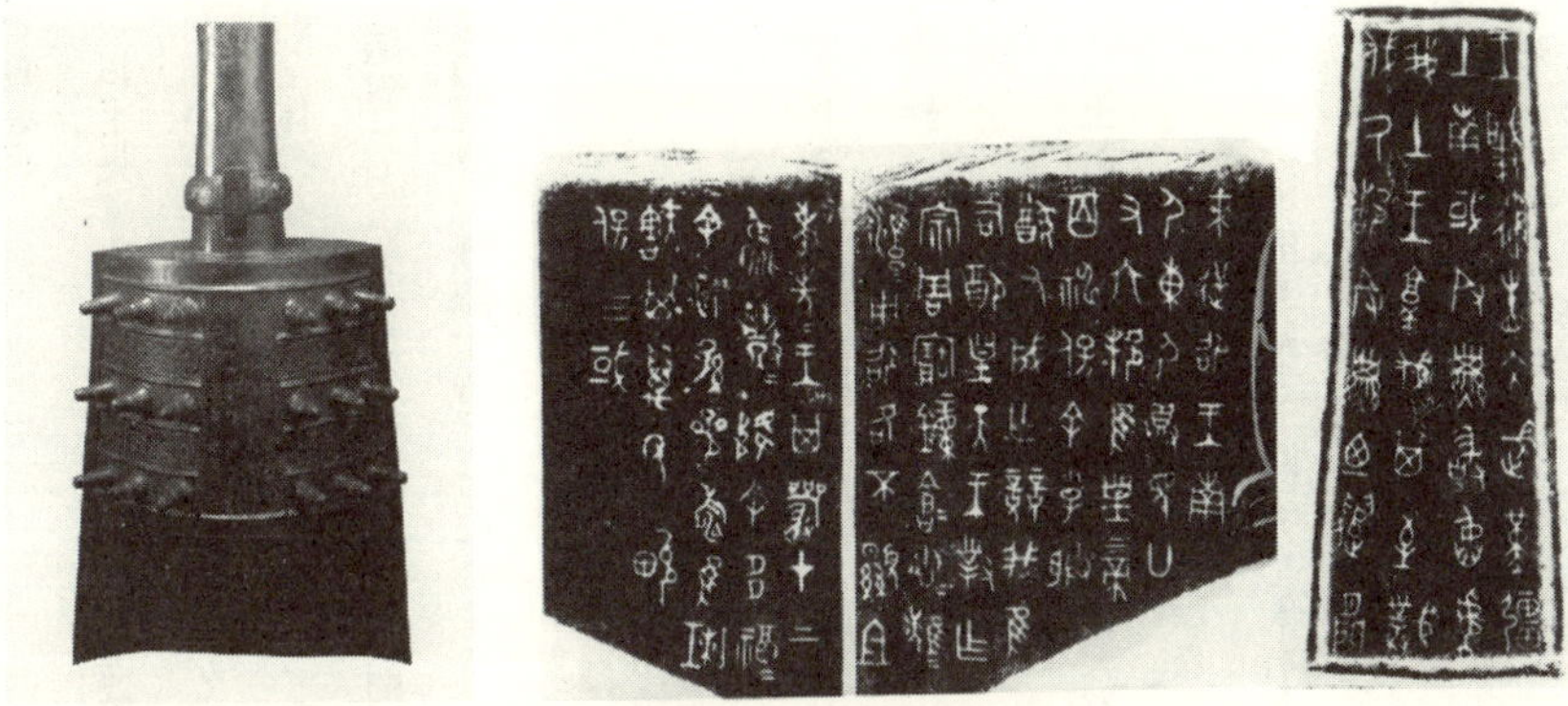

図3　宗周鐘

王肇遹省文武勤疆土。南国𠬝子敢陥虐我土。王敦伐其至、撲伐厥都。𠬝子迺遣間、来逆昭王。南夷・東夷具見、廿又六邦。隹皇上帝百神、保余小子、朕猷有成亡競。我隹嗣配皇天王、対作宗周宝鐘。鎗々鍯々、雉々雍々、用昭格丕顕祖考先王。先王其厳在上、㲈々𢿚々、降余多福、福余順孫、参寿唯琍。㝬、其万年、畯保四国。

王　肇めて文武の勤めたまえる疆土を遹省す。南国𠬝子敢えて我が土を陥虐す。王　敦伐してそれ至り、その都を撲伐す。𠬝子すなわち遣間し、来り逆《むか》えて王に昭《まみ》ゆ。南夷・東夷の具に見ゆるは、廿又六邦なり。これ皇上帝百神、余小子を保ち、朕《わ》が猷《はかりごと》成る有りて競うなし。我これ皇天王に嗣配し、対えて宗周の宝鐘を作る。鎗々鍯々、雉々雍々として、用て丕顕なる祖考先王を昭格す。先王、それ厳として上に在り、㲈々𢿚々として、余に多福を降し、余が順孫を福し、参寿をこれ琍《きわ》めしめんことを。㝬よ、それ万年までも、畯《なが》く四国を保たんことを。

との銘文が鋳込まれている。ここでは皇上帝百神が厲王を守り、宗周の宝鐘によって祭祀される先王もまた多福を降すことが讃えられ、最後に厲王自ら末永く「四国」を保有せんことを願う嘏辞で銘文は締めくくられるのである。

以上見てきた二つの厲王自作器銘には、「四方」「文武の勤めたまえる疆土」「南夷・東夷」「廿又六邦」「四国」などといった、王朝の支配領域にかかわるであろう諸々の語彙が登場している。これらの語彙で示された領域観念は王朝全体のなかでどのように配置され編成されていたのだろうか。そしてそれは、厲王の「四方に墜《およ》ぶ」心、あるいは「遹省」という行為とどのような関係にあったのだろうか。節を改めて、まずは厲王自作器に記された諸々の領域観念の配置を確認することにしよう。

第一節　支配領域の編成

文王受命・武王克殷による周の創建は、文献史料においてもしばしば言及されるが、青銅器銘においてそれは、大盂鼎銘（前期・ⅠB）

王若曰、盂、丕顕文王、受天有大命。在武王、嗣文作邦、闢厥匿、匍有四方、畯正厥民。

王若く曰く、盂よ、丕顕なる文王、天の有する大命を受けたまえり。武王に在りては、文の作《おこ》せし邦を嗣ぎ、その匿を闢《ひら》き、四方を匍有し、その民を畯正したまえり。

あるいは、師克盨銘（後期）

王若曰、師克、丕顯文武、膺受大命、匍有四方。

王若く曰く、師克よ、丕顕なる文武、大命を膺受し、四方を匍有したまえり。

のように、「膺受大命」「匍有四方」などといった表現で回顧されるものであった。ここにいう「四方」とは、天命（大命）膺受における天－天子の上下関係に対置された観念的な空間概念であり[3]、厲王自作器の㝬簋銘「余は昼夜を康《むな》しくするなく、先王に経雍し、用て皇天に配す。簧黹なる朕《わ》が心は、四方に墜《およ》ぶ」に見える「四方」もまた、皇天－厲王の上下関係に対置されている。南宮乎鐘銘（後期・Ⅲ）の嘏辞に、

天子、其万年眉寿、畯永保四方、配皇天。

天子よ、それ万年眉寿にして、畯《なが》永く四方を保ち、皇天に配されんことを。

とあるように、「四方を保ち」「皇天に配」すことは現し身の周王を言祝ぐ言葉ともなりえたのである。

「四方」とは周王の支配の及ぶ領域を指し示す観念的な空間概念であったが、その支配領域は、例えば宗周鐘銘「㝬よ、それ万年までも、畯《なが》く四国を保たんことを」のように「四国」とも表現され、さらに盠方尊（彝）銘（中期・ⅡB）

盠曰、天子、丕叚丕其、万年保我万邦。

盠曰く、天子よ、丕叚丕其にして、万年までも我が万邦を保たれんことを。

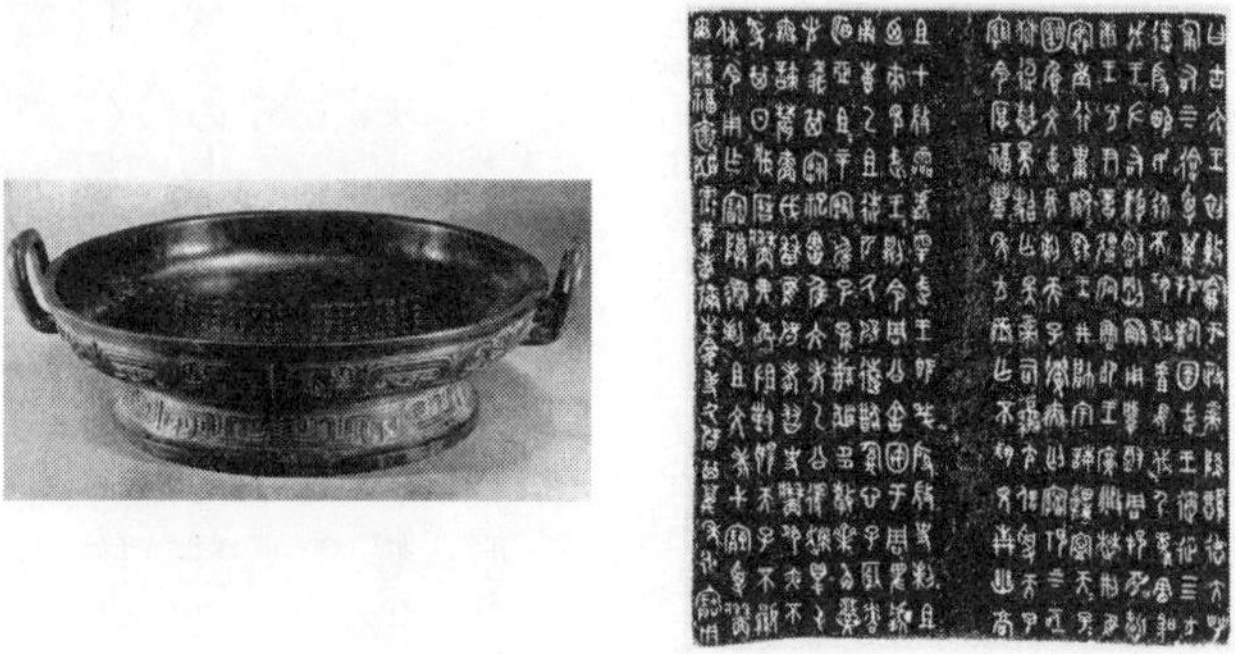

図4　史牆盤

のように、「万邦」とも表現されうるものであった。「四国」が東国・西国・南国・北国を指すこと疑いないが、青銅器銘において実際に確認できるのは東国と南国のみであり、呂行壺銘（前期）に「北征」の表現はあるものの、現段階で北国・西国の語彙を見いだすことはできない。このことは周の征討活動がもっぱら東方・南方あるいは北方に展開したことに関連しており、(4)その意味において、東・西・南・北の「四国」もまた修辞的・観念的な表現であったといえる。

一方、「万邦」は史牆盤銘（中期・Ⅱ）に、

曰古文王、初盭龢于政。上帝降懿徳、大甹、匍有上下、合受万邦。𦀚圉武王、遹征四方、撻殷畯民。

曰古なる文王、初めて政に盭龢せり。上帝懿徳を降し、大いに甹《まも》り、上下を匍有し、万邦を合わせ受けしめたり。𦀚圉なる武王、四方を遹征し、殷の畯民を撻てり。

とあるように、「四方」と同様、やはり文王・武王の創業にかけて回顧される領域概念であった。(5)宗周鐘銘「南夷・東夷の具に見ゆるは、廿又六邦なり」のように、王朝の支配下には夷狄をも含んだ多数の「邦」が存在しており、それら諸邦を修辞的に表現したのが「万邦」ということになるだろう。

周王は「四方（四国・万邦）」の保有者として地上世界に君臨していたが、大克鼎銘（後期・ⅢB）

天子、其万年無疆、保辥周邦、畯尹四方。

天子よ、それ万年無疆にして、周邦を保辥し、畯《なが》く四方を尹《ただ》されんことを。

には、その「四方」とともに「周邦」という概念も登場し、周王が「周邦」を保ち、「四方」を治めんことが言祝がれている。師詢簋銘（後期）の、

肆皇帝亡昊、臨保我有周雩四方。

ゆえに皇帝昊《いと》うことなく、我が有周と四方とに臨保したまう。

という表現を参照するならば、「周邦」あるいは「有周」とは「四方」と対置されるべきものであり、先に引いた大盂鼎銘に「武王に在りては、文の作《おこ》せし邦を嗣ぎ、その慝を闢《ひら》き、四方を匍有し」とあったように、文王の受命にかけて語られうる周王朝そのもの、あるいはその固有の領土を意味していたと考えられる。(6)「周邦」あるいは「有周」の外に「四方（四国）」が展開し、周王の全支配領域は修辞的には「周邦」をも含めた「万邦」から構成されるという領域観念を想定することができるだろう。そしてこの「四方」あるいは「万邦」の支配が、先に引いた大盂鼎銘・史牆盤銘のように、文王・武王の創業にかけて回顧されるものであるならば、それは宗周鐘銘「文武の勤めたまえる疆土」、さらには大盂鼎銘「先王授民授疆土（先王の授けられたまいし民と授けられたまいし疆土）」という表現でも

示されえたはずである。

「文武勤疆土」「先王授民授疆土」＝「万邦」＝「四方（四国）＋周邦（有周）」とでも整理できるだろうが、さらに毛公鼎銘（後期・ⅢB）に、

王曰、父厝、今余唯肇経先王命、命汝。辪我邦・我家、内外惷于小大政、甹朕位。

王曰く、父厝よ、今、余これ先王の命を肇経し、汝に命ず。我が邦・我が家を辪《おさ》め、内外するに小大の政を惷《つつし》み、朕《わ》が位を甹《まも》れ。

とあるように、周王の「我が邦」すなわち「周邦」の下位には、周王の「我が家」すなわち「王家」が位置づけられていた。毛公鼎銘には続いて「朕《わ》が位」すなわち「王位」という概念も登場することから、右の引用部分は周邦－王家－王位という秩序を念頭においた表現であったと考えることができる。そして、この周邦－王家－王位という秩序を、厲王自作器の㝬簋銘に見えていた「我が家・朕《わ》が位・㝬《わ》が身」、すなわち王家－王位－王身と示しうる秩序に重ねるならば、全体としてそこには周邦－王家－王位－王身という、現し身の周王へと収斂していく秩序が想定されていたと考えることができるはずである。

文王受命・武王克殷、すなわち「膺受大命」「匍有四方」という表現によって正当化された周王朝の支配は、王位の継承によって文王・武王以来の先王につらなった現し身の周王へと収斂していく秩序の中に位置づけられていた。毛公鼎銘に「朕が位を甹《まも》れ」とあったように、「王位」はその臣下達によって守られるべきものとされ(7)、さらに同じく毛公鼎銘の「以乃族、扞禦王身（乃《なんじ》が族を以《ひき》い、王の身を扞禦せよ）」のように、「王身」もまた守られるべきも

のとされていたのは、(8) 周王の身体の外へと展開する王家―周邦―四方（四国）からなる王朝の全存在が、「王位」あるいは「王身」の一点へと収斂され、その秩序を保っていたからにほかならない。西周期の青銅器銘には、師𩛥鼎銘（中期・ⅡB）

王曰、…用型乃聖祖考隣明、⿰素令辟前王、事余一人。

王曰く、…用て乃《なんじ》が聖祖考の隣明にして、⿰素令《つと》めて前王に辟《つか》えしに型《のっと》り、余一人に事えよ。

あるいは、毛公鼎銘「王曰、…余一人在位（王曰く、…余一人　位に在り）」などのように、周王の自称として「余一人」という表現が見えている。この「余一人」という表現はすでに殷代甲骨文にも登場しており、それについて伊藤道治一九九六は「そのト占の対象となった祭祀や田猟の成否が、王自らの禍福と密接に結びつくばかりか、王一人に体現された殷王朝の禍福でもあった」（五〇九頁）との理解を示している。この伊藤氏の理解を参照するならば、爪牙たる臣下によって守られるべき周王の「王位」あるいは「王身」もまた、周王朝そのものを体現する、秩序の中核・源泉であったということができるだろう。

第二節　わが心は四方におよぶ

文王受命・武王克殷につらなる正統性を体現した現し身の周王は、上天さらには先王の庇護のもと、「四方」におよぶ領域を支配し、その秩序を維持しなければならなかった。㝬簋銘に「王曰く、有余は小子と雖も、余は昼夜を康《むな》

図5　令方彝

しくするなく、先王に経雍し、用て皇天に配す。簧黹なる朕《わ》が心は、四方に墜《およ》ぶ」とあるのは、まさにその周王の支配意志を示したものといえるが、そこで「四方に墜《およ》ぶ」と表現された厲王の心は、どのように具体化されていたのだろうか。

周王が保有し、厲王の心がおよぶとされた「四方」という領域概念は、西周前期の令方尊（彝）銘（前期・ⅠB）にも見えている。

> 隹八月、辰在甲申。王命周公子明保、尹三事・四方、授卿事寮。…隹十月、月吉癸未、明公朝至于成周、徃命。舎三事命、眔卿事寮眔諸尹眔里君眔百工、眔諸侯：侯・甸・男、舎四方命。
>
> これ八月、辰は甲申に在り。王 周公の子明保に命じ、三事・四方を尹《ただ》さしめ、卿事寮を授く。…これ十月、月吉癸未、明公朝に成周に至り、命を徃《い》だす。三事の命を舎《お》くに、卿事寮と諸尹と里君と百工とともにし、諸侯：侯・甸・男とともに、四方の命を舎く。

ここに見えている「三事」と「四方」の関係は、前節で述べた「周邦」と「四方」のそれに重なるものと考えられるが、明保に命ぜられた「三事・四方を尹《ただ》」せという周王の支配意志は、ここでは成周における「三事の命」「四方の命」として具体化されていたのである。この「四方の命」、すなわち「周邦」の外、「四方」へと拡がる周王の命は、例えば毛公鼎銘に「出納敷命于外（出納して命を外に敷く）」と表現される「命」に相当するだろう。毛公鼎銘の前段に「我が邦・我が家を辥《おさ》め、内外するに小大の政を惷《つつし》み」とあったように、毛公厝は「王家」「周邦」の管轄を命ぜられており、周王から発せられた王命は「王家」さらには「周邦」の境界をこえて外へと伝達されていったのである。(9) 師望鼎銘（中期・ⅢB）の「出納王命」あるいは大克鼎銘の「出納王命」「出納朕命」という表現もまた、周王の臣下である師望・善夫克が王命の伝達にかかわっていたことを伝えている。「王家」「周邦」の境界を越えて「四方」へと拡がる周王の命は、中甗銘（前期）に、

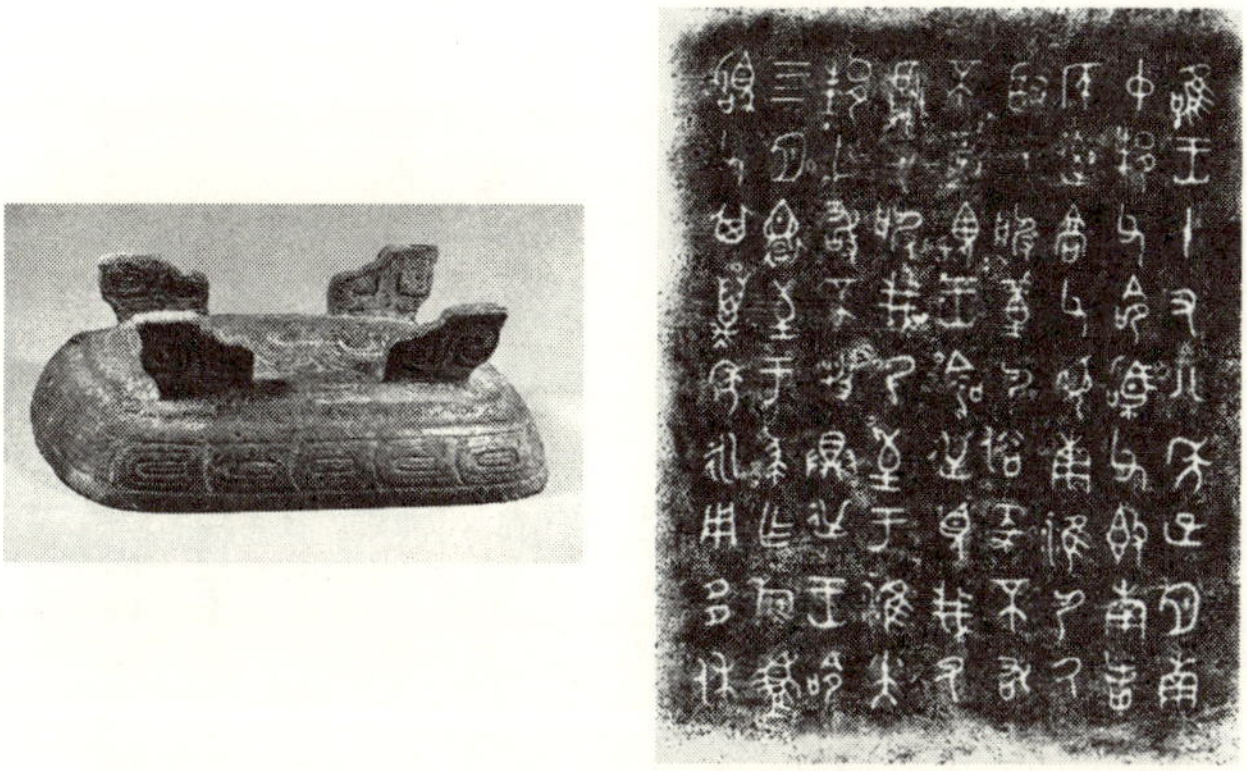

図6　駒父盨

王命中、先省南国、貫行、埶应。在□。史兒至、以王命曰、余命汝使小大邦。

王　中に命じ、先んじて南国を省し、貫行して、应を埶《おさ》めしむ。□に在り。史兒至り、王と以《とも》に命じて曰く、余、汝に命じて小大邦に使いせしむ。

とあるように、「小大邦」への使者の派遣として実現されていた。(10)「小大邦」すなわち小邦と大邦とは、「万邦」を構成する諸邦の修辞的な謂であろうが、この「小大邦」が王の使者を迎え、王命を受け入れることは、駒父盨銘（後期）

唯王十又八年正月、南仲邦父命駒父、即南諸侯、率高父見南淮夷。厥取厥服、勤夷俗。豕不敢不敬畏王命。逆見我、厥献厥服。我乃至于淮、小大邦亡敢不□具逆王命。

これ王の十又八年正月、南仲邦父　駒父に命じ、南諸侯に即き、高父を率いて南淮夷を見しむ。それその服を取り、夷の俗を勤む。豕《こた》えて敢えて王命を敬み畏れずんばあらず。逆《むか》えて我に見え、それその服を献ず。我すなわち淮に至るに、小大邦敢えて□し具に王命を逆えざるはなし。

の一文によっても確認することができる。伯□父鼎銘「用饗王逆造使人（用て王の逆造使人を饗す）」（中期）、衛鼎銘「乃用饗王出納使人眔多朋友（すなわち用て王の出納使人と多朋友とを饗す）」（中期・ⅡB）などの例によるならば、王命を伝達し、さらにはその復命をもたらすであろう周王の使者は、当時「使人」と呼ばれていたのであった。周王から発せられた王命は王身→王家→周邦→四方へと拡がり、諸邦がその王命を受け入れることによって王朝の支配秩序は維持されていた。しかしながら、同時にそこには諸邦が王命から離脱し、毛公鼎銘に「王若曰、…䜌々四方、大縦不静（王若く曰く、…䜌々たる四方、大いに縦《みだ》れて静《やす》らかならず）」と告白されるような、「四方」擾乱の可能性が常にはらまれていたはずである。西周の全時期にわたって「四方」諸邦の反乱あるいは王朝の征討活動を記録する青銅器銘が残されていることは、そのような王朝秩序の動揺が常に現実味を帯びたものであったことを如実に物語っている。それでは、そのような事態に直面したとき、現し身の周王は如何に対処し、自らの心を「四方」におよぼそうとしたのだろうか。

再び厲王の自作器銘に戻ろう。宗周鐘銘に次のようにあった。

王肇遹省文武勤疆土。南国𠬝子敢陥虐我土。王敦伐其至、撲伐厥都。𠬝子迺遣間、来逆昭王。南夷・東夷具見、廿又六邦。

王　肇めて文武の勤めたまえる疆土を遹省す。南国𠬝子敢えて我が土を陥虐す。王　敦伐してそれ至り、その都を撲伐す。𠬝子すなわち遣間し、来り逆《むか》えて王に昭《まみ》ゆ。南夷・東夷の具に見ゆるは、廿又六邦なり。

ここには、南国𠬝子の反乱に対して、厲王自らその征討にあたり、最終的に𠬝子および南夷・東夷二六邦の帰順・見事によって反乱が収束した経緯が記されている。銘文冒頭の「王　肇めて文武の勤めたまえる疆土を遹省す」に見える「遹省」の語は軍事的な査察行為をいうものとされるが[11]、ここでは厲王による南国𠬝子の反乱征討を総括する表現となっている。同様の句作りは、「第Ⅰ部の課題」で引いた晋侯蘇鐘銘においても見いだすことができ、そこでは「隹王卅又三年、王親遹省東国・南国（これ王の卅又三年、王親ら東国・南国を遹省す）」との書き出しに続いて、周王・晋侯蘇の夙夷征討が詳細に記録されていたのであった。

宗周鐘銘に「王　敦伐してそれ至り、その都を撲伐す」とあったように、「遹省」とは「伐」という行為を含む軍事的行動であり、さらに大盂鼎銘

王曰、盂、…雩我、其遹省先王授民授疆土。…賜乃祖南公旂、用獣。

王曰く、盂よ、…我において、それ先王の授けられたまいし民と授けられたまいし疆土とを遹省せよ。…乃《なんじ》が祖南公の旂を賜う、用て獣《か》りせよ。

のように、それは「獣」すなわち田狩をも含みうるものであった[12]。周王の「獣」すなわち田狩は、啓卣銘（前期・ⅡB～ⅢA）

王出獣南山、□□山谷、至于上侯□川上。啓従征、勤不嬰。
王　出でて南山に獣《か》りし、山谷を□□し、上侯の□川の上に至る。啓　従いて征し、勤めて嬰《みだ》れず。

にも見えているが、同一の事件を記録した啓尊銘（前期・ⅡB～ⅢA）[13]がこれを、

啓従王南征、更山谷、在洀水上。
啓　王に従いて南征し、山谷を更《へ》て、洀水の上に在り。

と記すように、田狩はまた「征」とも称されたのである。
いま、「遹省」を含めて「獣」「征」あるいは「伐」という周王の軍事的行動に言及する青銅器銘を、克殷にかかわる事例[14]を除外して示せば、

彔子聖　：大保簋　「王伐彔子聖」（前期・ⅠA）
奄（奄侯）：剛刧卣（尊）「王征奄」（前期・ⅠA）

禽簋（鼎）「王伐奄侯」（前期・ⅠB）

商図・東国図：宜侯夨簋「王省武王・成王伐商図、祉省東国図」（前期・ⅠB）

東夷：䨮鼎「隹王伐東夷」（前期・ⅡA）

楚荊：史牆盤「弘魯昭王、広能楚荊、隹奐南行」

鼒簋「鼒従王伐荊」（前期）

過伯簋「過伯従王伐反荊」（前期・ⅡA）

令簋「隹王于伐楚伯、在炎」（前期・ⅡA）

誨簋「琟叔従王、員征楚荊」（中期）

南征：誨鼎「隹叔従王南征」（前期）

小子生尊「隹王南征、在□」（前期）

犾馭簋「犾馭従王南征、伐楚荊」（中期）

啓尊「啓従王南征」

鄂侯馭方鼎「王南征、伐角□」（後期）

南山：啓卣「王出獣南山」

逨魚・潮黒：庸伯□簋「隹王伐逨魚、祉伐潮黒」（前期・ⅡB）

昏林：員方鼎「王獣于昏林」（中期）

南淮夷：虢仲盨「虢仲以王南征、伐南淮夷」（後期・ⅢA）

翏生盨「王征南淮夷、伐角津、伐桐遹」（後期・ⅢB）

文武勤疆土　　無𡱜簋　　「王征南夷」（後期・ⅢB）
南国𠬝子　　：宗周鐘　　「王肇遹省文武勤疆土」
玁狁　　　　：宗周鐘　　「王敦伐其至、撲伐厥（南国𠬝子）都」
東国・南国　：兮甲盤　　「王初各伐玁狁于𨛭盧」（後期・ⅢB）
　　　　　　：晋侯蘇鐘　「王親遹省東国・南国」

といった一覧を得ることができる。周王の軍事的活動は西周の全時代にわたり、かつその対象は他の青銅器銘に記録された王朝の主要な征討対象をほぼ網羅している。後に改めて検討を加えるように、周王はしばしばその居処を移し、そのことが「王在宗周（王　宗周に在り）」「王在成周（王　成周に在り）」といった表現で青銅器銘に記録されたことはよく知られた事実だが、その足跡は「遹省」「獣」「征」「伐」といった行為によって、はるか「四方」の地にまで達していたのである。

「四方」諸邦の王命からの離脱あるいは反乱は、王身—王位—王家—周邦—四方という王朝秩序の動揺を意味している。この秩序の動揺に対し、王朝は征討活動などの対策を講ずることになるが、それは単に王朝勢力による武力鎮圧にとどまるものではなく、右に見たように周王の移動までをも要請するものであった。宗周鐘銘に記された南国𠬝子の反乱が、南国𠬝子あるいは東夷・南夷二六邦の厲王への帰順・見事で収束したように、現し身の周王が自ら擾乱の地に赴くことの意味は、王命から離脱した勢力が再び周王に見事し、文王・武王より引き継がれてきた王朝秩序に復帰することを求め、またそれを確認することにあったと考えてよいだろう。平時にあっては、例えば匽侯旨鼎銘（前期・ⅠB）

匽侯旨初見事于宗周。王賞旨貝廿朋。用作姒宝障彝。
匽侯旨初めて宗周に見事す。王　旨に貝廿朋を賞す。用て姒の宝障彝を作る。

あるいは、応侯見工鐘銘（中後期・Ⅲ）

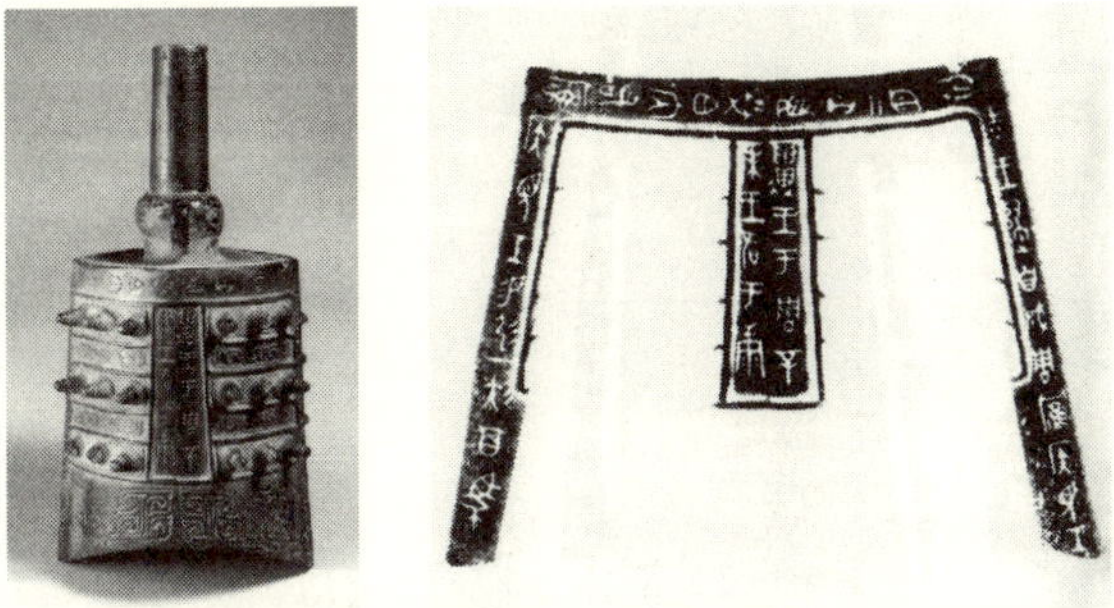

図7　応侯見工鐘　第1鐘

佳正二月初吉、王帰自成周。応侯見工遺王于周。辛未、王格于康。栄伯内右応侯見工。賜彤弓一・彤矢百・馬四匹。
これ正二月初吉、王　成周より帰る。応侯見工　王を周に遺《おく》る。辛未、王康に格る。栄伯内りて応侯見工を右く。彤弓一・彤矢百・馬四匹を賜う。

といった青銅器銘が示すように、「四方」諸邦の来見・見事、さらにそれに対する周王からの賜物によって確認されるべき王朝秩序は、その混乱時には逆に、王朝秩序の中核・源泉たる周王の移動によって回復・確認されていたのである。

　史牆盤銘に「綤圉なる武王、四方を遹征し」とあった。「四方」への武王の「遹征（遹省）」は、確かに『銘文選』が指摘したように厳密な意味での歴史的事実とはいえないだろう。(15) しかしながら注意すべきは、この史牆盤銘が過去を回顧する文章であり、そこにおいて周王の「遹省」が武王に遡るものと観念されていたという事実である。厲王をはじめとする歴代の周王たちは、「匍有四方」と回顧された武王にまで遡ると観念された「遹省」を自らもおこない、王朝秩序の動揺を回復しつつ「文武の勤めたまえる疆土」を支配していたのであった。

第三節　淮夷はもと我が貟晦の人

「四方」諸邦への征討活動を記録する青銅器銘には、しばしば「折首執訊」「獲馘」といった俘馘、さらに「俘―」といった表現による鹵獲品の獲得が記録されている。その一覧を表として示そう（四四～五頁）。

小盂鼎銘（前期）の鬼方征討における大量の俘馘が目を引くが、それをおくとしても、時として百を越える馘首、数十人の捕虜があったこと、さらに㦿簋銘「戎の俘人百又十又四人」（中期・ⅡB）、敔簋銘「俘人四百」（後期）、多友鼎銘「筍人の俘」「京𠂤の俘」（後期）といった、かつて戎狄に捕らえられた人民の奪還もありえたことが知られる。またそのような俘馘・俘人以外に、貝・銅・車馬・牛羊・兵器・青銅彝器などが鹵獲品として戎狄よりもたらされていた。表にあげた事例以外にも征討活動に言及する青銅器銘が多数存在することから、実際の俘馘あるいは鹵獲品が表のそれを上回っていたであろうことは想像に難くない。

征討活動によって得られた俘馘は、敔簋銘に「武公入右敔、告禽。馘百、訊卌（武公入りて敔を右け、禽を告ぐ。馘百、訊卌なり）」とあるように禽（擒）と総称された。不嬰簋銘（後期）

伯氏曰、…王命我、羞追于西。余来帰、献禽。

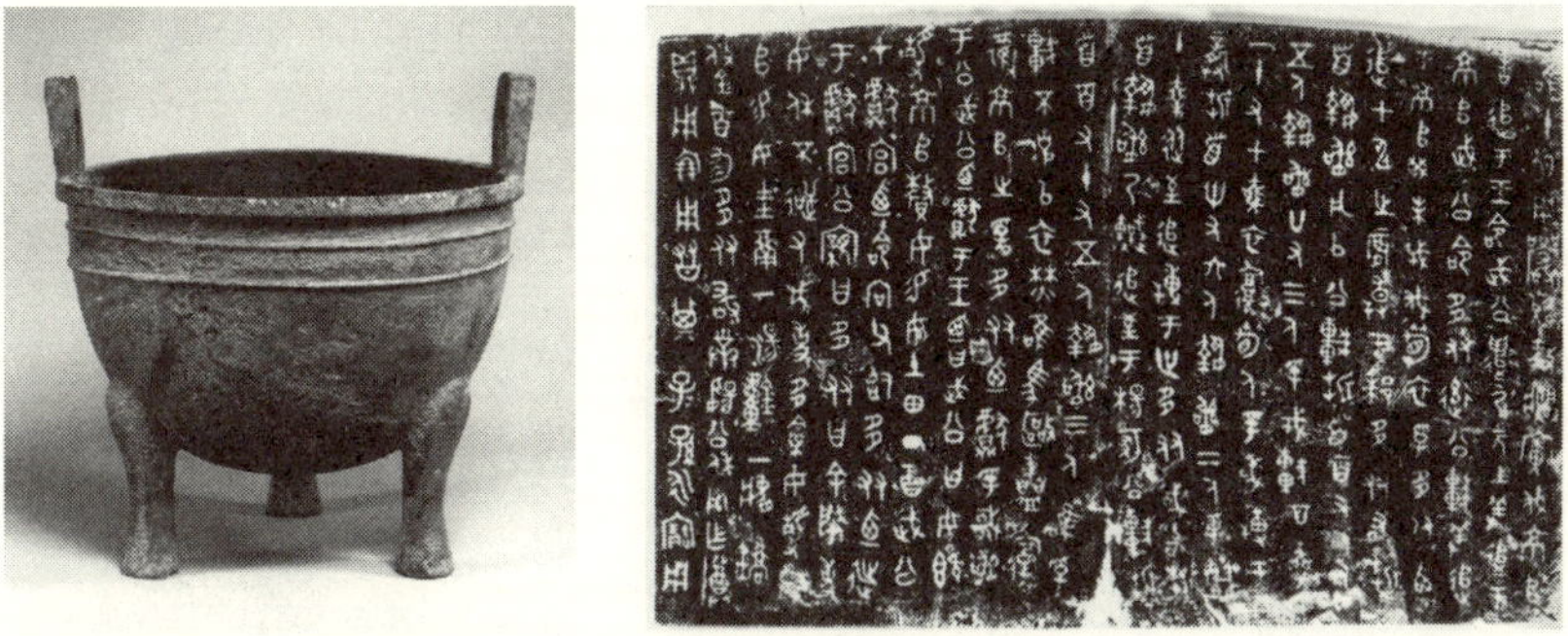

図8　多友鼎

伯氏曰く、…王　我に命じ、西に羞追せしめたまう。余　来り帰り、禽を献じたり。

あるいは、多友鼎銘

多友迺献俘・聝・訊于公。武公迺献于王。

多友すなわち俘・聝・訊を（武）公に献ず。武公すなわち王に献ず。

といった例が示すように、俘聝あるいは俘人は直接または上位者を経て最終的には周王に献上されていたと考えられる。(16) 小盂鼎銘「命盂、以厥聝入門、献西旅（盂に命じ、その聝を以て門に入り、西旅に献ぜしむ）」や虢季子白盤銘「𧻚々子白、献聝于王（𧻚々たる子白、聝を王に献ず）」（後期）は献聝にのみ言及するが、これらの事例もやはり禽の献上の一部と見なしてよいだろう。

一方、貝以下の鹵獲品の処置については、僅かに師同鼎銘（後期）

師同従、折首執訊。俘車馬五乗・□車廿・羊百。判用偕王、養于□。

師同従い、折首執訊あり。車馬五乗・□車廿・羊百を俘る。判《ひ》きて用て王に偕《すす》め、□に養う。

貝	銅	車　　馬	牛　　羊	兵　　器	その他
		馬□□匹 車卅両	牛三百五十五牛 羊卅八羊		
		馬百四匹 車百□両			
貝					
				戈	
	金				
					俘
	金				
貝					
				戎兵：盾矛戈弓備矢裨冑、凡百又卅又五款	
	金				
	吉金		牛羊		
	金				戎器
	戎金	車馬五乗 □車廿	羊百	剣廿	合卅・戎鼎廿・鏞五十
		戎車百乗一十又七乗			
		車十乗			
		車・馬			

した。

青銅器名	断　　代	征討対象	折首・獲馘	執訊・獲人	俘　　人
小盂鼎 1	前期	鬼方	馘四千八百□十二馘	酋二人 人万三千八十一人	
小盂鼎 2		鬼方	馘二百卅七馘	酋一人 人□□人	
䨮鼎	前期・ⅡA	東夷			
疐鼎	中期	東反夷			
過伯簋	前期・ⅡA	反荊			
䧹簋	前期	荊			
員卣（尊）	前期・ⅡA	会			
呂行壺	前期	北征			
㦺簋	中期・ⅡB	戎	馘百	訊二夫	戎俘人百又十又四人
仲偁父鼎	中期	南淮夷			
師寰簋	後期・ⅢB	淮夷	首	厥邦酋 訊 士女	
翏生盨	後期・ⅢB	南淮夷	首	訊	
敔簋	後期	南淮夷	首百	訊卌	俘人四百
師同鼎	後期		首	訊	
史密簋	（後期）	南夷		百人	
禹鼎	後期・ⅢB	鄂侯馭方		厥君馭方	
兮甲盤	後期・ⅢB	玁狁	首	訊	
多友鼎 1	後期	玁狁	首二百又□又五人	訊廿又三人	筍人俘
多友鼎 2		玁狁	首卅又六人	訊二人	
多友鼎 3		玁狁	首百又十又五人	訊三人	京𠂤之俘
不嬰簋	後期	玁狁	首	訊	
虢季子白盤	後期	玁狁	首五百	訊五十	
晋侯蘇鐘 1	宣王33年？	夙夷	首百又廿	訊廿又三夫	
晋侯蘇鐘 2		夙夷	首百	訊十又一夫	
晋侯蘇鐘 3		夙夷	首百又一十	訊廿夫	
晋侯蘇鐘 4		夙夷	首百又五十	訊六十夫	

1、銘文において単に「折首執訊」とのみ表現される場合は、それぞれ「首」「訊」に分かって表に示
2、同一銘文において複数回の征討活動に言及する場合は、それぞれ1・2…として区別した。

が車馬・羊等の献上を伝えるのみで、[17]詳細は必ずしも明らかにしえない。多友鼎銘「唯俘車不克以、衣焚、唯馬駆□（これ俘車以《ひき》う克わず、もって焚く。これ馬を駆□す）」を参照すれば、[18]車馬等に関しては征討の担当者にある程度自由な裁量が認められていたのかもしれない。また「金」すなわち銅については、過伯簋銘「俘金、用作宗室宝障彝（金を俘る、用て宗室の宝障彝を作る）」、員卣（尊）銘「員俘金、用作旅彝（員　金を俘る、用て旅彝を作る）」（前期・ⅡA）、翏生盨銘「俘金、用作旅盨（金を俘る、用て旅盨を作る）」などのように、「俘金」が直接青銅彝器鋳造にかけられることが多い。銅の賜与は青銅器銘に頻見し、例えば臣卿鼎（簋）銘「臣卿賜金、用作父乙宝彝（臣卿　金を賜る、用て父乙の宝彝を作る）」（前期）のように、やはりそれが青銅彝器鋳造にかけられるものであるならば、「俘金」は「賜金」に相当する意味を与えられ、青銅彝器製作に用いられたと推定できるかもしれない。

西周の全時代を通じて展開された征討活動によって、周王あるいは王朝の構成員に俘馘あるいは鹵獲品がもたらされたことは、それが周王あるいは王朝にとって財賦の獲得・再分配のチャンスであったことを示している。[19]しかしながら、そのことをもって王朝の侵略的側面をあまりに強調することには慎重であらねばならないだろう。前節で述べたように、王朝の征討活動は王朝秩序の混乱を回復し、王身—王位—王家—周邦—四方からなる秩序を維持するためのものであった。確かに禹鼎銘「撲伐鄂侯馭方、勿遺寿幼（鄂侯馭方を撲伐し、寿幼も遺すことなかれ）」（後期・ⅢB）と、徹底した征討が命ぜられる場合もありえたであろうが、やはりそれは例外的事例に属しており、宗周鐘銘に記された南国𠬝子の乱のように、反乱の征討活動は反乱者の周王への帰順・見事で収束するものであった。そもそも王朝の支配領域が「万邦」とも称されたように、周王朝は諸邦の存在とその併存を前提として成り立っていたのである。

征討活動によって再び王朝の秩序内に組み込まれた諸邦は、乖伯簋銘（後期）

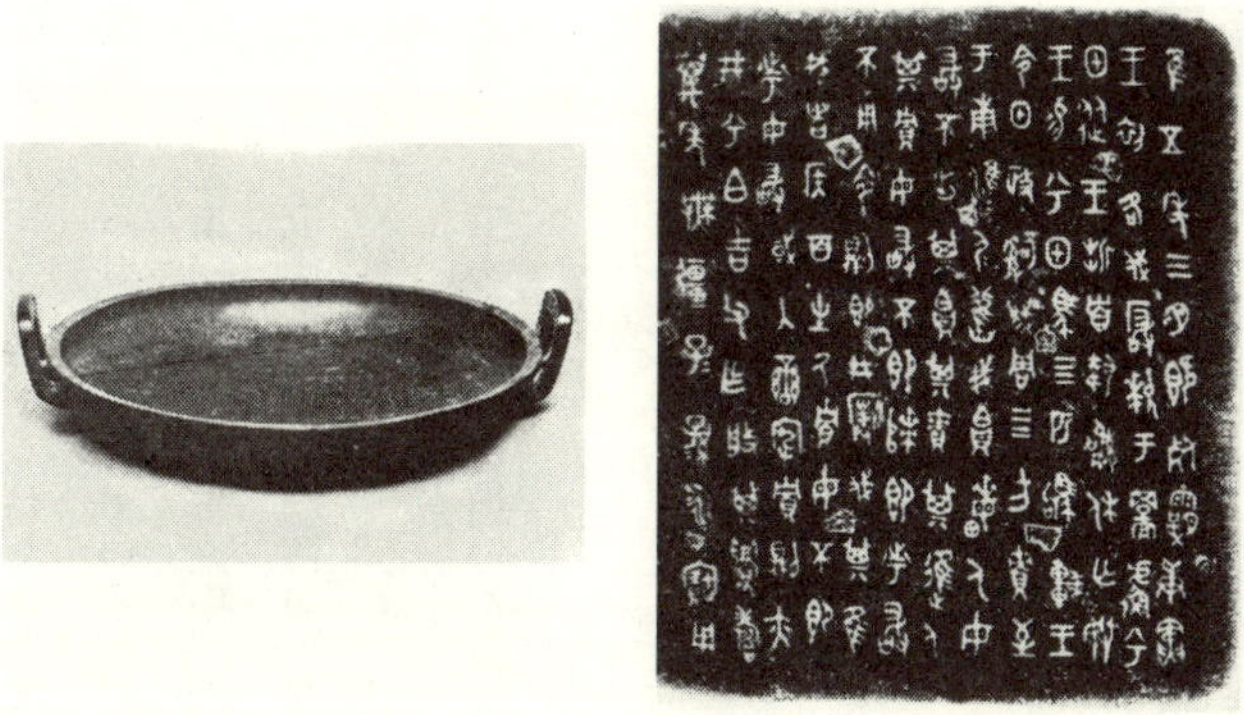

図9　兮甲盤

王命益公、征眉敖。益公至、告。二月、眉敖至見、献貟。

王　益公に命じ、眉敖を征せしむ。益公至り、告ぐ。二月、眉敖至り見えて、貟を献ず。

の眉敖のように、周王に見事し貢献の義務を果たさなければならなかった。眉敖の貢献した「貟」は、別に兮甲盤銘

王命甲。政嗣成周四方積、至于南淮夷。淮夷旧我貟晦人。毋敢不出其貟・其積・其進人。

王　甲に命ず。成周四方の積を政嗣し、南淮夷に至れ。淮夷は旧《も》と我が貟晦の人なり。敢えてその貟・その積・その進人を出さざる毋かれ。

にも見えており、そこにいう「淮夷は旧と我が貟晦の人」とは、淮夷が本来財賦を貢献する臣民であったという周王の認識を示している。[20]「その貟・その積・その進人」とは、淮夷の貢献物を具体的に列挙したもので、その特産物の類、そして徒隷の類を指すものと考えてよいだろう。[21]

兮甲盤銘に「成周四方の積を政嗣し、南淮夷に至れ」とあったように、淮夷などからの貢献物は「四方の積」として成周に集められた。成周は周の初

期から王朝の中央すなわち「中国」と観念された都城であり、[22]「四方の積」とは「四方」（「四国」）から「中国」へと集積される財賦を指している。しかしながら、この「中国」を、例えば『史記』周本紀「此れ天下の中にして、四方入貢の道里均し（此天下之中、四方入貢道里均）」のように、地理的な意味での「中国」とのみ理解する必要はないだろう。成周の地から「四方」諸邦にむかって「四方の命」が発せられていたことを想起するならば、「四方の命」に対応する「四方の積」とは、「四方の命」の源泉、すなわち周王にむかって集積される「四方」からの貢献物と考えるべきである。先に引いた駒父盨銘に、

豕不敢不敬畏王命。逆見我、厥献厥服。我乃至于淮、小大邦亡敢不□具逆王命。
豕《こた》えて敢えて王命を敬み畏れずんばあらず。逆《むか》えて我に見え、それその服を献ず。我すなわち淮に至るに、小大邦敢えて□し具に王命を逆えざるはなし。

とあったように、「服」すなわちその服事を貢献することは、王命を受け入れることによって生じる義務であった。ここに王命と貢献（命—献）、あるいは王命と服事（命—服）の対応関係を認めることができるだろう。

ところで、この王命と貢献という関係は、周王と諸邦との間にのみ存在していたのではない。王命を奉じた征討活動によって得られた俘馘あるいは鹵獲品の一部が周王へ献上される際にも、やはりそれと同様の関係を認めることができるのである。見やすい例として多友鼎銘を引こう。

唯十月、用玁狁放興、広伐京𠂤、告追于王。命武公、遣乃元士、羞追于京𠂤。武公命多友、率公車羞追于京𠂤。

これ十月、玁狁放《なら》び興り、京𠂤を広伐するを用て、王に告追す。（王）武公に命ず、乃《なんじ》が元士を遣し、京𠂤に羞追せよ、と。武公　多友に命じ、公の車を率いて京𠂤に羞追せしむ。

傍線を施したように、この度の玁狁征討の命令は、周王から武公、武公から多友へと伝達されたが、それによって得られた俘馘・俘人は、すでに引用したように、

多友迺献俘・馘・訊于公。武公迺献于王。

多友すなわち俘・馘・訊を（武）公に献ず。武公すなわち王に献ず。

として、多友から武公を経て周王へと献上されていた。周王↓武公↓多友という王命伝達の回路を逆流して、多友に与えられた服事たる征討活動の成果が献上されていることは明らかである。

王朝秩序の安定期には、周王と諸邦との間に「王命－献服」の関係が成立し、逆に王朝秩序の混乱期には、その諸邦征討の命令によって周王と臣下との間に「王命－献服」の関係が成立する。(23) 王朝秩序の安定・混乱のいずれにも拘わらず、王身から発せられて王家↓周邦↓四方へと拡がる王命の伝達回路は、同時にまたそれを逆流して王身へと収斂していく服事貢献の回路でもあった。

おわりに

「王命―献服」の回路によって王身へと集積された財賦は、周王からの賜物として再び周邦・四方へと流れ出た。いま一度、多友鼎銘を引用しよう。

迺曰武公曰、…賜汝土田。…武公在献宮。迺命向父、召多友。…公親曰多友曰、…賜汝圭瓚一・錫鐘一□・鐈攸百鈞。

（王）すなわち武公に曰いて曰く、…汝に土田を賜う、と。…武公　献宮に在り。すなわち向父に命じて、多友を召さしむ。…公親ら多友に曰いて曰く、…汝に圭瓚一・錫鐘一□・鐈攸百鈞を賜う、と。

土田そして圭瓚などと形を変えつつも、周王の賜与は武公を経て多友へと及んでいる。先に引いた応侯見工鐘銘

王帰自成周。応侯見工遺王于周。辛未、王格于康。栄伯内右応侯見工。賜彤弓一・彤矢百・馬四匹。

王　成周より帰る。応侯見工　王を周に遺《おく》る。辛未、王　康に格る。栄伯内りて応侯見工を右《たす》く。彤弓一・彤矢百・馬四匹を賜う。

に見える応侯見工への彤弓一・彤矢百・馬四匹の賜与は、周王から諸邦への賜与の実例となるだろう。この周王から

諸邦・臣下への賜与を先に指摘した「王命−献服」の回路に重ねてみるならば、周王と諸邦あるいは臣下との間には、

周王−〈王命〉→諸邦・臣下−〈献服〉→周王−〈賜与〉→諸邦・臣下

という循環回路が形成されていたと考えることができる(24)。

文王受命・武王克殷につらなる正統性を体現した現し身の周王は、武王に遡ると観念された「遹省」を自らもおこなうとともに、その支配領域を構成する諸邦あるいは臣下との間に、王命→献服→賜与という循環回路をはりめぐらせ、それによって先王より引き継いだ王朝の秩序を維持していたのである。

（1）羅西章一九九八aは、本文に言及した厲王自作器三器と王盂「王作葊京中寝帰盂（王 葊京中寝の帰盂を作る）」の計四器を「目前我国発現的四件西周重要王器」と評価している。

（2）「㝬、其万年、永畯尹四方（㝬よ、それ万年までも、永畯《なが》く四方を尹《ただ》し）」「隹王五祀（これ王の五祀）」といった表現を確認することはできる。

（3）豊田久一九七九。また同一九九八には本章での議論にかかわる多くの論点が提出されている。本章との比較を含めて参照されたい。

（4）『春秋左氏伝』昭公九年に「王使詹桓伯辞於晋、曰、我自夏以后稷、魏・駘・芮・岐・畢、吾西土也。及武王克商、蒲姑・商奄、吾東土也。巴・濮・楚・鄧、吾南土也。肅慎・燕・亳、吾北土也」とあり、やはり武王克殷以後の支配領域の拡大は東土・南土・北土にかけて回顧されている。

（5）史牆の一代後の𤼈が作った𤼈鐘銘（中期・Ⅲ）は、史牆盤銘をリライトして「曰古文王、初盭龢于政。上帝降懿徳、大甹、

匍有四方、合受万邦（曰古なる文王、初めて政に盭龢せり。上帝　懿徳を降し、大いに甹り、四方を匍有し、万邦を合わせ受けしめたり）」と記している。

(6)「有周」の語は、他に井侯簋銘「無終命于有周（命を有周に終うること無く）」（前期・ⅡA）、毛公鼎銘「肆皇天亡旲、臨保我有周（ゆえに皇天旲うことなく、我が有周に臨保したまう）」にも見えている。

(7) 他に班簋銘（中期・ⅡA）および番生簋銘（後期・ⅢA）にも「甹王位」との表現が見える。

(8) 他に師訇簋銘「率以乃友、扞禦王身（乃《なんじ》が友を率《ひき》い、王の身を扞禦せよ）」、師克盨銘「王若曰、師克、…則繇隹乃先祖考、有爵于周邦。扞禦王身、作爪牙（王若く曰く、師克よ、…則ちもとこれ乃《なんじ》が先祖考、周邦に爵有り。王の身を扞禦し、爪牙と作れり）」といった例がある。

(9) 蔡簋銘（後期）に「死嗣王家。外内毋敢有不聞。嗣百工、出納姜氏命（王家を死嗣せしむ。外内するに敢えて聞せざること有る毋かれ。百工を嗣《つかさど》り、姜氏の命を出納せよ）」とある。姜氏は王后と考えられるので、姜氏の命は広義の王命と判断できよう。この姜氏の命を出納しているのは「王家」の管轄を命ぜられた蔡であった。

(10) 小臣守簋銘「王使小臣守使于□（王　小臣守をして□に使いせしむ）」、仲幾父簋銘「仲幾父使幾使于諸侯・諸監（仲幾父幾をして諸侯・諸監に使いせしむ）」（後期）なども使者派遣の例である。なお使者に対する賓贈については、豊田久一九九二を参照のこと。

(11) 白川静一九六九巻二下「遹」条に「遹省・遹正は何れも軍事的な目的をもつ査察行為をいう」とある。

(12)『通釈』六二大盂鼎に「『用狩』とは、上文の遹省を承ける語である。…おそらく南公はかつてその旂を樹てて遹省に従って功あり、それでその旂を盂に賜うて、その事功を嗣ぐことを命じたものであろう」という。

(13) 斉文濤一九七二。『研究』同時作銘青銅器表九九。

(14) 康侯簋銘「王朿伐商邑（王　商邑を朿伐す）」（前期・ⅠA）、利簋銘「武征商（武　商を征す）」（前期・ⅠA）など。

(15)『銘文選』(三)二二五牆盤に「或云作征伐解、但武王克商二年而崩、絶未有征伐四方之事」とある。

(16) 敔簋銘に「奪俘人四百…復付厥君（俘人を奪うこと四百なり。…その君に復付す）」とあるように、俘人はその支配者に還付されることもありえた。

(17)『銘文選』(三)四五五師同鼎に「牽以進奉于王、養之于□」と解釈するのに従う。この部分について、陝西周原扶風文管所一九八二は「前来向王報告、在□這個地方進献戦利品」、王輝一九八三は「帯着俘獲的車・羊等到山坡上向王君進献」と解釈する。また李学勤一九八三は「意即把所俘取的羊殺了進献為王的膳食」と解釈し、李零一九九二は「在□地把上述戦利品献于王」と解釈している。「判」字の解釈にゆれがあるが、周王への進献という点では一致している。

(18)『銘文選』(三)四〇八多友鼎に「所俘戎車不能用、焚之」「殺戎人之馬」と解釈する。

(19)西周期における「俘金」ならびに銅の賜与の意味については、吉本道雅一九九一a・同一九九七を参照のこと。

(20)『銘文選』(三)四三七兮甲盤に「淮夷従来是向我貢納財賦的臣民」と釈す。別に師寰簋銘(後期・ⅢB)にも「淮夷繇我貟晦臣(淮夷はもと我が貟晦の臣)」の表現が見える。

(21)『通釈』一九一兮甲盤に「淮夷は特別に織成した帛と、その地の農産物を賦貢する義務を、従前より課せられていた」、「淮夷の賦貢義務はその特産品のみにとどまらず、労働力の供給、すなわち徒隷の類を進貢する義務も課せられており、それが『其進人』である」との指摘がある。

(22)𣪘尊(前期・ⅠA)に「隹王初遷宅于成周。…隹武王既克大邑商、則廷告于天、曰、余其宅茲中国、自之辥民(これ王初めて遷りて成周に宅る。…これ武王既に大邑商に克ち、則ち天に廷告して曰く、余それこの中国に宅り、これより民を辥《おさ》めん、と)」とあるように、成周は周初よりすでに「中国」と観念されていた。『尚書』召誥あるいは洛誥の「其自時中乂」、『逸周書』作雒解の「作大邑成周于土中」といった表現も同様の意味である。

(23)吉本道雅一九九七には「西周王朝はとりわけ軍事行動への動員を契機に、権力機構の実態に他ならない、王を頂点に戴く人的結合関係を再確認した」(八五~六頁)との指摘がある。

(24)前六三二年の踐土の盟にあたって、『春秋左氏伝』僖公二八年に「丁未、(晋侯)献楚俘于王、駟介百乘、徒兵千。鄭伯傅王、用平礼也。己酉、王享醴、命晋侯宥。王命尹氏及王子虎・内史叔興父策命晋侯為侯伯。賜之大輅之服・戎輅之服・彤弓一・彤矢百・旅弓矢千・秬鬯一卣・虎賁三百人」との記録が残されている。ここでもやはり晋侯から周王への献俘、周王から晋侯への賜与という関係が見てとれる。

第二章　周王の「都」

はじめに

「遹省」「獣」「征」「伐」といった行為によって、周王の足跡は「四方」の地にまで達していたが、その際の周王の所在地は「在」「格」「至」といった文字によって示されるのが一般的である。「第Ⅰ部の課題」で引いた晋侯蘇鐘銘では、

正月既生霸戊午、王　宗周より歩し、
二月既望癸卯、王　成周に入り格《いた》る。
二月既死霸壬寅、王　東に殿往し、
三月方死霸、王　□に至り、分行す。
王　𩵦城に至り、
王　晋侯蘇の自に至る。

王の至るや、淖々列々として夷出奔す。
王これ返り帰りて、成周の公族整自宮に在り。
六月初吉戊寅、旦、王　大室に格り、位に即く。
丁亥、旦、王　邑伐宮に御す。
庚寅、旦、王　大室に格る。

のように、十一回にわたって「在」「格」「至」などの文字を用いて周王の所在地が言及されていたのであった。
ところで、晋侯蘇鐘銘では「二月既死覇壬寅、王　東に殿往し」から「王の至るや、淖々列々として夷出奔す」までが狭義の軍事行動の記録となるが、この部分にのみ「至」字が使用され、その前後の「在」「格」字と意識的に使い分けられていることには注意を払っておく必要がある。「至」字の用例には、前章で引いた宗周鐘銘「南国𠬝子敢陥虐我土。王敦伐其至、撲伐厥都（南国𠬝子敢えて我が土を陥虐す。王　敦伐してそれ至り、その都を撲伐す）」（後期・Ⅲ）、啓卣銘「王出獣南山、□□山谷、至于上侯□川上（王　出でて南山に獣《か》りし、山谷を□□し、上侯の□川の上に至る）」（前期・ⅡB～ⅢA）などのように、軍事的行動にかかわるものが多いのである。同様の用例は、他に禹鼎銘（後期・ⅢB）

亦唯鄂侯馭方率南淮夷・東夷、広伐南国・東国、至于歴内。
またこれ鄂侯馭方　南淮夷・東夷を率いて、南国・東国を広伐し、歴内に至る。

が南淮夷・東夷の所在に言及する場合にも確認することができる。

これに対して「在」あるいは「格」字は、例えば大克鼎銘（後期・ⅢB）に、

> 王在宗周。旦、王格穆廟、即位。𤔲季右善夫克、入門、位中廷、北嚮。王呼尹氏、冊命善夫克。王若曰、…。
>
> 王 宗周に在り。旦、王 穆廟に格り、位に即く。𤔲季 善夫克を右け、門に入り、中廷に位し、北嚮す。王 尹氏を呼び、善夫克に冊命せしむ。王若く曰く、…。

とあるように、冊命儀礼などの非軍事的な局面での使用例が圧倒的多数をしめている。晋侯蘇鐘銘における「在」「格」字もまた成周における儀礼の場面で使用されており、その通例に沿った用法であるといえるだろう[1]。

前章では、「遹省」あるいは「獣」「征」「伐」などの軍事的行動によって「四方」の地にまで及んでいた周王の足跡を確認した。本章では、そのような軍事的局面とは異なる、いわば非軍事的な局面における周王の所在地についての考察を試みたい。晋侯蘇鐘銘にみえる「至」字と「在」「格」字の使い分けを参照するならば、それは主に「在」「格」字によって示される周王の所在地について検討を加えるということである。

第一節　周王の所在

現時点で、「王在」あるいは「王格」の表現を含む青銅器銘は一〇〇例以上確認することができる。周王の所在については、「はじめに」で引いた大克鼎銘

王在宗周。旦、王格穆廟、即位。

王　宗周に在り。旦、王　穆廟に格《いた》り、位に即く。

あるいは頌鼎（簋・壷）銘（後期・ⅢB）

隹三年五月既死覇甲戌、王在周康昭宮。旦、王格大室、即位。宰引右頌、入門、位中廷。尹氏授王命書。王呼史虢生、冊命頌。王曰、…。

これ三年五月既死覇甲戌、王　周の康昭宮に在り。旦、王　大室に格り、位に即く。宰引　頌を右け、門に入り、中廷に位す。尹氏　王に命書を授く。王　史虢生を呼び、頌に冊命せしむ。王曰く、…。

といった青銅器銘から見てとれるように、はじめに「王在」の表現によって地名ないしは施設名が示され、次いで「王格」の表現によって儀礼が執り行われる空間が示されるのが一般的である。ただし、例えば康鼎銘「王在康宮（王　康宮に在り）」（中期後期・ⅢA）と衛簋銘「王格于康宮（王　康宮に格る）」（中期・ⅢA）の両銘からうかがえるように、「在」字と「格」字が指示する対象は時として流動的であり、必ずしも厳密に区別しうるものでもない。従って、本章では特に「在」「格」両字の字義を問題とはせず、ともに周王の所在地を指し示す文字として処理することとする。

「在」字あるいは「格」字によって指し示される周王の所在地は、以下の五つに分類・整理することができるだろう。

一、宗周・成周（新邑）・周・葊京といった王朝の「都」
二、大廟・康廟・穆廟・康宮・大室などの施設名
三、𩁹自・商自などの「自」をともなう地名
四、上侯应・减应・杜应などの「应」をともなう地名
五、その他、豊・畢・鄭・呉・華・魯（魯郷）などの地名

図10　利簋

これら五つに分類された周王の所在地のうち、分類（三）の「自」をともなう地名、ならびに分類（四）の「应」をともなう地名は、「遹省」あるいは「獣」「征」「伐」といった周王の軍事的行動とも密接にかかわる地名であった。「自」は、晋侯蘇鐘銘に「王　晋侯蘇の自に至る」とあったように、軍事集団ないしはその駐屯地を意味するものと考えられており[2]、利簋銘（前期・ⅠＡ）

武征商。…辛未、王在𩁹自。賜有事利金。

武（王）　商を征つ。…辛未、王　𩁹自に在り。有事利に金を賜う。

に見える𩁹自もまた、克殷という一連の軍事行動のなかで、儀礼を執り行う武王

の所在地として言及されている。[3] 青銅器銘からは「𠂤」をともなう地名として、他に、

成𠂤　…小臣単觶（前期・ⅠA）
盩𠂤　…旅鼎（前期）
炎𠂤　…召卣（尊）（中期・ⅡA）
䍙𠂤・牧𠂤　…小臣謎簋（前期・ⅡA）
古𠂤　…禹甗（中期・Ⅱ）・彔䧹卣（中期・ⅡB）・臤尊（中期）・稽卣（中期）
高𠂤　…䧹方鼎（中期・ⅡB）・䧹簋（中期・ⅡB）
䜌𠂤　…趞簋（中期・ⅡB）
京𠂤　…克鐘（鎛）（後期・Ⅲ）・多友鼎（後期）

などを拾いだすことができるが、これらはおしなべて軍事的局面において言及される地名であり、「𠂤」が軍事的性格を帯びていたことは否定しがたい。晋侯蘇鐘銘に「王　晋侯蘇の𠂤に至る」とあり、また穆公簋銘（中期）に、

隹王初如□、迺自商𠂤復還、至于周。

これ王初めて□に如き、すなわち商𠂤より復り還りて、周に至る。

とあるように、[4] 周王は必要に応じてこれら「𠂤」を経巡っていたのである。

一方、分類（四）の「应」をともなう地名は、例えば不晳方鼎銘（中期・Ⅱ）

　　隹八月既望戊辰、王在上侯应、𡚬祼。不晳賜貝十朋。

　　　これ八月既望戊辰、王　上侯应に在りて、𡚬祼す。不晳　貝十朋を賜る。

に上侯应として登場するが、この上侯は「はじめに」で引いた啓卣銘「王　出でて南山に獣《か》りし、山谷を□□し、上侯の□川の上に至る」に見える上侯と同一地であろうとされている。[5]「遹省」あるいは「獣」「征」「伐」といった軍事的行動との関連において、「应」が「四方」の地にまで展開していたことは、別に中方鼎銘（前期）

　　隹王命南宮、伐反虎方之年。王命中、先省南国、貫行、埶王应。

　　　これ王　南宮に命じ、反せる虎方を伐たしめたまえる年。王　中に命ず、先んじて南国を省し、貫行して、王の应を埶《おさ》めよ、と。

あるいは、静方鼎銘（李学勤一九九七a・同一九九七b、徐天進一九九八）

　　隹十月甲子、王在宗周。命師中眔静、省南国、相埶应。八月初吉庚申、至告于成周。

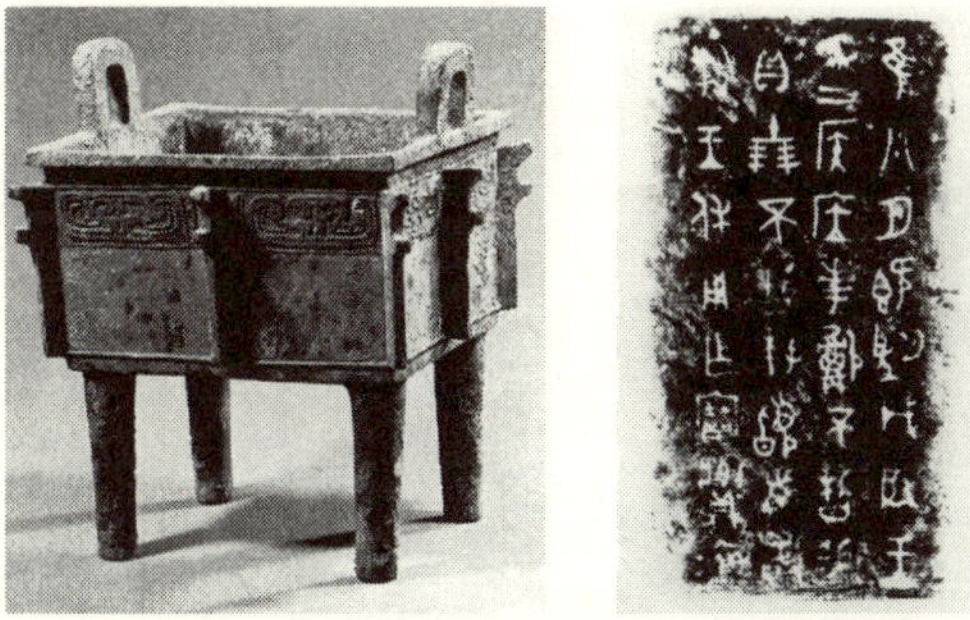

図11　不晳方鼎

図12　静方鼎　出光美術館蔵

これ十月甲子、王　宗周に在り。師中と静とに命じ、南国を省し、应を相埶せしむ。八月初吉庚申、至りて成周に告ぐ。

の記述からも確認することができる。「应」は各地を経巡る周王の行宮ないしは離宮のごときものと考えてよいだろう[6]。

ところで、この行宮ないしは離宮としての「应」に、儀礼を執り行うための施設が存在していたことは、元年師旋簋銘（後期・ⅢA）

隹王元年四月既生霸、王在淢应。甲寅、王格廟、即位。遅公入右師旋、即位中廷。王呼作冊尹（克）、冊命師旋。

これ王の元年四月既生霸、王　淢应に在り。甲寅、王　廟に格り、位に即く。遅公入りて師旋を右け、位に中廷に即く。王　作冊尹（克）を呼び、師旋に冊命せしむ。

に淢应の廟が登場し、師虎簋銘（中期・ⅡB）

隹元年六月既望甲戌、王在杜应、格于大室。井伯内右師虎、即位中廷、北嚮。王呼内史呉曰、冊命虎。

これ元年六月既望甲戌、王　杜应に在り、大室に格る。井伯内りて師虎を右け、位に中廷に即き、北嚮す。王内史呉を呼びて曰く、虎に冊命せよ、と。

に杜应の大室が登場することから明らかである。この二つの青銅器銘は減应の廟あるいは杜应の大室における冊命儀礼を記録しているが、注目すべきは、その儀礼の記録においても周王の所在が「在」「格」字で指し示されていることである。これもやはり、「はじめに」で述べた「在」「格」字の通例にそった用法であり、長甶盉銘（中期・ⅡA）

隹三月初吉丁亥、穆王在下減应。穆王饗醴。即井伯、大祝射。穆王蔑長甶、以逨即井伯。

これ三月初吉丁亥、穆王　下減应に在り。穆王饗醴す。井伯に即きて、大祝射す。穆王　長甶を蔑し、以《とも》に逨《きた》りて井伯に即かしむ。

に記録された下減应における饗醴もまた、「王在」の表現をともなっているのである。

周王の所在地として言及された「𠂤」あるいは「应」は、軍事集団ないしはその駐屯地、あるいは「四方」の地にまで展開する行宮ないしは離宮として、王朝の軍事的政治的拠点としての属性を備えていた。周王は「遹省」あるいは「獣」「征」「伐」といった軍事的行動によって、これらの地を経巡っていたが、同時にそこでは、元年師旋簋銘・師虎簋銘に記録された冊命儀礼や、長甶盉銘に記録された饗醴なども執り行われていたのである。さらに利簋銘に記録された𩁹𠂤における有事利への賜与、あるいは不旨方鼎銘に記録された上侯应における𡕝祼の儀礼もまた、「王在」の表現をともなっていた。「王在□𠂤」や「王在□应」の表現を含む青銅器銘からは、「四方」にまで拡がる諸々の地を経巡り、さまざまな儀礼を執り行う周王のイメージが喚起される。次いで節を改めて、先に周王の所在地としてあげておいた分類の（一）（二）（五）へと話をうつし、経巡る王の姿を改めて確認することにしたい。

第二節　周王朝の「都」

第一節で示した周王所在地のうち、分類（一）の宗周・成周（新邑）・周・葊京はいわゆる周王朝の「都」と考えられてきた地名である。岐山南麓の周原より興った周王朝は、文王治下に豊京、武王治下に鎬京へと「遷都」し、克殷後、東方経営の拠点として成周（洛邑）を造営したとされる。成周は造営当初「新邑」とも称されたが、[7]「隹王五祀」（成王五年）の紀年をもつ𡧍尊銘（前期・ⅠA）に、

隹王初遷宅于成周。…在四月。丙戌、王誥宗小子于京室、曰、…隹武王既克大邑商、則廷告于天、曰、余其宅茲中国、自之辥民。

これ王初めて遷りて成周に宅る。…四月に在り。丙戌、王　宗小子に京室に誥げて曰く、…これ武王既に大邑商に克ち、則ち天に廷告して曰く、余それこの中国に宅り、これより民を辥《おさ》めん、と。

図13　𡧍尊

とあるように、成王治下には既に成周の名でもって呼ばれていた。[8]この成周に対して、鎬京が宗周と呼ばれたことは諸家のほぼ認めるところであるが、この成周・

宗周とは別に、青銅器銘からは、例えば西周前期の柞伯簋銘（王龍正・姜濤・袁俊烈一九九八）

隹八月、辰在庚申。王大射、在周。王命南宮率王多士、師魯父率小臣。王徲赤金十板。王曰、…。

これ八月、辰は庚申に在り。王大射するに、周に在り。王　南宮に命じて王の多士を率い、師魯父に小臣を率いしむ。王　赤金十板を徲《そな》う。王曰く、…。

図14　柞伯簋

あるいは、善夫山鼎銘（後期・ⅢB）

隹卅又七年正月初吉庚戌、王在周、格図室。南宮乎入右善夫山、入門、位中廷、北嚮。王呼史桒、冊命山。王曰、…。

これ卅又七年正月初吉庚戌、王　周に在り、図室に格る。南宮乎入りて善夫山を右け、門に入り、中廷に位し、北嚮す。王　史桒を呼び、山に冊命せしむ。王曰く、…。

のように、西周の全時代を通じて「周」という地名を拾いだすことができる。この「周」については尹盛平氏に専論があり（尹盛平一九八三）[9]、そこでは宗周・成周・周がそれぞれ排他的な別個の地名であったこと[10]、鳳雛村・召陳村の宮廟遺址や多数の青銅彝器窖蔵などの発見が示すように、岐山周原の地は西周中期以降にあっても最大の「都市」のひとつであったこと[11]などを根拠として、「周」を岐山周原の岐周とする見解が示されている。

静幽高祖、在微霊処。雩武王既𢦏殷、微史剌祖、迺来見武王。武王則命周公、舎寓于周、卑処。

静幽なる高祖、微の霊《よ》き処に在り。武王　既に殷を𢦏《う》つにおいて、微の史たる剌祖、すなわち来たりて武王に見ゆ。武王則ち周公に命じ、寓を周に舎し、処らしめたり。

と、自らの一族の来歴を記す史牆盤（中期・Ⅱ）が、周原に位置する扶風県荘白村の窖蔵から出土したこと[12]、さらに鳳雛村出土の周原甲骨（H十一：一一七）に、

曰、祠、自蒿于周。

とあり（徐錫台一九八七、陳全方一九八八）、蒿（鎬京）から周へと移動して祭祀が執り行われたことが記録されること[13]などを勘案すれば、尹氏の主張が最も説得的であると判断される。本書では尹氏の主張に従い、「周」を岐山周原すなわち岐周と考えておくことにする。

周王朝の「都」としてあげた地名のうち、最後の葊京はやや特殊である。葊京では井鼎銘（前期中期）

隹七月、王在葊京。辛卯、王漁于□池。呼井従漁。攸賜魚。

これ七月、王　𦎫京に在り。辛卯、王　□池に漁す。井を呼び従いて漁せしむ。攸《もっ》て魚を賜う。

あるいは、遹簋銘（中期・ⅡA）

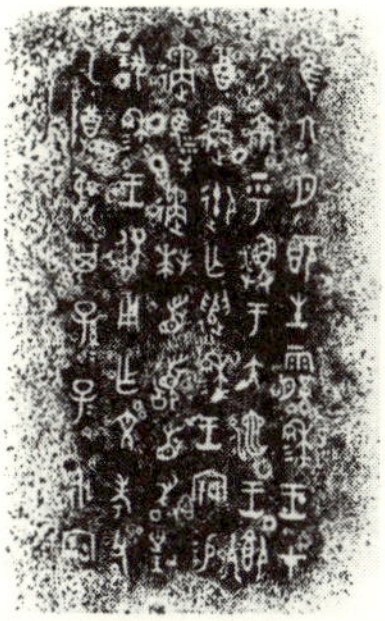

図15　遹簋

隹六月既生霸、穆王在𦎫京。呼漁于大池。王饗酒、遹御亡譴。穆王親賜遹觲。

これ六月既生霸、穆王　𦎫京に在り。呼びて大池に漁せしむ。王饗酒し、遹御して譴亡し。穆王親ら遹に觲《とり》を賜う。

といった「漁」「賜魚」などの儀礼が執り行われ、また静簋銘（中期・ⅡB）

隹六月初吉、王在𦎫京。丁卯、王命静、嗣射学宮。小子眔服眔小臣眔夷僕学射。

これ六月初吉、王　𦎫京に在り。丁卯、王　静に命じ、射を学宮に嗣らしむ。小子と服と小臣と夷僕　射を学う。

のように射礼が執り行われるなど、[14] 宗周・成周・周とはいささか趣を異にした雰囲気が感じられる。[15] 従来、𦎫京の地は豊京・鎬京の近隣に求められるのが一般的であったが、[16] 一九九四年に扶風県荘白村で発見された西周前期の王盂銘に、王作莽京中寝帰盂。

王　莽京中寝の帰盂を作る。

とあったことから、近年はこの莽京を周（岐周）近郊の地名（宮名）とする説も主張されはじめている。[17] 莽京にのみ「京」字が用いられることを含め、その地望・機能について最終的な結論を得ることは困難であるので、[18] ここでは一応、莽京を宗周あるいは周（岐周）近隣の「都」に準じた地名と理解しておくにとどめる。

以上、周王朝の「都」とされる地について簡単に見てきた。これらの王「都」には、例えば先に引いた大克鼎銘の穆廟や善夫山鼎銘の図室など、様々な施設が配置され周王の儀礼に供されていた。周王の所在地の分類（一）および（二）について、「王在」あるいは「王格」の表現をともなうものに限定して示せば、

宗周

大廟　：趞簋　「王在宗周。戊寅、王格于大廟」など

穆廟　：大克鼎　「王在宗周。旦、王格穆廟」

大師宮　：善鼎　「王在宗周。王格大師宮」（中期）

成周

大廟　：敔簋　「王格于成周大廟」（後期）

嗣土淲宮　：十三年瘐壺　「王在成周嗣土淲宮、格大室」（中期・ⅢA）

𤔲土□宮　：鮮鐘　「王在成周𤔲土□宮」（後期・Ⅲ）
公族整𠂤宮：晋侯蘇鐘　「王隹返帰、在成周公族整𠂤宮」
邑伐宮　：晋侯蘇鐘　「王御于邑伐宮」
大室　：静方鼎　「王在成周大室」

周

大廟　：免簋　「王在周。昧爽、王格于大廟」（中期）など
康廟　：元年師兌簋　「王在周、格康廟」（後期・ⅢB）
康宮　：中簋　「王在周康宮、格大室」（中期）など
康宮新宮：望簋　「王在周康宮新宮。旦、王格大室」（中期）
康昭宮　：頌鼎（簋・壺）　「王在周康昭宮。旦、王格大室」など
昭宮　：鄸簋　「王在周昭宮」（後期）
康穆宮　：善夫克盨　「王在周康穆宮」（後期・ⅢB）など
康宮徲大室：鬲従鼎（簋）　「王在周康宮徲大室」（後期・ⅢB）
康宮徲宮：此鼎（簋）　「王在周康宮徲宮。旦、王格大室」（後期・ⅢA）など
康徲宮　：成鐘　「王在周康徲宮」(19)
康剌宮　：克鐘（鎛）　「王在周康剌宮」
般宮　：七年趞曹鼎　「王在周般宮。旦、王格大室」（中期・ⅡB）
新宮　：十五年趞曹鼎　「共王在周新宮」（中期・ⅡB）など

駒宮　：九年衛鼎　「王在周駒宮、格廟」（中期）

師𤔲馬宮[20]　：師瘨簋　「王在周師𤔲馬宮、格大室」（中期・ⅢA）

師彔宮　：㾓盨　「王在周師彔宮、格大室」（中期・ⅢA）など

師量宮　：大師虘簋　「王在周師量宮。旦、王格大室」（中期・ⅡB）

師汙父宮　：牧簋　「王在周。在師汙父宮、格大室」（中期）

大室　：裘衛簋　「王在周、格大室」（西周・ⅡB）など

成大室　：呉方彝　「王在周成大室。旦、王格廟」（中期）

穆王大室　：曶鼎　「王在周穆王大室」（中期）

穆大室　：伊簋　「王在周康宮。旦、王格穆大室」（後期・ⅢB）

図室　：善夫山鼎　「王在周、格図室」

康寝　：師遽方彝　「王在周康寝」（中期・Ⅱ）

康　：応侯見工鐘　「応侯見工遺王于周。辛未、王格于康」（中後期・Ⅲ）

葊京

湿宮　：伯姜鼎　「王在葊京湿宮」（前期）など

学宮　：静簋　「王在葊京。丁卯、王命静、𤔲射学宮」

上宮　：賸匜　「王在葊上宮」（後期・ⅢA）

大室　：弭叔簋　「王在葊、格于大室」（後期・ⅢA）

中寝　：王盉　「王作葊京中寝帰盉」

といった施設の一覧を得ることができる。またこの他に、成周には京室[21]・京宮・康宮・王[22]といった施設が存在していたことも知られている。一見して、周（岐周）にかかわるものが多いことに気付くが、これは尹氏が指摘するように、この地に多数の有力氏族が集住し、大量の窖蔵青銅彝器を残したことによるものだろう。逆に現存する青銅器銘の数をとりあえず無視するならば、これらの地にはすべて廟・宮といった施設が存在し、そこで様々な儀礼が執り行われていたことが知られる。宗周を王朝の「都」であると認めるならば、成周もやはり「都」であり、さらに周（岐周）もまた「都」といえるはずである。西周のほぼ全時代を通じて、「王在宗周」「王在成周」「王在周」といった表現が観察できるように、周王はこれらの王「都」を経巡り、それぞれの地で様々な儀礼を執り行っていたのであった。

分類の（一）（二）にあげた地名・宮廟名が王「都」にかかわるものといえるならば、分類（五）にあげた諸地についてはどのように考えるべきであろうか。「王在」で言及されたこれらの地は、さほど多くの史料を残してはいないが、例えば瘨鼎銘（中期）

佳三年四月庚午、王在豊。王呼虢叔、召瘨、賜駒両。

これ三年四月庚午、王　豊に在り。王　虢叔を呼び、瘨を召さしめ、駒両を賜う。

の豊は一般に文王の豊京と考えられており、段簋銘（中期）

唯王十又四祀十又一月丁卯、王在畢、烝。戊辰、曾。王蔑段曆。

　これ王の十又四祀十又一月丁卯、王　畢に在りて、烝す。戊辰、曾す。王　段の曆を蔑す。

の畢は文王・武王・周公旦の葬られた地と伝えられている。(23) 豊・畢には王朝あるいは王室との深いかかわりが想定できるだろう。また鄭についていえば、免卣（尊）銘（中期・ⅡB～ⅢA）

　隹六月初吉、王在鄭。丁亥、王格大室。井叔右免。王蔑免曆。命史懋、賜免載市・冋黄、作嗣工。

　これ六月初吉、王　鄭に在り。丁亥、王　大室に格る。井叔　免を右く。王　免の曆を蔑す。史懋に命じ、免に載市・冋黄を賜わしめ、嗣工と作す。

によって、この地に大室が存在していたことが確認できるし、師酉簋銘（中期・ⅢB）

　隹王元年正月、王在呉。格呉大廟。公族□釐入右師酉、位中廷。王呼史穡、冊命師酉。

　これ王の元年正月、王　呉に在り。呉の大廟に格る。公族□釐入りて師酉を右け、中廷に位す。王　史穡を呼び、師酉に冊命せしむ。

からは、呉の地に大廟が存在していたことが確認できる。「在」「格」字によって周王の所在が示され、その地の大室あるいは大廟において儀礼が執り行われる点についていえば、鄭あるいは呉は王「都」とされる宗周以下の地と選ぶところがないのである。

分類（五）にあげた地には、他に華・魯（魯郷）などがあったが、それらの詳細を知ることは難しい。(24)しかしながら、右にみた豊・畢・鄭・呉などの地を含めて、周王が分類（五）にあげた諸地を経巡り、様々な儀礼を執り行っていたことは確実な事実であり、それらの地が宗周以下の王「都」と一定の同質性ないしは類似性をもっていたことも充分主張可能である。節を改めて、周王の経巡る地の一つであった鄭に焦点をあて、周王の所在地の担っていた機能を考察することにしよう。

第三節　「都」としての鄭

周王の経巡る地であった鄭には大室が存在し、そこでは周王による儀礼が執り行われていたが、この鄭には別に、

免簠銘（中期）

隹三月既生覇乙卯、王在周。命免、作𤔲土、𤔲鄭還林眔虞眔牧。

これ三月既生覇乙卯、王　周に在り。免に命ず、𤔲土と作り、鄭還の林と虞と牧とを𤔲《つかさど》れ、と。

に見える「鄭還」と呼ばれた組織が存在していた。この「還」と呼ばれた組織は、他に元年師旋簋銘

隹王元年四月既生覇、王在减应。甲寅、王格廟、即位。遅公入右師旋、即位中廷。王呼作冊尹（克）、冊命師旋。曰、備于大左、官𤔲豊還左右師氏。

図16　免簠銘

図17　元年師旋簋

これ王の元年四月既生覇、王　減応に在り。甲寅、王　廟に格り、位に即く。遅公入りて師旋を右け、位に中廷に即く。王　作冊尹（克）を呼び、師旋に冊命せしむ。曰く、大左に備わりて、豊還の左右師氏を官嗣せよ、と。

にも「豊還」として登場しており、少なくとも鄭・豊の二地に存在していたことが確認できる。前節で述べたように、鄭・豊はともに周王の所在地として青銅器銘に登場し、さらに痶鼎銘「これ三年四月庚午、王　豊に在り。王　虢叔を呼び、痶を召さしめ、駒両を賜う」に見える虢叔・痶の二名が、三年痶壷銘（中期・ⅢA）

隹三年九月丁巳、王在鄭、饗醴。呼虢叔、召痶、賜□俎。

これ三年九月丁巳、王　鄭に在りて、饗醴す。虢叔を呼び、痶を召さしめ、□俎を賜う。

に記録された鄭における饗醴の場面にも登場するように、王朝内にあってほぼ同等の機能を担っていた土地であったと考えられる。

元年師旋簋銘に見えていた「豊還左右師氏」の師氏は、例えば彔戜卣銘に、

王命𢦏曰、䖒、淮夷敢伐内国。汝其以成周師氏、戍于古𠂤。
王　𢦏に命じて曰く、ああ、淮夷敢えて内国を伐つ。汝それ成周師氏を以《ひき》い、古𠂤に戍れ、と。

とあるように、軍事集団を指し示す語であり（張亜初・劉雨一九八六）、「左右」の語もまた、元年師兌簋銘・三年師兌簋銘（後期・ⅢB）の「左右走馬」や師克盨銘（後期）・師寰簋銘（後期・ⅢB）の「左右虎臣」といった用例から知られるように、集団の編成にかかわる語彙であった。「備于大左」の意味は必ずしも明らかではないが、師旋は「豊還」の左右からなる軍事集団を管轄せよとの命を受けたのである。

当時の軍事集団が、戦闘員のみならず、その経済的基盤を支える組織を包摂していたことは、南宮柳鼎銘（後期・ⅢA）

隹王五月初吉甲寅、王在康廟。武公右南宮柳、即位中廷、北嚮。王呼作冊尹、冊命柳。𤔲六𠂤牧・場・虞・□、𤔲羲夷場・甸・史。
これ王の五月初吉甲寅、王　康廟に在り。武公　南宮柳を右け、位に中廷に即き、北嚮す。王　作冊尹を呼び、柳に冊命せしむ。六𠂤の牧・場・虞・□を𤔲《つかさど》り、羲夷の場・甸・史を𤔲れ。

が、「六𠂤」の牧・場・虞といった官職に言及することからも明らかである。牧・場・虞は『周礼』地官・司徒の牧人・場人・山虞・沢虞などにつらなっていく官職として、山林藪沢の管理・経営にかかわっていたと考えられている（張亜初・劉雨一九八六）。銘文では直接言及されることはないが、元年師旋簋銘の「豊還の左右師氏」にもその経済的基盤を支える組織が存在していたはずであり、逆に免簠銘の「鄭還の林と虞と牧」は、「鄭還」の経済的基盤を支える組織だけが言及されたものと考えられる。(25) 後に改めて詳述するが、免簠銘において免が任じられた𤔲土という官職は、「土を𤔲《つかさど》る」官にその起源をもっており（第Ⅱ部第二章）、その官職と免が命ぜられた「鄭還の林と虞と牧」諸官の管轄という職掌との間に一定の関係を想定することはできるだろう。(26)

免が任じられた𤔲土（𤔲徒）は、𤔲馬・𤔲工とともに参有𤔲と総称される官職であった。(27) これら参有𤔲には、揚簋銘（後期）

隹王九月既生覇庚寅、王在周康宮。旦、格大室、即位。𤔲徒単伯内右揚。王呼内史史年、冊命揚。

これ王の九月既生覇庚寅、王　周の康宮に在り。旦、大室に格り、位に即く。𤔲徒単伯内りて揚を右く。王　内史史年を呼び、揚に冊命せしむ。

の𤔲徒単伯や、無叀鼎銘（後期・ⅡB）

隹九月既望甲戌、王格于周廟、述于図室。𤔲徒南仲右無叀、内門、位中廷。王呼史翏、冊命無叀。

これ九月既望甲戌、王　周廟に格り、図室に述《い》る。𤔲徒南仲　無叀を右け、門に内り、中廷に位す。王　史翏を呼び、無叀に冊命せしむ。

の𤔲徒南仲のように、冊命儀礼の「右者」をつとめ、王朝の執政団を構成していたような人物も含まれているが、(28) そ

れとは別に、職掌を特定された参有嗣の存在を指摘することもできる。例えば、曶壺銘（中期）

隹正月初吉丁亥、王格于成宮。井公内右曶。王呼尹氏、冊命曶。曰、更乃祖考、作冢嗣土于成周八𠂤。

これ正月初吉丁亥、王　成宮に格る。井公内りて曶を右く。王　尹氏を呼び、曶に冊命せしむ。曰く、乃《なんじ》が祖考を更ぎ、成周八𠂤に冢嗣土と作れ。

あるいは、趞簋銘

唯三月、王在宗周。戊寅、王格于大廟。密叔右趞、即位。内史即命。王若曰、趞、命汝作豳𠂤冢嗣馬、啻官僕・射・士・訊・小大又隣。

これ三月、王　宗周に在り。戊寅、王　大廟に格る。密叔　趞を右け、位に即く。内史　命に即く。王若く曰く、趞よ、汝に命じて豳𠂤の冢嗣馬と作し、僕・射・士・訊・小大又隣を啻官せしむ。

に見える「冢嗣土」「冢嗣馬」は、それぞれ「冢」字を冠して、成周八𠂤・豳𠂤といった軍事集団（ないしはその駐屯地）に職掌を特定されている。師瘨簋銘「王　周の師嗣馬宮に在り」や裁簋銘「王　師嗣馬宮の大室に在り」（中期）に見える「師嗣馬」、豆閉簋銘「嗣窂俞邦君嗣馬弓矢（窂俞の邦君嗣馬の弓矢を嗣れ）」（中期・ⅡB）の「邦君嗣馬」もこれと同様の用例といえるだろう。さらに職掌の対象が地名によって特定されるものとしては、康侯簋銘（前期・ⅠA）

図18　康侯簋

王朿伐商邑。祉命康侯、鄙于衛。涾嗣土迭眔鄙。

王　商邑を朿伐す。命を康侯に祉《い》だし、衛に鄙つくらしむ。涾の嗣土迭眔《とも》に鄙つくる。

の「涾嗣土」といった事例をあげることができる(29)。

鄭にもそのような職掌の特定された嗣土がかかわっていたことは、師永への土地の賜与を記録した永盂銘（中期・Ⅱ）によって確認することができる。銘文を示そう。

隹十又二年初吉丁卯、益公内、即命于天子。公迺出厥命、賜畀師永厥田陰陽洛。疆眔師俗父田。Ⅰ厥眔公出厥命、井伯・栄伯・尹氏・師俗父・遣仲。Ⅱ公迺命鄭嗣土函父・周人嗣工眉・亜史師氏邑人奎父・畢人師同、付永厥田。Ⅲ厥率旧、厥疆宋句。

これ十又二年初吉丁卯、益公内りて、命に天子に即く。公すなわちその命を出だし、師永にその田を陰陽洛に賜畀《たま》う。疆は師俗父の田に眔《およ》ぶ。その（益）公とその命を出だせしは、井伯・栄伯・尹氏・師俗父・遣仲なり。（益）公すなわち鄭嗣土の函父・周人嗣工の眉・亜史師氏たる邑人奎父・畢人師同に命じ、永にその田を付せしむ。その率いるは旧、その疆するは宋句なり。

ここに登場する「鄭𤔲土」という官名は、先に見た「渚𤔲土」と同じ構成からなっており、鄭地に職掌を特定された𤔲土であったと考えることができるだろう。

　永盂銘には他にも多くの人物が登場するが、それらの人物は銘文に傍線を施して示した、

Ⅰ、益公および井伯・栄伯・尹氏・師俗父・趞仲
Ⅱ、鄭𤔲土圅父・周人𤔲工眉・亜史師氏邑人奎父・畢人師同
Ⅲ、旧・宋句

の三つのグループに分かたれている。Ⅰのグループは益公を筆頭とする王朝の執政団、Ⅱはその下位に位置する執行官、Ⅲは実際に土地の疆界設定に与った者と整理でき、(30)「鄭𤔲土」はそのⅡのグループに属する官であった。そしてこの「鄭𤔲土」が鄭地に特定された職掌をもつ𤔲土であるならば、同じくⅡのグループに属する「周人𤔲工」もまた𤔲工に「周人」が冠されて、職掌を特定された𤔲工であったと考えるべきである。(31)𤔲工とは「工を𤔲《つかさど》る」官に由来する官名であるが、それでは「周人」が冠された「周人𤔲工」とは如何なる職掌を担う官と考えるべきであろうか。

「周人𤔲工」と同様に、「某人」が官名にかかる用例として、此鼎（簋）銘

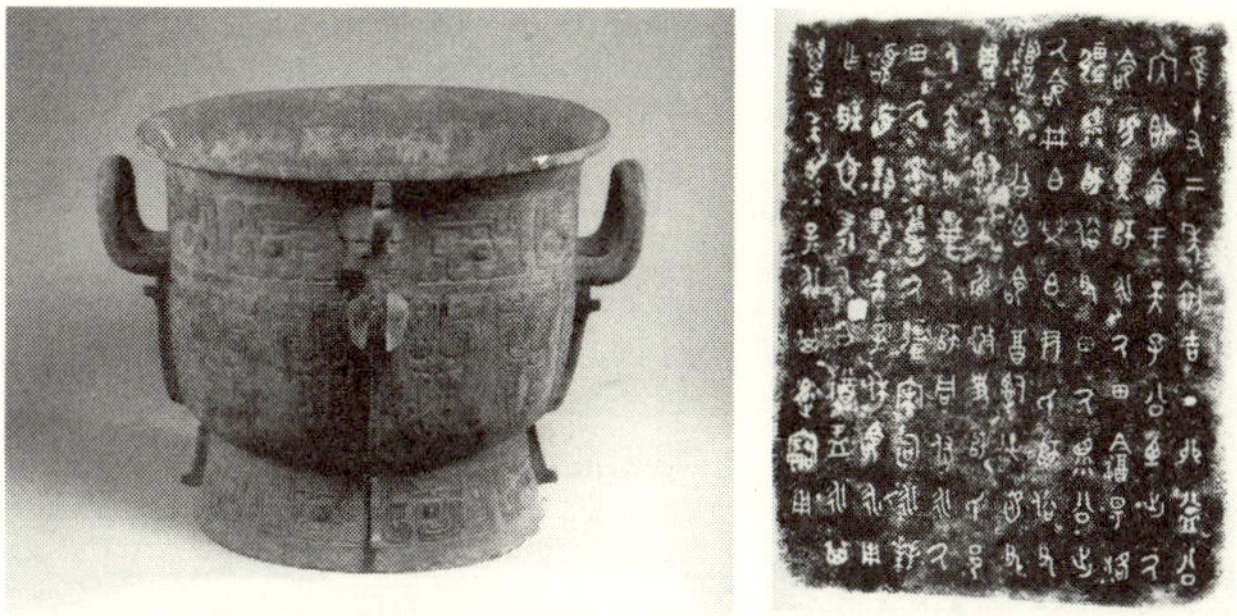

図19　永盂

王呼史翏、冊命此。曰、旅邑人善夫。

王　史翏を呼び、此に冊命せしむ。曰く、邑人善夫に旅となれ。

にみえる「邑人善夫」や、師晨鼎銘（中期）

王呼作冊尹、冊命師晨。疋師俗、嗣邑人隹小臣善夫・守□・官犬眔鄭人善夫・官守友。

王　作冊尹を呼び、師晨に冊命せしむ。師俗を疋《たす》け、邑人隹小臣善夫・守□・官犬と鄭人善夫・官守友とを嗣《つかさど》れ。

の「鄭人善夫」といった官名をあげることができる。さらに此鼎（簋）銘を参照するならば、師晨鼎銘の「邑人隹小臣善夫」もまた「邑人善夫」に類するものと考えられるかもしれない。[32]「邑人善夫」の「邑」は、先に引いた永盂銘に「邑人奎父」として見えていたが、この「邑人」は続く「畢人師同」の「畢人」と同様の役割を担っている。この「畢」が「王在畢」の畢であると考えられるならば、「邑」もまた固有の地名として処理されるべきである。「邑人善夫」には「邑」出自の善夫という解釈もありえるだろうが、「邑人善夫に旅となれ」という表現を下士の管轄という意味にとるならば、[33]特に「邑」出自の善夫のみが指定される理由がわからない。「邑人善夫」とは、やはり官名「善夫」に「邑人」を冠して職掌を特定するものと理解すべきである。[34]善夫が王命の出納などにかかわる官であるならば（張亜初・劉雨一九八六）、「邑人善夫」とは「邑人」を対象とした王命を出納する善夫と解釈するべきだろう。同様に、

「鄭人善夫」は「鄭人」を対象とした王命を出納する善夫、「周人嗣工」は「周人」を対象としてその「工」を嗣る嗣工ということになるだろう。

議論を整理しよう。鄭には「鄭還」という組織が存在し、そこにはおそらく師氏などの軍事集団が駐屯するとともに[35]、その経済的基盤を支える林・虞・牧といった諸官が配されていた。さらに、鄭地に職掌を特定された鄭嗣土、および鄭人に職掌を特定された鄭人善夫といった、鄭にかかわる官職の存在も指摘することができるのである。残念ながら、これら諸官の関係をこれ以上追求することはできないが、重要なことは、「鄭還」「豊還」の対応関係によって鄭と豊（豊京）との同質性が推定され、さらに「鄭人」「周人」の対応関係によって鄭と周（岐周）との同質性が推定されることである。また、「鄭還」「豊還」に軍事集団が駐屯していたことは、成周に「成周八自」（「殷八自」）が、そして西方のおそらく宗周に「西六自」と称された軍事集団が存在していたことと相似的である。

「王在」の表現によって言及される宗周・成周・周（岐周）あるいは豊・畢・鄭・呉などの地は、大廟・大室といった施設において周王の諸儀礼が挙行されるという類似点のみならず、右に見てきたような様々な類似点を共有していた。それぞれの規模は当然異なるだろうが、周王の「都」のリストに宗周・成周あるいは周（岐周）の名をあげることができるならば、逆にそのリストから豊あるいは鄭を排除することもまた困難であるように思われる。前章で述べたように、周王は遠く「四方」の地にまでその足跡を印していたが、その目的は王朝秩序の中核・源泉たる周王自身の移動によって、混乱した王朝秩序を回復し維持することにあった。王朝の中心は、ある特定の地にその属性として与えられていたのではなく、文王・武王以来の正統性を引き継いだ現し身の周王自身が体現するものなのである。「王在」の表現によって言及される宗周以下の地（これには「自」や「应」をともなう地名も含まれうるだろう）も、それ自体が「都」としての属性をもつというよりも、むしろ周王の所在によって初めて王朝の中心、すなわち「都」としての機能を果たしえたと考えるべきである。ここではもはや、正都・副都といった議論や遷都といった言葉は不要ですらある。

おわりに

『漢書』地理志上・京兆尹鄭県条の班固自注「周宣王弟鄭桓公邑」に対して、臣瓚は、

周は穆王より以下、西鄭に都す。以て桓公を封ずるを得ざるなり。初、桓公　周の司徒と為る。王室将に乱れんとし、故に史伯に謀りて帑と賄とを虢・會の間に寄す。幽王既に敗れ、二年にして會を滅ぼし、四年にして虢を滅ぼし、鄭父の丘に居る。これを以て鄭の桓公と為す。京兆に封ずるの文無きなり。(周自穆王以下都於西鄭。不得以封桓公也。初桓公為周司徒。王室将乱、故謀於史伯而寄帑与賄於虢・會之間。幽王既敗、二年而滅會、四年而滅虢、居於鄭父之丘。是以為鄭桓公。無封京兆之文也)。

との注を与えている。『竹書紀年』に拠る注とされるが、(36) 臣瓚は漢志鄭県の地を穆王以下の「都」とし、鄭桓公始封の地はこの地ではなく、「鄭父の丘」であると主張しているのである。これに対し顔師古は、

春秋外伝に云う、幽王既に敗れ、鄭の桓公これに死し、その子武公、平王と東遷す、と。故に左氏伝に云う、我

が周の東遷、晋・鄭にこれ依る、と。また鄭の荘公、我が先君新たにここに邑せり、と云うは、蓋し新鄭を道うなり。穆王以下西鄭に都するの事無し。瓚説非なり。（春秋外伝云、幽王既敗、鄭桓公死之、其子武公与平王東遷。故左氏伝云、我周之東遷、晋・鄭焉依。又鄭荘公云、我先君新邑於此、蓋道新鄭也。穆王以下無都西鄭之事。瓚説非也）。

とあるように臣瓚の説を斥け、「穆王以下西鄭に都するの事無し」との判断をくだしている。青銅器銘に見える鄭が京兆尹鄭県（西鄭）にあたるかどうかは意見の分かれるところであろうが、仮に両者を同一地とするならば[37]、「穆王より以下」についてはは留保するとしても、この地を王「都」とする臣瓚の主張、さらには彼の拠った『竹書紀年』の記述は本章の議論と整合的である。ただし、同時に臣瓚（そして顔師古）の主張には、「周は穆王より以下、西鄭に都す。以て桓公を封ずるを得ざるなり」の部分に端的に示されているように、王「都」に臣下を「封」ずることができないという前提、すなわち「都」はその地の属性として「都」であり、臣下の所領と両立しえないという首都観が色濃く表れている。この首都観は秦あるいは漢代以降の「都」のあり方に強く規定されたものであって[38]、本章の議論とは一致しない。周王朝の「都」と臣下の采邑との関係は、後に改めて議論されることになるだろう。

（1）この「在」あるいは「格」字によって王の所在を示す用例は、既に殷代後期の宰椃角銘「庚申、王在闌。王格。宰椃従、賜貝五朋。用作父丁障彝。在六月。隹王廿祀翌又五（庚申、王　闌に在り。王　格《いた》る。宰椃従い、貝五朋を賜る。用て父丁の障彝を作る。六月に在り。これ王の廿祀の翌又五なり）」（殷・殷後期Ⅲ）にも認めることができる。宰椃角銘にみえる「闌」は、戍嗣鼎銘「王賞戍嗣貝廿朋。在闌宗。用作父癸宝䵼。隹王饔闌大室（王　戍嗣に貝廿朋を賞す。闌宗に在り。用て父癸の宝彝を作る。これ王　𩁹の大室に饗す)」(殷・殷後期ⅢB)の「𩁹」と同一地と考えられる。この地には儀礼を執り行う「大室」が存在していたことになり、宰椃角銘の「在」「格」字の用法は西周期のそれとほぼ等しいものとなる。宰椃角銘については船越信一九九一を参照のこと。また𩁹地については、蔡運章一九八八がこれを偃師に比定し、程平山・周軍二〇〇〇はこれを管にあてている。

(2)「𠂤」については、六𠂤［盠方尊(彝)(中期・ⅡB)・啓貯簋(中期)・呂服余盤(中期)・南宮柳鼎(後期・ⅢA)・攸戒鼎］、西六𠂤［禹鼎(後期・ⅢB)］、殷八𠂤［小臣謎簋(前期・ⅡA)・禹鼎］、成周八𠂤［曶壺(中期)］、八𠂤［盠方尊(彝)・小克鼎(後期・ⅢB)］といった王朝の軍事集団を表す用例がある。西周時代の「𠂤」については、于省吾一九六四・同一九六五ならびに楊寛一九六四・同一九六五aに有名な論争がある。また伊藤道治一九七七をあわせて参照のこと。

(3) この「𩁹𠂤」の「𩁹」は、宰椃角銘の「𩁹」、戍嗣鼎銘の「𩁹」と同一地であろうと考えられている。

(4) 穆公簋銘については、彭曦・許俊成一九八一、李学勤一九八四aを参照。

(5)『通釈』補二啓卣　不昝鼎、『銘文選』(三)二八五不昝方鼎。

(6)「应」の意味については、「断代」(五)七〇長由盉に「金文之应即説文之〝廙、行屋也〟」という。また『通釈』補二啓卣不昝鼎は、これを吉野の離宮になぞらえている。

(7)「新邑」の名は臣卿鼎(簋)銘(前期)・鳴士卿尊銘(前期・ⅠB)・新邑鼎銘(前期・ⅠB)・新邑戈銘(前期)に見えている。

(8) 唐蘭一九七六に「他的自称為成王、就是表示〝王業〟已経告成的意思、而且把新邑也改称為〝成周〟、把原来的鎬京則改称為〝宗周〟」という。豊田久一九八九もまた成周の名の由来を論じたものだが、周王朝を「『成』周王朝」と表現する見解は支持しない。

(9) 尹盛平一九八八・同一九九二「関于〝周〟的問題」も内容的には同じである。

(10) 応侯見工鐘銘「隹正二月初吉、王帰自成周、応侯見工遺王于周(これ正二月初吉、王　成周より帰る。応侯見工　王を周に遺《おく》る)」(中後期・Ⅲ)から、成周と周が別地であることが判明する。また頌(史頌)の作器にかかり、かつ日付の接近する史頌鼎（簋）銘「隹三年五月丁巳、王在宗周。命史頌省蘇（これ三年五月丁巳、王 宗周に在り。史頌に命じて蘇を省せしむ）」（後期・ⅢB）、頌鼎（簋・壷）銘「隹三年五月既死覇甲戌、王在周康昭宮。旦、王格大室、即位（これ三年五月既死覇甲戌、王 周の康昭宮に在り。旦、王 大室に格り、位に即く）」の二銘において、周王の所在地が「宗周」「周」と言い分けられることから、宗周と周を別地と判断している。

(11) 周原の宮廟遺址については、他に飯島武次一九九八 第三章第二節「周原・周城について」にまとめられている。

(12) 史牆の一代後の瘐の作器にかかる瘐鐘銘（中期・Ⅲ）には「雩武王既𢦏殷、微史剌祖、来見武王。武王則命周公、舎寓以五十頌処（武王の既に殷を𢦏つにおいて、微の史たる剌祖 来りて武王に見ゆ。武王則ち周公に命じ、寓を舎するに五十頌処を以てす）」とある。

(13) 李学勤一九九二は「自蒿于周」の「蒿」を郊すなわち祭天の意味に解釈するが、「周」が周原の岐周であることは承認している。

(14) 灃西・張家坡一八三号墓出土の伯唐父鼎銘に、「乙卯、王饔葊京、□桒辟舟、臨舟龍、咸桒。伯唐父告備。王格、桒辟舟、臨桒白旂。用射兕・□虎・貉・白鹿・白狐于辟池。咸。唐父蔑暦、賜秬鬯一卣・貝□朋。対揚王休、用作□公宝障彝」とある。儀礼の詳細を知り得ないが、葊京の辟池における射禽が記録されていることはわかる。銘文の釈読については、張政烺一九八九、中国社会科学院考古研究所一九九九 一四一頁を参照のこと。

(15) 楚簋銘（後期）「飼葊鄙官内師舟（葊鄙の官内師舟を飼れ）」の「官内師舟」の意味は正確にはわからないが、大池などの施設にかかわる官名であろうとされている。盧連成・羅英烈一九八一、『銘文選』（三）二三二楚簋を参照のこと。

(16) 例えば、『大系』五五遹簋、「断代」（二）六「西周金文中的都邑」、黄盛璋一九五六・同一九八一b、『通釈』「西周史略」第二章四「三都の造営」ならびに第三章三「辟雍の儀礼」、陳雲鸞一九八〇、宗徳生一九八一、張懋鎔一九八一、劉雨一九八二など。

(17) 盧連成一九九五、羅西章一九九八a、李仲操一九九八など。

(18) 葊京をめぐる議論については、さしあたり王輝一九九七を参照のこと。

（19）陳佩芬二〇〇〇によれば、成鐘鉦部の「隹十又六年九月丁亥、王在周康徲宮。王親賜成」という銘文は、もとの鋳造銘を削り取ったあとに刻みこまれたもので、鼓部の鋳造銘「此鐘、成、其万年。子々孫々、永宝用享」に接続しているという。

（20）木村秀海一九九八は、「周師彔宮」「周師量宮」「周師𤔲馬宮」をそれぞれ「周師の彔宮」「周師の量宮」「周師の𤔲馬宮」と解釈する。しかしながら、殺簋銘（中期）に「王在師𤔲馬宮大室、即位（王　師𤔲馬宮の大室に在り、位に即く）」とあるように、「師𤔲馬宮」はひとかたまりの語彙であり、「周師𤔲馬宮」は「周の師𤔲馬宮」と読むべきである。他の「周師彔宮」「周師量宮」も同様に判断した。

（21）⿰歹可尊銘に「王誥宗小子于京室、曰…（王　宗小子に京室に誥げて曰く、…）」とある。

（22）令方尊（彝）（前期・ⅠB）に「明公朝至于成周、…甲申、明公用牲于京宮、乙酉、用牲于康宮。咸既、用牲于王（明公朝に成周に至り、…甲申、明公　牲を京宮に用い、乙酉、牲を康宮に用う。咸く既り、牲を王に用う）」とある。

（23）『史記』周本紀の集解に引く『皇覧』に「文王・武王・周公冢皆在京兆長安鎬聚東社中也」とあり、同正義に引く『括地志』に「周文王墓在雍州万年県西南二十八里原上也」、「武王墓在雍州万年県西南二十八里畢原上也」とある。また魯周公世家の正義に引く『括地志』に「周公墓在雍州咸陽北十三里畢原上」とある。

（24）華は命簋銘「隹十又一月初吉甲申、王在華。王賜命鹿（これ十又一月初吉甲申、王　華に在り。王　命に鹿を賜う）」（前期・Ⅱ）に見える。「鹿を賜う」とあることから、あるいは禁苑のような土地であったのかもしれない。一方、魯（魯郷）は蔡尊銘「王在魯。蔡賜貝十朋（王　魯に在り。蔡　貝十朋を賜る）」（前期中期）、義盉銘「隹十又一月既生覇甲申、王在魯郷。即邦君・諸侯、正有𤔲、大射（これ十又一月既生覇甲申、王　魯郷に在り。邦君・諸侯に即き、有𤔲を正し、大射す）」（中期）に見えるが、その地の実態についてはよくわからない。

（25）鄭牧馬受簋銘「鄭牧馬受作宝簋。其子々孫々、万年、永宝用（鄭の牧馬受　宝簋を作る。それ子々孫々、万年までも、永く宝用せよ）」（後期）には「鄭牧馬」という官名が見えている。他に類例を見ない官名ではあるが、馬の飼育などにかかわる官職なのだろう。また新発現の㫚簋銘には「唯四月初吉丙午、王命㫚。…曰、用事、𤔲鄭□馬（これ四月初吉丙午、王　㫚に命ず。…曰く、用て事え、鄭の□馬を𤔲《つかさど》れ、と）」（張光裕二〇〇〇）とあり、やはり鄭の馬にかかわる職掌が指示されている。

(26) 𢦏簋銘「王曰、𢦏、命汝作𤔲土、官𤔲耤田（王曰く、𢦏よ、汝に命じて𤔲土と作し、耤田を官𤔲せしむ）」（後期）も𤔲土と土地との一定の関係を示唆する。ただし、これも後に詳述するが、冊命儀礼によって任じられた官職と職掌の間に厳密かつヒエラルヒッシュな関係を想定することは誤りである。

(27) 参有𤔲については、伊藤道治一九七五　附録三「参有𤔲考」を参照のこと。

(28) 揚簋銘の𤔲徒単伯は、三年裘衛盉銘「裘衛廼彘告于伯邑父・栄伯・定伯・琼伯・単伯（裘衛すなわち伯邑父・栄伯・定伯・琼伯・単伯に彘告す）」（中期・Ⅲ）に登場する執政団の一員単伯と同一人物あるいは同族であり、春秋期に至っても周王の卿士として文献史料に登場する家系に属している。また無叀鼎銘の𤔲徒南仲は、『詩経』小雅・鹿鳴之什・出車及び大雅・蕩之什・常武に見える周王の卿士南仲と同一人物である可能性がある。

(29) 新出の呉虎鼎銘に「内𤔲土寺㚔」という人物が登場する。これを「内𤔲土」と読むか「芮𤔲土」と読むか意見が分かれるが、いずれにせよ、職掌対象が特定された𤔲土であることにかわりはない。呉虎鼎銘については、李学勤一九九八、穆暁軍一九九八を参照のこと。

(30) 「厥率旧、厥疆宋句」の解釈については諸説あるが、唐蘭一九七二に「分田的事、率領者是旧、定疆界的是宋句」と理解するのに従うべきである。「厥」字が主語に先行する動詞（動詞句）を導く用例には、他に散氏盤（後期・Ⅱ）の「厥授図矢王（その図を授くるは矢王なり）」「厥左執縷、史正仲農（その縷を左執するは、史正仲農なり）」などがある。

(31) 「周人𤔲工眉」という称謂は、次に続く「亜史師氏邑人奎父・畢人師同」とは明らかに異なった構成からなっている。「邑人奎父」「畢人師同」の場合は、それぞれ「邑人」「畢人」が人名である奎父・師同に直接かかるのに対し、「周人𤔲工眉」の場合は、「周人」は𤔲工という官名にかかり、人名である眉には直接かかっていない。また五祀衛鼎銘（中期・ⅡB）に登場する「𤔲土邑人逋」「𤔲馬頒人邦」についてみても、「邑人」「頒人」はそれぞれ人名である「逋」「邦」にかかっており、永盂銘の「周人𤔲工眉」とは明らかな相違がある。

(32) 師晨鼎銘の「邑人隹小臣善夫」には様々な解釈がある。『大系』一一五は「□人与小臣・善夫」、『通釈』一二五は「□人と小臣善夫」、伊藤道治一九八七　附論二は「邑人のこれ小臣・善夫」（三六四頁）、木村秀海一九八五は「邑人善夫（善夫はかって小臣と称されていた）」と解釈する。さらに、楊樹達『詞詮』に「惟（隹）」字を「等立連詞、与也」と解釈するのに従えば、「邑人と小臣の善夫」という読みを与えることも可能である。

（33）『通釈』補十一裘衛盉　此鼎に指摘されるように、「旅」とは『周礼』天官・宰夫「掌百官府之徴令、辨其八職、…四曰旅、掌官常以治数」の鄭玄注に「旅、辟下士也」と解釈する方向に理解すべきであろう。

（34）この点について竹内康浩二〇〇一に反論があり、「邑人善夫」を「邑人と善夫」と解釈して問題はないと主張する。たしかに師酉簋銘の「邑人虎臣」、詢簋銘（後期・ⅡB）の「邑人先虎臣」を「邑人・虎臣」「邑人・先虎臣」と読むことは可能であり、本書においてもそのように処理したが、それでもやはり「邑人善夫」を「邑人と善夫」と読むことには問題があると思う。本文に示したように、官名に「某人」が冠せられる用例には他に、永盂銘「周人嗣工」、師晨鼎銘「鄭人善夫」などがあるが、これを氏の議論に従って「周人と嗣工」「鄭人と善夫」と読むことはできないだろう。官名に冠された「某人」という観点から考えた場合、「邑人善夫」の「邑人」とは、やはり善夫の職掌対象にかかわるものと判断せざるをえない。さらに竹内氏の議論には「邑人」の具体的なイメージが示されていないが、本文に示したように「邑人」の「邑」は固有の地名として処理されるべきものである。その場合、最初に想起すべきなのは、「新邑」の「邑」ではなく、元年師兌簋銘「五邑走馬」などに見える「五邑」ではないかと思う。この「五邑」については本書第Ⅱ部第二章（一三九～四〇頁）を参照のこと。

（35）鄭大師小子甗銘（後期）に見える大師は、師ないしは師氏にかかわる官名・身分名であろうと考えられる（張亜初・劉雨一九八六）。「鄭大師」という表現は、鄭に軍事的組織が存在していたことの傍証となるだろう。

（36）顔師古「漢書叙例」に「有臣瓚者、莫知氏族。考其時代、亦在晋初。又總集諸家音義、稍以己之所見、續厠其末、挙駁前説。喜引竹書、自謂甄明、非無差爽」という。また王国維『古本竹書紀年輯校』は「穆王以下都於西鄭」について「漢書地理志注、臣瓚曰云云、不言出何書。然其下所云鄭桓公滅鄶居鄭事、皆出紀年、則此亦宜然」という。

（37）李学勤一九九九「論西周鄭的地望」は、青銅器銘に見える鄭の地望を京兆尹鄭県（陝西省華県）に比定している。

（38）首都観の変化については、佐原康夫一九九五・同一九九九を参照のこと。佐原康夫一九九九には、戦国から前漢後期にかけての首都の変化が「『王家のみやこ』から礼教主義的な国家秩序の中心へ」と要約されている。

第Ⅱ部

第Ⅱ部の課題

周王朝は、文王・武王以来の正統性を継承した現し身の周王を秩序の中核・源泉とし、王身－王位－王家－周邦－四方からなる秩序によって成り立っていた。第Ⅰ部では、周王の所在を一つのキーワードとして考察をすすめ、秩序の中核・源泉たる周王自身が「四方」の地を経巡り、王朝の秩序を維持・回復していたこと、さらに周王は宗周・成周・周や豊・鄭などの地を経巡り諸々の儀礼を執り行っていたが、その周王の所在を根拠としてそれらの地が王「都」として機能しえたことなどを主張した。王身－王位－王家－周邦－四方の秩序に照らしていえば、第Ⅰ部は主に「四方」そして「周邦」の主要な都邑を考察の対象としていたことになるだろう。ここ第Ⅱ部では第Ⅰ部の考察をうけ、「四方」「周邦」の下位概念として登場する「王家」の問題へと議論をすすめることとする。

「王家」は、第Ⅰ部第一章で引いた㝬簋銘（後期・ⅢA）と毛公鼎銘（後期・ⅢB）に周王の「我が家」として言及されていたが、直接「王家」という語彙を用いる青銅器銘としては、望簋銘（中期）・蔡簋銘（後期）・康鼎銘（中期後期・ⅢA）・大克鼎銘（後期・ⅢB）、および新出の宰獣簋銘（羅西章一九九八b）の五銘が知られている。そのうちの宰獣簋銘を以下に示そう。

唯六年二月初吉甲戌、王在周師彔宮。旦、王格大室、即位。𤔲土栄伯右宰獣、内門、位中廷、北嚮。王呼内史尹仲、冊命宰獣。曰、昔先王既命汝。今余唯或𤕌𩫏乃命、更乃祖考事、䡞𤔲康宮王家臣・妾・夏・庸。外入毋敢無聞智。賜汝赤市・幽亢・攸勒、用革。獣拜稽首、敢対揚天子丕顕魯休命、用作朕剌祖幽仲・益姜宝匳簋。獣、其万年。子々孫々、永宝用。

図20　宰獣簋

これ六年二月初吉甲戌、王　周の師彔宮に在り。旦、王　大室に格り、位に即く。𤔲土栄伯　宰獣を右けて門に内り、中廷に位し、北嚮す。王　内史尹仲を呼び、宰獣に冊命せしむ。曰く、昔、先王既に汝に命ず。今、余これまた乃《なんじ》が命を𤕌𩫏し、乃が祖考の事を更ぎ、康宮王家の臣・妾・夏・庸を䡞𤔲せしむ。外入するに敢えて聞智せざること毋かれ。汝に赤市・幽亢・攸勒を賜う、用て革《いまし》めよ、と。獣拜稽首し、敢えて天子の丕顕なる魯休命を対揚し、用て朕《わ》が剌祖幽仲・益姜の宝匳簋を作る。獣よ、それ万年ならんことを。子々孫々、永く宝用せよ。

宰獣は、周の師彔宮で執り行われた冊命儀礼において(1)、祖考以来の職事を引き継いで「康宮王家の臣・妾・夏・庸を䡞𤔲せしむ」との王命を受け、周王より賜った恩寵を記念してこの青銅彝器を作ったのである。宰獣への冊命儀礼において、彼の職掌対象として「康宮王家の臣・妾・夏・庸」が指示された事実からは、宰が「王家」とのかかわりをもつ官職であったこと、ならびに「王家」内部に臣・妾・夏・庸と呼ばれた構成員が存在していたことの二点を指摘する

図21　蔡簋銘

ことができる。さらに、同じく「王家」に言及する蔡簋銘では、

隹元年既望丁亥、王在淢应。旦、王格廟、即位。宰曶入右蔡、位中廷。王呼史年、冊命蔡。王若曰、蔡、昔先王既命汝作宰、𤔲王家。今余隹䌛𩫏乃命、命汝眔曶、⿰兼風疋対各、死𤔲王家。外内毋敢有不聞。𤔲百工、出納姜氏命。

これ元年既望丁亥、王　淢应に在り。旦、王　廟に格り、位に即く。宰曶入りて蔡を右け、中廷に位す。王　史年を呼び、蔡に冊命せしむ。王若く曰く、蔡よ、昔、先王既に汝に命じて宰と作し、王家を𤔲《つかさど》らしめたまえり。今、余これ乃が命を䌛𩫏し、汝と曶とに命じて、⿰兼風疋対各し（意味不明）、王家を死𤔲せしむ。外内するに敢えて聞せざること有る毋かれ。百工を𤔲り、姜氏の命を出納せよ。

とあるように、宰に任じられた（「先王既に汝に命じて宰と作し」）蔡と宰曶に対して「王家を𤔲《つかさど》り」、「王家を死𤔲せしむ」との王命がくだされている。宰と「王家」とのかかわりが明記されるとともに、「百工を𤔲り」との表現から、その「王家」に百工と呼ばれた構成員が含まれていたことも確認できるのである。

以上、「王家」に言及する宰獣簋銘と蔡簋銘を簡単に見てきたが、この初歩的な観察によっても、「王家」が宰とかかわりをもち、その内部に臣・妾・夓・庸さらには百工といった構成員を含んでいたことを示すことができた。「王家」を考察することは、同時にそれにかかわる宰や臣・妾以下の構成員の職掌・地位を考察することでもある。「王家」の議論は西周期の官制を論ずる道へとつらなっていくだろう。

（1）「周師彔宮」での冊命儀礼は、他に師晨鼎銘（中期）・師兪簋銘（後期）・痶盨銘（中期・ⅢA）・諫簋銘（後期）の四銘に記録されている。これら四銘の冊命儀礼の「右者」はすべて嗣馬共がつとめており、ほぼ同時代に作られた青銅器群であることは確実である。宰獣簋銘にもまた、これら四銘に接近した時期を想定することができるだろう。

第一章「王家」と宰

はじめに

宰は殷から周へと引き継がれた官職であった[1]。殷代の宰は宰椃角銘（殷・殷後期Ⅲ）

庚申、王在𩁹。王格。宰椃従、賜貝五朋。用作父丁障彝。在六月、隹王廿祀翌又五。

庚申、王𩁹に在り。王格《いた》る。宰椃従い、貝五朋を賜る。用て父丁の障彝を作る。六月に在り、これ王の廿祀の翌又五なり。

などに見えているが[2]、その職掌・地位については、殷王の田狩・祭饗などに付き従う近侍の臣であり、かつ青銅彝器を残しうる地位にあったこと以外、ほとんど何も知ることができない[3]。宰の職掌・地位についての本格的な議論は、西周青銅器銘の出現をまたなければならないのである。

西周期官制の一応の網羅的研究である張亜初・劉雨一九八六は、宰の職掌を、

一、王家の内外を管理し、宮中の命令を伝達する。（管理王家内外、伝達宮中之命）。

二、冊命儀礼において「右者」となり、あるいは王にかわって臣下への賞賜をおこなう。（在錫命礼中作儐右或代王賞賜臣下）。

の二点に整理している。[4] 宰の職掌・地位については、他に「王室事務總管」（左言東一九八一）・「王的家務總管」（楊寛一九八四）・「宮内的主管」（許倬雲一九八四　二〇五頁）・「王家の家政全般」（木村秀海一九八五）・「多分に宮内官的な性格をもつ官」（伊藤道治一九八七　三七五頁）・「王室内部事務的總管」（段志洪一九九四　八〇頁）などといった定義が与えられているが、それらの意味するところは張亜初・劉雨が抽出した宰の職掌、特にその第一の職掌にほぼ重なっている。[5] 宰の職掌に関して、さしあたり学界は同じイメージを共有しているといえるだろう。

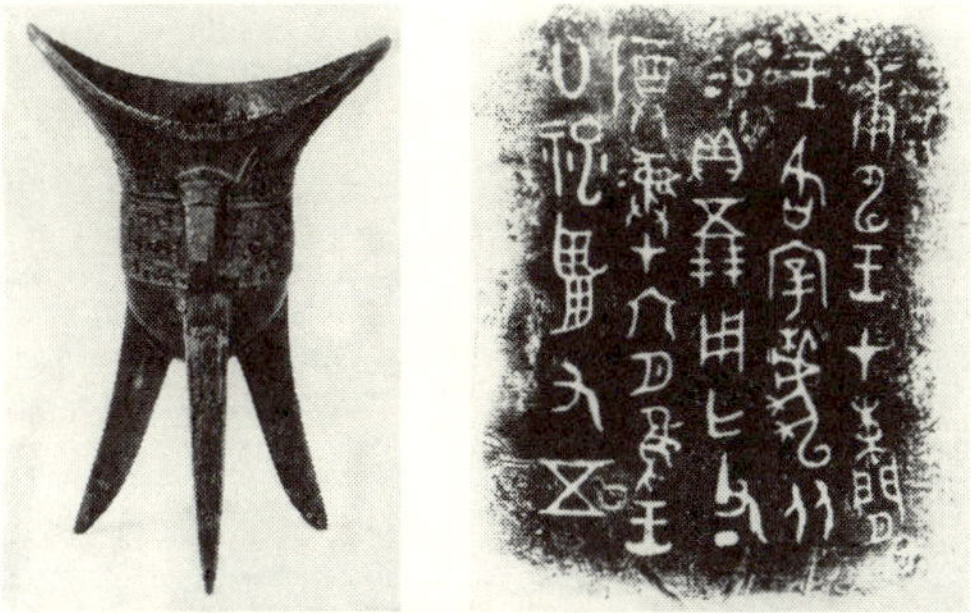
図22　宰椃角　泉屋博古館蔵

しかしながら、翻って考えてみるに、宰が管理（または總管・主管）していたとされる「王家」（または王室・宮内）とは一体何なのであろうか。宰の職掌対象として使用される「王家」「王室」「宮内」といった語彙には、どことなく共通したイメージが無いわけではないが、同時にそこには各研究者間の抜きがたいニュアンスの差も存在しているように思われる。例えば、西周期官制の復元を試みる諸々の研究において、宰に与えられる職掌・地位がそれぞれ微妙に異なるのは、この各研究者間のニュアンスの差が反映しているといえるのだろう。

本章では、宰の職掌対象とされる「王家」の実態を探ることから議論を始めることとする。その作業を経た後はじめて、宰の職掌・地位の議論が可能となるはずである。

第一節　「王家」

「第Ⅱ部の課題」で述べたように、「王家」に直接言及する青銅器銘は、望簋銘（中期）・蔡簋銘（後期）・康鼎銘（中期後期・ⅢA）・大克鼎銘（後期・ⅢB）、および新出の宰獣簋銘の五銘である。「王家」の問題を考えるにあたり、最初に改めて宰獣簋銘の必要部分を引用することにしよう。

王呼内史尹仲、冊命宰獣。曰、昔先王既命汝。今余唯或𤕌𩫏乃命、更乃祖考事、𦔻𤔲康宮王家臣・妾・夏・庸。外入毋敢無聞智。

王　内史尹仲を呼び、宰獣に冊命せしむ。曰く、昔、先王既に汝に命ず。今、余これまた乃《なんじ》が命を𤕌𩫏し、乃が祖考の事を更ぎ、康宮王家の臣・妾・夏・庸を𦔻𤔲せしむ。外入するに敢えて聞智せざること毋かれ。

この度の冊命において、宰獣は「康宮王家の臣・妾・夏・庸を𦔻𤔲せしむ」との王命をうけるが、そこに見える康宮は、既に第Ⅰ部第二章で見たように、周王の所在地としてしばしば青銅器銘に言及される施設であった。[6] 伊簋銘（後期・ⅢB）

隹王廿又七年正月既望丁亥、王在周康宮。旦、王格穆大室、即位。䌛季内右伊、位中廷、北嚮。王呼令尹封、冊命伊。䎡官𤔲康宮王臣・妾・百工。賜汝赤市・幽黄・鑾旂・攸勒、用事。

これ王の廿又七年正月既望丁亥、王　周の康宮に在り。旦、王　穆大室に格り、位に即く。䌛季内りて伊を右け、中廷に位し、北嚮す。王　令尹封を呼び、伊に冊命せしむ。康宮の王の臣・妾・百工を䎡官𤔲せよ。汝に赤市・幽黄・鑾旂・攸勒を賜う、用て事えよ、と。

に「康宮王臣・妾・百工」とあることから、康宮に臣・妾あるいは百工が属していたことは既に知られていたが、宰獣簋銘の出現によって、その「王臣・妾・百工」が「王家臣・妾・百工」の省略であることが明らかとなった。同じく「第Ⅱ部の課題」で引いた蔡簋銘において、「王家を死𤔲せしむ」との王命を受けた宰蔡・宰曶に対して「百工を𤔲《つかさど》」れとの職掌が指示されていたことも、百工が「王家」に属していたことを伝えていたのである。それでは、この「王家」に属していた臣・妾・夐・庸・百工とは、いかなる存在なのであろうか。

臣・妾の語は、宰獣簋銘ならびに伊簋銘を除けば、復尊銘（前期・ＩＢ）・師獣簋銘（後期）・逆鐘銘（後期）・大克鼎銘の四銘に見えている。(7) このうち、大克鼎銘を以下に示そう。

王在宗周。旦、王格穆廟、即位。䌛季右善夫克、入門、位中廷、北嚮。王呼尹氏、冊命善夫克。王若曰、克、昔余既命汝、出納朕命。今余隹䌛𩫖乃命。賜汝叔市・参冋茀悤。賜汝田于埜。賜汝田于渒。賜汝井家𠟭田于畯、以厥臣・妾。賜汝田于康。賜汝田于匽。賜汝田于𨺅原。賜汝田于寒山。賜汝史小臣・霝籥・鼓鐘。賜汝井遈𠟭人。

図23　大克鼎

𠃬賜汝井人奔于量。敬夙夜、用事、勿灋朕命。

王　宗周に在り。旦、王　穆廟に格り、位に即く。𤕌季　善夫克を右けて門に入り、中廷に位し、北嚮す。王　尹氏を呼び、善夫克に冊命せしむ。王若く曰く、克よ、昔、余既に汝に命じ、朕《わ》が命を出納せしむ。今、余これ乃《なんじ》が命を𤕌亶す。汝に叔市・参同茻悤を賜う。汝に田を埜に賜う。汝に田を渒に賜う。汝に井家𩵦田を㽙に賜い、その臣・妾と以《とも》にす。汝に田を康に賜う。汝に田を匽に賜う。汝に田を㙯原に賜う。汝に田を寒山に賜う。汝に史小臣・霊籥・鼓鐘を賜う。汝に井遈𩵦人を賜う。汝に井人の量に奔れるを𠃬賜す。夙夜を敬み、用て事え、朕《わ》が命を灋《す》つる勿かれ、と。

この大克鼎銘には、冊命儀礼にともなう「叔市・参同茻悤」以下の賜物が列挙されているが、そのなかに「汝に井家𩵦田を㽙に賜い、その臣・妾と以《とも》にす」とあるように、「井家𩵦田」に属する臣・妾もまた、周王からの賜物のリストにその名をつらねているのである。臣・妾は「王家臣・妾」あるいは「王臣・妾」とも表現されえたように、周王の「王家」に属する臣民であり、それ故にまた、冊命儀礼などに際して「王家」か

ら流れ出る賜物のリストに登場するものと考えられる。(8)

大克鼎銘に記録された賜与によって「井家匔田」の臣・妾が善夫克の所有に帰したことは、臣・妾が周王のみならず、ひろくその臣下達によっても所有されていたことを推測させる。事実、北京琉璃河の五二号墓から出土した復尊銘には、(9)

　匽侯賞復冋衣・臣・妾・貝。用作父乙宝隮彝。

　匽侯　復に冋衣・臣・妾・貝を賞す。用て父乙の宝隮彝を作る。

との記録があり、臣・妾が諸侯匽侯のもとにも属しており、その賜物のリストに名をつらねていたことが確認できる。

さらに師獣簋銘

　隹王元年正月初吉丁亥。伯龢父若曰、師獣、乃祖考有爵于我家。汝有雖小子、余命汝死我家、兼𤔲我西偏東偏僕・馭・百工・牧・臣・妾。董裁内外、毋敢否善。賜汝戈琱戓・𩊚柲彤緌・干五・錫・鐘一・磬五・金。敬乃夙夜、用事。

　これ王の元年正月初吉丁亥。伯龢父若く曰く、師獣よ、乃《なんじ》が祖考は我が家に爵有り。汝また小子と雖も、余汝に命じて我が家を死《おさ》めしめ、我が西偏東偏の僕・馭・百工・牧・臣・妾を兼𤔲せしむ。内外を董裁し、敢えて否善なること毋かれ。汝に戈琱戓・𩊚柲彤緌・干五・錫・鐘一・磬五・金を賜う。乃が夙夜を敬み、用て事えよ、と。

図24　逆鐘

からは、伯龢父に所属する軍事集団あるいは所領とされる「西偏東偏」(10)に臣・妾が属していたことも確認できるのである。さらに叔氏による逆への冊命を記録した逆鐘銘

隹王元年三月既生霸庚申、叔氏在大廟。叔氏命史盅、召逆。叔氏若曰、逆、乃祖考□政于公室。今余賜汝干五・錫戈彤緌。用𩏂于公室僕・庸・臣・妾・小子室家。毋有不聞智。敬乃夙夜、用甹朕身。勿灋朕命、汝遂乃政。

これ王の元年三月既生霸庚申、叔氏　大廟に在り。叔氏　史盅に命じ、逆を召さしむ。叔氏若く曰く、逆よ、乃《なんじ》が祖考　公室に□政せり。今、余汝に干五・錫戈彤緌を賜う。用て公室の僕・庸・臣・妾・小子の室家を𩏂せよ。聞智せざることある毋かれ。乃が夙夜を敬み、用て朕が身を甹《まも》れ。朕が命を灋《す》つる勿く、汝　乃が政を遂げよ、と。

には、「公室の僕・庸・臣・妾」なる表現が見えている。「公室の僕・庸・臣・妾・小子の室家を𩏂せよ」の「𩏂」字は、通常「𩏂嗣」などといった用例で使用される文字であり、ここでは一応「𩏂」を「𩏂嗣」の省略と考えておく。「公室」の「室」は、後世では「家」とほぼ同じ内容を指し示す語として使用されるが（小野沢精一 一九五八）、青銅器銘では諸々の儀礼が執り行われた「大室」をはじめ、厲王自作器の㝬簋銘に見えていた「先王の宗室」など、廟・宮の儀礼空間を指し示す用例が大半を占めている。(11) 新出の敔簋銘に「王在康宮、格斉伯室（王 康宮に在り、斉伯の室に格《いた》る）」とあるのを参照すれば（劉自読・路毓賢一九九二）、逆鐘銘の「公室」は公の儀礼に供される施設であり、そこに属する僕・庸・臣・妾の存在形態は、康宮に属した「王家臣・妾・㚇・庸」（宰獣簋銘）ないしは「王臣・妾・百工」（伊簋銘）に類するものであったと考えられる。

宰獣簋銘「康宮王家臣・妾・㚇・庸」と逆鐘銘「公室僕・庸・臣・妾」の類似は、そこに臣・妾が含まれるのみならず、さらに「庸」と称された臣民が共通に見いだせることからも一層明らかである。庸は他に詢簋銘（後期・ⅡB）

王若曰、詢、…今余命汝、啻官嗣邑人・先虎臣・後庸・西門夷・秦夷・京夷・𥀁夷…降人・服夷。

王若く曰く、詢よ、…今、余 汝に命じ、邑人・先虎臣・後庸・西門夷・秦夷・京夷・𥀁夷…降人・服夷を啻官嗣せしむ。

に「後庸」として登場しており、「先虎臣」と先・後の対をなしていることから、軍事集団のなんらかの編成にかかわる臣民であったと考えられる。一方、逆鐘銘に見える「僕」は、令鼎銘（前期）に、

王大藉農于諆田、餳。王射、有嗣眔師氏・小子会射。王帰自諆田、王馭溓仲僕、令眔奮先馬走。

王大いに諆田に藉農し、餳す。王射し、有嗣と師氏・小子と会射す。王 諆田より帰るに、王の馭たる溓仲僕となり、令と奮と先馬走す。

とあるように、いわゆる僕御をその職掌としていたが、例えば伯克壺銘（後期）

隹十又六年七月既生覇乙未、伯大師賜伯克僕卅夫。

これ十又六年七月既生覇乙未、伯大師　伯克に僕卅夫を賜う。

の記述からは、その僕もやはり賜物のリストに登場しうる身分であったことが知られる。宰獣簋銘の「戛」はよくわからないが、逆鐘銘との類似、あるいは師獣簋銘に「西隔東隔の僕・馭・百工・牧・臣・妾」とあったことを参照すれば、やはり僕あるいは馭に相当する臣民であった可能性が高いだろう。

最後の百工は、先に引いた伊簋銘・蔡簋銘および師獣簋銘以外に、令方尊（彝）銘（前期・ⅠB）・公臣簋銘（後期・ⅢA）の二銘に登場する。百工が「王家」に属することは既に述べたが、令方尊（彝）銘

隹十月、月吉癸未、明公朝至于成周、𢓊命。舍三事命、眔卿事寮眔諸尹眔里君眔百工、眔諸侯：侯・甸・男、舍四方命。

これ十月、月吉癸未、明公朝に成周に至り、命を𢓊《い》だす。三事の命を舍《お》くに、卿事寮と諸尹と里君と百工とともにし、諸侯：侯・甸・男とともに、四方の命を舍く。

は、その百工が卿事寮・諸尹・里君などの諸官・諸身分と併記されうる地位にあったことを伝えている。百工とは、

小南一郎一九九六が指摘するように、甲骨文の「多工」につらなる、卜占・医術などの技術を伝承する集団の謂なのだろう。公臣簋銘

虢仲命公臣。嗣朕百工。賜汝馬乘・鐘五・金、用事。

虢仲　公臣に命ず。朕《わ》が百工を嗣《つかさど》れ。汝に馬乗・鐘五・金を賜う、用て事えよ、と。

は、この伝承技術にかかわる集団が周王の臣下にも属していたことを伝えており、このことは、百工が臣・妾あるいは夏・僕・庸などに類した―もちろん身分差はあろうが―存在形態をとっていたことを推定させる。

以上、「王家」に属していた臣・妾・夏・庸・百工の身分・職掌について述べてきたが、ここまでの議論で注意すべきは、これらの臣民が「王家」のみならず、周王臣下にもひろく属していたという事実である。師獣簋銘が伯龢父の「我が家」に言及するように、周王臣下もまた自らの「家」を保持しており[12]、周王臣下に属する臣民もまた「王家」の臣民と同じく、周王臣下の「家」に属していたと考えられる。第Ⅰ部第一章で述べたように、周王の全支配領域は「周邦」を含めた「万邦」からなると観念されていたが、それと全く同様に、「王家」の上位概念たる「周邦」は「王家」を含めた多数の「家」の集合体（「万『家』」）として成り立っていたといえるのかもしれない。

「王家」と周王臣下の「家」の類似を手がかりとして、いま少し西周期の「家」の実態を確認しておこう。王朝の執政団の一員であった栄伯による冊命を記録した卯簋銘（中期）に次のようにある[13]。

隹王十又一月既生覇丁亥、栄季入右卯、位中廷。栄伯呼命卯。曰、在乃先祖考、死嗣栄公室。昔乃祖亦既命、乃

父死嗣葊人。不淑、取我家朱、用喪。今余非敢夢先公有進退。余懋再先公官。今余隹命汝、死嗣葊宮葊人。

これ王の十又一月既生覇丁亥、栄季入りて卯を右け、中廷に位す。栄伯呼びて卯に命ぜしむ。曰く、乃《なんじ》が先祖考に在りては、栄公の室を死嗣せり。昔、乃が祖もまた既に命ぜられ、乃が父も葊人を死嗣せり。不淑なりしとき、我が家の朱を取り、用て喪せしめたり。今、余敢えて先公の進退ありたまいしに夢《たが》うに非ず。余懋《つと》めて先公の官を再《あ》ぐ。今、余これ汝に命じ、葊宮葊人を死嗣せしむ。

卯の家系は、その先祖考以来栄伯に仕え、「栄公の室」あるいは「葊人」を「死嗣」し、作器者である卯自身もまた「葊宮葊人」の「死嗣」を命ぜられている。「栄公の室」の「室」は先にみた儀礼施設としての「室」であり、そこにはやはり僕・庸・臣・妾などの臣民が属していたはずである。一方、「葊人」や「葊宮葊人」の「葊」は葊京の「葊」と考えられ、そこに栄伯は「葊宮」あるいは「葊人」といった「宮」「人」を保有していたのである。(14) これらの臣民は栄伯の「家」を構成する要素であったと考えられるが、さらに注目すべきは、卯簋銘中に「我が家の朱」という表現が見えることである。(15)「我が家の朱」、すなわち栄伯の「家」に属する朱は卯の父親の葬礼に使用されたと記録されており、そのことは葬礼の資材などもまた「家」に属するものであったことを示している。一般化していえば、「家」には臣・妾以下の臣民のほかに、いわゆる動産に分類される諸々の財が含まれていたといえるだろう。

最後に今一度、大克鼎銘を思い出してみよう。そこに記された善夫克への賜物のリストのなかに、「賜汝井家𠣙田于𤱶、以厥臣・妾（汝に井家𠣙田を𤱶に賜い、その臣・妾と以《とも》にす）」とあった。「井家𠣙田」の解釈、とくに「𠣙」字の解釈は分かれるが、すくなくとも構文上「𠣙田」にかかる「井家」は、この「𠣙田」がかつては井の「家」に属していたことを示していると考えるべきである。(16)「田」すなわち不動産もまた「家」に属する財であり、「井家𠣙田」

は井の「家」から「王家」へ、そして「王家」から善夫克の「家」へとその所属を移していったのである。西周期の「家」は、臣・妾・夏・庸・百工などの臣民のみならず、動産・不動産など様々な財をも含む概念であったと考えるべきであろう。

それでは、そのような「王家」にかかわっていた宰の職掌・地位とはいかなるものであったのだろうか。

第二節　宰の職掌

先に引用した張亜初・劉雨一九八六は、宰の職掌を

一、王家の内外を管理し、宮中の命令を伝達する。(管理王家内外、伝達宮中之命)。

二、冊命儀礼において「右者」となり、あるいは王にかわって臣下への賞賜をおこなう。(在錫命礼中作儐右或代王賞賜臣下)。

の二点に整理していた。ここ第二節では、主にその第二の項目に注目し、宰の職掌を論ずることにする。

宰の職掌第二項目の後段「代王賞賜臣下」は、例えば師遽方彝銘(中期・Ⅱ)

隹正月既生覇丁酉、王在周康寢、饗醴。師遽蔑曆、宥。王呼宰利、賜師遽瑚圭一・環璋四。

これ正月既生覇丁酉、王　周の康寝に在りて、饗醴す。師遽蔑暦せられ、宥せらる。王　宰利を呼び、師遽に

図25　師遽方彝

琱圭一・環璋四を賜わしむ。

に記録された饗醴の場において、「王　宰利を呼び、師遽に琱圭一・環璋四を賜わしむ」の如く、宰が周王の賜与にかかわりえたことを根拠として導かれた結論である。この饗醴（饗酒）については、かつて陳夢家が「断代」（六）において収集・分析を試みたことがあるが（一〇三頁）、ここではそれに新出史料を加え、かつ賜与に関する記述を補足して、その一覧を示すことにする。

一覧にあげた青銅器銘の「賜与の記述」についてみるならば、先に引いた師遽方彝銘と穆公簋銘（中期）の二銘に宰が登場しており、さらにこの二銘のみが「王呼□、賜…」の構文によって周王の賜与に言及していることがわかる。この「王呼□、賜…」という構文をもつ青銅器銘は、他に

史懋壺銘　：王呼伊伯、賜懋貝。（中期）
師遽簋銘　：王呼師朕、賜師遽貝十朋。（中期）
裘衛簋銘　：王呼内史、賜衛載市・朱黄・鑾。（中期・ⅡB）
師湯父鼎銘：王呼宰雁、賜□弓象弭・矢臺彤欮。（中期・ⅡB）
大師虘簋銘：王呼宰曶、賜大師虘虎裘。（中期・ⅡB）

青銅器名	儀礼	賜与の記述	断代
效卣（尊）	隹四月初吉甲午、王観于嘗。公東宮内饗于王。	王賜公貝五十朋。	前期・ⅡA
長由盉	隹三月初吉丁亥、穆王在下淢应。穆王饗醴。即井伯、大祝射。		中期・ⅡA
遹簋	隹六月既生覇、穆王在葊京。呼漁于大池。王饗酒、遹御亡譴。	穆王親賜遹鮮。	中期・ⅡA
師遽方彝	隹正月既生覇丁酉、王在周康寝、饗醴。師遽蔑暦、宥。	王呼宰利、賜師遽琱圭一・環璋四。	中期・Ⅱ
穆公簋	隹王初如□、迺自商𠂤復還、至于周。王夕饗醴于大室、穆公宥□。	王呼宰□、賜穆公貝廿朋。	中期
三年癲壷	隹三年九月丁巳、王在鄭、饗醴。	（王）呼虢叔、召癲、賜□俎。	中期・ⅢA
	己丑、王在句陵、饗逆酒。	（王）呼師寿、召癲、賜彘俎。	
大鼎	隹十又五年三月既覇丁亥、王在糧侲宮。大以厥友守。王饗醴。	王召走馬雁、命取騅騳卅二匹、賜大。	中期・ⅢA
鄂侯馭方鼎	鄂侯馭方内醴于王。乃□之。馭方宥王。王休宴、乃射。馭方会王射。馭方休闌。王宴、咸飲。	王親賜馭方玉五瑴・馬四匹・矢五束。	後期

の五銘が知られているが、(17) そのうちの師湯父鼎銘・大師虘簋銘にも宰雁・宰曶の名を確認することができる。師湯父鼎銘は、

隹十又二月初吉丙午、王在周新宮。在射廬、王呼宰雁、賜□弓象弭・矢臺彤欮。

これ十又二月初吉丙午、王　周の新宮に在り。射廬に在りて、王　宰雁を呼び、□弓象弭・矢臺彤欮を賜わしむ。

のように、射盧における射礼の際の賜与を記録しており、一方の大師虘簋銘は周の師量宮での賜与を記録している。大師虘簋銘に記録された、

正月既望甲午、王在周師量宮。旦、王格大室、即位。王呼師晨、召大師虘。入門、位中廷。王呼宰曶、賜大師虘虎裘。

正月既望甲午、王　周の師量宮に在り。旦、王　大室に格《いた》り、位に即く。王　師晨を呼び、大師虘を召さしむ。門に入り、中廷に位す。王　宰曶を呼び、大師虘に虎裘を賜わしむ。

という一連の儀礼において、周王は師晨・宰曶二名を「呼」びだしているが、最初の「王呼師晨」は「召大師虘」にかかり、次の「王呼宰曶」は「賜大師虘虎裘」にかけられている。「王呼□、賜…」という構文は、賜与という行為に直接かかわる人物を示す構文と理解すべきである。

これと対照的に、宰が登場しない饗醴関係の銘文では、效卣（尊）銘「王賜公貝五十朋（王　公に貝五十朋を賜う）」、遹簋銘「穆王親賜遹〓（穆王親ら遹に〓《とり》を賜う）」、鄂侯馭方鼎銘「王親賜馭方玉五瑴・馬四匹・矢五束（王親ら馭方に玉五瑴・馬四匹・矢五束を賜う）」の三銘において周王が「賜」の主格として登場している。さらに澧西・張家坡から出土した達盨蓋銘（中国社会科学院考古研究所一九九九）に、

隹三年五月既生覇壬寅、王在周。執駒于滆应。王呼巂趞、召達。王賜達駒。

これ三年五月既生覇壬寅、王　周に在り。駒を滆应に執る。王　巂趞を呼び、達を召さしむ。王　達に駒を賜

う。

とあるのを参照すれば、右の饗醴の一覧にあげた三年㾓壺銘の「(王)呼虢叔、召㾓、賜□俎」「(王)呼師寿、召㾓、賜彘俎」もまた、それぞれ「王賜□俎」「王賜彘俎」の省略と考えるべきである。同様に、大鼎銘「王召走馬雁、命取騅騆卅二匹、賜大(王　走馬雁を召し、騅騆卅二匹を取らしめ、大に賜う)」における「賜」の主格もまた周王と考えてよいだろう。しかしながら、例えば冊命儀礼において史官が命書を代読するように、儀礼は王の代行者によって直接的には執行されることが一般的であり、饗醴における賜与もまた通常は周王自らが直接実行することはなかったと考えられる。「王賜」「王親賜」といった表現で特に周王の関与が記録されるのは、それが周王手ずからの賜与であることを強調し、記念するためのものなのだろう。同じく「王親賜」の表現を含む晋侯蘇鐘銘

六月初吉戊寅、旦、王格大室、即位。王呼善夫曰、召晋侯蘇。入門、位中廷。王親賜駒四匹。

六月初吉戊寅、旦、王　大室に格り、位に即く。王　善夫を呼びて曰く、晋侯蘇を召せ、と。門に入り、中廷に位す。王親ら駒四匹を賜う。

庚寅、旦、王格大室。𤔲工揚父入右晋侯蘇。王親儕晋侯蘇秬鬯一卣・弓矢百・馬四匹。

図26　大師虘簋

庚寅、旦、王　大室に格る。𤔲工揚父入りて晋侯蘇を右く。王親ら晋侯蘇に秬鬯一卣・弓矢百・馬四匹を儕《おく》る。

もまた、それが周王手ずからの賜与であることを強調しているのである。(18)

周王を賜与の一応の主格としつつも、実はその賜与という行為に直接かかわる人物を明記しない饗醴関係銘文の傾向は、冊命儀礼の場での賜与においても同様に観察することができる。「王呼□、賜…」というように賜与に直接かかわる人物を明記する表現は、全青銅器銘のなかでは明らかに例外的な事例に属している。そして、その全七例のなかで四例が宰に言及することは、宰が周王による賜与に直接かかわりうる職掌を担っていたことを示していると考えられる。周王による賜与とは、とりもなおさず「王家」からの財の流出であり、宰はその「王家」の財にかかわる官職として、「王呼宰□、賜…」の構文をともなって青銅器銘に登場していたのである。

第三節　宰の地位

次に張亜初・劉雨一九八六が指摘した宰の職掌の第二項前段「在錫命礼中作儐右」を手掛かりとして、第二節での推論を検証してみることにしよう。「在錫命礼中作儐右」、すなわち冊命儀礼の場において宰が「右者」として登場する事例は、次の六例である。(19)

青銅器名	右者	冊命内容	断代
望簋	宰倗父	隹王十又三年六月初吉戊戌、王在周康宮新宮。旦、王格大室、即位。宰倗父右望、入門、位中廷、北嚮。王呼史年、冊命望。死嗣畢王家。賜汝…。	中期
呉方彝	宰朏	隹二月初吉丁亥、王在周成大室。旦、王格廟。宰朏右作冊呉、入門、位中廷、北嚮。王呼史戊、冊命呉。嗣旃眔叔金。賜…。	中期
蔡簋	宰曶	隹元年既望丁亥、王在淢应。旦、王格廟、即位。宰曶入右蔡、位中廷。王呼史年、冊命蔡。王若曰、蔡、昔先王既命汝作宰、嗣王家。今余隹䌛𩫏乃命、命汝眔曶、𠭯疋対各、死嗣王家。外内毋敢有不聞。嗣百工、出納姜氏命。…賜汝…。	後期
害簋	宰犀父	隹四月初吉、王在犀宮。宰犀父右害、位。王冊命害、曰、賜汝…。用餴乃祖考事、官嗣夷僕・小射・底魚。	後期
頌鼎（簋・壺）	宰引	隹三年五月既死覇甲戌、王在周康昭宮。旦、王格大室、即位。宰引右頌、入門、位中廷。尹氏授王命書[20]。王呼史虢生、冊命頌。王曰、頌、命汝官嗣成周貯廿家、監嗣新造貯。用宮御。賜汝…。	後期・ⅢB
師嫠簋	宰琱生	隹十又一年九月初吉丁亥、王在周。格于大室、即位。宰琱生内右師嫠。王呼尹氏、冊命師嫠。王若曰、師嫠、在昔、先王小学汝、汝敏可使。既命汝、更乃祖考、嗣小輔。今余隹䌛𩫏乃命、命汝嗣乃祖旧官小輔眔鼓鐘。賜汝…。	後期・ⅢB

一覧にあげた六銘のうち、蔡簋銘は最も長銘であり、かつ宰の職掌・地位を考える上で従来から最も重視されてきた銘文である。改めて蔡簋銘を示そう。

隹元年既望丁亥、王在淢应。旦、王格廟、即位。宰曶入右蔡、位中廷。王呼史年、冊命蔡。王若曰、蔡、昔先王既命汝作宰、嗣王家。今余隹䌛𩫏乃命、命汝眔曶、𠭯疋対各、死嗣王家。外内毋敢有不聞。嗣百工、出納姜氏命。…賜汝玄衮衣・赤舄。敬夙夕、勿灋朕命。

これ元年既望丁亥、王　減应に在り。旦、王　廟に格り、位に即く。宰曶入りて蔡を右け、中廷に位す。王史年を呼び、蔡に冊命せしむ。王若く曰く、蔡よ、昔、先王既に汝に命じて宰と作し、王家を嗣《つかさど》らしめたまえり。今、余これ乃が命を黼褱し、汝と曶とに命じて、䵼疋対各し（意味不明）、王家を死嗣せしむ。外内するに敢えて聞せざること有る毋かれ。百工を嗣り、姜氏の命を出納せよ。…汝に玄衮衣・赤舄を賜う。夙夕を敬み、朕が命を灋つる勿かれ、と。

受命者たる蔡は、「昔、先王既に汝に命じて宰と作し」とあるように、この度の冊命時には既に宰職を帯びていた。一方、この度の冊命では「作（官職）」の文言はなく、宰蔡と宰曶の両名に「䵼疋対各し、王家を死嗣せしむ」、具体的には「百工を嗣り、姜氏の命を出納せよ」との命令がくだされたのである。

この蔡簋銘に登場する「右者」宰曶と受命者宰蔡がともに宰職を帯びることは、「右者」と受命者との間に官制ないしは身分上の関係があったことを容易に推測させるものであり、事実、『大系』一〇二蔡簋には「右者」たる宰曶を大宰、受命者たる宰蔡を内宰（宮宰）とする解釈が示されている。張亜初・劉雨一九八六などが既に指摘するように、西周期の青銅器銘に大宰という官名は見えず、かつ蔡簋銘から宰曶と宰蔡の職掌に内外の別があったと主張することはできないが、それでもなお、『大系』が両者に大宰・内宰（宮宰）の地位を与えようとしたのは、冊命儀礼における「右者」と受命者との間に何らかの統属関係があるに違いないという前提が存在するからである。この前提はその後も引き継がれ、官制の復元研究の基本的な作業仮説とされてきたが[21]、既に汪中文一九九三が指摘したように、冊命儀礼の「右者」と受命者との間に明確かつ必然的な統属関係を想定することはできない[22]。従ってここでは、そのような統属関係の議論を離れて、各銘文の個別的検討から宰の職掌・地位を推定することとする。

先にあげた六銘を改めて観察するならば、蔡簋銘を含んだすべての銘文が冊命儀礼の場における「作（官職）」の文言を欠いていることに気付く。すなわちこれらの冊命では、特定の官職への叙任はおこなわれておらず、具体的職掌の担当のみが命ぜられていることを最初に確認しておきたい。

次に受命者に命ぜられた具体的職掌を見てみると、頌鼎（簋・壺）銘「命汝官嗣成周貯廿家、監嗣新造貯（汝に命じて成周の貯廿家を官嗣し、新造の貯を監嗣せしむ）」との命によって頌が「官嗣」を命ぜられた「成周貯廿家」は、「四方」から成周に集められた貢献物の貯蔵にかかわる施設であり、「新造貯」とは新たに送致された貢献物あるいは新たに建営される施設をいうものと考えられる。[23]その使用目的として「用宮御（宮御に用いよ）」、すなわち宮廷の需要を満たすべきことが命ぜられるように、「貯」とは周王の入用に対する経済的充足を目的とした施設であり、「王家」の一部を構成していたものと考えられる。また望簋銘では望に対して「死嗣畢王家（畢の王家を死嗣せよ）」との命がくだされるが、この「畢王家」とは畢に存在した周王の「王家」を指していると考えられている。[24]「王家」にかかわる宰が頌鼎（簋・壺）銘・望簋銘に記録された冊命儀礼の「右者」として登場するのは、冊命によって命ぜられた具体的職掌がまさに「王家」に関連したものであったという理由で充分に説明がつくだろう。

呉方彝銘（中期）で作冊呉が管理を命ぜられた「旃罘叔金（旃と叔金）」は難解であるが、旃とは『周礼』春官・巾車に「大白を建て、以て戎に即き、以て四衛を封ず（建大白、以即戎、以封四衛）」とある大白、すなわち白色の旃旗を指し、叔金とは旃旗の類あるいはその関連品をいうものとされている。[25]また師嫠簋銘（後期・ⅢB）

王若曰、師嫠、在昔、先王小学汝、汝敏可使。既命汝、更乃祖考、嗣小輔。今余隹𤕌𩫏乃命、命汝嗣乃祖旧官小輔罘鼓鐘。

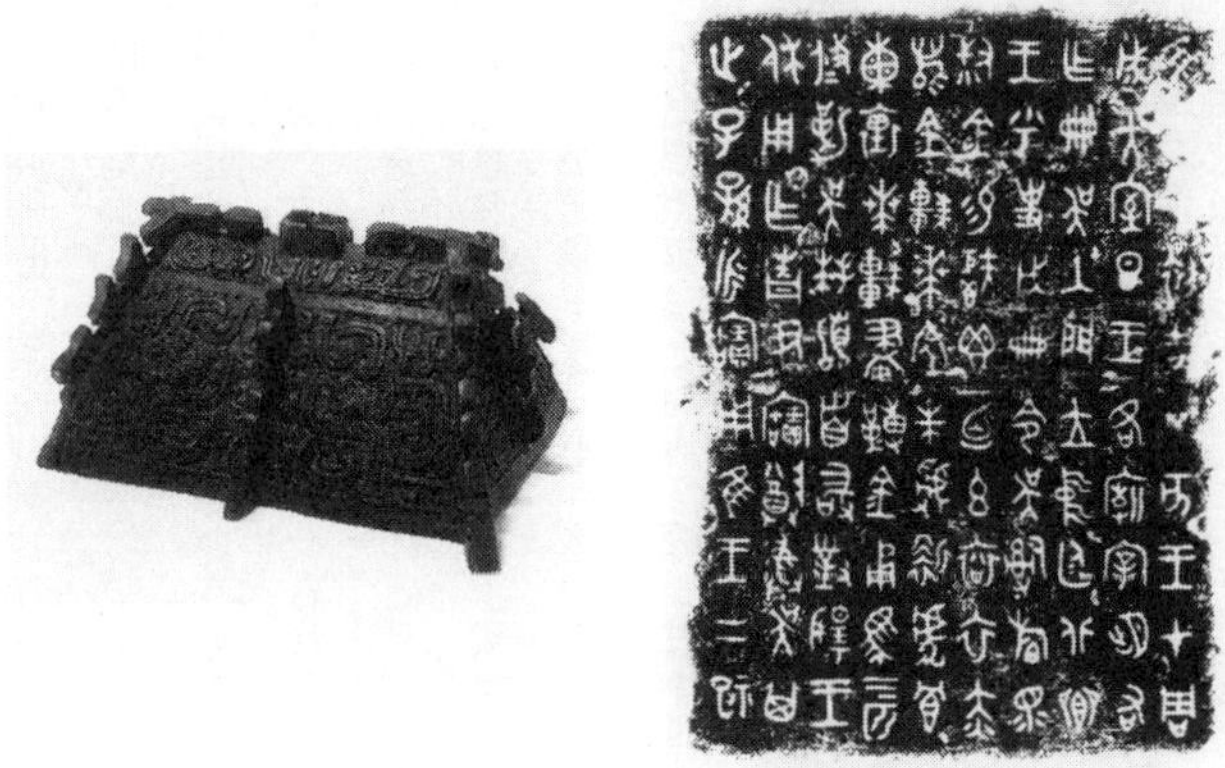

図27　呉方彝

王若く曰く、師嫠よ、在昔、先王　汝を小学せしめたまうに、汝敏にして使う可し。既に汝に命じ、乃が祖考を更ぎ、小輔を嗣らしめたり。今、余これ乃《なんじ》が命を𩰫豪し、汝に命じて乃が祖の旧官せる小輔と鼓鐘とを嗣らしむ。

では祖の旧官である小輔と鼓鐘を管掌することが命ぜられているが、その小輔とは『周礼』春官の鎛師、鼓鐘とは同じく春官の鐘師につらなるものとされている。[26] 呉方彝銘にみえる旌旗の類は周王よりの賜物として青銅器銘にしばしば登場するし、『春秋左氏伝』定公四年条で衛の子魚が説き及ぶ魯・衛・晋の封建にかかわる伝承には、大旂・少帛・綪茷といった旌旗のほか、大呂・密須之鼓・沽洗などの楽器が賜物として登場している。旌旗・楽器は「王家」に属する財として諸侯・臣下へと賜与されるものであり、旌旗の管理あるいは楽官の管掌を命ずる冊命儀礼に宰が「右者」として登場するのも、やはり「王家」とのかかわりをもつ宰の職掌から充分に説明しうるものである。

害簋銘（後期）に見える夷僕・小射・底魚について、楊寛一九八四はこれらを「駕車馬、射猟、捕漁」の官と解釈している。[27] 既に述べたように、僕は「王家」にも属する臣民であり、射もまた趞簋銘（中期・ⅡB）に、

唯三月、王在宗周。戊寅、王格于大廟。密叔右趞、即位。内史即命。王若曰、趞、命汝作豳自冢嗣馬、啻官僕・射・士・訊・小大又隣。

これ三月、王　宗周に在り。戊寅、王　大廟に格る。密叔　趞を右け、位に即く。内史　命に即く。王若く曰く、趞よ、汝に命じて豳自の冢嗣馬と作し、僕・射・士・訊・小大又隣を啻官せしむ。

とあるように、僕とともに言及されうる存在であった。宰犀父が害への冊命儀礼の「右者」として登場することも、やはり「王家」との関連で理解できるだろう。

以上、「王家」にかかわる具体的職掌を命ずる冊命儀礼において、宰が儀礼の「右者」として登場することを述べた。「右者」たる宰に関する限り、受命者との関係はその具体的職掌において発生しており、そこに強いて官制ないしは身分にかかわる議論を持ち込む必要はないものと考える。なによりも、「作（官職）」の文言を欠き、官制を構築する意図を表明していない冊命儀礼の記録をもとにして、「右者」宰と受命者との間に官制上での積極的な統属関係を見いだそうとする試みは基本的には無謀ですらある。たとえ呉方彝銘の呉が作冊の官名を帯び、かつ師虎簋銘（中期・ⅡB）にみえる内史呉と同一人物であったとしても、さらに頌鼎（簋・壷）銘の頌が史頌鼎（簋）銘（後期・ⅢB）の史頌であり、望簋銘の望が師望鼎銘（中期・ⅢB）の師望であり、師嫠簋銘の師嫠が師職を帯びていたとしても、宰がこれらを統べる地位にあったと考えなければならない必然性はどこにも存在しないといえるだろう。

おわりに

以上、臣・妾などの臣民、動産・不動産を含む「王家」に宰がかかわっていたことを述べてきたが、そのことは「王家」の管轄が宰の独占的職掌であったことを必ずしも意味してはいない。例えば、先にみた「王呼□、賜…」の構文についても、確かに宰にかかわる事例が多いことは事実であるが、同時に、そこには史懋壷銘「王呼伊伯、賜懋貝（王　伊伯を呼び、懋に貝を賜わしむ）」、師遽簋銘「王呼師朕、賜師遽貝十朋（王　師朕を呼び、師遽に貝十朋を賜わしむ）」、裘衛簋銘「王呼内史、賜衛載市・朱黄・鑾（王　内史を呼び、衛に載市・朱黄・鑾を賜わしむ）」などのように、宰以外の肩書きを帯びる人物も登場していたのである。また蔡簋銘において、宰蔡と宰曶とに「姜氏の命を出納せよ」との命がくだされたように、宰は王命の出納にもかかわっていたが、その職掌もまた、善夫克の作器にかかる大克鼎銘に、

克曰、穆々朕文祖師華父、聰襄厥心、寧静于猷、淑哲厥徳。肆克恭保厥辟共王、諫辥王家。…天子明哲、覭孝于神、経念厥聖保祖師華父、勱克王服、出納王命、多賜宝休。

克曰く、穆々たる朕《わ》が文祖師華父、その心を聰襄にし、猷《はかりごと》に寧静にして、その徳を淑哲にす。ゆえに克くその辟《きみ》共王を恭保し、王家を諫《ただ》し辥《おさ》めたり。…天子明哲にして、神に覭孝し、その聖保なる祖師華父を経念し、克を王服に勱《かな》わしめ、王命を出納せしめ、多く宝休を賜う。

とあるように、善夫克の職掌としても指示されうるものであった。

西周期の青銅器銘によって確認できることは、宰が「王家」の財や王命の出納に比較的深くかかわる官職であったという事実のみであり、宰の地位についてのこれ以上の議論は事実上不可能である。それにも拘わらず、西周期の官制研究で宰が重視され高い地位を与えられてきたのは、文献史料、特に『周礼』天官・冢宰のイメージによるところが大きいものと推測される。しかしながら、周王を補佐し万機を総覧するという『周礼』が描く大宰の職掌は、少なくとも西周期の青銅器銘から抽出できる宰の職掌とは大きく隔たっているのである[28]。『周礼』大宰への道のりについて、ここでこれ以上の議論は展開しないが、最後に青銅器銘にみえる大宰について、若干の見通しだけは提示しておきたいと思う。

青銅器銘において大宰の官名を確認することができるのは、現時点で魯・斉・井（邢）・邾・邛・南申・滕七ヶ国の列国銘文にすぎず[29]、周王朝そのものの大宰の存在は確認できない[30]。さらに大𤔲徒・大𤔲工・大善夫・大内史など、大宰と同様に、西周期の官名に「大」字が冠せられる事例もすべて列国器において観察されるにすぎない[31]。以上の事実から、大宰の出現は列国における大𤔲徒・大𤔲工などの出現と軌を一にしている可能性があること、従って、大宰という官名の出現をもって、ただちに宰の地位の上昇を主張することはできない、との見通しを得ることができるだろう。『周礼』大宰への道のりについては、別途新たな議論が用意されなければならない[32]。

（1）陳夢家一九五六　第十五章「百官」に「殷代史官如尹・乍冊・史・卿史等沿至西周、尚存其制。其它如宰・工・射・犬亦相沿至西周。至於西周金文所見的虎臣・司寇・司土・善夫等等、則似為純粋的周制」との指摘がある。

（2）青銅器銘としては、他に宰甫卣銘「王来獣、自豆麓。在□𠂤。王饗酒。王光宰甫貝五朋。用作宝䵼（王来りて獣《か》りするに、豆麓自りす。□旨に在り。王饗酒す。王　宰甫に貝五朋を光《たま》う。用て宝䵼を作る)」などがある。

(3) 殷代の官制については王貴民一九八六を参照のこと。また趙誠一九八八に「甲骨文為職官名、但因卜辞所記関於宰之内容有限、尚不明其在当時的職責範囲和主管内容。至於和後世宰相・冢宰有何種聯系、尚待進一歩考証」(六一頁)というのが、研究の現状だろう。

(4) 宰の職掌については他に、黄然偉一九七八が「其職司多在冊命賞賜儀式中任儐者」「其他職守為秉承王命、代王頒授賞賜之物」「秉承王命為他人之副、管理諸臣工」(一四一～二頁)と整理し、汪中文一九九九が「掌理王家内外、伝達宮中之命」「承王命頒授賞賜之物」「冊命時任儐右之職」(一五三頁)と整理している。

(5) 張亜初・劉雨一九八六には「西周之宰、主要是管理王家宮内事務」(四一頁)との表現も見えている。

(6) 康宮については、さしあたり唐蘭一九六二を参照のこと。

(7) 叔徳簋銘(前期)に「王賜叔徳臣𡤳十人・貝十朋・羊百(王　叔徳に臣𡤳十人・貝十朋・羊百を賜う)」とある。この「𡤳」字に似た字は別に、𤞷方鼎銘(前期・ⅠB)にも見えているが、その意味は明らかではない。

(8) 籾山明一九八二は、西周期の臣・妾を含めて、中国古代の臣妾の身分を考察したものである。

(9) 琉璃河出土の青銅器銘に言及する研究は多いが、さしあたり宮本一夫一九九九を参照のこと。

(10) 「西隔東隔」を軍事集団の編成にかかわる語彙とするのは『大系』一一四師獣簋、『通釈』一八六師獣簋など。一方、『銘文選』(三)三八四師獣簋は、これを「封邑的東鄙西鄙」と解釈する。

(11) 中国古代の「家」「室」の語義・用例については、堀敏一一九八九も参照のこと。

(12) 叔向父禹簋銘「叔向父禹曰、余小子、嗣朕皇考、肇帥型先文祖、恭明徳、秉威義、用𤕌𤔲奠保我邦・我家(叔向父禹曰く、余小子、朕が皇考を嗣ぎ、肇めて先文祖に帥型し、明徳を恭み、威儀を秉り、用て𤕌𤔲して我が邦・我が家を奠保す)」(後期・ⅢB)に見える「我家」も周王臣下の「家」である。

(13) 卯簋銘を除けば、栄伯に言及する青銅器銘は次の一〇銘である。栄伯鬲銘「栄伯鋳鬲」(中期)、同簋銘「王在宗周、格于大廟。栄伯右同」(中期)、輔師嫠簋銘「王在周康宮、格大室、即位。栄伯入右輔師嫠」(後期・ⅡB)、永盂銘「(益)公廼出厥命、…厥眔公出厥命、井伯・栄伯・尹氏・師俗父・趞仲」（中期・Ⅱ）、三年裘衛盉銘「裘衛廼彘告于伯邑父・栄伯・定伯・琼伯・単伯」（中期・Ⅲ）、応侯見工鐘銘「王格于康。栄伯内右応侯見工」（中後期・Ⅲ）、康鼎銘「王在康宮。栄伯内右康」（中期後期・ⅢA）、衛簋銘「王格于康宮。栄伯右衛入」（中期・ⅢA）、弭伯簋銘「王格于大室。栄伯内右師耤」（後期・ⅢB）、敔簋銘「執訊卌、奪俘人四百、□于栄伯之所」（後期）。すべてを同一人物とすることは困難だろうが、その大半が儀礼の「右者」をつとめるなど、王朝内における有力な家系であったことをうかがわせる。

（14）『通釈』一四九卯簋に「葊の地には栄伯の宮が営まれていたのであろう。葊人とは、葊宮所属の民人で、百工臣妾の属がおかれていたものと思われる」とあり、『銘文選』（三）二四四卯簋は「栄伯在葊有宮室和封邑、故使卯往主司之」と解釈する。

（15）『通釈』一四九卯簋の解釈に従う。『銘文選』（三）二四四卯簋はこれを『広雅』釈宮「棟、椽也」の棟に当てる。これは『大系』八五卯簋の「猶左伝哀十六年、哀公誄孔子語、旻天不弔、不憖遺一老。蓋謂不弔昊天取去我家柱石之臣、因以不禄也。…在此当即叚為柱石之柱」の解釈を引き継いだものだが、卯簋銘の文脈に「柱石之臣」の意味を取り込むことは困難だろう。

（16）大克鼎銘において、「賜汝井家𠣬田于㽙、以厥臣・妾」の前後はすべて「賜汝田于□」との表現をとっており、「井家𠣬田」がある特定の「田」を指し示していることは確実である。さらに銘文後段には「井遏𠣬人」との表現があり、「𠣬」字はそれぞれ「田」「人」を修飾する役割を担っている。「井家𠣬田」には「井家の𠣬田」あるいは「井家の𠣬の田」といった読みが与えられるべきだろう。この点について、伊藤道治一九八七　第三章「土地と農民の支配」に、「邢家の二字は𠣬田が何に帰属するものであったかを指示する語として書かれている。邢家の家の字の意味は余り明らかでないが、畢公家・畢王家・王家など、例えば蔡簋・卯簋などに見える家の字から考えると、単に建築としての家とその内部の人的・物的なものをさすのではなく、ある人物―王をも含めて―が領有或いは支配する地域の土地或いは地上のもの、人をも含んでいたものであることがわかる」（一七六頁）との指摘がある。

（17）他に「王呼□、冊賜…」といった構文があるが、これは「王呼□、冊命…、賜…」の省略と判断し、このリストにはあげなかった。

（18）晋侯蘇鐘銘には他に「王親命晋侯蘇（王親ら晋侯蘇に命ず）」といった表現も見られる。この「王親命」の表現は、克鐘

（鎛）銘「王呼士曶、召克。王親命克（王　士曶を呼び、克を召さしむ。王親ら克に命ず）」（後期・Ⅲ）にも見えている。

(19) 他に趞鼎銘（後期）の宰訊、寰鼎（盤）銘（後期）の宰頵が「右者」として銘文に登場するが、両銘とも「冊賜」の表現によって周王からの賜与を記録するのみである。冊命儀礼によって指示された事柄を知ることができないので、本文のリストにはあげなかった。

(20) 頌簋銘は頌鼎（壷）銘と比較して、（一）「成周貯廿家」の「廿家」がない、（二）「万年眉寿」の後に「無疆」がある、という相違点が認められる。以下、本論では頌鼎（壷）銘を採用することとする。

(21) 例えば、楊寛一九八四は西周王朝の公卿制度を考察するにあたって、その「方法」の一つとして「〝右〟者是引導受命者的朝廷大臣、〝右〟者和受命者之間有着上下級的組織関係」（九三頁）と述べている。

(22) 汪中文一九九三に「全面観察『右』者与『受命』者間之六種関係、『右』者所儐之対象並不固定、有職位相同者、有職位層次相当者、亦有其下属。然因為部份銘文呈顕『受命』者為『右』者之属官、因而導致白川静・楊寛・李学勤・陳漢平等学者、産生若干誤解。其実依拠本文的分析結果、『右』者与『受命』者之間、並無明顕而必然的上下統属関係」（六二頁）とある。また同一九九九第四章「冊命礼中『右』者制度研究」にも同様の指摘がある（二五三頁）。

(23) 『通釈』一三七頌壺、楊寛一九八四。ただし李学勤一九九四などはこの「貯」を「賈」字に釈し、商賈の意味に理解している。また『銘文選』（三）四三四頌鼎はこれを「貯」字に釈すものの、市廛の方向に解釈しようとしており、李学勤等の理解に近い。西周期の商賈や市廛の存在を明確に裏付ける史料はないので、ここでは『通釈』や楊寛の意見に従っておく。

(24) 『大系』八〇望簋に「『死嗣畢王家』言尸嗣在畢之先王宗廟、与伊簋『官嗣康宮王臣妾百工』語例相同」という。ただし、『通釈』一二九望簋が指摘するように、「畢王家」を必ずしも伊簋銘の「康宮…」とのみ対比させて宗廟に限定する必要はない。「畢王家」とは畢に存在した臣民・動産・不動産を含む「王家」と考えればよいだろう。

(25) 『通釈』一〇五呉方彝、『銘文選』（三）二四六呉方彝蓋。

(26) 郭沫若一九五八、『銘文選』（三）三八六師嫠簋。

(27) 陳夢家一九五六　第十五章「百官」に「底漁即左伝襄廿五之侍漁、杜預注云〝監収漁之官〟、古人射魚、故底漁亦習射。夷僕・小射可省称為僕・射」という。

(28) 黄然偉一九七八には、「周礼更有冢宰・太宰・小宰・宰夫之設、然其職司皆不同於西周銘文所見者」（一四二～三頁）との指摘がある。

(29) それぞれ一例をあげると、魯大宰邍父簋（春秋前期）・斉大宰帰父盤（春秋）・井姜大宰巳簋（春秋前期）・郲大宰簠（春秋前期）・邛大宰壺（春秋）・南申伯大宰簋（後期）・滕大宰得匜となる。

(30) 文献史料においては、『国語』周語上に太宰文公の名が見えている。ちなみに、『春秋左氏伝』において大宰の存在を確認することができる国は、魯・楚・宋・鄭・呉の五ヶ国である。

(31) それぞれ一例をあげると、魯大嗣徒豆（春秋・春秋ⅡB）・鄭伯大嗣工簠（春秋前期・春秋Ⅰ）・蔡大善夫簠・鄭大内史匜（春秋）となる。

(32) 松井嘉徳一九九五の後半はこの議論に充てられている。

第二章　西周の官制

はじめに

前章では「王家」と宰とのかかわりを中心に議論をすすめ、冊命儀礼の「右者」として登場する宰と受命者との間に職掌上での関係を想定することはできても、官制上での積極的な統属関係を見いだすことは困難であるとの結論を得た。本章では、考察の対象を当時の「官制」全体に拡げることとし、前章での議論が西周期の「官制」全般に妥当するものであるかどうかを検証してみたい。

西周期の官制を議論するに際して、最も重視されかつ利用されてきたのは、冊命儀礼の次第を記録した「冊命金文」である。冊命金文の書式には相当なヴァリエイションが認められるが[1]、なかでも頌鼎（簋・壺）銘（後期・ⅢB）あるいは善夫山鼎銘（後期・ⅢB）の記述が最も詳細なものとされている。以下には頌鼎銘を示し、その銘文の検討から本章での議論を始める手掛かりを得ることにしたい。

隹三年五月既死覇甲戌、王在周康昭宮。旦、王格大室、即位。宰引右頌、入門、位中廷。尹氏授王命書。王呼史虢生、冊命頌。王曰、頌、命汝官嗣成周貯廿家、監嗣新造貯、用宮御。賜汝玄衣・黹純・赤市・朱黄・鑾旂・攸勒、用事。頌拝稽首、受命冊、佩以出、返納瑾璋。頌敢対揚天子丕顕魯休、用作朕皇考共叔・皇母共姒宝障鼎。用追孝、祈匃康𧇥純祐・通禄永命。頌、其万年眉寿、畯臣天子、霊終。子々孫々、宝用。

これ三年五月既死覇甲戌、王 周の康昭宮に在り。旦、王 大室に格《いた》り、位に即く。宰引 頌を右け、門に入り、中廷に位す。尹氏 王に命書を授く。王 史虢生を呼び、頌に冊命せしむ。王曰く、頌よ、汝に命じて成周の貯廿家を官嗣し、新造の貯を監嗣せしむ、宮御に用いよ。汝に玄衣・黹純・赤市・朱黄・鑾旂・攸勒を賜う、用て事《つか》えよ、と。頌拝稽首し、命冊を受け、佩びて以て出で、瑾璋を返納す。頌敢えて天子の丕顕なる魯休を対揚し、用て朕が皇考共叔・皇母共姒の宝障鼎を作る。用て追孝し、康𧇥純祐・通禄永命ならんことを祈匃す。頌よ、其れ万年眉寿にして、畯《なが》く天子に臣え、霊終ならんことを。子々孫々、宝用せよ。

図28　頌鼎

右に示した頌鼎銘には、「右者」宰引に導かれて中廷に位した頌に対して、「成周の貯廿家を官嗣し」以下の職掌、ならびに「玄衣・黹純」以下の賜物が示され、その冊書をうけとった頌が一旦中廷を退いたのち、改めて玉器瑾璋を返納する儀礼の次第が記録されている。そのうち、史虢生を介して頌に伝達された王命は、「頌よ」という受命者への呼びかけで始まり、「用て事《つか》えよ」との言葉で締めくくられるが、この「用事」という表現は「敬夙夕、勿灋朕命（夙夕を敬みて、朕《わ》が命を灋《す》つる勿かれ）」とともに、王命を締めくくる言葉として青銅器銘に頻見している。いま、右に示した頌鼎銘と同じく、「冊命」と明記された青銅器銘四二件についてみるならば、[2] 元年師旋簋銘「敬夙夕、用事（夙夕を敬みて、用て事えよ）」（後期・ⅢA）、大克鼎銘「敬夙夜、用事、勿灋朕命（夙夜を敬みて、用て事え、朕が命を灋つる勿かれ）」（後期・ⅢB）、師嫠簋銘「用事、敬夙夜、勿灋朕命（用て事え、夙夜を敬みて、朕が命を灋つる勿かれ）」（後期・ⅢB）のような折衷的表現の他に、十五の銘文が「用事」の表現によって王命を締めくくっているのである。[3] さらに、この「用事」という言葉には、頌鼎銘に「汝に玄衣・黹純・赤市・朱黄・鑾旂・攸勒を賜う、用て事えよ」とあったように、「賜汝…、用事」の表現によって賜与の記述と密接に結びつくという顕著な特徴がある。師虎簋銘（中期・ⅡB）

　隹元年六月既望甲戌、王在杜应、格于大室。井伯内右師虎、即位中廷、北嚮。王呼内史呉曰、冊命虎。王若曰、虎、在先王、既命乃祖考事、啻官嗣左右戯繁荊。今余隹帥型先王命、命汝更乃祖考、啻官嗣左右戯繁荊。敬夙夜、勿灋朕命。賜汝赤舄、用事。

　これ元年六月既望甲戌、王　杜应に在り、大室に格る。井伯内りて師虎を右け、位に中廷に即き、北嚮す。王内史呉を呼びて曰く、虎に冊命せよ、と。王若く曰く、虎よ、先王に在りては、既に乃《なんじ》が祖考の事を命じ、左右戯繁荊を啻官嗣せしめたまう。今、余これ先王の命に帥型し、汝に命じて乃が祖考を更ぎ、左右戯繁荊を啻官嗣せしむ。夙夜を敬みて、朕が命を灋《す》つる勿かれ。汝に赤舄を賜う、用て事えよ、と。

には、「用事」のみならず「敬夙夜、勿灋朕命」の表現も見えているが、ここにおいても「賜汝…」の表現をうけて王命を締めくくっているのは周王の「用て事えよ」という言葉である。冊命儀礼の場において、周王が発する「用て事えよ」との命令は、周王からの賜物にちなみ、(4)与えられた職事に服することを命じる言葉であった。(5)

しかしながら、「夙夕を敬みて、朕《わ》が命を灋《す》つる勿かれ」といった王命と組み合わされることからも明らかなように、この「用て事えよ」という命令は極めて抽象的・一般的な服事命令であるにすぎない。右に引いた頌鼎銘の場合、頌が周王より「用て事えよ」として命ぜられた職掌は、具体的にはその上段の「頌よ、汝に命じて成周の貯廿家を官𤔲し、新造の貯を監𤔲せしむ」の部分において、「□𤔲…」という表現によって言及されていたのである。冊命儀礼の場における王命には、受命者の服事を抽象的・一般的に示す「事」と、その具体的な職掌を示す「𤔲」という、服事・職掌にかかわる二つの概念が併存していたといえそうである。(6)以下、この「事」と「𤔲」に注目しつつ、西周期の「官制」を考察することにしよう。

第一節　青銅器銘における「事」

「事」あるいは「吏（使）」字は本来、「史」字と同源の文字であった。王国維は、その「釈史」（『観堂集林』巻六）において、「事」字の発生を次のように説明している。

殷人の卜辞ではすべて史字を事字にあてており、事字はなお存在していなかった。周の毛公鼎や番生敦（簋）では、卿事は事字に作られ、大史は史字に作られており、はじめて分かれて二字となった。…史の本義は、書を持つ人である。引伸して大官および庶官の称となった。また引伸して職事の称となった。その後この三者はそれぞ

れ専用の文字をもち、史・吏・事の三字は小篆ではっきりと区別されるようになった。(7)

「史」字の本義についての議論に深入りすることはひかえるが、(8)「事」あるいは「吏（使）」字が「史」字から派生し、西周期の青銅器銘において「史」字と区別されるようになったという王氏の主張は基本的に認めてよいであろう。それでは、この「史」字から派生した「事」字は、本来いかなる意味を担っていたのだろうか。『集成』が西周前期あるいは中期と判断する青銅器銘に見える「事」字の用例から、その問題を検討することにしよう。(9) ただし、以下に示す表には叔隋卣銘「王姜史叔事于大保（王姜　叔をして大保に使いせしむ）」（前期）のように、明らかに「吏（使）」字に解釈すべき事例は含まれていない。(10)

語彙	銘文	青銅器名	断代
有事	武征商。隹甲子、朝歳鼎、克聞、夙有商。辛未、王在[illegible]𠂤。賜有事利金。用作□公宝障彝。	利簋	前期・ⅠA
事喜	衣祀于王丕顕考文王、事喜上帝。	大豊簋	前期・ⅠA
見事	己亥、揚見事于彭。車叔賞揚馬。用作父庚彝。	揚方鼎	前期・ⅠA
	匽侯旨初見事于宗周。王賞旨貝廿朋。用作姒宝障彝。	匽侯旨鼎	前期・ⅠB
卿事	隹八月、辰在甲申。王命周公子明保、尹三事・四方、授卿事寮。…隹十月月吉癸未、明公朝至于成周、徃命。舎三事命、眔卿事寮眔諸尹眔里君眔百工、眔諸侯：侯・甸・男、舎四方命。	令方尊（彝）	前期・ⅠB
三事	隹八月、辰在甲申。王命周公子明保、尹三事・四方、授卿事寮。…隹十月月吉癸未、明公朝至于成周、徃命。舎三事命、眔卿事寮眔諸尹眔里君眔百工、眔諸侯：侯・甸・男、舎四方命。	令方尊（彝）	前期・ⅠB
	雩若翌乙酉。三事□□、入服酒。王格廟。	小盂鼎	前期
	隹九月、王在宗周、命盂。王若曰、…在雩御事、戱酒無敢酖、有□蒸祀、無敢醻。故		

御事(11)	天翼臨子、灋保先王、□有四方。	大盂鼎	前期・ⅠB
	叔趯父曰、余考、不克御事。	叔趯父卣（尊）	前期・ⅡA
障事	用作丁公宝簋、用障事于皇宗、用饗王逆造。	令簋	前期・ⅡA
征事	隹十又一月、井侯徙嗝于麦。麦賜赤金、用作鼎。用従井侯征事、用饗多□友。	麦方鼎	前期
	井侯光厥吏麦、嗝于麦宮。侯賜麦金。作盉。用従井侯征事、用奔走夙夕、嗝□□。	麦盉	前期・Ⅲ
辨事	隹王南征、在□。王命生、辨事□公宗。	小子生尊	前期
進事	隹十又二月初吉丁卯、召啓進事奔走、事皇辟君。	召圜器	前期
即事(12)	小臣逋即事于西、休。仲賜逋鼎。揚仲皇、作宝。	小臣逋鼎	前期
衣事	隹廿又二年四月既望己酉、王格□宮、衣事。	庚嬴鼎	前期
	隹九月初吉癸丑、公彡祀。雩旬又一日辛亥、公啻彡辛公祀、衣事亡□。	繁卣	中期
命事	唯九月初吉庚午、公叔初見于衛。賢従。公命事。	賢簋	中期・ⅢA
祖考事	王若曰、虎、在先王、既命乃祖考事、啻官嗣左右戯繁莿。	師虎簋	中期・ⅡB
	王曰、閉、賜汝織衣・〇市・鑾旂、用併乃祖考事、嗣窐俞邦君嗣馬弓矢。	豆閉簋	中期・ⅡB
	王曰、服余、命汝更乃祖考事、疋備仲、嗣六𠂤服。	呂服余盤	中期
宝事	盠敢拝稽首、曰、剌々朕身、更朕先宝事。	盠方尊（彝）	中期・ⅡB
卜事	王若曰、舀、命汝更乃祖考、嗣卜事。	舀鼎	中期
死事	追虔夙夕、卹厥死事。天子多賜追休、追敢対天子覭揚、用作朕皇祖考障簋。	追簋	中期・ⅢA
	今𤼈夙夕虔敬、卹厥死事。	𤼈鐘	中期・Ⅲ

右の表にみえる語彙のうち、「有事」「卿事」「三事」の三つの語彙は、官職ないしは身分呼称にかかわるものである。克殷後の武王による賜与を記念して作られた利簋銘（前期・ⅠA）は、その賜与を「賜有事利金（有事利に金を賜う）」と記録するが、作器者である利に冠された「有事」の語は利の官職ないしは身分を示している。令方尊（彝）銘（前期・ⅠB）に見える「卿事寮」も諸尹・里君・百工といった官職ないしは身分呼称と併記されていること、および「寮」字が青銅器銘においては属僚を意味することから（張亜初・劉雨一九八六）、やはり官職・身分呼称にかか

図29　大盂鼎

わる語彙であったと判断できる。同じく令方尊（彝）銘に見える「三事」は、「尹三事・四方（三事・四方を尹《ただ》し）」といった表現で示されるように、「四方」と対をなす概念であったと考えられる。この場合の「三事」が具体的に何を指示しているのかは必ずしも明らかではないが、(13) 小盂鼎銘「三事□□、入服酒（三事□□、入りて服酒す）」（前期）に見える「三事□□」が銘文前段では「三左・三右・多君、入服酒（三左・三右・多君、入りて服酒す）」とも表現されることから、何らかの官職・身分的な意味合いをもっていたものと判断できるだろう。

「御事」の語は、大盂鼎銘（前期・ⅠB）

　　在雩御事、䰞酒無敢酖、有□蒸祀、無敢醪。故天翼臨子、灋保先王、□有四方。

　　御事に在りては、酒に䰞《およ》ぶも敢えて酖《ふ》けること無く、□蒸の祀有るも、敢えて醪《みだ》るること無かりき。故に天は翼臨して子《いつく》しみ、先王を灋保し、四方を□有せしめたまえり。

に見えているが、右に引いた部分は、それに続く「我聞、殷墜命、隹殷辺侯甸雩殷正百辟、率肄于酒、故喪𠂤（我聞くに、殷の命を墜せしは、これ殷の辺侯甸と殷の正百辟と、率いて酒に肄《なら》い、故に𠂤を喪いたればなり）」と対をなしており、殷の諸侯・百官たちが酒に溺れて天命を失ったのに対し、周人は酒に溺れることなく天下を治めることができたという内容になっている。ここに見える「御事」を「殷の辺侯甸と殷の正百辟」と対をなす官職・身分呼称と理解することも可能だろうが[14]、叔趯父卣（尊）銘（前期・ⅡA）に「叔趯父曰、余考、不克御事（叔趯父曰く、余考《お》いたり、事を御《おさ》むる克わず）」とあるように、少なくとも「御事」は「事を御《おさ》む」という動詞句が名詞的に使用されているものと考えるべきである。利簋銘において官職・身分呼称として使用されていた「有事」が、時代は降るが五年琱生簋銘「琱生有事、召来合事（琱生　事有り、召　来りて合事す）」（後期・ⅢA）のように動詞句として使用されていることも、その傍証となるだろう[15]。

以上見てきた「事を御む」「事有り」あるいは「三事」といった語彙が意味をなすためには、その「事」という語が何らかの実質をともなっている必要がある。少なくとも、「用て事えよ」の「事」のような抽象的・一般的な服事概念では、「三事」などといった語彙は意味をなしえないはずである。「事」字は「史」字から派生したものであったが、「卿事（卿史）」「御事（御史）」の語彙はすでに殷代の甲骨文に見えており、これについて陳夢家一九五六は祭祀にかかわるものだろうとの判断を示している[16]。大豊簋銘「衣祀于王丕顕考文王、事喜上帝（王の丕顕なる考《ちち》文王に衣祀し、上帝に事喜す）」（前期・ⅠA）、令簋銘「用作丁公宝簋、用障事于皇宗（用て丁公の宝簋を作り、用て皇宗に障事す）」（前期・ⅡA）、庚嬴鼎銘「王格□宮、衣事（王　□宮に格《いた》り、衣事す）」（前期）に見える「事喜」「障事」「衣事」がすべて祭祀にかかわる用例であり、麦方鼎（盉）銘「用従井侯征事（用て井侯の征事に従う）」（前期・Ⅲ）の「征事」が軍事にかかわる用例であるように[17]、「事」とはまさに「国の大事は祀と戎とに在り（国之大事在祀与戎）」（『春秋左氏伝』成公十三年）とされる祭祀あるいは軍事を含意するものと考えるべきである。小臣逋鼎銘（前期）の「小臣逋即事于西（小臣逋　西に事に即《つ》く）」の「即事」もまた、祭祀あるいは軍事にかかわる「事」に即くことを意味するとされている[18]。同様に小子生尊銘（前期）の「辨事（事を辨ず）」、召圜器銘（前期）の「進事（事を進む）」もまた、祭祀あるいは軍事にかかわる「事」の範疇に入りうるだろう(19)。

先に引いた五年瑚生簋銘に「瑚生　事有り、召　来りて合事す」とあり、あるいは番生簋銘「王命、䣄𤔲公族・卿事・大史寮（王命ず、公族・卿事・大史寮を䣄𤔲し）」（後期・ⅢA）に「卿事」が登場するように、西周前期以来の「事」概念は後期にまで引き継がれていった。しかしながら、その一方で、西周中期頃から「事」字の用例に明らかな変化が観察できるようになる。その一例として、「はじめに」で引いた師虎簋銘を改めて示そう。

王呼内史呉曰、冊命虎。王若曰、虎、在先王、既命乃祖考事、啻官𤔲左右戯繁荊。今余隹帥型先王命、命汝更乃祖考、啻官𤔲左右戯繁荊。敬夙夜、勿灋朕命。賜汝赤舄、用事。

王　内史呉を呼びて曰く、虎に冊命せよ、と。王若く曰く、虎よ、先王に在りては、既に乃《なんじ》が祖考の事を命じ、左右戯繁荊を啻官𤔲せしめたまう。今、余これ先王の命に帥型し、汝に命じて乃が祖考を更ぎ、左右戯繁荊を啻官𤔲せしむ。夙夜を敬み、朕が命を灋つる勿かれ。汝に赤舄を賜う、用て事えよ、と。

ここには、「乃《なんじ》が祖考の事を命じ、左右戯繁荊を啻官𤔲せしめたまう」という先王の命令と、それを踏襲する「汝に命じて乃が祖考を更ぎ、左右戯繁荊を啻官𤔲せしむ」という今王の命令が記録されている。両者は同じ職掌を指示するものであるが、注目すべきは、先王の命令に見える「祖考事」が、今王の命令では「祖考」と省略されていることである。同じく「祖考事」という表現が見える豆閉簋銘（中期・ⅡB）

王曰、閉、賜汝織衣・⚭市・鑾旂、用併乃祖考事、𤔲窂俞邦君𤔲馬弓矢。

王曰く、閉よ、汝に織衣・◎市・鑾旂を賜う、用て乃が祖考の事を併《つ》ぎ、窂僉の邦君𤔲馬の弓矢を𤔲《つかさど》れ、と。

あるいは、呂服余盤銘（中期）

王曰、服余、命汝更乃祖考事、疋備仲、𤔲六𠂤服。

王曰く、服余よ、汝に命じて乃が祖考の事を更ぎ、備仲を疋《たす》け、六𠂤の服を𤔲らしむ。

において観察できるように、「祖考事」の「事」は、もはや具体的な内容をともなってはおらず、具体的な職掌対象は、それに続く「𤔲…」の表現によってはじめて指示されるに至る。さらに、追簋銘「追虔夙夕、卹厥死事（追夙夕を虔み、その死事を卹《つつし》む）」（中期・ⅢA）や𤼈鐘銘「（今𤼈夙夕虔敬、卹厥死事（今、𤼈 夙夕に虔敬し、その死事を卹む）」（中期・Ⅲ）に見える「死事」もまた、追・𤼈それぞれの担う具体的な職掌を指しているのではなく、周王への忠勤をいう常套句へと傾いている。(20) 西周中期以降に急増する冊命金文の「用て事えよ」という表現もまた、この「事」字の変化のなかに位置づけることができるだろう。殷代より引き継がれた祭祀あるいは軍事を示す「事」概念が抽象的・一般的な服事概念へと傾斜していくなかで、「用事」をはじめとした「祖考事」「死事」といった語彙が出現してくるのである。

それでは逆に、冊命儀礼の王命において「事」と対照的に使用されていた「𤔲」とは、いかなる含意をもつ語なのであろうか。節を改め、青銅器銘における「𤔲」を検討することにしよう。

第二節　青銅器銘における「𤔲」

「𤔲」字は、例えば頌鼎銘に「命汝官𤔲成周貯廿家、監𤔲新造貯（汝に命じて成周の貯廿家を官𤔲し、新造の貯を監𤔲せしむ）」とあったように、受命者の担う職掌を具体的に指示する語であった。「𤔲」字はそれ一字のみでも職掌対象を指示することができるが、例えば右の「官𤔲」「監𤔲」、あるいは先に引いた師虎簋銘の「啻官𤔲」などのように、「官」「監」「啻官」あるいは「死」「䟽」といった文字と結合して職掌対象を指示する用例も数多く存在している。「𤔲」字を含むこれらの語彙の意味をめぐっては多くの議論があるが、ここでは、これらの語彙すべてが「𤔲」を共有していることに注目し、それぞれの語彙の相違を問題とすることはしない。以下には、「𤔲」字を含む語彙をともなって周王の職事命令が記録される青銅器銘の一覧を示すことにする。[21]

「□𤔲」の表現をともなう周王の職事命令

	語彙	職掌対象	命令形式	右者	青銅器名	断代
1	𤔲	鄭還林眔虞眔牧	命免、作𤔲土、		免簠	中期
2	𤔲	林	王授作冊尹書、卑冊命免。曰、命汝疋周師、	井叔	免簋	中期
3	𤔲	㫃眔叔金	王呼史戊、冊命呉。	宰朏	呉方彝	中期
4	𤔲	卜事	王若曰、舀、命汝更乃祖考、		舀鼎	中期
5	𤔲	直鄙	王曰、恒、命汝更崇克、		恒簋	中期
6	𤔲	六𠂤・王行・参有𤔲：𤔲土・𤔲馬・𤔲工	王冊命尹、賜盠…。曰、用	穆公	盠方尊（彝）	中期・ⅡB
7	𤔲	射学宮	王命静、		静簋	中期・ⅡB

8	𤔲	汝采	王在成周大室、命静。曰、		静方鼎	(中期)
9	𤔲	在曾・鄂𠂤	王在成周大室、命静。曰、…		静方鼎	(中期)
10	𤔲	□(寇?)	王賜…。曰、用左右俗父、	伯俗父	庚季鼎	中期
11	𤔲	場・林・虞・牧、自淲東、至于河、厥逆至于玄水	王命同。左右呉大父、	栄伯	同簋	中期
12	𤔲	輔	王呼作冊尹、冊命𤼈。曰、更乃祖考、	栄伯	輔師𤼈簋	後期・ⅡB
13	𤔲	琱宮人虩稲	王呼、命汝…。曰、	定伯	即簋	中期・ⅡB
14	𤔲	𥨊俞邦君𤔲馬弓矢	王呼内史、冊命豆閉。王曰、閉、賜汝…、用𠈪乃祖考事、	井伯	豆閉簋	中期・ⅡB
15	𤔲	乃父官友	王呼内史駒、冊命師奎父。賜…、用	𤔲馬井伯	師奎父鼎	中期・ⅢA
16	𤔲	邑人隹小臣善夫・守□・官犬眔鄭人善夫・官守友	王呼作冊尹、冊命師晨。疋師俗、	𤔲馬共	師晨鼎	中期
17	𤔲	虎臣	王呼内史曰、冊命虎。曰、在乃祖考、事先王、	密叔	虎簋	(中期)
18	𤔲	走馬馭人眔五邑走馬馭人	王呼内史曰、冊命虎。曰…。今命汝曰、更乃祖考、疋師戯、	密叔	虎簋	(中期)
19	𤔲	東鄙五邑	王呼内史音、命殷、賜…。王若曰、殷、命汝更乃祖考友、	士戍	殷簋	(中後期)
20	𤔲	乃祖啻官邑人・虎臣・西門夷・㠱夷・秦夷・京夷・畀身夷	王呼史穡、冊命師酉。	公族□釐	師酉簋	中期・ⅢB
21	𤔲	六𠂤服	王曰、服余、命汝更乃祖考事、疋備仲、	備仲	呂服余盤	中期
22	𤔲	莽鄙官内師舟	内史尹氏冊命楚…。…	仲倗父	楚簋	後期
23	𤔲	王家	王呼史年、冊命蔡。王若曰、蔡、昔先王既命汝作宰、	宰𦣻	蔡簋	後期
			王呼史年、冊命蔡。王若曰…。今余			

24	𤔲	百工	佳䜌𦎫乃命、命汝眔㽙、𬄅疋対各、死𤔲王家。外内毋敢有不聞。	宰㽙	蔡簋	後期
25	𤔲	六𠂤牧・場・虞・□	王呼作冊尹、冊命柳。	武公	南宮柳鼎	後期・ⅢA
26	𤔲	羲夷場・甸・史	王呼作冊尹、冊命柳。…	武公	南宮柳鼎	後期・ⅢA
27	𤔲	成周里人眔諸侯大亜	王曰、𧇍、命汝		𧇍簋	後期・ⅢA
28	𤔲	左右走馬・五邑走馬	王呼内史尹、冊命師兌。疋師龢父、	同仲	元年師兌簋	後期・ⅢB
29	𤔲	左右走馬	王呼内史尹、冊命師兌。余既命汝、疋師龢父、	𣪘伯	三年師兌簋	後期・ⅢB
30	𤔲	小輔	王呼尹氏、冊命師嫠。王若曰、…既命汝、更乃祖考、	宰琱生	師嫠簋	後期・ⅢB
31	𤔲	乃祖旧官小輔眔鼓鐘	王呼尹氏、冊命師嫠。王若曰、…今余佳䜌𦎫乃命、命汝	宰琱生	師嫠簋	後期・ⅢB
32	𬄅𤔲	六𠂤眔八𠂤𢦚	王命盠、曰、	穆公	盠方尊（彝）	中期・ⅡB
33	𬄅𤔲	康宮王家臣・妾・敻・庸	王呼内史尹仲、冊命宰獸。曰、…今余唯或䜌𦎫乃命、更乃祖考事、	𤔲土栄伯	宰獸簋	（中期）
34	𬄅𤔲	□□	王呼作冊内史、冊命師俞。	𤔲馬共	師俞簋	後期
35	𬄅𤔲	王囿	王呼内史年、冊命諫。曰、先王既命汝、	𤔲馬共	諫簋	後期
36	𬄅𤔲	九陂	王命微䜌、		微䜌鼎	後期
37	𬄅𤔲	公族・卿事・大史寮	王命、		番生簋	後期・ⅢA
38	𬄅𤔲	公族雩参有𤔲・小子・師氏・虎臣雩朕執事	王曰、父厝、巳、曰及茲卿事寮・大史寮、于父即尹。命汝		毛公鼎	後期・ⅢB
39	𬄅𤔲	走馬	王呼内史尹、冊命師兌。…今余佳䜌𦎫乃命、命汝	𣪘伯	三年師兌簋	後期・ⅢB
40	𬄅𤔲	左右虎臣	王曰、師克、…今余佳䜌𦎫乃命、命汝更乃祖考、		師克盨	後期

41	𦓤𤔲	四方虞・林	徠曰、…天子経朕先祖服、多賜徠休命、		徠鐘	（後期）
42	𦓤	五邑祝	王曰、鄭、昔先王既命汝作邑、	毛伯	鄭簋	後期
43	官𤔲	豊人眔九戯祝	王命尹、冊命申。更乃祖考、疋大祝、	益公	申簋	中期
44	官𤔲	藉田	王曰、諫、命汝作𤔲土、	穆公	諫簋	後期
45	官𤔲	□王逌側虎臣	王呼史翏、冊命無叀。曰、	𤔲徒南仲	無叀鼎	後期・ⅡB
46	官𤔲	邑人・師氏	王呼内史呉、冊命師瘨。曰、先王既命汝、今余唯𤕌先王命、命汝	𤔲馬井伯	師瘨簋	中期・ⅢA
47	官𤔲	量田甸眔𤔲应眔𤔲芻眔𤔲寇眔𤔲工司	王呼内史史年、冊命揚。王若曰、揚、作𤔲工、	𤔲徒単伯	揚簋	後期
48	官𤔲	夷僕・小射・底魚	王冊命害。曰、賜汝…、用餴乃祖考事、	宰屖父	害簋	後期
49	官𤔲	𣲙闇	王呼内史遺、冊命師顆。王若曰、師顆、在先王、既命汝作𤔲土、	𤔲工液伯	師顆簋	後期
50	官𤔲	豊還左右師氏	王呼作冊尹（克）、冊命師旋。曰、備于大左、	遅公	元年師旋簋	後期・ⅢA
51	官𤔲	成周貯（廿家）	王呼史虢生、冊命頌。王曰、頌、命汝	宰引	頌鼎（簋・壷）	後期・ⅢB
52	官𤔲	歙献人于㠱	王呼史桒、冊命山。王曰、山、命汝	南宮乎	善夫山鼎	後期・ⅢB
53	𦓤官𤔲	康宮王臣・妾・百工	王呼令尹封、冊命伊。	𤕌季	伊簋	後期・ⅢB
54	啻官𤔲	邑人・先虎臣・後庸・西門夷・秦夷・京夷・𥄳夷・師笭側新・□華夷・由□夷・匴人・成周走亜・戍秦人・降人・服夷	王若曰、詢、…今余命汝、	益公	詢簋	後期・ⅡB
55	啻官𤔲	左右戲繁荊	王呼内史呉曰、冊命虎。王若曰、虎、在先王、既命乃祖考事、	井伯	師虎簋	中期・ⅡB

56	嗇官嗣	左右戲繁荊	王呼内史呉曰、冊命虎。王若曰、…今余隹帥型先王命、命汝更乃祖考、	井伯	師虎簋	中期・ⅡB
57	嗇官	僕・射・士・訊・小大又隣	王若曰、趞、命汝作豳𠂤冢嗣馬、	密叔	趞簋	中期・ⅡB
58	嗇官	邑人・虎臣・西門夷・彙夷・秦夷・京夷・畀身夷	乃祖	公族□釐	師酉簋	中期・ⅢB
59	死嗣	戎	王曰、盂、廼召夾、		大盂鼎	前期・ⅠB
60	死嗣	畢王家	王呼史年、冊命望。	宰倗父	望簋	中期
61	死嗣	王家	王命。	栄伯	康鼎	中期後期・ⅢA
62	死嗣	王家	王呼史年、冊命蔡。王若曰、…今余隹𤕌𦎫乃命、命汝眔曶、𤔲疋対各、	宰曶	蔡簋	後期
63	監嗣	新造貯	王曰、頌、命汝…	宰引	頌鼎（簋・壷）	後期・ⅢB
64	政嗣	成周四方積、至于南淮夷	王命甲。		兮甲盤	後期・ⅢB

表に示した断代から明らかなように、「□嗣」という語彙をともなう青銅器銘は、西周前期の59大盂鼎銘を除けば、すべて中期・後期に断代されうるものである。表の「命令形式」欄には「冊命」の文字が頻見しており、西周中期以降の冊命金文の定式化と増加にともない、「□嗣」の表現もまた一般化していったことがうかがえる。[22]「□嗣」の表現によって受命者に指示された職掌対象は具体的であり、なおかつ様々な事例を含んでいる。以下には、これらの職掌対象をいくつかの範疇に分類し、「□嗣」が指し示す職掌の実際を検討することにしよう。

家・宮・室にかかわるもの

「□嗣」の表現によって、直接「家」「宮」「室」にかかわる職掌に言及するのは、13即簋銘「嗣琱宮人虩稲（琱宮人虩稲を嗣れ）」（中期・ⅡB）、23（62）蔡簋銘「嗣王家（王家を嗣らしめたまう）」「死嗣王家（王家を死嗣せしむ）」

（後期）、33宰獣簋銘「𠭰嗣康宮王家臣・妾・𡕥・庸（康宮王家の臣・妾・𡕥・庸を𠭰嗣せしむ）」、53伊簋銘「𠭰官嗣康宮王臣・妾・百工（康宮の王の臣・妾・百工を𠭰官嗣せよ）」（後期・ⅢB）、60望簋銘「死嗣畢王家（畢の王家を死嗣せよ）」（中期）、61康鼎銘「死嗣王家（王家を死嗣せよ）」（中期後期・ⅢA）の六銘である。既に前章で述べたように、「王家」には臣・妾・百工といった臣民が属していたが、13即簋銘に見える「琱宮人」もまたそれに類した臣民の存在を伝えているのだろう。(23) 60望簋銘の「畢の王家」が畢にも「王家」が存在していたことを伝えているように（第Ⅱ部第一章　注二四）、臣民・動産・不動産を含む「王家」は畢や康宮あるいは琱宮といった諸地・諸施設に分散していたものと考えられる。同じく「王家」に言及する61康鼎銘の銘末には「鄭井」の二文字が記されているが、後に改めて考察を加えるように（第Ⅲ部第二章）、作器者の康は鄭に分族した井の一族・鄭井叔康であったと考えられる。61康鼎銘に見える「王家」もやはり、60望簋銘の「畢の王家」と同様に、鄭に存在した「王家」を指し示している可能性が高い。

51（63）頌鼎（簋・壺）銘の「成周貯（廿家）」「新造貯」は、成周に集められた貢献物の貯蔵施設をいうものと考えられる。64兮甲盤銘（後期・ⅢB）に、

政嗣成周四方積、至于南淮夷。淮夷旧我貟畮人。毋敢不出其貟・其積・其進人。

成周四方の積を政嗣し、南淮夷に至れ。淮夷は旧《も》と我が貟畮の人なり。敢えてその貟・その積・その進人を出さざる毋かれ。

とある。すでに第Ⅰ部第一章で述べたように、兮甲盤銘の「淮夷は旧と我が貟畮の人」とは、淮夷が本来財賦を貢献

する臣民であったという王朝側の認識を示しており、「その貟・その積・その進人」とは淮夷の特産物の類と徒隷の類を指すものと考えてよいだろう。成周に存在した「貯」とは、「四方の積」として集積された諸々の財を貯蔵するための施設であり、頌鼎（簋・壷）銘に「宮御に用いよ」とあるように、そこに蓄えられた貢献物は宮廷の需要を充たすべく使用されていたのである。

土地にかかわるもの

44㦸簋銘（後期）・47揚簋銘（後期）の二銘が周王の「田」に言及する。44㦸簋銘

王曰、㦸、命汝作𤔲土、官𤔲耤田。

王曰く、㦸よ、汝に命じて𤔲土と作し、耤田を官𤔲せしむ。

では、𤔲土に任じられた㦸に「耤田を官𤔲せしむ」との王命がくだされている。令鼎銘「王大耤農于諆田、餳。王射、有𤔲眔師氏・小子会射（王大いに諆田に耤農し、餳す。王射し、有𤔲と師氏・小子と会射す）」（前期）を参照すれば、この「耤田」は射礼をともなう農耕儀礼（耤農）が執り行われた「田」であったと考えられる。一方、47揚簋銘

王呼内史史年、冊命揚。王若曰、揚、作𤔲工、官𤔲量田甸眔𤔲应眔𤔲芻眔𤔲寇眔𤔲工司。

王　内史史年を呼び、揚に冊命せしむ。王若く曰く、揚よ、𤔲工と作り、量田の甸と𤔲应と𤔲芻と𤔲寇と𤔲工の司を官𤔲せよ。(24)

図30　揚簋

に見える「量田」、すなわち量地に存在した周王の「田」には甸・飼応以下の諸官が配されていた。甸はいわゆる田官、飼応は周王の行屋をつかさどる官、飼茨は幄舎をつかさどる官とされるように、(25) 量田はこれら甸以下の属僚によって管理・経営されていたのである。前章で引いた大克鼎銘には周王からの賜物のリストが記録され、そこには各地の「田」が多数含まれていたが、それらの「田」には「井家匔田」の臣・妾のような臣民のみならず、甸や飼応といった属僚が配され、その地の管理・経営にあたっていたのだろう。

5恒簋銘「直鄙」(中期)・19殷簋銘「東鄙五邑」・22楚簋銘「莽鄙官内師舟」(後期)の「鄙」もまた、土地にかかわるものである。「鄙」字はすでに殷代甲骨文にも見えており、例えば第一期卜辞の「土方征于我東鄙、𢦏二邑、𢀛方亦侵我西鄙田(土方　我が東鄙を征し、二邑を𢦏《う》ち、𢀛方もまた我が西鄙の田を侵せり)」(『甲骨文合集』六〇五七)といった例が示すように、それは邑を包摂する周辺領域を指し示す概念であった。(26) 19殷簋銘の「東鄙五邑」は、西周期の鄙もまた邑を包摂していたことを明記しており、殷代の用法が西周期にまで引き継がれていたことを伝えている。(27)

「東鄙五邑」の「五邑」は別に、18虎簋銘「今命汝曰、更乃祖考、疋師戯、飼走馬馭人眔五邑走馬馭人(今、汝に命じて曰く、乃《なんじ》が祖考を更ぎ、師戯を疋《たす》け、走馬馭人と五邑走馬馭人とを飼《つかさど》れ)」、28元年師兌簋銘「王呼内史尹、冊命師兌。

図31　南宮柳鼎

疋師龢父、嗣左右走馬・五邑走馬（王　内史尹を呼び、師兌に冊命せしむ。師龢父を疋け、左右走馬・五邑走馬を嗣れ）」（後期・ⅢB）、42鄭簋銘「王曰、鄭、昔先王既命汝作邑、蓺五邑祝（王曰く、鄭よ、昔、先王既に汝に命じて邑と作し、五邑の祝を蓺せしめたまう）」（後期）にも見えている。(28)「五邑」の語は、元年師兌簋銘において「左右」とともに走馬の編成にかかわる語として使用されており、とりあえずは五つの「邑」を意味するものと考えることができる。しかしながら、常に「五邑」と熟すように、この「五邑」は王朝にとって何らかの特別な機能を担っていた可能性がある。(29)そこに属する走馬（走馬馭人）・祝などは、その「五邑」が担う機能にかかわっていたものと推測できるだろう。

「鄙」にかかわる他の二例についてみれば、22楚簋銘「葊鄙」の「葊」は葊京であり、従って「葊鄙」とは葊京周辺の地を意味するものと考えられる。5恒簋銘「直鄙」の直もまた、その地望は明らかにしがたいが、地名と考えてよいだろう。22楚簋銘「葊鄙官内師舟」の「官内師舟」の意味はよくわからないが、(30)第Ⅰ部第二章で述べたような葊京の印象から推せば、その地に存在した「大池」などにかかわる官職であった可能性が高い。また35諫簋銘「王囿」（後期）は他に類例を見ないものではあるが、やはり周王の苑囿にかかわるものと判断できる。(31)

その他、「□嗣」の表現によって土地にかかわる職掌に言及するものとして、1免簠銘「嗣鄭還林罘虞罘牧（鄭還の林と虞と牧とを嗣れ）」（中期）、2免簋銘「嗣林（林を嗣らしむ）」（中期）、11同簋銘「嗣場・林・虞・牧（場・林・虞・牧を嗣れ）」（中期）、25（26）南宮柳鼎銘「嗣六𠂤牧・場・虞・□（六𠂤の牧・場・虞・□を嗣り）」「嗣羲夷場・

甸・史（義夷の場・甸・史を嗣れ）」（後期・ⅢA）、36微䜌鼎銘「䝴嗣九陂（九陂を䝴嗣せしむ）」（後期）、41徠鐘銘「䝴嗣四方虞・林（四方の虞・林を䝴嗣せしめたまう）」といった青銅器銘をあげることができる。既に述べたように、1免簠銘に見えている「還」は、軍事集団とその経済的基盤を支える林・虞・牧などの属僚を包摂する組織であったが、それと同じような属僚の構成は11同簋銘においても観察でき、「自淲東、至于河、厥逆至于玄水（淲より東して、河に至り、その逆《きた》は玄水に至る）」、すなわち淲水・河・玄水に囲まれた所領の管理・経営にあたっていたことが記録されている。(32) また11同簋銘に見える「場」は、25（26）南宮柳鼎銘にも「六𠂤の場」「義夷の場」として登場している。

軍事にかかわるもの

㦰方鼎銘「率虎臣禦淮戎（虎臣を率いて淮戎を禦がしむ）」（中期・ⅡB）、あるいは彔㦰卣銘「汝其以成周師氏、戍于古𠂤（汝それ成周師氏を以《ひき》い、古𠂤に戍れ）」（中期・ⅡB）といった銘文から明らかなように、虎臣あるいは師氏は王朝の軍事活動に深くかかわっていた。また「古𠂤」の「𠂤」は、軍事集団ないしはその駐屯地を指す語として青銅器銘にしばしば登場している。

虎臣は17虎簋銘・20（58）師酉簋銘（中期・ⅢB）・38毛公鼎銘（後期・ⅢB）・40師克盨銘（後期）・45無叀鼎銘（後期・ⅡB）・54訇簋銘（後期・ⅡB）の六銘にみえている。特に20（58）師酉簋銘

王呼史穡、冊命師酉。嗣乃祖啻官邑人・虎臣・西門夷・𡋡夷・秦夷・京夷・畀身夷。

王　史穡を呼び、師酉に冊命せしむ。乃《なんじ》が祖の啻官せる邑人・虎臣・西門夷・𡋡夷・秦夷・京夷・畀身夷を嗣れ。

および、54詢簋銘

王若曰、詢、…今余命汝、啻官嗣邑人・先虎臣・後庸・西門夷・秦夷・京夷・▢夷・師笭側新・□華夷・由□夷・匽人・成周走亜・戍秦人・降人・服夷。

王若く曰く、詢よ、…今、余　汝に命じ、邑人・先虎臣・後庸・西門夷・秦夷・京夷・▢夷・師笭側新・□華夷・由□夷・匽人・成周走亜・戍秦人・降人・服夷を啻官嗣せしむ。

の二銘からは、虎臣が西門夷以下の夷族と併記されうる存在であったことが指摘できる。(33) 師酉簋銘に「乃《なんじ》が祖の啻官せる」とあるように、虎臣の管轄は世襲的職掌ともなりえたが、同様の現象は40師克盨銘

王曰、師克、…今余隹▢▢乃命、命汝更乃祖考、𦈡嗣左右虎臣。

王曰く、師克よ、…今、余これ乃が命を▢▢し、汝に命じて乃《なんじ》が祖考を更《つ》ぎ、左右虎臣を𦈡嗣せしむ。

においても観察することができる。作器者師克の先祖考は銘文前段に「乃先祖考、有爵于周邦。扞禦王身、作爪牙（乃が先祖考、周邦に爵有り。王の身を扞禦し、爪牙と作れり）」とあるように、周王の「王身」をまもる爪牙の臣であった。虎臣とは夷族などとともに、周王爪牙の臣の管轄下におかれる集団であり、45無叀鼎銘にみえる「□王逌側虎臣」もまた、そのような集団を指しているものと考えられる。(34)

師氏は、38毛公鼎銘に、

　王曰、父厝、…命汝、兼𤔲公族雩参有𤔲・小子・師氏・虎臣雩朕執事。

　王曰く、父厝よ、…汝に命じて、公族と参有𤔲・小子・師氏・虎臣と朕が執事とを兼𤔲せしむ。

とあるように、虎臣と併記されうる軍事集団であった。50元年師旋簋銘

　王呼作冊尹（克）、冊命師旋。曰、備于大左、官𤔲豊還左右師氏。

　王　作冊尹（克）を呼び、師旋に冊命せしむ。曰く、大左に備わりて、豊還の左右師氏を官𤔲せよ。

は、その師氏が「豊還」に配されていたことを伝えているが、既に述べたように、この「豊還」は軍事集団のみならず、その経済的基盤を支える属僚をも包摂する組織であった。先に引いた彔戓卣銘「汝それ成周師氏を以《ひき》い、古𠂤に戍れ」から、この師氏が「𠂤」にかかわることが指摘でき、25南宮柳鼎銘「𤔲六𠂤牧・場・虞・□（六𠂤の牧・場・虞・□を𤔲り）」は西方の「六𠂤」にもまた、その経済的基盤を支える牧・場・虞といった属僚が配されていたことを記録している。

儀礼にかかわるもの

「□𤔲」の表現によって指示される儀礼には、射・祝・卜・楽などがある。7静簋銘（中期・ⅡB）

図32　静簋

王命静、嗣射学宮。小子眔服眔小臣眔夷僕学射。

王　静に命じ、射を学宮に嗣らしむ。小子と服と小臣と夷僕と射を学ぶ。

は、静が莽京の学宮における射礼の管轄を命ぜられたことを記録している。また射礼に参加した小子・服・小臣・夷僕については、48害簋銘「用餴乃祖考事、官嗣夷僕・小射・底魚（用て乃《なんじ》が祖考の事を餴《つ》ぎ、夷僕・小射・底魚を官嗣せよ）」がその官嗣に言及するほか(35)、令鼎銘「王射、有嗣眔師氏・小子会射（王射し、有嗣と師氏・小子と会射す）」、長由盉銘「穆王饗醴。即井伯、大祝射（穆王饗醴す。井伯に即きて、大祝射す）」（中期・ⅡA）、柞伯簋銘「王大射、在周。王命南宮率王多士、師䣄父率小臣（王大射するに、周に在り。王　南宮に命じて王［家？］の多士を率い、師䣄父に小臣を率いしむ）」などに類似の事例を見いだすことができる。14豆閉簋銘に見える「用侪乃祖考事、嗣窂俞邦君嗣馬弓矢（用て乃《なんじ》が祖考の事を侪《つ》ぎ、窂俞の邦君嗣馬の弓矢を嗣れ）」もまた、射礼にかかわるものなのだろう。

令鼎銘の射礼は、「諆田」における藉農儀礼に付随したものであったが、銘文は続いてその帰路を、

王帰自諆田。王馭溓仲僕、令眔奮先馬走。

王　諆田より帰る。王の馭たる溓仲僕となり、令と奮と先馬走す。

と記録している。令と奮がつとめた「先馬走」とは王行の先駆けを意味しており、先ほど見た18虎簋銘の走馬馭人・五邑走馬馭人、あるいは28元年師兌簋銘の左右走馬・五邑走馬の「走馬」という呼称はこれが名詞的に使用されたものである。

　長由盉銘に「大祝射す」とあったように祝官は射礼にも参加したが、42鄭簋銘「昔先王既命汝作邑、䵼五邑祝（昔、先王既に汝に命じて邑と作し、五邑の祝を䵼せしめたまう）」、43申簋銘「更乃祖考、疋大祝、官嗣豊人眔九戯祝（乃《なんじ》が祖考を更《つ》ぎ、大祝を疋け、豊人と九戯祝とを官嗣せよ）」（中期）の二銘は、その祝官の管轄を命ずるものである。また4曶鼎銘「命汝更乃祖考、嗣卜事（汝に命じて乃が祖考を更ぎ、卜事を嗣らしむ）」（中期）は卜官、12輔師嫠簋銘「更乃祖考、嗣輔（乃が祖考を更ぎ、輔を嗣れ）」（後期・ⅡB）、ならびに30（31）師嫠簋銘の「更乃祖考、嗣小輔（乃が祖考を更ぎ、小輔を嗣らしめたり）」「嗣乃祖旧官小輔眔鼓鐘（乃が祖の旧官せる小輔と鼓鐘とを嗣らしむ）」の輔（小輔）・鼓鐘は、例えば『周礼』春官の鎛師・鐘師などにつらなる楽官にあたるものとされている。(36)

　ところで冊命金文には、例えば「更乃祖考（乃《なんじ》が祖考を更《つ》ぎ）」といったような表現で、祖考以来の職掌を世襲的に継承することが命ぜられる場合があり、前掲の表からは、その職掌対象として、4「卜事」・12「輔」・14「窂兪邦君嗣馬弓矢」・18「走馬馭人眔五邑走馬馭人」・21「六自服」・30「小輔」（31「小輔・鼓鐘」）・33「康宮王家臣・妾・夐・庸」・40「左右虎臣」・43「豊人眔九戯祝」・48「夷僕・小射・底魚」・56「左右戯繁荊」といった事例を拾い出すことができる。その大半がこの「儀礼にかかわるもの」に分類されるように、祝官・卜官・楽官などの伝承技術は世襲的傾向を強くもっていたものと判断できる。ここでは、「工」がそのような伝承技術にかかわる存在であったという小南一郎一九九六の指摘を思い出しておこう。

以上、「□嗣」の表現によって指示された職掌対象を、家・宮・室にかかわるもの、土地にかかわるもの、軍事にかかわるもの、儀礼にかかわるものに分類して紹介してきた。これら四つの分類は必ずしも厳密なものではなく、複数の分類に登場する青銅器銘もあったが、おおよそ「王家」あるいは王朝に属する軍事集団・施設等の経済的基盤にかかわる前半部分と、それらによって支えられていた軍事・儀礼といった王朝の秩序維持にかかわる後半部分に二分することができる。周王を中核・源泉として編成される王朝の秩序にあって、「四方の積」として周王にむかって流入する貢献物、ならびに土地や軍事集団・施設に属する臣民によって生み出される財、そしてそれらの財を基礎として営まれる軍事的・儀礼的行為、この組織化された財の流れ―これに組織化された大家計としてオイコスの名を与えることができるだろう(37)―の様々な局面において、周王は「□嗣」の表現によってその臣下たちに具体的・個別的な職掌を指示していたのである。

第三節　西周の「嗣」職

「事」字が殷代の「史」字より派生し、西周期へと引き継がれていったのとは対照的に、「嗣」字は西周期の青銅器銘にはじめて登場する文字である(38)。西周中期から後期にかけて、「事」が抽象的・一般的な服事概念へと変化していったのと平行するように、「□嗣」による職掌指示の用例が増加するのは、この時期にいわば周的な支配機構が整備されていったことを示唆しているものと思われる。本節では、例えば嗣土・嗣馬・嗣工・有嗣といった「嗣」字を構成要素とする官職を「𤔲」職と呼ぶこととし、それら「𤔲」職の検討から西周期の「官制」のあり方を考察することにする。

第一節で引いた青銅器銘のなかに利簋銘があった。その「賜有事利金（有事利に金を賜う）」という記述から、「有事」が作器者利の官職ないしは身分呼称であったと判断したが、同時に「有事」には五年琱生簋銘「琱生有事（琱生事有り）」のような動詞句的な用例も存在していた。「即事（事に即く）」などの用例を参照すれば、「有事」とは「事有る」者を指し示す官職・身分呼称であったと考えることができるだろう。とすれば、「有事」と同じ構成をもつ「有𤔲」もまた、「𤔲有る」者を指し示す官職・身分呼称であったと考えることができるはずである。

有𤔲の語は、西周前期にまで遡って確認することができる。有𤔲は、その初期の用例においては、例えば令鼎銘

王大耤農于諆田、餳。王射、有𤔲眔師氏・小子会射。

王大いに諆田に耤農し、餳す。王射し、有𤔲と師氏・小子と会射す。

あるいは、寍鼎銘（前期・ⅡA）

隹王伐東夷。溓公命寍眔史旟。曰、以師氏眔有𤔲・後国、□伐腺。

これ王　東夷を伐つ。溓公　寍と史旟とに命ず。曰く、師氏と有𤔲・後国とを以《ひき》い、腺を□伐せよ。

のように師氏と併記され、儀礼や軍事行動に参加したことが記録されている。(39) 儀礼あるいは軍事は前節でみた「□𤔲」

で指示される職掌であり、有嗣とはまさしく「嗣有る」者の呼称であったと考えられるのである。

しかしながら、「有事」と「有嗣」の造語法の類似ばかりを強調することはできない。殷代より引き継がれた祭祀ないしは軍事を意味する「事」字に対して、西周期に新たに「嗣」字が登場し使用されることは、殷的な「事」概念ではもはや対処できない課題が出現し、新たな「嗣」概念の出現が要請されつつあったことを示している。第二節に示した「□嗣」の職掌対象こそ、新たな対処を要請された課題のリストの一部を我々に伝えているのである。そして、例えば静簋銘の「嗣射（射を嗣れ）」という動詞句が名詞的に転用され官名として熟した時、本節にいうところの「嗣」職が成立してくるのである。

「嗣」概念の出現をまって成立した西周期の「嗣」職のなかで、最も用例が多くかつ注目されるのは、参有嗣と総称される嗣土・嗣馬・嗣工である。このうち、嗣土は西周前期に既にその存在を確認することができ、次いで西周中期に至って、参有嗣の語の出現とともに、嗣馬・嗣工の存在が確認できるようになる。

現在知られている嗣土の最も早い用例は、克殷後の衛康叔の封建にかかわるとされる康侯簋銘（前期・ⅠA）

王朿伐商邑。征命康侯、鄙于衛。渣嗣土逘眔鄙。
王　商邑を朿伐す。命を康侯に征《い》だし、衛に鄙つくらしむ。渣の嗣土逘眔《とも》に鄙つくる。

に見える「渣嗣土」である。第二節で述べたように、鄙とは邑を包摂する概念であり、本銘の「衛に鄙つく」るとは、衛における疆域設定をいうものと考えられる。(40) その疆界設定に立ち会う「渣嗣土」は、例えば永盂銘（中期・Ⅱ）に見えていた「鄭嗣土」などと同じく、地名を冠して職掌対象を限定された嗣土であった（第Ⅰ部第二章）。西周初期から中期にかけて支配領域が拡大していくなか、各地に軍事的拠点あるいは政治的拠点が設置され、その地の経営という新たな課題に対処するために「土を𤔲《つかさど》る」官として𤔲土は誕生してきたのであろう。

参有𤔲の他の二つ、𤔲馬・𤔲工について、𤔲馬が「馬を𤔲る」すなわち馬政（軍政）にかかわる官職であったことは多言を要しないだろう。一方、𤔲工がかかわる「工」は、小南一郎一九九六が指摘するように、伝承技術・技芸の謂であったと考えられる。殷代甲骨文には「多馬」「多工」と呼ばれる集団が記録されており、𤔲馬・𤔲工がかかわる「馬」「工」はそれぞれ、殷代から引き継がれた職事であったと考えられる。現在確認できる𤔲馬・𤔲工の用例は西周中期を上限とし、西周前期に𤔲馬・𤔲工が存在したかどうかは不明とせざるをえないが、𤔲土が西周初期にまで遡りえること、さらに「馬」「工」が殷代以来の職事であることを考えれば、あるいは西周前期にまで遡る官職であったかもしれない。

いずれにせよ、「土」「馬」「工」を「𤔲《つかさど》る」官として誕生した𤔲土・𤔲馬・𤔲工の参有𤔲は、西周前期あるいは中期において王朝が直面した課題を担うべき官職であった。例えば、曶壺銘（中期）

王呼尹氏、冊命曶。曰、更乃祖考、作冢𤔲土于成周八𠂤。

王　尹氏を呼び、曶に冊命せしむ。曰く、乃が祖考を更ぎ、成周八𠂤に冢𤔲土と作れ。

に見える成周八𠂤の冢𤔲土などのように、支配領域の拡大さらには軍事的・政治的拠点の経営という課題に対して、𤔲土・𤔲馬・𤔲工はそれぞれ土地の経営・軍政・技芸あるいは儀礼などを担当していたのである(41)。

しかしながら、具体的な職掌を指示する「𤔲」概念の造語能力は、有𤔲あるいは参有𤔲・𤔲土・𤔲馬・𤔲工にとどまることなく、さらに新たな官名を生み出す力を備えていた。第二節でも引いた揚簋銘は、揚への冊命を次のように記していた。

王呼内史史年、冊命揚。王若曰、揚、作𤔲工、官𤔲量田甸眔𤔲应眔𤔲芟眔𤔲寇眔𤔲工司。

王　内史史年を呼び、揚に冊命せしむ。王若く曰く、揚よ、𤔲工と作り、量田の甸と𤔲应と𤔲芟と𤔲寇と𤔲工の司を官𤔲せよ。

揚の「官𤔲」対象とされた量田には、𤔲应・𤔲芟・𤔲寇・𤔲工といった「𤔲」職が列挙されている。𤔲工の存在から明らかなように、𤔲应とは周王の行屋を𤔲る官、𤔲芟とは幄舎を𤔲る官、𤔲寇とは治獄を𤔲る官としてそれぞれ官名化しているのである。(42) 𤔲应・𤔲芟の官名については後代にその用例を見いだすことができないが、逆に𤔲工・𤔲寇はその地位を上昇させつつ『周礼』にまで引き継がれていくのだろう。(43)『周礼』に見える「司□」という官職がすべて西周期に起源をもつと考える必要はないが、そもそも『周礼』に「司□」という官名が存在すること自体、「𤔲（司）」概念の造語能力の高さを証明しているのである。(44)

ところで、先の揚簋銘に記録された王命は、揚を𤔲工に任命する「𤔲工と作り」という表現に続いて、改めて「官𤔲」の語によって揚の具体的な職掌を指示するという構成をとっていた。𤔲工とは「工を𤔲る」という具体的職掌を指示された官名であったはずだが、揚簋銘の場合、もはやその𤔲工という官名のみでは具体的な職掌を指示しえなくなっているのである。同様の事例は、

免簠銘　：命免、作𤔲土、𤔲鄭還林衆虞衆牧。（［王］免に命ず、𤔲土と作り、鄭還の林と虞と牧とを𤔲れ）。

趞簋銘　：王若曰、趞、命汝作豳𠂤冢𤔲馬、啻官僕・射・士・訊・小大又隣。（王若く曰く、趞よ、汝に命じて豳𠂤の冢𤔲馬と作し、僕・射・士・訊・小大又隣を啻官せしむ）。（中期・ⅡB）

師類簋銘：王若曰、師類、在先王、既命汝作𤔲土、官𤔲汸誾。（王若く曰く、師類よ、先王に在りては、既に汝に命じて𤔲土と作し、汸誾を官𤔲せしめたまえり）。（後期）

𢦏簋銘　：王曰、𢦏、命汝作𤔲土、官𤔲耤田。（王曰く、𢦏よ、汝に命じて𤔲土と作し、耤田を官𤔲せしむ）。

という西周中期から後期にかけての四銘にも見いだすことができる。「𤔲」概念は依然新しい「𤔲」職を生み出し続けていたが、それに平行して、早い段階で成立した参有𤔲：𤔲土・𤔲馬・𤔲工などの「𤔲」職については、その職掌の抽象化・一般化が進行しつつあったものと考えられる。矢から散への土地の移譲を記録した散氏盤銘（後期・Ⅱ）には、その土地の移譲にかかわった割譲側・受領側の人員が列挙されている（松井嘉徳一九八四）。そのうち受領側の人員は、

𤔲土逆寅、𤔲馬巣𡸉、䍙人𤔲工鯨君、宰徳父、散人小子眉旬戎・微父・效𣕿父、襄之有𤔲橐・州𩫏・攸従鬲、凡散有𤔲十夫。

𤔲土たる逆寅、𤔲馬たる巣𡸉、䍙人の𤔲工たる鯨君、宰たる徳父、散人の小子にして眉の旬たる戎・微父・效𣕿父、襄之有𤔲たる橐・州𩫏・攸従鬲、凡そ散の有𤔲十夫。

と記録されるが、𤔲土逆寅に始まる全一〇名のリストが「凡そ散の有𤔲十夫」と締めくくられるように、有𤔲もまた様々な官職を含む汎称へと変化し、後世の有司へと移行しつつあった。

参有𤔲：𤔲土・𤔲馬・𤔲工の職掌が抽象化・一般化すること、すなわち𤔲土・𤔲馬・𤔲工への叙任に続いて、改めてその具体的職掌を指示しなければならなくなったということは、一見、そこに𤔲土（𤔲徒）・𤔲馬・𤔲工を頂点とするヒエラルヒッシュな官制が構築されたかのような印象を与えるだろう。例えば、免簠銘「免に命ず、𤔲土と作り、鄭還の林と虞と牧とを𤔲れ」から、

𤔲土－林・虞・牧

という官制を復元し、揚簋銘「揚よ、𤔲工と作り、量田の甸と𤔲应と𤔲芺と𤔲寇と𤔲工の司を官𤔲せよ」から、

𤔲工－甸・𤔲应・𤔲芺・𤔲寇・𤔲工

という官制を復元するといった作業が予想できるが、第二節の表を仔細に検討するならば、免簠銘・揚簋銘のように「作□（□と作り）」といった表現で受命者の官職に言及する事例は僅かに六銘確認できるだけであり(45)、大半の青銅器銘は受命者の官職にすら言及していない(46)。冊命儀礼の場における王命の主要な関心は、何らかの官制の構築にあるのではなく、「□𤔲」で示される具体的職掌の指示であったことは明らかである。免簠銘あるいは揚簋銘から導き出しうる結論は、すでに抽象的・一般的な官職と化していた𤔲土・𤔲工が「□𤔲」で指示された具体的職掌にもかかわり

えたという事実だけである。[47]

おわりに

殷代以来の「事」にかわって、西周期に新たに登場した「𤔲」は、「王家」あるいは王朝に属する軍事集団・施設等の経済的基盤にかかわる諸々の職掌と、それによって支えられていた軍事・儀礼等にかかわる諸々の職掌を具体的に指示するものであった。

有𤔲あるいは𤔲土の存在が西周初期にまで遡って確認できるように、「𤔲」概念はすでに西周初期には存在していた。しかしながら、「𤔲」がその能力を本格的に発揮するのは、西周中期以降に定式化し急増する冊命儀礼の場においてであった。命令者（一般的には周王）にとっての冊命とは、先代あるいは自らの旧命の確認をも含めて、「□𤔲」という表現によって当面する様々な課題の処理を命ずることであった。第二節の表に示した「職掌対象」は、その課題のリストの一部である。

しかしながら、冊命儀礼の次第を記録した青銅器銘において、「□𤔲」による職掌指示の記述は必ずしも必須の要素であったというわけでもない。例えば、利鼎銘（中期）

唯王九月丁亥、王格于般宮。井伯内右利、位中廷、北嚮。王呼作命内史、冊命利。曰、賜汝赤◎市・鑾旂、用事。利拝稽首、対揚天子丕顕皇休、用作朕文考□伯障鼎。利、其万年。子孫、永宝用。

これ王の九月丁亥、王　般宮に格《いた》る。井伯内りて利を右け、中廷に位し、北嚮す。王　作命内史を呼び、利に冊命せしむ。曰く、汝に赤⚭市・鑾旂を賜う、用て事えよ、と。利拝稽首し、天子の丕顕なる皇休を対揚し、用て朕が文考□伯の障鼎を作る。利よ、それ万年ならんことを。子孫、永く宝用せよ。

には、「□𤔲」による職掌指示の記述はみあたらず、ただ「冊命」の文字と周王からの賜物、そして「用事」という服事命令が記録されているのみである。冊命金文すべてに見いだしうる要素は、右の利鼎銘のように、紀年、「王在□」などの記述で始まる冊命儀礼の次第、賜物、そして「拝稽首…対揚」などの型式をもつ受命儀礼・作器・吉語であるにすぎない。「□𤔲」による職掌指示の部分は、作器の段階で省略されえたのである（吉本道雅一九九一b）。受命者にとっての冊命とは、なによりも儀礼そのもの、あるいは賜物によって、命令者（周王）とのかかわりを確認するためのものであった。

冊命する側と冊命される側の思惑のズレのなかで、冊命金文の表現は揺れ動いているように思われる。しかしながら、そのいずれの立場に立つにせよ、官職への関心が希薄であったことは共通している。もし仮に、冊命儀礼の主要な関心が官制の構築にあったとするならば、それは冊命金文にとって必須の省略されえない部分でなければならないだろう。しかしながら受命者にとっては、周王からの賜物のほうが「官職叙任」よりはるかに記録に値する重要事であった。

「𤔲」という概念を獲得することで、周王朝は新たな官職を作り出すことに成功した。しかしながら、それは権力構造の主要な部分を担うものにまでは展開しえなかった。常に具体的な職掌を指示しようとする「𤔲」概念には、職掌を水平的に分割する力はあったが、それを垂直的に再構成する力は与えられていなかったのである。その意味において、西周期の「行政」とは、水平的に分割された具体的職掌の集積として立ち現れてくるはずである。

（1）冊命制度については陳漢平一九八六が全体的な考察を行っている。また冊命金文の書式については、武者章一九七九、吉本道雅一九九一bを参照のこと。

（2）頌鼎（簋・壺）・此鼎（簋）・盠方尊（彝）の三組の同銘彝器は一件として処理した。なお走簋銘の模刻には「冊命」の文字が欠けているが、意味によりこれを補った。

（3）宰獣簋銘には「用革」という表現が見える。王命を締めくくる言葉としては初見であるが、羅西章一九九八bに従い、「用て革《いまし》めよ」と読んでおく。

（4）第Ⅰ部第一章において、

周王―〈王命〉→諸邦・臣下―〈献服〉→周王―〈賜与〉→諸邦・臣下

という、周王と諸邦・臣下を巡る循環回路の存在を指摘した。冊命金文に見える周王と臣下との関係をこれに倣って示せば、

周王―〈王命〉〈賜与〉→臣下―〈服事〉→周王

となり、賜与が献服・服事に先行して言及されることとなる。これを周王の恩寵とそれに対する臣下の奉仕ととらえることはもちろん可能だろうが、逆に賜与が前倒し（あるいは倒置）された形で登場していると考えることもできるだろう。籾山明一九九一が指摘したように、戦国・秦漢期の軍功爵さらに民爵についても、敵の首級をあげることで獲得された爵が、やがて「奉仕を期待しての賜爵」へと逆転する。それと同様の、一種の逆転現象としてとらえることはできないだろうか。

（5）白川静一九六九巻三下「事」条は、この「用事」について、（一）「用祀」の意、（二）服事を命じた語、さらに（三）王事のために出向する意をも含んでいた、との見解を示している。しかしながら、曶鼎銘（中期）に見える「用祀」という言葉は、「曶用茲金、作朕文考弃伯䵼牛鼎。曶、其万年用祀（曶　この金を用い、朕が文考弃伯の䵼牛鼎を作る。曶よ、それ万年まで用て祀れ）」との表現から明らかなように、冊命儀礼の場における「用事」と同一視することはできないし、（三）の根拠とされる旂の賜与も「用事」の用例中においては必ずしも一般的ではない。なお陳漢平一九八六は、「用事」について「王命受命者用以上賜物以執行所命之職事」（二六三頁）と解説している。

（6）　盠方尊（彝）銘（中期・ⅡB）に「王冊命尹、賜盠赤市・幽亢・攸勒。曰、用𤔲六𠂤・王行・参有𤔲：𤔲土・𤔲馬・𤔲工（王　尹に冊命し、盠に赤市・幽亢・攸勒を賜わしむ。曰く、用て六𠂤・王行・参有𤔲：𤔲土・𤔲馬・𤔲工を𤔲れ）」とある。文章の作りかたは一般の冊命金文と異なるが、ここでも賜物の記録に続いて、「用𤔲」という表現で盠の具体的職掌が指示されている。これもやはり「𤔲」と「事」の含意の違いを示しているのだろう。

（7）　殷人卜辞皆以史為事、是尚無事字。周初之器、如毛公鼎・番生敦二器、卿事作事、大史作史、始別為二字。…史之本義、為持書之人。引申而為大官及庶官之称。又引申而為職事之称。其後三者各需専字、於是史・吏・事三字於小篆中截然有別。なお、王氏は毛公鼎・番生敦（簋）を「周初之器」と記しているが、両器とも西周後期の青銅彝器である。

（8）　「史」字の本義についての議論には、内藤湖南一九四九、白川静一九五五、林巳奈夫一九六六、小南一郎一九九九などがある。

（9）　新出の大保罍（盉）銘には「事」と釈しうる文字が見えるが、その解釈については未だ定説を得ていないので、表にはあげなかった。大保罍（盉）については、『考古』編集部一九八九、殷瑋璋一九九〇、陳平一九九一、張亜初一九九三などの研究がある。

（10）　『通釈』補十三　遹盂に「金文に『史…事…』の形式をとるものは、すべて一定の使命を以て使者を派遣することをいう」とある。

（11）　『銘文選』（三）七〇麦盉は、銘文最後の二文字を「御事」と釈すが、拓本が明瞭ではなく、ここでは除外した。

（12）　ほかに小臣静彝銘に「王格莽京、小臣静即事」と「即事」の用例が見えるが、『集成』はこれを著録しない。

（13）　後代の文献史料に見える「三事大夫」や「三有事」などから青銅器銘の「三事」の意味を決定することは、青銅器銘研究の手続きとしては逆転した方法論といえるだろう。

（14）　『銘文選』（三）六二大盂鼎は「御事、治事者、指官吏」と解釈している。

（15）　松丸道雄・竹内康浩一九九三では、この部分を「琱生、召に有事し、来りて合事す」と読むが、動詞句であることにかわりはない。

（16）陳夢家一九五六　第十五章「百官」に「史・卿史・御史似皆主祭祀之事」という。

（17）『通釈』六〇麦盉　麦方鼎はこの部分を「井侯征事（井侯征の事）」と釈し、「事は祭祀。麦氏は井侯の正吏として、祭祀のことを管掌した」と解釈する。ここでは『銘文選』（三）六八麦方鼎に「以従邢侯征行所用」と解釈するのに従っておく。

（18）『通釈』五五小臣逋鼎に「『即事于西』とは西方に祭事などがあって、それに従事することをいう」と解釈する。

（19）これら青銅器銘について、『通釈』ならびに『銘文選』の解釈を示しておこう。

小子生尊銘

『通釈』七一　　　　：下文には「公宗」とあり、…祭事を辨治する義。

『銘文選』（三）一〇四：昭王在南征的某駐地命令小子生往治事于某公的宗廟。

召圜器銘

『通釈』四五　　　　：見事・進事とはそういう宗教的意味をもつ儀礼。

『銘文選』（三）一〇一：進、義如薦。

（20）「死事」の表現は、その後も西周後期の𤼈鐘銘「𤼈御于厥辟、不敢墜、虔夙夕、敬厥死事」、叔夷鐘（鎛）銘「虔卹厥死事」（春秋後期）へと引き継がれていく。

（21）「𤔲」は「𤔲𤔲」、「啻官」は「啻官𤔲」、「死」は「死𤔲」の省略として処理した。

（22）武者章一九七九は冊命金文における「𤔲」字の使用頻度の高さを指摘している。

（23）『通釈』補一〇師𧽊鼎　即簋に「即はこの冊命において、琱宮に属する人と、虢地の稲の官司を命ぜられているのである」という。『銘文選』（三）二四一即簋は「継嗣琱宮人虢稲的職務」と述べ、内宮官の虢稲という人物の職務を嗣ぐことをいうと解釈するが、「𤔲」字をことさら「嗣」字に改める必要はないだろう。

（24）揚簋第二器銘（『集成』四二九五）には「量田甸眔𤔲应眔𤔲茨眔𤔲寇眔𤔲工事」とあり、「司」字が「事」字に作られる。

（25）「断代」（六）九七揚簋に「司应、司王之行屋、即周礼幕人之職」「司茨、即周礼之掌次、鄭玄注云〝次、幄也〟」とある。

（26）殷周期の邑については、伊藤道治一九六四を参照のこと。

（27）この用法は春秋期にまで引き継がれる。例えば、『春秋左氏伝』昭公五（前五三七）年には「豎牛取東鄙三十邑、以与南遺」といった一文がある。

（28）「五邑」には他に、殺簋銘「隹二月初吉、王在師嗣馬宮大室、即位。井伯内右殺、位中廷、北嚮。内史尹冊賜殺玄衣・黹純・旂四日。用大備于五邑□（これ二月初吉、王 師嗣馬宮の大室に在りて、位に即く。井伯内りて殺を右け、中廷に位し、北嚮す。内史尹 殺に玄衣・黹純・旂四日を冊賜す。用て大いに五邑□に備われ、と）」（中期）、柞鐘銘「隹王三年四月初吉甲寅、仲大師右柞、賜載・朱黄・鑾。嗣五邑甸人事（これ王の三年四月初吉甲寅、仲大師 柞を右け、載・朱黄・鑾を賜う。嗣五邑甸人の事を嗣れ、と）」（後期・Ⅲ）という事例がある。

（29）「五邑」については、これを王朝の「都」のいずれか五つに比定する考え方もあるが、その場合、「東鄙五邑」を如何に解釈するか問題が残る。とりあえずは、汪中文一九九九に「五邑」を「一専有名詞」「行政単位（或区域）之名称」（一七八頁）とするのに従っておく。

（30）盧連成・羅英烈一九八一は「内師舟」を「菶京内宰、掌治舟船」と解釈し、『銘文選』（三）二二二楚簋は「内師所属的舟官」と解釈する。

（31）『銘文選』（三）二八八諫簋は「王室的游園」と解釈する。

（32）41徠鐘銘「徠曰、…天子経朕先祖服、多賜徠休命、兼嗣四方虞・林（徠曰く、…天子 朕《わ》が先祖の服を経《おも》い、多く徠に休命を賜い、四方の虞・林を兼嗣せしめたまう）」に見える「四方の虞・牧」は、とりあえずは「四方」の地にかかわる虞と牧を意味していると理解すべきであろうが、ほとんど実態をともなわない修辞的な表現との印象を禁じえない。

（33）師酉簋と詢簋の関係については、両銘に記された職掌が類似すること、ならびに師酉簋の作器対象「文考乙伯・寛姫」と詢簋の「文祖乙伯・同姫」について、「文考乙伯」から「文祖乙伯」へという一世代のずれが考えられることを根拠として、師酉と詢（師詢）を「親子」とする考え方が一般的であった。ただし、『研究』の型式学的断代案では師酉簋は西周ⅢB、詢簋は西周ⅡBとされ、両者の前後関係は逆転している。また中国の学界においても、近年では師酉簋と詢簋の前後関係を逆転させる議論が主流をしめつつある。李学勤二〇〇〇を参照のこと。

(34)『銘文選』（三）四四四無叀鼎は、これを「穆王遉側虎臣」と読み、「衛護穆王宮前後左右的虎臣」と解釈している。

(35) 57趩簋銘「王若曰、趩、命汝作豳𠂤冢嗣馬、啻官僕・射・士・訊・小大又隣（王若く曰く、趩よ、汝に命じて豳𠂤の冢嗣馬と作し、僕・射・士・訊・小大又隣を啻官せしむ）」（中期・ⅡB）に見える僕・射は、夷僕・小射に類した存在であろう。

(36) 郭沫若一九五八、『銘文選』（三）三八九師嫠簋など。

(37) オイコスの概念については、マックス・ウェーバー『支配の諸類型』（世良晃志郎訳、創文社、一九七〇年）第三節九a「伝統的支配と経済」、あるいは同『支配の社会学』（一九六〇年）第四節二「名望家支配と純粋家父長制」などを参照のこと。また渡辺信一郎一九九六には「帝国オイコス」との概念が採用されている。

(38) 白川静一九六九巻九上「司」条に「卜文に嗣字がみえず、司字が先に行なわれている。従って嗣に従う司には、別に声義があったものとすべく、…」とある。

(39) 他に𢦏簋銘「𢦏率有嗣・師氏奔追（𢦏　有嗣・師氏を率いて奔追し）」（中期・ⅡB）、義盉銘「王在魯郷。即邦君・諸侯、正有嗣、大射（王　魯郷に在り。邦君・諸侯に即き、有嗣を正し、大射す）」（中期）などの事例がある。

(40) 伊藤道治一九六九に「この銘文の啚字の意味については、色々な説があるが、この文字に囗を附した圖字が、商圖或いは東或圖として一定の領域を示す語として使用され、またある地域の地圖―土地の境界を主眼とした―の意味としても使用されていることを考えると、この銘の啚字はある一定の地域を区画する意味の動詞と解することができるのではないかと思う」（伊藤道治一九七五　二五七頁）との指摘がある。

(41) 旅鼎銘（前期）に見える「盩𠂤」の盩は、盩嗣土幽尊銘（前期中期・ⅡA）・盩嗣土幽卣銘（前期）の盩と同一地と考えられる。ここにも「𠂤」と嗣士との関係が認められる。

(42) 庚季鼎銘「用左右俗父、嗣□（用て俗父を左右け、□を嗣れ）」（中期）の「□」を、例えば『銘文選』（三）二六四庚季鼎に従って「寇」と読むことができるならば、嗣寇とは「寇を嗣る」という動詞句が官名化したものということができる。

(43) 牧簋銘「王若曰、牧、昔先王既命汝作嗣士（王若く曰く、牧よ、昔、先王既に汝に命じて嗣士と作したまえり）」（中期）に見える「嗣士」もまた、『周礼』夏官・司士へと引き継がれている。

（44）この「嗣」概念の造語能力は強力である。例えば同簋銘に「場・林・虞・牧を嗣れ」との記述が見えるが、これを張亜初・劉雨一九八六は「嗣場」「嗣虞」などの「嗣」職として列挙している。

（45）冊命金文のなかで「作□」の表現でもって官職への叙任を記録するのは、宰と邑の二例を除けば他はすべて「嗣」職である。武者章一九七九、吉本道雅一九九一bを参照のこと。

（46）第二節の表の受命者のなかには、師酉・師兌など「師」字を冠する人物が含まれている。西周期の「師」については木村秀海一九九七が分析を試みているが、「一定の身分のものが一定の年齢（例えば成人した時）に達すれば、義務として師氏に任官し、そこには王による冊命のような特別な叙任式は必要なかった」（五〇六～七頁）という表現に照らすならば、師氏（師）とは官職ではなく、むしろ一種の身分と理解すべきものとなろう。

（47）伊藤道治一九八七第四章「行政と支配」は、西周中期以降の参有嗣の職掌の「混乱」（二七二頁）を指摘している。この混乱は官制を無視した恣意的な任命の結果というよりも、参有嗣が抽象化・一般化した官職へと変化した結果であろうと考えるが、いずれにせよ、参有嗣とその実際の職掌との関係は「混乱」とうつるほどルーズなものであった。

第Ⅲ部

第Ⅲ部の課題

参有𤔲・𤔲土・𤔲馬・𤔲工をはじめとして、後世へと引き継がれていく官職が西周期に存在していたことは確実である。「封建制」という言葉で表現される西周期の政治体制を、単なる血縁原理にもとづいた氏族制的なものと見なすことは明らかな誤りであり、そのことを強く示唆する西周期官制の研究には十分な注意が払われなければならない。しかしながら、西周期の官制をめぐる研究、特にその復元研究にもやはり重大な問題がひそんでいた。官制の復元研究の方法論を支えていたのは、冊命儀礼における「右者」と受命者との間に何らかの統属関係が存在するだろうという前提と、受命者の帯びる官名とその職掌との間に密接な関係が存在するだろうという前提であった。しかしながら、第Ⅱ部で明らかにしたように、「右者」と受命者との間に積極的な意味での統属関係を想定することは不可能であったし、冊命儀礼における王命もまた、官制の構築を意図したものではなく、王朝が直面する諸課題を「□𤔲」の表現によって受命者に指示するものであった。

そもそも、周王朝が獲得した「𤔲」概念は、職掌を具体的に指示することによって、それらを水平的に分割する概念であり、それが指示する「土」「馬」「工」や「应」「茨」「寇」を𤔲《つかさど》る官として𤔲土・𤔲馬・𤔲工、あるいは𤔲应・𤔲茨・𤔲寇といった「𤔲」職が誕生してくるのである。例えば、渣𤔲土・盩𤔲土・鄭𤔲土といった𤔲土は、それぞれ「土」を𤔲る官として渣・盩・鄭といった地に配されていたが、そこには𤔲土の職掌対象をその対象となる土地によって水平的に分割しようとする意図は認められても、これらの官職を垂直的あるいはヒエラルヒッシュに配置しようとする意図を想定することはできない(1)。

とすれば、われわれは再び「封建制」ないしは氏族制という言葉に立ち返り、そこに王朝の権力構造を構築し維持する力を見いださなければならない。しかしながら、それは「封建制」ないしは氏族制における血縁的紐帯云々といった議論を繰り返すことを要請するものではない。すでに第Ⅰ部・第Ⅱ部での議論を経てきたいま、問われるべきは王身―王位―王家―周邦―四方として表現されていた王朝秩序と「封建制」ないしは氏族制との関係である。それは「□𤔲」によって指示される具体的職掌の集積としてあらわれる王朝の「行政」と「封建制」あるいは氏族制との関係を問うことであり、王身―王位―王家―周邦―四方と表現される王朝秩序のなかに「封建制」あるいは氏族制を具体的に位置づけることである。

（1）　師氏・虎臣・走馬などの編成にかかわる「左右」や「先」「後」といった語彙もまた、水平的な編成概念である。

第一章　西周の氏族制

はじめに

「□𤔲」といった表現により具体的な職掌を指示され、王朝の様々な課題を担当していた周王の臣下は、いったいどこから供給されてくるのであろうか。ここでは、彼らが所属していたであろう氏族との関連のなかで、周王臣下のあり方を検討することにする。

はじめに、第Ⅱ部第二章の表（一三三～六頁）にも取り上げた兮甲盤銘（後期・ⅢB）を見てみよう。

隹五年三月既死覇庚寅、王初各伐玁狁于嚚盧。兮甲従王。折首執訊、休亡敃。王賜兮甲馬四匹・駒車。王命甲。政𤔲成周四方積、至于南淮夷。淮夷旧我貟晦人。毋敢不出其貟・其積・其進人。…兮伯吉父作盤。其眉寿万年無疆。子々孫々、永宝用。

これ五年三月既死覇庚寅、王初めて玁狁を嚚盧に各伐す。兮甲　王に従う。折首執訊あり、休にして敃《や》むこと亡し。王　兮甲に馬四匹・駒車を賜う。王　甲に命ず。成周四方の積を政𤔲し、南淮夷に至れ。淮夷は旧《も》と我が帛晦の人なり。敢えてその帛・その積・その進人を出さざる毋かれ。…兮伯吉父　盤を作る。それ眉寿万年無疆ならんことを。子々孫々、永く宝用せよ。

この兮甲盤銘には、兮甲（甲）が周王に従って玁狁を征討し、その戦功に対して馬四匹・駒車を周王より賜ったこと、ならびに「政嗣」の表現によって「成周四方の積」という職掌対象が指示されたことが記録されている。作器者兮甲は、その戦功・賜物あるいは王命を記念してこの青銅彝器を製作するわけだが、その作器の事実ならびに作器への願望を記した銘文最後の「兮伯吉父　盤を作る。それ眉寿万年無疆ならんことを。子々孫々、永く宝用せよ」の部分において、彼はそれまでの兮甲（甲）ではなく、新たに兮伯吉父という称謂でもって銘文に登場してくるのである。兮伯吉父の「兮」は兮甲の「兮」であり、とりあえず彼の所属する氏族の名であるとするならば、残りの「伯吉父」はいかなる含意をもった称謂なのだろうか。

「伯吉父」という称謂は、いわゆる排行としての伯・仲・叔・季の「伯」[1]と、男子の美称「父」[2]、そしてその両者にはさまれた「吉」から構成されている。以下、このような構成をもつ称謂を［排行］某父と表記することとするが、西周期の青銅器銘には、この［排行］某父という形式をもつ人名を数多く見いだすことができる。節を改めて、まずはその一覧を示すことにしよう。

第一節　［排行］某父という称謂

［排行］某父の称謂について、以下の表は伯・仲・叔・季、そして孟[3]の排行に従って分類されている。また兮伯吉

父という称謂から知られるように、［排行］某父の称謂にはさらにその上に氏族名が冠される場合があり、それらを某［排行］某父と表記することとする。表に取り上げた青銅器銘には、例えば伯考父鼎銘（中期後期）

伯考父作宝鼎。其万年。子々孫、永宝用。

伯考父　宝鼎を作る。それ万年ならんことを。子々孫、永く宝用せよ。

のようないわゆる自作器が多数含まれるが、表では繁雑を避けるために、自作器については器種名のみを記した。

伯某父（某伯某父）

称　謂	青　銅　器　名（字数：断代）
伯者父	簋＊（11：前期・ⅠA）
伯苚父	卣＊（18：前期）
伯衛父	盉＊（15：前期・Ⅱ）
伯丁父	令簋＊（111：前期・ⅡA）
伯懋父	簋＊（墨書3：［前期］）・小臣謎簋＊（64：前期・ⅡA）・召卣＊（46：前期・ⅡA）・召尊＊（46：前期・ⅡA）・小臣宅簋＊（52：前期・ⅡB）・呂行壷（21：前期）・師旂鼎＊（79：中期・ⅡB）
伯殻父	尊（15：前期）
伯享父	器（6：前期）
伯宜父	小臣伝卣（53：前期）
伯辟父	競簋＊（32：前期・ⅡB）・競卣＊（5：前期・ⅡB）・縣妃簋＊（89：中期・ⅡB）
伯□父	卣＊（4：前期・ⅡB）
伯俗父	庚季鼎＊（55：中期）・五祀衛鼎＊（207：中期・ⅡB）
伯邑父	五祀衛鼎＊（207：中期・ⅡB）・裘衛盉＊（132：中期・Ⅲ）

伯雍父	彔簋＊（32：中期・ⅡB）・彔戜卣＊（49：中期・ⅡB）・盤＊（7：中期・Ⅲ）
伯遅父	鼎＊（6：中期・ⅡB）
伯先父	鬲＊（15：中期・Ⅲ）
伯賓父	簋＊（16：中期・ⅢA）
伯車父	壺＊（26：中期・ⅢA）・盨＊（12：後期・ⅢA）
伯百父	簋（16：中期）・盉＊（8：中期・Ⅲ）・盤＊（8：後期・ⅢA）
伯庸父	鬲＊（10：中期・Ⅲ）・盉＊（16：後期・Ⅲ）
伯唐父	鼎＊（67：[中期]）
伯中父	簋＊（21：中期）
伯幾父	簋＊（14：中期）
伯麦父	甗＊（10：中期）
伯山父	壺＊（10：中期）
伯蔡父	簋＊（8：中期）
伯𧦝父	鬲（10：中期）
伯汱父	鬲（15：中期）
伯□父	鼎（13：中期）
伯角父	盉（17：中期）
伯考父	鼎（15：中期後期）・簋＊（16：[後期]）・盤＊（16：後期）
伯澲父	壺＊（6：中期）・壺＊（12：後期）
伯上父	鬲（12：中後期）
伯庶父	盨＊（16：後期・ⅢA）・壺＊（12：後期・ⅢA）・簋（19：後期）・簋（12）・匜（8：後期）
伯吉父	鼎＊（23：後期・ⅢA）・簋＊（23：後期・ⅢB）・匜（15：後期）
伯章父	鼎＊（14：後期・ⅢA）
伯田父	簋＊（18：後期・ⅢA）
伯夸父	盨＊（6：後期・ⅢA）
伯寛父	盨＊（27：後期・ⅢA）

伯魚父	壺＊（9：後期・ⅢA）
伯揚父	賸匜＊（157：後期・ⅢA）
伯家父	鬲＊（14：後期）・簋＊（16：後期・ⅢB）・簋（38：後期）
伯公父	盨＊（13：後期）・簠＊（61：後期・Ⅲ）・壺＊（17：後期）・勺＊（14：後期・Ⅲ）・盂（15：後期）
伯多父	盨＊（10：後期・ⅢB）・盨（16：後期）・壺＊（11：後期）
伯辛父	鼎＊（17：後期・ⅢB）
伯𦬁父	妊小簋＊（32：後期・ⅢB）
伯邦父	鬲＊（6：後期・Ⅲ）
伯夏父	鬲＊（18：後期・Ⅲ）・鼎＊（19：後期）・鑐（18：後期）
伯頵父	鼎＊（23：後期）・簋＊（23：後期）
伯粱父	簋＊（15：後期）
伯駟父	盤＊（15：後期）
伯噟父	簠＊（13：後期）
伯好父	簋＊（9：後期）
伯嘉父	簋＊（8：後期）
伯喜父	簋＊（14：後期）
伯□父	簋＊（22：後期）
伯侯父	盤＊（17：後期）
伯穌父	師獣簋（113：後期）
伯𨛭父	鬲（7：後期）
伯□父	甗（6：後期）
伯𨞒父	鼎（18：後期）
伯𨗨父	簋（17：後期）
伯戜父	簠（17：後期）
伯正父	匜（16：後期）
伯萀父	鼎＊（20：西周）

伯咸父	鼎（6：西周）
伯鹿父	鼎（14：西周）
伯虖父	鼎（17：西周）
伯[illegible]父	簋（13：西周）
伯筍父	鼎＊（15：後期、春秋前期・春秋Ⅰ）・盨（6：後期）
伯其父	簠＊（22：春秋前期）
伯□父	簠（12：春秋）
散伯車父	鼎＊（26：後期・ⅢA）
兮伯吉父	盨＊（20：後期）・兮甲盤＊（133：後期・ⅢB）
成伯孫父	鬲＊（16：後期）
成伯邦父	壺（10：後期）
晋伯娙父	甗＊（16：[後期]）
鄭伯筍父	鬲＊（19：後期）・甗（10：後期）
曾伯宮父	鬲＊（15：後期）
筍伯大父	盨＊（17：後期）
輔伯雁父	鼎＊（16：後期）
豊伯車父	簋（27：後期）
芮伯多父	簋（29：後期）
史伯碩父	鼎（50：後期）
犀伯魚父	鼎（17：西周）
毛伯㖸父	簋＊（22：後期・春秋Ⅰ）
単伯邍父	鬲＊（20：春秋前期）
魯伯愈父	盤＊（15：後期）・匜＊（15：後期）・鬲＊（14：春秋前期・春秋Ⅰ）・簠＊（16：春秋前期）
魯伯大父	簋＊（18：春秋前期）・簋＊（19：春秋前期・春秋Ⅰ）・簋＊（19：春秋前期）
魯伯者父	盤＊（10：春秋）

魯伯厚父	盤＊（10：春秋）
紀伯疋父	盤＊（9：春秋・春秋Ⅰ）・匜＊（9：春秋）

仲某父（某仲某父）

称謂	青銅器名（字数：断代）
仲斿父	鼎＊（9：前期）
仲隻父	簋（6：前期）
仲叡父	簋＊（29：中期）・盤（18）
仲伐父	甗＊（12：中期・Ⅲ）
仲□父	鬲＊（6：中期・Ⅲ）
仲旿父	鼎＊（17：中期）
仲競父	臤尊＊（53：中期）
仲偁父	鼎（35：中期）
仲□父	簋（6：中期）
仲辛父	簋（28：中期）
仲追父	彝（6：中期）
仲自父	卣＊（6：中期・ⅡB）・鼎（5：中期）・簋＊（6：中期）・簋＊（11：中期）・盉（6：中期）・盨（22：後期）・壷（14：後期）
仲枏父	鬲＊（38：中期・Ⅲ）・匕＊（8：中期・Ⅲ）・簋＊（38：後期、春秋前期・ⅢA）
仲南父	壷＊（16：後期・ⅢA）
仲義父	鼎＊（6：後期）・鼎＊（17：後期・ⅢB）・盨（11：後期）・罍＊（16：後期・Ⅲ）
仲殷父	簋＊（19：後期・ⅢB）・鼎＊（14：後期）
仲倗父	楚簋＊（71：後期）
仲生父	鬲＊（19：後期）
仲其父	簠＊（6：後期）
仲宦父	鼎＊（12：後期）

仲⋈父	簋＊（11・後期）
仲吏父	簋＊（20・後期）
仲邍父	匜＊（8・[後期]）
仲爯父	鼎＊（17・後期）・簋＊（44・後期）
仲酉父	甗（6・後期）・簋（6・後期）
仲□父	鬲（16・後期）
仲信父	甗（21・後期）
仲師父	鼎（36・後期）
仲言父	簋（6・後期）
仲駒父	簋（17・後期）
仲幾父	簋（18・後期）
仲閔父	盨（14・後期）
與仲雩父	方甗＊（7・後期・Ⅱ）
朿仲□父	簋＊（18・後期）
食仲走父	盨＊（20・後期）
南仲邦父	駒父盨＊（82・後期）
王仲皇父	盉＊（19・後期）
離仲鄭父	簋（17・後期）
曾仲大父	簋＊（53・後期・春秋Ⅰ）
曾仲斿父	豆＊（8・春秋前期・春秋Ⅰ）・壺＊（12・春秋前期・春秋Ⅰ）
冶仲考父	壺（37・春秋前期）

叔某父（某叔某父）

称謂	青銅器名（字数・断代）
叔偈父	觶＊（5・前期）

叔卿父	戈＊（墨書4：［前期］）
叔趩父	卣＊（62：前期・ⅡA）・尊＊（62）
叔榀父	簋＊（14：前期）
叔五父	盤＊（16：中期）
叔師父	鼎＊（10：中期）
叔繇父	𦱊簋＊（45：中期・ⅢA）
叔各父	簋＊（12：［中期］）
叔友父	簋（10：中期）
叔趙父	爯＊（9：中後期）
叔碩父	甗＊（13：後期・Ⅲ）・鼎（20：中期）
叔鄂父	簋＊（23：後期・ⅢA）
叔專父	盨＊（39：後期・ⅢA）
叔男父	匜＊（22：後期・ⅢA）
叔向父	簋＊（16：後期・ⅢB）・簋＊（67：後期・ⅢB）・簋＊（15：後期）
叔皇父	鬲＊（8：後期）・鼎（22：春秋）
叔伐父	鼎＊（5：後期）
叔□父	鼎＊（11：後期）
叔侯父	簋＊（15：後期）・匜（8：後期）
叔𣪕父	簋＊（16：後期）
叔多父	簋＊（23：後期）
叔𤖯父	簋＊（26：後期）
叔𧭹父	盨＊（10：後期）
叔□父	鼎＊（25：［後期］）
叔良父	匜＊（20：［後期］）・盨（16：後期）
叔智父	鼎＊（7：［後期］）
叔荓父	鼎（14：後期）

叔若父	簋（6：後期）
叔臨父	簋（13：後期）
叔角父	簋（18：後期）
叔皮父	簋（27：後期）
叔倉父	盨（6：後期）
叔賓父	盨（12：後期）
叔邦父	簠（22：後期）・盥盨（157：後期）
叔高父	匜（17：後期）
叔□父	匜（16：後期）
叔盂父	鼎（10：西周）
叔虎父	鼎（8：西周）
叔牙父	鬲（15：春秋前期）・簠（8：春秋前期）
叔邍父	甗（36：春秋前期）
叔家父	簠（31：春秋前期）
棈叔知父	鬲＊（6：前期）
趞叔吉父	盨＊（16：中期・ⅢB）
虢叔大父	鼎＊（13：後期）
歸叔山父	簋＊（13：後期）
芮叔𡨄父	簋＊（22：後期）
鬲叔興父	盨＊（15：後期）
晋叔家父	方壺＊（18：[後期]）・盤
辛叔皇父	簋（14：後期）
鄭楙叔賓父	壺（15：後期）
□叔多父	盤（79）
邾叔豸父	簠＊（21：春秋前期）

召叔山父	簠＊（28：春秋前期・春秋Ⅰ）
鄭井叔蒦父	鬲＊（8：春秋前期）・鬲＊（8：春秋前期）・鬲＊（7：春秋前期）
考叔𢍰父	簠＊（30：春秋前期・春秋ⅡA）
戴叔慶父	鬲（9：春秋前期）
孫叔師父	壺＊（31：春秋）

季某父（某季某父）

称　謂	青　銅　器　名（字数：断代）
季良父	簠＊（18：後期・春秋Ⅰ）・盉＊（18：後期・Ⅲ）
季右父	鬲＊（6：後期）
季𨻰父	匜＊（12：［後期］）
季宮父	簠＊（20：後期・春秋Ⅰ）
季□父	簋（17：後期）
𢥾季遽父	卣＊（10：前期・ⅠA）・尊＊（10：前期・ⅠA）
鄂季奞父	簋＊（8：前期）
殳季良父	壺＊（42：後期）
黄季佗父	戈＊（6：［春秋前期］）
黄季俞父	盤（23：春秋）

孟某父

称　謂	青　銅　器　名（字数：断代）
孟𢦏父	壺＊（6：中期・ⅡB）
孟狂父	鼎＊（20：［中期］）・甗＊（20：［中期］）・簋＊（6：［中期］）
孟辛父	鬲＊（20：後期・Ⅲ）
孟𢥊父	簋＊（9：後期）

孟鄭父	簋＊（16：後期）
孟𢏽父	簋＊（15：後期）・簋＊（18：後期）
孟淠父	鼎（6：後期）
孟上父	壺＊（10：後期）
孟皇父	匜（6：後期）

1、［排行］某父（某［排行］某父）という称謂において、某父の某に相当する文字には隷定の困難なものが多い。表では印刷の繁を避けるために、そのような文字は□で表すことにした。□で示した文字がそれぞれ別の文字であることはいうまでもない。

2、青銅器名に付した＊印は、その青銅彝器の所在が知られること、あるいは器影を見ることができることを示している。

最初に、右の表から観察できる［排行］某父（某［排行］某父）に言及する青銅器銘の全般的な特徴を指摘することにしよう。

まず第一に、［排行］某父という称謂が、西周後期を中心として、西周中期から春秋前期にかけての時期に集中的に出現すること。林巳奈夫一九八三は、殷から春秋前期に及ぶ器影の知られた青銅彝器について、その銘文の書式と常用語句の時代的変遷を検討し、［排行］某父の型式をもつ称謂が氏のいう西周Ⅲ期に重点がきて春秋Ⅰ期に急に少なくなることを指摘している。右の表にあげた青銅器銘は、現時点で知りうるすべてを対象としたものだが、そこから観察できる時期的偏差もまた、林氏の指摘を再確認させるものである。著録された青銅器銘すべてに断代案を付した『集成』の判断は、必ずしも全面的に信頼しうるものではないだろうが、表の青銅器名欄に＊印で示したように、大半の青銅彝器の所在ないしは器影を確認したうえでの判断は、大枠では尊重されるべきものと考える。

第二に、［排行］某父という称謂全体において、伯の排行を帯びる者が、他の仲・叔・季あるいは孟という排行を帯びる者の倍近く存在すること。表によるならば、伯某父（某伯某父）が九一名、仲某父（某仲某父）が四一名、叔某父（某叔某父）が五七名、季某父（某季某父）が一〇名、孟某父が九名という集計結果を得ることができる。同名異人の可能性を完全には排除できないだろうが、それでもなお各排行間のアンバランスを承認することはできる。現存する青銅彝器は、当時製作された全青銅彝器からの任意抽出の結果であると考えることが許されるならば、この排行間のアンバランスは当時の青銅彝器製作の実態を反映していることになる。この点についても、林巳奈夫一九八三は「伯が各期とも例数が断然多く、仲叔がこれに次ぎ、孟は例外的にほんの少数しかない」（三四頁）と指摘している。

第三に、青銅器銘の文字数をみると、一〇数字から二〇数字程度の青銅器銘が圧倒的多数をしめていること。青銅器銘の大半は、例えば先に引いた伯考父鼎銘（十五字）や、仲𠭯父簋銘（中期：二九字）

仲𠭯父作朕皇考遅伯・王母遅姫䵼簋。其万年。子々孫々、永宝用、享于宗室。

仲𠭯父　朕《わ》が皇考遅伯・王母遅姫の䵼簋を作る。それ万年ならんことを。子々孫々、永く宝用し、宗室に享せよ。

などのように、ほぼ作器者（あるいは作器者と被作器者）の名と青銅彝器の器種名、および「其万年。子々孫々、永宝用」といった嘏辞から構成される単純なものである。[4] 嘏辞には多くのヴァリエイションが認められるが、やはり全体としては一つの範疇に入りうるものであり、被作器者の名も必須の要素ではないので、唯一これらの青銅器銘を区別しているのは［排行］某父という作器者の名のみということになる。［排行］某父の称謂は、これらの青銅器銘においてあたかもイージーオーダーにおけるネームのような機能を担っているといえるだろう。

以上、［排行］某父に言及する青銅器銘の特徴を指摘したが、最後にこの史料群の量的な評価をおこなっておきたい。

同一銘文・同一器種を一件として扱うと、右の表全体で二八五件、その内訳は伯某父（某伯某父）が一三五件、仲某父（某仲某父）が五七件、叔某父（某叔某父）が六九件、季某父（某季某父）が十二件、孟某父が十二件となる。

現時点で知りうる全青銅器銘はほぼ九五〇〇件程度であり[5]、そこから本論の対象外となる殷代および戦国期の青銅器銘を除外すると、その数はおおよそ四八〇〇件程度となる[6]。この四八〇〇件の青銅器銘に対して、〔排行〕某父にかかわる青銅器銘二八五件は微々たる割合をしめるにすぎないが、青銅器銘の大半が実際は数字程度の短銘であることを考慮する必要がある。試みに、四八〇〇件の青銅器銘を銘文の文字数によって分類するならば、

一字～九字　　　：約三〇七〇件
一〇字～十九字：約　九三〇件
二〇字～二九字：約　三三〇件
三〇字～三九字：約　一五〇件
四〇字～四九字：約　　八〇件
五〇字以上　　：約　二四〇件

という結果を得ることができる。先に指摘したように、〔排行〕某父にかかわる青銅器銘二八五件の大半は一〇数字から二〇数字程度の文字数からなっていたので、全青銅器銘の一〇字から二九字までの総数一二六〇件を母数とするならば、その割合は約二三%となる（ちなみに一〇字以上の一七三〇件を母数とすれば、その割合は約十六%となる）。

この割合についてこれ以上云々することに意味は感じないが、青銅器銘の研究において最も頻繁に利用されてきた冊命儀礼関係の青銅器銘が約一〇〇件程度であることを考えれば(7)、この［排行］某父にかかわる史料群が決して無視しえない、重要な検証の対象たりうることだけは主張できるはずである。

第二節　称謂のヴァリエイション

一九六〇年、陝西省扶風県召陳村の西周期窖蔵から十九件の青銅彝器が出土した（史言一九七二）。うち十四件の青銅彝器に銘文があり、そのほとんどが散氏にかかわるものであった。出土した散氏関係の青銅器銘を次に示そう。

散車父壷銘（中期・ⅢA）：一件

散車父作皇母𪍑姜宝壷。用逆姞氏。伯車父、其万年。子々孫々、永宝。

散車父　皇母𪍑姜の宝壷を作る。用て姞氏を逆《むか》えん。伯車父よ、それ万年ならんことを。子々孫々、永く宝とせよ。

散氏車父壷銘（中期）：一件

（散）氏車父作𪍑姜障壷。其万年。子々孫々、永宝用。

（散）氏車父　𪍑姜の障壷を作る。それ万年ならんことを。子々孫々、永く宝用せよ。

散伯車父鼎銘（後期・ⅢA）：四件

隹王四年八月初吉丁亥、散伯車父作邞姞障鼎。其万年。子々孫、永宝。

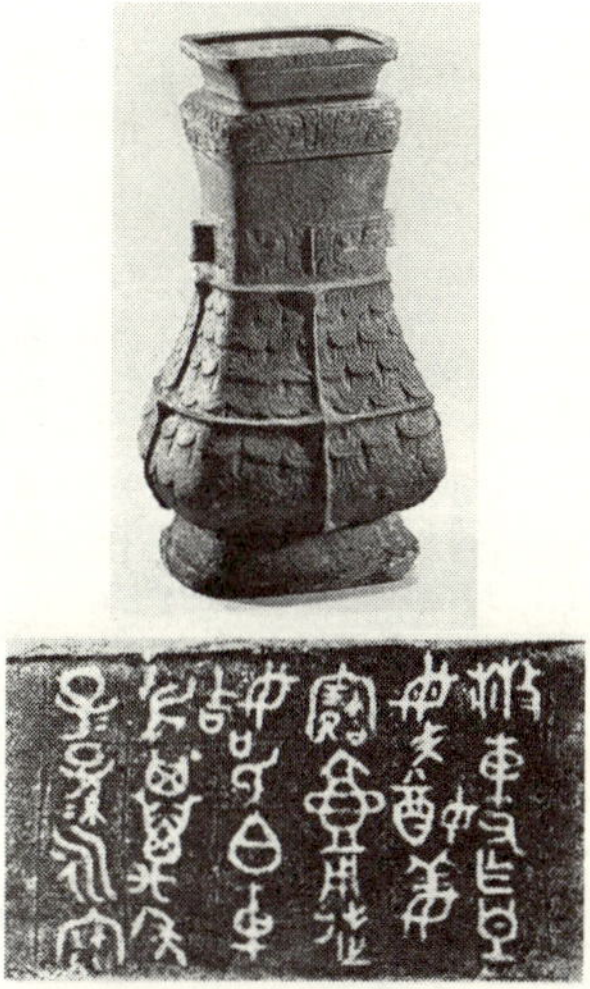

図33　散車父壷

図34　散氏車父壷

図35　散伯車父鼎

図36　散車父簋

これ王の四年八月初吉丁亥、散伯車父　邢姑の隮鼎を作る。それ万年ならんことを。子々孫、永く宝とせよ。

散車父簋銘（後期・ⅢB）：五件[8]

散車父作邢姑餴簋。其万年。子々孫々、永宝。

散車父　邢姑の餴簋を作る。それ万年ならんことを。子々孫々、永く宝とせよ。

散車父壺と散氏車父壺はその母親（皇母）𪒠姜のために作られ、散伯車父鼎と散車父簋は邢姑という女性のために作られたものである。これらの青銅彝器は同一窖蔵からの一括出土であり、かつ器形の型式学的検討からもすべて西周後期に断代しうるものと判断されている（『研究』同時作銘青銅器表一〇五）。同一人物の作器にかかる青銅器群であることに異論はないだろう[9]。

ところで、これらの青銅器銘に記された作器者名に注目してみると、それぞれ傍線を施したように、散車父・散氏車父・散伯車父・散車父と表記され、なおかつ散車父壺銘には伯車父という称謂も登場している[10]。これらの称謂の関係は、

散伯車父＝散車父＝散氏車父＝伯車父

と示すことができるが、そこから、

一、散伯車父の氏族名「散」が脱落して伯車父となる。（某［排行］某父→［排行］某父）

二、散伯車父の排行「伯」が脱落して散車父となる。（某［排行］某父→某某父）[11]

という、称謂のヴァリエイションを生み出す二つのパターンを読みとることができる。

第一のパターンは、第一節の表にあげた某［排行］某父という称謂がすべて、［排行］某父と省略されえた可能性を示している。逆にいえば、表にあげた［排行］某父はすべて、某［排行］某父であったということにもなるだろう。第二のパターンは、作器者名の排行が省略可能であったことを示しているが、同時に第一のパターンによって、氏族名もまた省略可能であったから、この二つのパターンが同時にはたらいた場合、

三、散伯車父の氏族名「散」と排行「伯」が脱落して車父となる。（某［排行］某父→某父）

という第三のパターンが発生するはずである。残念ながら、散伯車父について車父とのみ表記された青銅器銘を確認することはできないが、例えば、仲辛父簋銘（中期）

仲辛父作朕皇祖日丁・皇考日癸障簋。辛父、其万年無疆。子々孫々、永宝用享。

仲辛父　朕《わ》が皇祖日丁・皇考日癸の障簋を作る。辛父よ、それ万年無疆ならんことを。子々孫々、永く宝用して享せよ。

のように、同一銘文内に仲辛父と辛父という二つの称謂が併記される事例は、第三のパターンが実際に存在していた

ことの傍証となる(12)。

これら三つのパターンを、本章「はじめに」で引いた兮甲盤銘の兮伯吉父という称謂に適用してみよう。兮伯吉父から導き出せる称謂のヴァリエイションは、

一、兮伯吉父　→　伯吉父

二、兮伯吉父　→　兮吉父（兮氏吉父）

三、兮伯吉父　→　吉父

となるが、これらの称謂は次にあげる一〇件の青銅器銘に見いだすことができる。

青銅器名	銘文	出土地	断代
伯吉父鼎＊	隹十又二月初吉、伯吉父作毅障鼎。其万年。子々孫、永宝用。	扶風県北橋村	後期・ⅢA
伯吉父簋＊	唯十又二月初吉、伯吉父作毅障簋。其万年。子孫々、永宝用。	扶風県北橋村	後期・ⅢB
伯吉父匜	伯吉父作京姫匜。其子々孫々、永宝用。		後期
兮吉父簋＊	兮吉父作仲姜宝障簋。其万年無疆。子々孫々、永宝用享。	扶風県任家村	後期
吉父鼎＊	吉父作旅鼎。其万年。子々孫、永宝用享。	扶風県任家村	後期
善夫吉父鬲＊	善夫吉父作京姫障鬲。其子々孫々、永宝用。	扶風県任家村	後期・Ⅲ
善夫吉父簠	善夫吉父作旅簠。其万年。永宝。	扶風県任家村	後期
善夫吉父鑘＊	善夫吉父作旅鑘。其子々孫々、永宝用。	岐山県青化鎮	後期
善夫吉父盂＊	善夫吉父作盂。其万年。子々孫々、永宝用。	岐山県青化鎮	後期
善夫吉父鼎＊	善夫吉父作鼎。其万年。子々孫々、永宝用。		（後期）

表に示した一〇件の青銅彝器のうち、兮吉父簋・吉父鼎・善夫吉父鬲・善夫吉父簠は一九四〇年に扶風県任家村で

梁其諸器とともに出土したと伝えられ（羅西章一九八〇）、善夫吉父鐳・善夫吉父盂は解放前に岐山県青化鎮付近から出土したとされる（趙学謙一九五九）。また伯吉父鼎と伯吉父簋は扶風県北橋村の窖蔵からの一括出土（羅西章一九七四）、善夫吉父鼎は出土地は不明だが、西安市文物商店の収購品であるという（王長啓一九九〇）。伯吉父匜のみ出土地・器影を確認しえないが、すべて西周後期のものと見なしうる青銅器群である。これら青銅彝器の出土状況ならびに、伯吉父匜銘に見える京姫が善夫吉父鬲銘にも見えることを勘案すれば、これらの青銅彝器がすべて同一人物の作器にかかること、すなわち

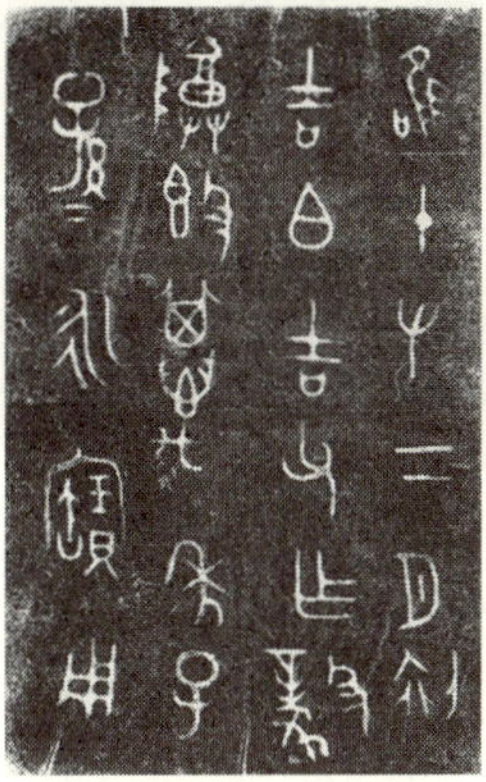

図37　伯吉父簋

図38　善夫吉父鐳

兮伯吉父＝伯吉父＝兮吉父＝吉父（善夫吉父）＝兮甲

という関係が成立するものと判断してよいであろう。[13]

さらに、散伯車父＝散車父あるいは兮伯吉父＝兮吉父の対応関係は、排行をともなわない某某父という称謂もまた、某［排行］某父

の一つのヴァリエイションであったことを示している。その一覧を示そう。

称謂	青銅器名（字数：断代：出土地）
夆莫父	卣＊（6：前期・ⅡB）
才興父	鼎＊（6：中期）
中友父	匜＊（15：中期・ⅢA：陝西省扶風県）・簋＊（13：後期・ⅢA：陝西省扶風県）・盤＊（15：後期・ⅢA：陝西省扶風県）
琱我父	簋＊（25：後期・ⅢB：陝西省扶風県）
函皇父	鼎＊（17：後期・ⅢB：陝西省扶風県）・鼎＊（37：後期・ⅢB：陝西省扶風県）・簋＊（36：後期・ⅢB）・盤＊（39：後期・ⅢB：陝西省）・匜＊（14：後期）
餥車父	壺＊（9：後期・ⅢB：陝西省臨潼県）
紀華父	鼎＊（11：後期：山東省煙台市）
召楽父	匜＊（11：後期）
曼龔父	盨＊（23：後期）
嬰士父	鬲＊（18：後期：山東省肥城県）
溓俗父	鼎（14：後期）
虢碩父	簠＊（17：河南省三門峡市）
虢宮父	鬲＊（9：河南省三門峡市）・盤＊（9：河南省三門峡市）
費奴父	鼎＊（17：春秋前期・春秋Ⅰ：山東省鄒県）
斉趫父	鬲＊（16：春秋前期：山東省臨朐県）
卓林父	簋＊（22：春秋前期）
邾友父	鬲＊（16：春秋前期）
宋眉父	鬲＊（8：春秋前期）

銘文の文字数はほぼ一〇数字から二〇数字。圅皇父の関係器には三〇数字の長銘が含まれているが、それは、例えば圅皇父盤銘（後期・ⅢB）

圅皇父作琱娟盤盉障器鼎簋一具。自豕鼎降十又一、簋八・両罍・両壺。琱娟、其万年。子々孫々、永宝用。

圅皇父　琱娟の盤盉障器鼎簋一具を作る。豕鼎より降ること十又一、簋八・両罍・両壺なり。琱娟よ、それ万年ならんことを。子々孫々、永く宝用せよ。

のように、青銅彝器名の羅列によって文字数が増加しているにすぎず、実質は一〇数字～二〇数字の青銅器銘とかわるところがない。表にあげた各青銅彝器の断代も、西周後期を中心として西周中期から春秋前期の時期に集中しており、これら某某父の関係器もまた某［排行］某父と同じ時期的偏差を示していることが見てとれる。某某父という称謂の最初の文字は、散車父・兮吉父の例から考えて、氏族名に相当するはずである。近年、河南省三門峡市上村嶺の虢国墓地で発見された虢碩父簠銘（標本SG：六二）には、[14]

虢碩父作旅簠。其万年。子々孫々、永宝用享。

虢碩父　旅簠を作る。それ万年ならんことを。子々孫々、永く宝用して享せよ。

とあるが、その作器者虢碩父には別に、同じく虢国墓地で発見された国子碩父鬲銘（標本SG：四四・四五）

虢仲之嗣国子碩父作季嬴羞鬲。其万年。子々孫々、永宝用享。

虢仲の嗣　国子碩父　季嬴の羞鬲を作る。それ万年ならんことを。子々孫々、永く宝用して享せよ。

があり、そこでは碩父に「虢仲の嗣　国子」との称号が冠されている。虢碩父の虢が、散車父・兮吉父の散・兮と同様、その氏族名（国名）であることは疑いなく、[15] 同じく三門峡市上村嶺の虢国墓地から出土した虢宮父鬲（標本SG：四九）・盤（標本SG：六〇）についても同様のことがいえるはずである。他の事例については必ずしも確実なことがいえるわけではないが、やはりそこには紀・費・斉・郳・宋といった国名が見いだせるほか、夆莫父の「夆」は夆伯甗銘（前期・ⅠB）や山東省済陽県劉台子から出土した夆関係諸器（山東省文物考古研究所一九九六）とかかわり、琱我父の「琱」は函皇父盤銘などに見えている「琱娟」に関係するのだろう。また中友父諸器とともに扶風県斉家村窖蔵から一括出土した青銅彝器に友父簋（中期）があるが（陝西省博物館・陝西省文物管理委員会一九六三）、それによって、兮吉父＝吉父と同じく、中友父＝友父という称謂のヴァリエイションが存在していたことを示すことができる。

以上のように、某［排行］某父の称謂をめぐるヴァリエイションを確認したうえで、改めて兮甲盤銘に注目してみよう。兮甲盤銘に兮甲（甲）と兮伯吉父という二つの称謂が見えていたことは既に指摘したが、この二つの称謂は明らかに意識的に使い分けられている。兮甲（甲）という称謂は、

隹五年三月既死覇庚寅、王初各伐玁狁于䍿盧。兮甲従王。折首執訊、休亡敃。王賜兮甲馬四匹・駒車。王命甲。政𤔲成周四方積、至于南淮夷。淮夷旧我貟晦人。毋敢不出其貟・其積・其進人。

これ五年三月既死覇庚寅、王初めて玁狁を䍿盧に各伐す。兮甲　王に従う。折首執訊あり、休にして敃《や》むこと亡し。王　兮甲に馬四匹・駒車を賜う。王　甲に命ず。成周四方の積を政𤔲し、南淮夷に至れ。淮夷は旧《も》と我が貟晦の人なり。敢えてその貟・その積・その進人を出さざる毋かれ。

というように、玁狁征討あるいは「成周四方の積」の「政嗣」といった公的な活動・職事命令の場において使用されているが、これに対して兮伯吉父という称謂は、

兮伯吉父作盤。其眉寿万年無疆。子々孫々、永宝用。

兮伯吉父　盤を作る。それ眉寿万年無疆ならんことを。子々孫々、永く宝用せよ。

という、作器の事実ならびに作器への願望を記した部分に至ってはじめて登場していたのである。このように、一つの銘文において二つの称謂が意識的に使い分けられる事例は他にも存在している。その実例として弭伯簋銘（後期・ⅢB）を引こう。

図39　弭伯簋

隹八月初吉戊寅、王格于大室。栄伯内右師籍、即位中廷。王呼内史尹氏、冊命師籍。賜汝…、用事。弭伯用作隫簋。其万年。子々孫々、永宝用。

これ八月初吉戊寅、王　大室に格る。栄伯内りて師籍を右け、位に中廷に即く。王　内史尹氏を呼び、師籍に冊命せしむ。汝に…を賜う、

用て事えよ、と。弭伯用て障簋を作る。それ万年ならんことを。子々孫々、永く宝用せよ。

冊命儀礼にかかわる部分では師籍、作器の事実ならびに作器への願望を記す部分では弭伯というように、二つの称謂が意識的に使い分けられているのが見てとれるだろう。[16] 兮甲（甲）・師籍といった称謂が冊命儀礼などの公的な場で使用されたものであったのに対し、兮伯吉父・弭伯という排行をともなう称謂は作器の事実ならびに作器への願望と強く結びつくものであった。兮甲盤銘の「王　甲に命ず」とは、公的な儀礼の場における周王の呼びかけに由来した表現であり、その意味において、甲とは公的な場で用いられる彼の「名」であったといえる。[17] そうであるならば、その「名」とは意識的に使い分けられ、かつ「其万年。子々孫々、永宝用」といった作器への願望と結びつく兮伯吉父・弭伯といった称謂は、その青銅彝器が実際に使用される一族の祭祀の場を念頭においた称謂であったと考えることができるはずである。

いうまでもなく、青銅彝器とはそれによって祖先を祭り、また自らの死後は子孫によって末永く一族の祭祀に供されるために作られたものである（林巳奈夫一九九六）。某［排行］某父あるいはそのヴァリエイション、さらには排行をともなった称謂が、青銅彝器に託された願望の部分において特徴的に使用されることは、祭祀の継続によって維持される一族のつながり・ひろがりのなかにおいて、これらの称謂が意識され使用されていたことを示しているといえるだろう。いま、兮甲盤銘・弭伯簋銘から公的な活動にかかわる記述を削除し、作器の事実とそれに対する願望のみを取り出すならば、それぞれ

兮伯吉父作盤。其眉寿万年無疆。子々孫々、永宝用。

弭伯（用）作隮簋。其万年。子々孫々、永宝用。

という、二〇字・十五字の銘文を得ることができる。この銘文こそ、第一節の表にあげた［排行］某父（某［排行］某父）、あるいは第二節で言及した某［排行］某父のヴァリエイションにかかわる大半の青銅器銘と基本的に一致するのである。そしてそのことは、某［排行］某父およびそのヴァリエイションが、その称謂が記された青銅彝器が使用される一族の祭祀の場を念頭においたものであったことを何よりも雄弁に物語っている。

第三節　氏族制と官制

［排行］某父という称謂は、それが記された青銅彝器が使用される一族の祭祀の場を念頭においたものであった。そして、この称謂に伯・仲・叔・季あるいは孟といった排行が含まれるのは、その排行によって示される系譜上での位置づけが一族の内部において強く意識され、意味をもっていたことを示している。しかしながら、排行による系譜上での位置づけを記し、かつ作器の理由を欠いた青銅器銘は、［排行］某父による自作器にのみ限定されるものではなかった。例えば、

伯作彝鼎銘　：伯作彝。（前期）

仲作旅彝甗銘：仲作旅彝。（前期）

鄂叔簋銘　　：鄂叔作宝隮彝。（前期・ⅠB）

といった、「[排行] 作□」あるいは「某 [排行] 作□」という形式をもつ青銅器銘もまた、その作器理由を欠き、ただ単に作器の事実に言及するだけである。

右の三銘で示したような五字程度からなる「[排行] 作□」形式の青銅器銘は、西周の全時代を通して存在していたが、特に西周前期から中期にかけての時期に集中するという傾向も指摘することができる。さらに西周中期頃になると、伯作蔡姫宗彝尊銘（中期・ⅡA）

伯作蔡姫宗彝。其万年。世孫子、永宝。

伯　蔡姫の宗彝を作る。それ万年ならんことを。世孫子、永く宝とせよ。

のように、「其万年。世孫子、永宝」といった作器への願望にかかわる表現が付加され、作器の目的がより明確化されるようになる。(18) 現時点で確認できる「[排行] 作□」形式の青銅器銘を、一応『集成』等の断代案に従って、排行別・書式別に整理しておこう。

[排行] 作□（某 [排行] 作□）

時代	排行	青銅器名（字数：『研究』断代）	小計	計
		伯作爵＊（2）・伯作鬲（2）・伯作鼎＊（3）・伯作彝鬲＊（3）・伯作彝鼎＊（3）・伯作彝甗＊（3：ⅠB）・伯作彝簋＊（3：ⅡA）・伯作彝卣（3）・伯作彝尊（3）・伯作彝觶＊（3：ⅠA）・伯作宝鼎＊（3）・伯作䵼鼎（3）・伯作障彝卣＊（4：ⅡB）・伯作宝鼎＊（4）・伯作宝簋＊（4）・伯作宝壷＊（4：ⅡB）・伯作宝彝鼎＊（4）・伯作宝彝甗＊（4）・伯作宝彝簋＊（4）・伯作宝彝		

前期					
伯	仲	叔	季	孟	
卣＊（4）・伯作宝彝尊＊（4：ⅡA）・伯作宝彝器（4）・伯作旅簋＊（4：ⅡB・Ⅱ）・伯作旅甗＊（4）・伯作旅彝尊＊（4）・伯作旅彝器（4）・伯作父癸爵（4）・伯作宝隮彝簋＊（5：ⅡA・ⅡB）・伯作宝隮彝卣（5）・伯作南宮簋＊（5：ⅠB）・伯作宝用隮簋＊（6：ⅡA）・伯作乙公簋＊（6：ⅡA）・伯罍＊（6）・伯作文公卣（8）・伯作其祖考觶＊（9：Ⅱ） 毛伯戈＊（3）・豊伯戈＊（4）・邶伯鬲（4）・邶伯鼎（4）・過伯爵（4）・𢐗伯鬲＊（4）・𢐗伯甗＊（6）・𢐗伯甗＊（7：Ⅱ）・𢐗伯簋＊（6）・𢐗伯簋＊（7：ⅡA）・𢐗伯簋＊（7：ⅡA）・𢐗伯盉＊（6）・𢐗伯盤＊（6：Ⅱ）・或伯鼎（4）・矢伯鬲＊（5）・矢伯旅甗＊（5）・王伯鼎（5）・闕伯作宝鼎（5）・闕伯作旅鼎＊（5）・董伯鼎＊（6）・董伯器（7）・陖伯鼎＊（6：ⅠB）・陖伯簋＊（6：ⅠB）・陖伯卣＊（6：ⅠB）・陖伯尊＊（6）・陖伯盉＊（6：ⅠA）・麦伯觶＊（5）・緒伯器（5）・□伯簋＊（5）・丸伯簋＊（5：ⅡA）・□伯壺＊（5）・亶伯簋＊（6：ⅡA）・荒伯簋＊（6：ⅡA）・綸伯卣（6）・兪伯卣＊（6：ⅡB）・兪伯尊＊（6：ⅠB）・兪伯器（6）・汪伯卣（6）・濕伯卣＊（6：ⅠB）・濕伯尊＊（6：ⅠB）・〆伯卣＊（6：ⅠB）・散伯卣＊（7）・禾伯尊（7）・康伯壺＊（5）・雍伯鼎＊（15）	仲作彝尊（3）・仲作齋鼎（3）・仲作宝彝鬲（4）・仲作旅鼎（4）・仲作旅罐＊（4）・仲作旅彝甗＊（4） 尌仲盤＊（4）・楠仲鼎（5）・微仲鬲＊（5）・朊仲鬲＊（5）・鄧仲尊＊（6）・眣仲簋＊（6）・義仲鼎＊（9：Ⅱ）・遽仲觶＊（8）	叔作觶（2）・叔作宝壺＊（3：ⅡA）・叔作彝鬲＊（3）・叔作宝彝卣（4）・叔作宝彝器（4）・叔作隮鼎＊（4）・叔作旅彝卣（4）・叔作𡛹隮簋＊（4）・叔作宝隮彝鼎＊（5）・叔作宝隮彝卣＊（5）・叔作宝隮彝器（5）・叔作母甗＊（5）・叔作単公鼎＊（7）・叔作父丁簋（7） □叔鼎＊（3）・井叔方彝＊（5）・井叔杯＊（5）・束叔甗＊（6）・束叔卣＊（7：ⅠB）・応叔鼎（6）・鄂叔簋＊（6：ⅠB）・戒叔尊＊（6）・外叔鼎＊（6：ⅡB）	季作宝彝鼎＊（4） □季鬲（3）・王季鼎＊（5）・嬴季簋（6）・嬴季尊＊（6）・□季鼎＊（8）	卜孟簋＊（6：ⅠB）	伯作鼎＊（3：ⅡB）・伯作簋＊（3）・伯作旅鼎＊（4：ⅡA）・伯作旅彝鼎（4）・伯作姫觶＊
80	14	23	6	1	
124					

中期	伯	（5）・伯簋＊（7） 庸伯鼎＊（4）・井伯甗＊（5：Ⅱ）・微伯鬲＊（5：Ⅲ）・□伯鼎（5）・榮伯簋（5）・夷伯簋（5）・□伯簋＊（5）・事伯尊（5）・虢伯甗（6）・𢐗伯鼎＊（7）・𢐗伯鼎＊（7：ⅡA）・𢐗伯羊尊＊（8：Ⅱ）	18	42
	仲	仲作公爵（3）・仲作旅甗＊（4）・仲作宝簋＊（4）・仲作旅宝鼎（5） 構仲簋＊（4）・虢仲鬲＊（6）・𣡕仲簋＊（6）・敔仲簋＊（6）・治仲尊＊（7：ⅡB）・舌仲觶＊（8）	10	
	叔	叔作旅鼎＊（4：ⅡB） 虢叔簋（3）・虢叔盂＊（5）・井叔鼎＊（3）・芮叔鼎（4）・夨叔簋＊（5）・陵叔鼎（6）・尹叔鼎（7）	8	
	季	季作宝盤＊（3）・季作旅彝觶（4） 嬴季卣＊（6：ⅡA）・𢐗季卣＊（6）・𢐗季尊＊（6）	5	
	孟	孟作旅爵＊（3：Ⅱ）	1	
後期	伯	[目巠]伯盨＊（6）・□伯盨＊（6）・散伯匜（7）・寺伯鬲＊（8）	4	20
	仲	虢仲鬲＊（6）・城虢仲簋＊（6）・宗仲盤＊（6：Ⅲ）・宗仲匜＊（6）・唐仲鼎＊（5）・娭仲簋（7）	6	
	叔	叔作旅匜（4） 虢叔鬲（5）・虢叔簠＊（8）・虢叔尊（8）・□叔匜＊（5：春秋Ⅰ）・趞叔鼎＊（6）・弭叔鬲＊（7：Ⅲ）・降叔甫（7）	8	
	季	良季鼎（5） 虢季鐘＊（4）	2	
	孟		0	
春秋	伯	□伯簠（6）・鄭鄧伯鬲＊（8：Ⅲ）	2	5
	仲		0	
	叔	叔作蘇子鼎＊（4：春秋Ⅰ） 虢叔鬲（8）・尹小叔鼎＊（6：春秋Ⅰ）	3	

排行	小計
季	0
孟	0

〔排行〕作□（某〔排行〕作□）＋作器への願望

時代	排行	青銅器名（字数：『研究』断代）	小計	計
前期	伯	伯卣＊（12）・伯簋＊（15）・伯盉＊（15：Ⅱ）	3	4
	仲	仲簋＊（10：ⅡB）	1	
	叔		0	
	季		0	
	孟		0	
中期	伯	伯簋（10）・伯簋＊（10）・伯尊＊（14：ⅡA）康伯簋＊（10）・弭伯匜（13）・右伯鼎＊（15）・□伯鬲（16）・夆伯鬲＊（17）・呂伯簋（19）・中伯壺＊（19：Ⅱ）・格伯簋＊（20：ⅢA）・井南伯簋＊（30）	12	16
	仲	仲卣（9）倗仲鼎（12）・紀仲壺＊（14）	3	
	叔	縈叔卣＊（16）	1	
	季		0	
	孟		0	
後期	伯	中伯盨＊（8：ⅢA）・中伯簋（19）・鄭姜伯匜＊（9）・葬伯簋＊（10）・散伯簋＊（12：ⅢA）・尋伯匜＊（12）・戲伯鬲＊（14：Ⅲ）・鄭姜伯鼎＊（14）・鄭義伯盨＊（14：ⅢB）・望伯鬲＊（14）・湋伯簋＊（15）・郳伯鬲＊（15：春秋Ⅰ）・杜伯鬲＊（17）・杜伯盨＊（30：ⅢB）・虢伯鬲（18）・善夫旅伯鼎＊（21）	16	61
	仲	圅交仲簠＊（8）・召仲鬲（15）・兮仲簋＊（10：ⅢB）・兮仲簋＊（15）・兮仲鐘＊（29：Ⅲ）・黄仲匜（10）・曾仲盤（13）・旅仲簋＊（17）・鄭虢仲簋＊（23：ⅢB）・尌仲簋（32）・弭仲簠（51）・虢仲簠＊（17）	12	
		鄭井叔鐘＊（10：春秋Ⅰ）・鄭井叔甗（10）・虢叔簠＊（10）・弭叔盨＊（11：ⅢB）・弭叔盨＊（23）・		

時期	排行	青銅器銘	件数	計
	叔	京叔盨（11）・京叔盤＊（12）・□叔盨＊（12）・昜叔盨＊（14）・鄭鄧叔盨（14）・害叔簋＊（15）・𢦚叔簠＊（16）・𢦚叔𢦚姫簋＊（25）・𢦚叔鼎＊（47：ⅢA）・矩叔壺＊（17）・𩍙馬南叔匜＊（17：ⅢB）・豊井叔簋＊（18）・𣪕叔盨＊（18）	18	
	季	虢季作宝簋＊（7）・虢季作宝簋＊（8）・虢季作旅簋＊（8）・虢季盨＊（8）・虢季簠＊（8）・虢季方壺＊（8）・虢季盤＊（8）・虢季鐘＊（8）・虢季豆＊（10）・虢季鬲＊（16）・虢季鼎＊（18）・虢季鐘＊（51）・寺季鬲＊（16）・□季鼎＊（18：春秋Ⅰ）	14	
	孟	鄧孟壺＊（14）	1	
春秋	伯	鄭伯盤＊（12：春秋Ⅰ）・鄭羌伯鬲＊（12）・梁伯戈＊（14）・鄭義伯𨱔＊（29）	4	16
	仲	□仲簠＊（12）・𡩜仲甗（14）・虢仲鬲＊（16）	3	
	叔	子叔壺＊（9：春秋Ⅰ）・铸叔簠＊（15）・铸叔鼎（16）・商丘叔簠＊（17：Ⅲ）・慶叔匜（34）・夆叔盤＊（36）・夆叔匜＊（36：春秋ⅡB）	7	
	季	専車季鼎＊（14）・黄季鼎＊（16：春秋Ⅰ）	2	
	孟		0	

排行のみの称謂では個人を識別できない。従って、ここでは便宜上、同一銘文・同一器種を一件として処理した。

史料総数二八八件、伯（某伯）一三九件、仲（某仲）四九件、叔（某叔）六八件、季（某季）二九件、孟（某孟）三件という、［排行］某父にかかわる青銅器銘に匹敵する史料群である。ここでもやはり、伯の排行を帯びる者が他の排行の者を圧倒することが見てとれる。作器理由を欠いた、一族の祭祀の場を念頭においた青銅器銘であること、排行によって示される系譜上での位置づけが意識され、かつ伯の排行が他を圧倒すること、このような共通点を踏まえるならば、［排行］某父による自作器銘と「［排行］作□」形式の青銅器銘とが同じ意識・社会的背景を共有していたことは明らかである。一族の祭祀に供されることをなによりも意識した青銅器銘の形式として、まず西周前期に「［排行］作□」という形式が成立し、西周中期から後期に至って作器への願望にかかわる表現の出現とともに、［排行］某父による自作器が盛行するようになる。両者の時期的な推移はこのように推定できるだろう。では何故に、この時期に［排行］某父という称謂が出現・盛行するのだろうか。

［排行］某父の自作器が盛行する西周中期から後期にかけての時期とは、第Ⅱ部第二章でみたように、「□嗣」の表現によって具体的な職掌を指示する冊命儀礼が確立し、その記録が急増する時期でもあった。冊命儀礼とは、王朝の直面する課題を受命者に具体的に指示するものであったが、その具体的な職掌を担う人的スタッフは、当時の支配階層を形成していた諸氏族の構成員から供給されてくるはずである。本章でたびたび引いている兮甲盤銘は、第Ⅱ部第二章の「『□嗣』の表現をともなう周王の職事命令」表（一三二～六頁）にも見えており、その作器者は兮甲（甲）という「名」でもって周王から命ぜられた職掌を担当し、兮伯吉父という称謂でもって一族の祭祀に供される青銅彝器を鋳造していたのである。［排行］某父という称謂は、確かに排行による系譜上での位置づけを意識したものではあったが、同時に兮伯吉父が兮吉父あるいは吉父とも称し、その排行が脱落する称謂のヴァリエイションも存在しえたことは、作器者の一族内部における個性がより重視されつつあったことを示していると考えられる。一族の祭祀に供される青銅彝器の作器者名が、西周中期頃に至って単なる［排行］から［排行］某父へと比重を移していくのは、作器者の匿名性が薄れ、その個性がより重視される時代が到来しつつあったことを物語っているといえるだろう。

先に第一節の表から、伯の排行を帯びる者が他の仲・叔・季・孟といった排行を帯びる者に比べて倍近く存在することを指摘したが、この事実は、伯の排行を帯びる者が一族の嫡長子として誰よりも多くの作器チャンスに恵まれていたことを示している。冊命儀礼の場において、しばしば「更乃祖考（乃《なんじ》が祖考を更ぎ）」といった表現が用いられたように、当時の社会は職掌の世襲的継承を一つの特徴としており[19]、その意味において、嫡長子が冊命儀礼に与るチャンスは当然多かったはずである。しかしながらそれと同時に、伯某父（某伯某父）には及ばないものの、仲以下の排

図40　弭叔簋

行を帯びる者にもまた作器のチャンスがあったという事実も正当に評価されるべきである。第二節で引いた弭伯簋と同じく、陝西省藍田県で発見された弭叔簋銘（後期・ⅢA）に、

隹五月初吉甲戌、王在葊。格于大室、即位中廷。井叔内右師宋。王呼尹氏、冊命師宋。賜汝赤舄・攸勒、用楚弭伯。師宋拜稽首、敢対揚天子休、用作朕文祖宝簋。弭叔、其万年。子々孫々、永宝用。

これ五月初吉甲戌、王　葊に在り。大室に格り、位に中廷に即く。井叔内りて師宋を右く。王　尹氏を呼び、師宋に冊命せしむ。汝に赤舄・攸勒を賜う、用て弭伯を楚《たす》けよ、と。師宋拜稽首し、敢えて天子の休を対揚し、用て朕が文祖の宝簋を作る。弭叔よ、其れ万年ならんことを。子々孫々、永く宝用せよ。

とある。作器への願望の部分で「弭叔」と記される作器者は、前段の冊命儀礼にかかわる部分では「師宋」と呼ばれ、かつ「弭伯を楚けよ」との王命を受けている。ここに見える師宋と弭叔との使い分けは、兮甲盤銘あるいは弭伯簋銘のそれと同様であり、「宋」とは冊命儀礼の場で使用される弭叔の「名」であったはずである。弭叔は弭伯の弟ないしは分家であったと推定されるが、冊命儀礼の場で命ぜられた「弭伯を楚けよ」との任務は公的な性格をもつものであり、[20] 弭一族における弭伯—弭叔といった氏族制的序列の確認にとどまるものではない（伊藤道治一九八七　三三〇～一頁）。弭叔（師宋）は、自らの「名」をもって命ぜられた職事、ならびにそれにともなう賜物を記念し、末永く一族の祭祀に供される青銅彝器を鋳造したのであった。このことは、仲・叔・季さらには孟の排行を帯びる者が、周王からの職事命令といった機会を通じて社会的な基盤を獲得し、自らの個性を主張しつつ、一族の祭祀にかかわる青銅彝器を鋳造しえたことを示していると考えられる。

［排行］某父とは、一族内部の系譜的位置づけを念頭においた称謂ではあったが、同時に氏族の壁をこえた公的な場で職事を担当し、自らの個性を主張しうる者の称謂でもあった。[21] そしてそのことは、［排行］某父という称謂が氏族の内部のみならず、より公的な場においても使用されえた可能性を示唆するであろう。第一節に示した表を見てみれば、一〇数字から二〇数字の青銅器銘にまじって、ときとして五〇字・六〇字、さらには一〇〇字以上にも及ぶ長文の青銅器銘が存在していることに気付くはずである。例えば伯懋父の場合、墨書「伯懋父」の三字銘を除けば、他はすべて小臣謎・召・小臣宅・呂行・師旂といった第三者による長文の青銅器銘にその称謂が見えている。それらの銘文の一部を示そう。

小臣謎簋銘（前期・ⅡA）：六四字

　叡、東夷大反。伯懋父以殷八𠂤、征東夷。

　　ここに東夷大いに反す。伯懋父　殷八𠂤を以《ひき》い、東夷を征す。

召卣（尊）銘（前期・ⅡA）：四六字

唯九月、在炎𠂤。甲午、伯懋父賜召白馬敏黄髪微。

これ九月、炎𠂤に在り。甲午、伯懋父　召に白馬の敏《ゆび》黄にして髪微《くろ》きを賜う。

呂行壷銘（前期）：二一字

唯三月、伯懋父北征、唯還。

これ三月、伯懋父北征し、これ還る。

師旂鼎銘（中期・ⅡB）：七九字

唯三月丁卯、師旂衆僕、不従王征于方。雷使厥友弘、以告于伯懋父。

これ三月丁卯、師旂の衆僕、王の于方を征するに従わず。雷　その友弘をして、以《とも》に伯懋父に告げしむ。

これらの事例では、東夷の征討・北征などといった公的な活動の場において伯懋父という称謂が用いられている。小臣謎・召・小臣宅・呂行・師旂がすべて伯懋父の一族ないしは属僚であり、ことさら伯懋父という称謂が用いられた可能性がないわけではないが、例えば五祀衛鼎銘（中期・ⅡB）

衛以邦君厲告于井伯・伯邑父・定伯・㻏伯・伯俗父。曰、…。

衛　邦君厲と以《とも》に井伯・伯邑父・定伯・㻏伯・伯俗父に告ぐ。曰く、…。

において、作器者裘衛が当時の執政団を構成していた伯邑父・伯俗父両人の一族ないしは属僚であったと考えることは困難である。［排行］某父という称謂が公的な場においても使用されていたと考えるほかないだろう。さらに伯龢

父は、師獣簋銘（後期）に、

隹王元年正月初吉丁亥。伯龢父若曰、師獣、乃祖考有爵于我家。汝有雖小子、余命汝死我家、兼嗣我西隔東隔僕・馭・百工・牧・臣・妾。

これ王の元年正月初吉丁亥。伯龢父若く曰く、師獣よ、乃《なんじ》が祖考は我が家に爵有り。汝また小子と雖も、余汝に命じて我が家を死《おさ》めしめ、我が西隔東隔の僕・馭・百工・牧・臣・妾を兼嗣せしむ。

とあるように、本来は周王にのみ用いられる「若曰」という表現をともなって青銅器銘に登場しており、当時の最有力者であったことをうかがわせる。

以上の伯懋父・伯邑父・伯俗父・伯龢父といった事例は、第三者の作器にかかる長文の青銅器銘に登場する［排行］某父と呼ばれる人物が、王朝の権力中枢に位置しえたことを示している。(22) 一族の系譜上での位置づけを念頭におき、一族の祭祀の場において使用された［排行］某父という称謂は、同時にまた王朝の権力中枢において、第三者によって用いられる称謂としても機能していたのである。そして、このような公的な場に登場した［排行］某父と呼ばれる人物が、王朝の官職ないしは身分を帯びた場合、その称謂はさらに［官名・身分］某父と変化することとなる。(23) 第二節で兮伯吉父にかかわる青銅器銘を検討し、

兮伯吉父＝伯吉父＝兮吉父＝吉父（善夫吉父）＝兮甲

という称謂のヴァリエイションを示しておいたが、兮伯吉父が善夫という官名を冠して善夫吉父とも称しえたことはその一例となるだろう。(24) また、陝西省扶風県任家村から兮吉父簋・善夫吉父鬲などとともに出土したと伝えられる梁其関係の青銅器群についてみれば、そこに、

伯梁其　：伯梁其盨（後期・ⅢB）
梁其　　：梁其鼎（後期・ⅢB）・梁其壷（中期・ⅢB）・梁其鐘（後期・Ⅲ）
善夫梁其：善夫梁其簋（後期）

といった称謂のヴァリエイションを認めることができ、やはり排行が脱落し、かわりに善夫といった官名が冠されえたことが確認できる。伯雍父－師雍父(25)・伯俗父－師俗父(26)・伯龢父－師龢父(27)・伯駟父－魯宰駟父(28)の対応関係も、やはり同様の事例と考えることができるだろう。(29)

［排行］某父という称謂は、一族の系譜上での位置づけを示しつつ、同時に自らの個性を主張する称謂であった。その称謂が公的な場でも使用され、かつ排行にかわって官名・身分などが冠される場合もありえたという事実は、この社会が未だ氏族制的原理から完全には脱却していなかったことを示すとともに、その氏族制的原理を王朝の官制ないしは身分制と結合させることによって、王朝の権力構造が構築され維持されていたことを示しているものと評価したい。

おわりに

兮伯吉父といった某［排行］某父の称謂が盛行する西周中期から後期にかけての時期は、同時に「□𤔲」といった表現によって具体的な職掌を指示する冊命儀礼が確立した時期でもあった。本章では、そのことを一つの手掛かりとして、［排行］某父という称謂の含意するところを探ったわけだが、最後に改めて、第Ⅱ部第二章「西周の官制」に示した「『□𤔲』の表現をともなう周王の職事命令」表（一三二～六頁）と［排行］某父との関係を検討することとしたい。

第Ⅱ部第二章の表は、「𤔲」にかかわる語彙ならびに職掌対象によって青銅器銘を分類・整理したものであった。従って、例えば虎簋銘

王呼内史曰、冊命虎。曰、在乃祖考、事先王、𤔲虎臣。今命汝曰、更乃祖考、疋師戲、𤔲走馬馭人眔五邑走馬馭人。

王 内史を呼びて曰く、虎に冊命せよ、と。曰く、乃《なんじ》が祖考に在りては、先王に事え、虎臣を𤔲れり。今、汝に命じて曰く、乃が祖考を更ぎ、師戲を疋け、走馬馭人と五邑走馬馭人とを𤔲れ、と。

が、表上では「𤔲虎臣」「𤔲走馬馭人眔五邑走馬馭人」の二つの事例として処理されたように、同一の青銅器銘が重複して著録されている場合がある。いま、このような青銅器銘の重複を排除すれば、第Ⅱ部第二章の表に含まれる青

銅器銘は五三件となるが、それら青銅器銘について作器に言及する部分を見てみると、例えば右に引いた虎簋銘

虎用作文考日庚隟簋。子孫、其永宝用、夙夜享于宗。

虎用て文考日庚の隟簋を作る。子孫、それ永く宝用し、夙夜に宗に享せよ。

のように、そこでも依然として作器者の「名」が使用されているという事実に気付く。全五三件の青銅器銘についてみれば、排行をともなう称謂が見いだされるのは、兮甲盤銘の兮伯吉父を除けば、僅かに庚季鼎銘「庚季拜稽首、対揚王休、用作宝鼎。其万年。子々孫々、永用（庚季拜稽首し、王の休を対揚し、用て宝鼎を作る。それ万年ならんことを。子々孫々、永く用いよ）」（中期）の「庚季」一例だけである[30]。

この事実は、冊命儀礼を記録した青銅器銘においては、その儀礼の場で用いられた作器者個人の「名」が最後まで強く意識されていたことを示している[31]。そしてそれとは対照的に、そのような公的な場からは一応切り離され、専ら一族の祭祀を念頭において製作された青銅器銘では、［排行］から［排行］某父へといった変化をともないながらも、最後まで一族内部における位置づけを意識する称謂が使用され続けるのである。兮甲盤銘・弭伯簋銘・弭叔簋銘で観察された「名」と排行をともなう称謂の使い分け（ないしは併存）は、この両者の折衷的用法の場において発生していることになる。

周王と受命者との間に発生する個人の「名」を媒介とした職事命令（「行政」）の秩序と、排行をともなう称謂によって表現される氏族制の秩序。長銘・短銘という二つのグループに分かたれることによって明示されるこの二つの秩序こそ、西周王朝を支えていた秩序であったといえるだろう[32]。

（1）排行のなかの「伯」については、いわゆる五等爵「公・侯・伯・子・男」の「伯」との関係が問題となるが、吉本道雅一九九四が指摘するように、西周期には未だ五等爵は成立していない。なお、時代は降るが、湖北省京山から発見された曾侯仲子斿父鼎銘「曾侯仲子斿父自作䵼彝（曾侯の仲子斿父自ら䵼彝を作る）」（春秋前期・春秋Ⅰ）、曾仲斿父壺銘「曾仲斿父用吉金自作宝障壺（曾仲斿父　吉金を用いて自ら宝障壺を作る）」（春秋前期・春秋Ⅰ）、曾仲斿父豆銘「曾仲斿父作宝甫（曾仲斿父　宝甫を作る）」（春秋前期・春秋Ⅰ）から、「仲斿父」の「仲」が「仲子」を意味していたことが知られる。伯・仲・叔・季といった排行は、兄弟間の排行を本義とするものと判断すべきである。

（2）毛公鼎銘（後期・ⅢB）に「王曰、父厝」とあるように、青銅器銘において「父」は男子の美称として使用されている。なお、『説文解字』三篇下には「甫、男子之美称也。从用父、父亦声」とある。

（3）『春秋左氏伝』隠公元年「恵公元妃孟子」の疏に「適妻之子、長者称伯。妾子長於妻子、則称為孟」とあり、庶子長兄を意味するものと考えられる。

（4）そのなかにあって、「伯某父（某伯某父）」表の二番目に著録した伯㫚父卣銘は特殊である。「伯㫚父曰、休父賜余馬、対揚父休、用作宝障彝（伯㫚父曰く、父の余に馬を賜うを休《よろこび》とし、父の休を対揚し、用て宝障彝を作る）」という銘文は、自述形式であり、なおかつ作器の原因に言及しようとしている。このような形式の銘文は全表でこれ一例のみであり、全体の判断に影響を与えることはないと考えるが、ここに注記しておく。

（5）同一銘文・同一器種を考慮せず、すべての青銅器銘を数えた場合、『集成』の総著録数は一一九八三件となる。その後の増加分を加えると、現時点での総数は約一三〇〇〇件弱となるだろう。

（6）殷末と西周初期の青銅器銘の弁別など、青銅器銘の断代は必ずしも容易なものではなく、そこには当然一定の誤差が含まれている。従って、以下に示す数値は厳密なものではなく、あくまでも一応の目安にすぎないことを諒解されたい。

（7）「冊命」の表現を含む、最も厳密な意味での冊命金文は四二件。それに類したものを含めて、武者章一九七九では九一件、陳漢平一九八六では八〇件の青銅器銘が取り上げられている。

（8）『集成』は散車父簋銘を六件著録する。著録番号三八八六の散車父簋は、一九八一年に扶風県博物館が徴収したものである。

（9）ちなみに、『嘯堂集古録』著録の散季簋銘「隹王四年八月初吉丁亥、散季肇作朕王母叔姜宝簋。散季、其万年。子々孫々、永宝。（これ王の四年八月初吉丁亥、散季肇《はじ》めて朕が王母叔姜の宝簋を作る。散季よ、それ万年ならんことを。子々孫々、永く宝とせよ）」（後期）の「四年八月初吉丁亥」という日付は、散伯車父鼎銘のそれと一致する。

（10）第一節表の「伯車父」欄には、散車父壺銘のほかに伯車父盨銘（後期・ⅢA）をあげてあるが、両銘の「車」字は字形が異なるので、あるいは別人であるかもしれない。

（11）散氏車父という称謂は、散車父の氏族名「散」がより強調されたものと考えられるだろう。

（12）師旂鼎銘「唯三月丁卯、師旂衆僕、不従王征于方。雷使厥友弘、以告于伯懋父。…懋父命曰、…（これ三月丁卯、師旂の衆僕、王の于方を征するに従わず。雷　その友弘をして、以《とも》に伯懋父に告げしむ。…懋父命じて曰く、…）」（中期・ⅡB）においても、伯懋父と懋父という二つの称謂が併記されている。

（13）陳夢家一九六二のA六九九に「吉父即兮甲盤之兮白吉父和西清二七・二五兮吉父簋之兮吉父、亦即兮甲」との指摘がある。

（14）河南省文物考古研究所・三門峡市文物工作隊一九九九によれば、一九八九年に発生した盗掘事件によって持ち出された遺物である。

（15）ちなみに、虢碩父については、これを第Ⅲ部第二章で言及する幽王期の卿士虢石父（甫）に当てる考え方がある。

（16）吉本道雅一九九一bに、この点についての指摘がある。

（17）例えば、豆閉簋銘「王呼内史、冊命豆閉。王曰、閉、賜汝…（王　内史を呼び、豆閉に冊命せしむ。王曰く、閉よ、汝に…を賜う）」（中期・ⅡB）のように、冊命儀礼の場などでは、周王は受命者の「名」を呼びかけるのが一般的であった。

（18）林巳奈夫一九八三によれば、このような作器への願望にかかわる表現は西周Ⅱ期以降に増加する。

（19）西周期における職掌の世襲的継承に言及する研究は多い。中国ではこれを「世官制度」と表現するが、これについては杜正勝一九七九第四章「貴族世官与采邑世禄」、許倬雲一九八四第七章「西周政府組織」、汪中文一九九三「試論西周官制之特質」（汪中文一九九九第三章第三節「世官制度」）などを参照のこと。

（20）例えば、申簋銘「王命尹、冊命申。更乃祖考、疋大祝、官嗣豊人眔九戯祝（王　尹に命じ、申に冊命せしむ。乃が祖考を更ぎ、大祝を疋け、豊人と九戯祝とを官嗣せよ）」（中期）といった例が示すように、「疋（楚）□」の表現は職事任命にかかわるものであった。

（21）叔向父禹簋銘「叔向父禹曰、余小子、嗣朕皇考、肇帥型先文祖、恭明徳、秉威義、用䌛圝奠保我邦・我家、作朕皇祖幽大叔障簋（叔向父禹曰く、余小子、朕《わ》が皇考を嗣ぎ、肇めて先文祖に帥型し、明徳を恭み、威儀を秉り、用て䌛圝して我が邦・我が家を奠保し、朕が皇祖幽大叔の障簋を作る）」（後期・ⅢB）の作器者名「叔向父禹」は、「叔向父」という［排行］某父形式の称謂に「禹」が付加されたものである。この叔向父禹は禹鼎銘「禹曰、丕顕桓々皇祖穆公、克夾召先王、奠四方（禹曰く、丕顕にして桓々たる皇祖穆公、克く先王を夾召し、四方を奠めたまえり）」（後期・ⅢB）の作器者禹と同一人物であり、「禹」は彼の「名」であると考えられる。従って、叔向父禹という称謂は、自らの「名」をより前面に押し出した折衷的称謂と考えられるだろう。また陝西省扶風県荘白村から出土した微氏家族青銅器群においては、微伯痶・微痶・痶といった称謂のヴァリエイションが認められるが、この「微伯痶」という称謂もまた、折衷的な称謂と判断できるだろう。

（22）吉本道雅一九九一bは、冊命儀礼の「右者」には伯・仲・叔・季を帯びるものが存在するが、受命者においては基本的にその存在を確認できないこと、従って、「右者」と受命者とのあいだに身分的差違を想定できることを指摘している。

（23）楊寛一九六五cには「当時貴族男子的『字』、全称有三個字、第一字是長幼行輩的称呼如伯・仲・叔・季之類。第二字是和『名』相聯的『字』、末一字是『父』字。如果連同官名或氏来称呼、就有四個字、例如『兮（氏）甲（名）』或称為『兮（氏）伯吉父（字）』、也称為『尹（官名）吉甫』（『甫』是『父』的仮借字）」（楊寛一九九九　四一三頁）との指摘がある。ただし、本章にいう［排行］某父（某［排行］某父）の某を直ちに「字」と考えてよいかは、なお検討を要する課題である。

（24）前注に引いた楊寛一九六五cにも指摘されているように、兮甲盤の作器者兮伯吉父は、『詩経』大雅・蕩之什・烝民などの作者と伝えられる尹吉甫と同一人物である可能性が高い。たしかに『詩経』小雅・南有嘉魚之什・六月に「薄伐玁狁、至于太原、文武吉甫、万邦為憲」、『今本竹書紀年』に「（宣王）五年夏六月、尹吉甫帥師伐玁狁、至于太原」とあるように、玁狁征討に携わった尹吉甫の事績は兮甲盤銘の記述とよく重なる。また、善夫と尹はともに王命の出納といった共通した職掌を担っている。このことについては、『通釈』一九一兮甲盤、『銘文選』(三)四三七兮甲盤などにも指摘がある。

(25) 師雍父の称謂は、禹甗銘(中期・Ⅱ)・禹鼎銘(中期・ⅡB)・臤尊銘(中期)・稽卣銘(中期)に見えている。

(26) 師俗父の称謂は、永盂銘(中期・Ⅱ)に見えている。

(27) 師龢父の称謂は、元年師兌簋銘(後期・ⅢB)・三年師兌簋銘(後期・ⅢB)・師嫠簋銘(後期・ⅢB)に見えている。

(28) 伯駟父・魯宰駟父の称謂は、ともに山東省鄒県七家峪村から出土した伯駟父盤銘(後期)・魯宰駟父鬲(春秋前期)に見えている。王軒一九六五を参照のこと。

(29) 山西省曲沃県北趙村の晋侯墓地から出土した晋侯喜父盤の晋侯喜父、晋侯邦父鼎の晋侯邦父などもまた、某父のうえに「晋侯」という身分が冠された称謂である。晋侯墓地出土の青銅器銘については、李学勤一九九五、馮時一九九八を参照のこと。

(30) 吉本道雅一九九一bの第二章注三が指摘するように、庚季鼎銘「隹五月既生霸庚午、伯俗父右庚季。王賜…、曰、用左右俗父、嗣□(これ五月既生霸庚午、伯俗父　庚季を右く。王　…を賜いて、曰く、用て俗父を左右《たす》け、□を嗣れ、と)」は、通常の冊命金文の書式とかなりかけ離れており、特に、冊命儀礼の場で受命者が排行をともなう称謂で登場する書式は他に類例を見ない。このことは、この銘文が、排行をともなう称謂が使用される場の影響を受けて、のちにリライトされたものであった可能性を示唆するが、一方で、庚季が彼の「名」であったという可能性も捨てきれない。

(31) 兮甲盤銘と同じく、「名」と排行をともなう称謂の使い分けが観察された弭伯簋銘・弭叔簋銘はともに冊命儀礼を記録するものの、「□嗣」の表現を用いないために、第Ⅱ部第二章の表には著録されていない。試みに、弭伯簋銘・弭叔簋銘と同じく「冊命」の表現を用いる青銅器銘四二件(このなかの三五件は第Ⅱ部第二章の表に含まれる)についてみても、「排行」某父あるいは排行をともなう称謂が登場する銘文は他に一例も存在しない。さらに付言するならば、この事実は、青銅彝器の製作主体、あるいは青銅器銘の起草者が誰であるかという問題にかかわっているだろう。この問題については、松丸道雄一九七七・同一九七九が西周期の青銅器銘の大半が周王室側によって起草されたものであると主張し、伊藤道治一九八七第一章「西周金文とは何か―恩寵と忠誠」がこれに反論している。筆者自身は、現段階で明確な見解を持ち合わせていないので、ここでは問題の指摘にとどまらざるをえないのだが、少なくとも、［排行］あるいは［排行］某父の作器にかかる短銘の青銅彝器に王室側の意図を読みとることは困難なように思われる。

（32）堀米庸三一九四九は、ヨーロッパ中世封建制国家を、「封建関係」と「一切の封建関係を定礎する役割をもつ家産関係（国王の直轄行政組織）」の二重構造において理解している。この見解を参照するならば、周の国制もまた「封建制」的氏族制秩序と、それを定礎する「行政」的職掌関係の二重構造において理解することができる。なお堀米庸三一九四九の評価については、さしあたり下野義朗一九八五を参照のこと。

第二章　分節する氏族

はじめに

前章においては、［排行］某父（某［排行］某父）あるいは［排行］（某［排行］）にかかわる青銅器銘を検討し、排行をともなう称謂によって表現される氏族制的秩序の存在を指摘した。具体的職掌の集積としてあらわれる王朝の「行政」を担当していたのは、「名」をもって職掌を指示された諸氏族の構成員達であり、彼らもまたその「名」によって獲得した社会的・政治的地位を背景として、［排行］某父（某［排行］某父）の称謂によって祖先を祭祀する青銅彝器を作りえたのであった。排行によって表現される氏族制的秩序は、「□嗣」といった表現によって示された職事命令（「行政」）の秩序とともに、いわば車の両輪の如く王朝の支配秩序を支えていたと考えられる。

王朝の「行政」と氏族制の関係を以上のように考えることができるならば、次に問われるべきは、王身―王位―王家―周邦―四方として表現されていた王朝秩序と氏族制との関係である。本章は、前章に引き続いて周王臣下の称謂に注目し、その分析を通して王朝秩序と氏族制との関係を探ることを目的としている。

改めて前章の［排行］某父（某［排行］某父）の称謂にかかわる表（一六六～七五頁）、ならびに「［排行］作□」

（某［排行］作□）形式の青銅器銘の表（一九〇～四頁）を検討してみよう。これら二つの表にあげてある某［排行］某父あるいは某［排行］の称謂について、［排行］の上に冠される「氏族」名を観察すると、例えば兮伯吉父・散伯車父や毛伯・豊伯などの例が示すように、兮・散・毛・豊といった一字の「氏族」名を用いる事例が圧倒的多数をしめていることが容易に見てとれる。しかしながら、そのような全般的な傾向のなかにあって、二つの表からは鄭楙叔賓父・鄭井叔蔑父、あるいは城虢仲・鄭虢仲・鄭井叔・鄭鄧伯・鄭鄧叔・鄭羌伯・鄭義伯・豊井叔などといった、二字の「氏族」名をもつ称謂をいくつか拾い出すこともできるのである。これらの称謂を一見すれば、「鄭」にかかわるものが多いことに気付くが、これら二字の「氏族」名は、いかに発生し、いかなる含意をもっていたと考えるべきものなのであろうか。

第一節　鄭にかかわる称謂

最初に、鄭にかかわる称謂の一覧を示そう。表にあげた青銅彝器の大半は西周後期から春秋前期にかけての短銘の自作器であり、その断代については判断の微妙なゆれが予想される。しかしながら、称謂についてみた場合、鄭にかかわる称謂はいくつかのグループに分類することが可能であり、以下の表はその分類の結果を示したものである。

表の分類Ⅰは鄭某［排行］の形式を含む称謂、Ⅱは鄭某某父と一括できる称謂、Ⅲは鄭伯にかかわるもの、Ⅳは鄭某公、Ⅴは鄭某、Ⅵは作器の対象として登場する鄭某である(1)。

先ず最初に、表の中程に登場するⅢ鄭伯にかかわる称謂を見てみよう。ⅢAに分類される河南省永城県発見の鄭伯匜銘には、

鄭にかかわる称謂

分類		称謂	青銅器名	青銅器銘	断代	出土地
I	A	鄭井叔康（鄭井）	鄭井叔康盨＊	鄭井叔康作旅盨。子々孫々、其永宝用。	中期	
			康鼎＊	唯三月初吉甲戌、王在康宮。栄伯内右康。王命、死嗣王家。命汝幽黄・攸勒。康拜稽首、敢対揚天子丕顕休、用作朕文考釐伯宝障鼎。子々孫々、其万年、永宝用。鄭井。	中期後期・ⅢA	
		鄭井叔	鄭井叔鐘＊	鄭井叔作霝鐘、用妥賓。	後期・春秋Ⅰ	
			鄭井叔甗	鄭井叔作季姞甗。永宝用。	後期	
		鄭井叔蒦父	鄭井叔蒦父鬲＊	鄭井叔蒦父作羍鬲。	春秋前期	
			鄭井叔蒦父鬲＊	鄭井叔蒦父作羞鬲。	春秋前期	
			鄭叔蒦父鬲＊	鄭叔蒦父作羞鬲。	春秋前期	
	B	鄭虢仲	鄭虢仲簋＊	隹十又一月既生霸庚戌、鄭虢仲作宝簋。子々孫々、及永用。	後期・ⅢB	
		鄭虢仲悆	鄭虢仲悆鼎＊	鄭虢仲悆肈用作皇祖文考宝鼎。子々孫、永宝用。	春秋前期	
	C	鄭鄧伯	鄭鄧伯鼎＊	鄭鄧伯及叔嫦作宝鼎。其子々孫々、永宝用。	後期	
			鄭鄧伯鬲＊	鄭鄧伯作叔嫦薦鬲。	春秋前期・Ⅲ	
	D	鄭鄧叔	鄭鄧叔盨	鄭鄧叔作旅盨。及子々孫々、永宝用。	後期	
	E	鄭義伯	鄭義伯盨＊	鄭義伯作旅盨。子々孫々、其永宝用。	後期・ⅢB	
			鄭義伯鑐＊	鄭義伯作□□。以行以□、…。	春秋	
	F	鄭姜伯	鄭姜伯鼎＊	鄭姜伯作宝鼎。子々孫々、其永宝用。	後期	
			鄭姜伯匜＊	鄭姜伯作季姜宝匜。用。	後期	
	G	鄭羌伯	鄭羌伯鬲＊	鄭羌伯作季姜障鬲。其永宝用。	春秋前期	
	H	鄭楙叔賓父（叔賓父）	鄭楙叔賓父壺	鄭楙叔賓父作醴壺。子々孫々、永宝用。	後期	
			叔賓父盨	叔賓父作宝盨。子々孫々、永用。	後期	

Ⅱ	A	鄭義羌父	鄭義羌父盨	鄭義羌父作旅盨。子々孫々、永宝用。	後期	
	B	鄭鋳友父	鄭鋳友父鬲	鄭鋳友父作幾姜旅鬲。其子々孫々、宝用。	後期	
	C	鄭雍邍父	鄭雍邍父鼎	鄭雍邍父鋳鼎。其万年。子孫、永用。	春秋前期	
	D	鄭戚句父	鄭戚句父鼎	鄭戚句父自作飲鼎。其子々孫々、永宝用。	春秋前期	
Ⅲ	A	鄭伯	鄭伯盤＊	鄭伯作盤匜。其子々孫々、永宝。	春秋前期・春秋Ⅰ	
			鄭伯匜＊	鄭伯作宋孟姫媵匜。其子々孫々、永宝用之。	（西周末期）	河南省永城県
			鄭伯大嗣工簠＊	鄭伯大嗣工召叔山父作旅簠。用享用孝、用匄眉寿。子々孫々、用為永宝。	春秋前期・春秋Ⅰ	
	B	鄭伯筍父（伯筍父）	鄭伯筍父鬲＊	鄭伯筍父作叔姫障鬲。其万年。子々孫々、永宝用。	後期	
			鄭伯筍父甗	鄭伯筍父作宝甗。永宝用。	後期	
			伯筍父鼎＊	伯筍父作宝鼎。其万年。子々孫、永宝用。	後期、春秋前期・春秋Ⅰ	
			伯筍父盨	伯筍父作旅盨。	後期	
	C	鄭氏伯高父	鄭氏伯高父甗＊	鄭氏伯高父作旅甗。其万年。子々孫々、永宝。	春秋前期	
	D	鄭伯氏叔皇父	鄭伯氏叔皇父鼎	鄭伯氏叔皇父作旅鼎。其眉寿万年。□□□□、永宝用享。	春秋	
Ⅳ		鄭臧公	鄭臧公之孫鼎＊	隹正六月吉日隹己、余鄭臧公之孫、余剌之□子盧、作鋳𩰫彝。…	（春秋後期）	湖北省襄樊市
			鄭臧公之孫缶＊	余鄭臧公之孫、余剌之子、択鋳𩰫彝。…	（春秋後期）	湖北省襄樊市
Ⅴ	A	鄭師□父	鄭師□父鬲	隹五月初吉丁酉、鄭師□父作犖鬲。永宝用。	春秋前期	
	B	鄭同媿	鄭同媿鼎	鄭同媿作旅鼎。其永宝用。	西周	
	C	鄭子石	鄭子石鼎＊	鄭子石作鼎。子々孫々、永宝用。	春秋前期	
	D	鄭大内史	鄭大内史匜＊	隹十又二月初吉乙巳、鄭大内史叔上作叔媜媵匜。其万年無疆。子々孫々、永宝用之。	春秋	
Ⅵ	A	鄭季	叔専父盨＊	…叔専父作鄭季宝鐘六・金障盨四・鼎七。鄭季、其子々孫、永宝用。	後期・ⅢA	陝西省長安県張家坡
	B	鄭姜	矢王簋＊	矢王作鄭姜障簋。子々孫々、其万年、永宝用。	後期	陝西省宝鶏県賈村

鄭伯作宋孟姫媵匜。其子々孫々、永宝用之。
鄭伯　宋孟姫の媵匜を作る。それ子々孫々、永くこれを宝用せよ。

図41　鄭伯匜

とあり、宋国に嫁した孟姫の媵器であることが明記されている。鄭伯はこの媵器の作器者として青銅器銘に登場しており、これを西周後期の鄭桓公に始まる姫姓鄭国の国君と見なすことに異論は少ないだろう（李俊山一九九〇）。また同じくⅢAに分類した鄭伯大𤔲工簠銘（春秋前期・春秋Ⅰ）に見える「鄭伯大𤔲工」は「鄭伯の大𤔲工」と読むべきであり(2)、この鄭伯もまた姫姓鄭国の国君を指しているものと判断できる(3)。

ⅢBに分類した鄭伯筍父は、第Ⅲ部第一章で検討を加えた某［排行］某父に属する称謂である。第一章では某［排行］某父の最初の「某」字をとりあえず「氏族」名として処理したが、ここではこれを「国」名と読み替えることが可能であり、例えば山西省曲沃県の晋侯墓地から出土した晋伯𢀛父甗の晋伯𢀛父、晋叔家父壺・盤の晋叔家父や(4)、山東省曲阜県の魯国故城から出土した魯伯者父盤（春秋）に見える魯伯者父などの称謂も同様の事例である(5)。第一章で示した散伯車父の称謂のヴァリエイションを参照するならば、ⅢB鄭伯筍父の称謂については、

鄭伯筍父＝鄭筍父＝鄭氏筍父＝伯筍父

という称謂のはばを想定することができる。伯筍父鼎（後期、春秋前期・春秋Ⅰ）・伯筍父盨（後期）の伯筍父が鄭伯筍父と同一人物である可能性は高いものと判断し、表中にあげておいた。またⅢC鄭氏伯高父についても、

鄭伯高父＝鄭高父＝鄭氏高父＝伯高父

という称謂のヴァリエイションにあって、鄭伯高父と鄭氏高父の中間的位置をしめる折衷的称謂であったと判断できる。最後に、ⅢD鄭伯氏叔皇父の「鄭伯氏」という称謂は、後に示す「虢にかかわる称謂」表に登場する虢季氏子組・虢季氏子段を参照して、「鄭伯氏の叔皇父」と読むべきものと判断し、分類Ⅲに編入しておいた。

分類Ⅳ鄭臧公の称謂の見える鄭臧公之孫鼎・缶は湖北省襄樊市の東周期墓葬から発見されたものである（襄樊市博物館一九九一）。作器者は自ら「鄭臧公の孫」と称しているが、この鄭臧公について、発掘報告書ならびに黄錫全・李祖才一九九一は鄭の荘公（在位前七四三～前七〇一年）ないしは襄公（在位前六〇四～前五八七年）の可能性を示唆している。ここでは一応その見解に従い、Ⅳ鄭臧公をⅢ鄭伯の次に配しておく。

分類Ⅴは、姫姓鄭国に属しうる雑多な称謂である。ⅤCの鄭子石は『春秋左氏伝』襄公二七（前五四六）年に見える鄭の「二子石」、すなわち大夫印段と公孫段のいずれかに相当する人物であると考えられている。(6) またⅤD鄭大内史の「大内史」は西周期の官名「内史」に「大」字が冠されたもので、例えば大嗣土・大嗣馬などと同様に、列国青銅器銘に出現する官名である。Ⅴに属する他の二例については明確な判断をくだせないが、とりあえずここでは姫姓

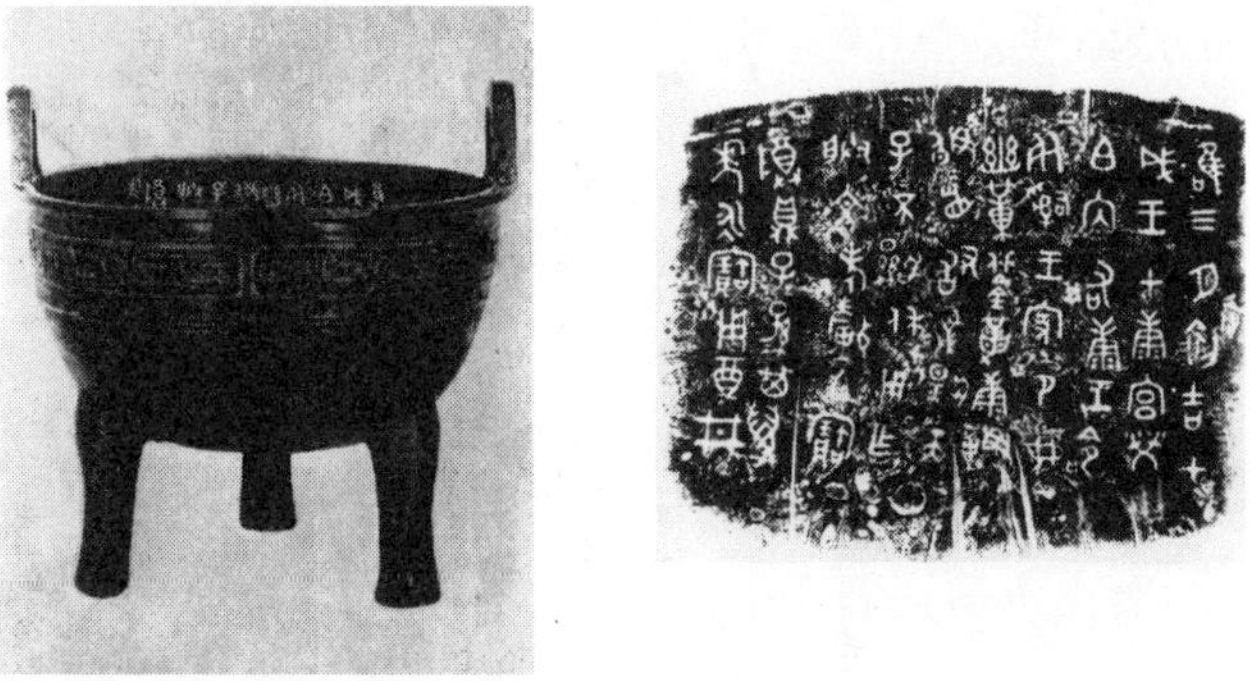

図42　康鼎

鄭国の関係器と考えておく。

以上、分類Ⅲ・Ⅳ・Ⅴを姫姓鄭国にかかわる称謂と見なすことができるならば、分類Ⅰの鄭某［排行］の形式を含む称謂は、それらと明確に区別されるべき称謂である。排行の上に冠される「鄭井」「鄭虢」「鄭鄧」「鄭義」「鄭姜」「鄭羌」「鄭楙」は、表ⅠAの康鼎銘（中期後期・ⅢA）の銘末に「鄭井」とのみ記される場合もありえたように、二文字で一つの「氏族」名を表している。ⅠH鄭楙叔賓父が叔賓父とも称しえたことは、ⅢB鄭伯筍父が伯筍父とも称しえたこととパラレルな関係にあり、ともに某［排行］某父→［排行］某父という称謂変化のパターンに属している。従って、鄭楙叔賓父の「鄭楙」は、鄭伯筍父の「鄭」と同様に、独自の「氏族」名あるいは「国」名を示しているはずであり、これを姫姓鄭国にかかわる称謂と見なすことはできない[7]。

某［排行］某父という称謂には、例えば兮伯吉父が兮吉父となるように、その排行が脱落する某［排行］某父→某某父という変化のパターンもあった。表の分類Ⅱにあげた称謂、例えば鄭義羌父は鄭義［排行］羌父の排行が脱落することによって発生する称謂であったと考えられる。『通釈』二〇七がこの鄭義羌父と分類ⅠE鄭義伯との関係について「羌父はおそらく鄭義伯の名だろう」と述べるように、分類Ⅱの称謂もまた、分類Ⅰと同じく、「鄭某」という「氏族」名にかかわるものと判断できる。

それでは、姫姓鄭国関係の称謂と区別されるべき分類Ⅰ・Ⅱの「鄭某」という氏族名は、当時の氏族制のいかなる実態を反映して生まれてくるのであろうか。節を改め、「鄭某」の「某」字で示した「井」「虢」「鄧」「義」などの称謂に注目しつつ、この問題を検討することとしたい。

第二節　井氏の分節化

鄭井叔を含む井にかかわる称謂については、かつて陳夢家「断代」（六）免簋、樋口隆康一九六三「井器考」が総括的な考察を試みている。しかしながら、その後の史料の増加、断代研究などの進展に鑑み、以下に改めて井にかかわる称謂の一覧を示すこととする。表の体裁は先の「鄭にかかわる称謂」表に準じている。

表の分類ⅡからⅤまでを観察したとき、鄭井叔を含む分類Ⅳが他のⅡ井伯・Ⅲ井叔・Ⅴ井季と異なった称謂であることは明らかである。分類Ⅳの「鄭井」「咸井」「豊井」がそれぞれ二文字で「氏族」名を表していることは、分類ⅩBに示した康鼎銘の銘末に「鄭井」とあり、ⅩCの屖甗銘（中期・Ⅲ）の銘末に「豊井」とあることによっても傍証される。[8] かつては分類Ⅳの鄭井叔・咸井叔を分類Ⅲの井叔と同一視する解釈もあったが、[9] 一九七八年に発見された豊井叔簋（後期）のⅣC豊井叔がこれに加わった結果（羅西章一九七九）、もはやこれらの称謂をすべて同一人物と考えることは不可能となり、それぞれ鄭井叔・咸井叔・豊井叔として処理すべきことは確定的となった。[10] 表の断代欄から見てとれるように、これらの称謂は併存関係にあり、その場合、井叔の上に冠された「鄭」「咸」「豊」といった文字は、井叔という称謂をさらに分節（segment）する機能を担っていたものと考えられる。林巳奈夫一九六八は青銅器銘に見える図象記号の分析を通して Localized Lineage という概念を提唱したが、それを参照するならば、[11] 鄭井・咸井・豊井という二文字からなる「氏族」名はまさに、井氏から分節された分族として、鄭・咸・豊といった地名を冠

井にかかわる称謂

分類		称謂	青銅器名	青銅器銘	断代	出土地
Ⅰ		井侯	麦方鼎＊	井侯征嗝于麦。麦賜赤金。…	前期	
			麦尊	王命辟井侯、出坏、侯于井。…	前期	
			麦盉＊	井侯光厥吏麦、嗝于麦宮。侯賜麦金。…	前期・Ⅲ	
			麦方彝	辟井侯光厥正吏、嗝于麦宮。賜金。…	前期	
			井侯簋＊	王命栄眔内史、曰、菶井侯服。…	前期・ⅡA	
			臣諫簋＊	隹戎大出于軝。井侯搏戎、祉命臣諫、以□□亜旅、処于軝。…	中期・ⅡA	河北省元氏県西張村
Ⅱ	A	井伯	井伯甗＊	井伯作□甗。	中期・Ⅱ	
			永盂＊	益公内、即命于天子。公迺出厥命、賜畀師永厥田陰陽洛。彊眔師俗父田。厥眔公出厥命、井伯・栄伯・尹氏・師俗父・遣仲。…	中期・Ⅱ	陝西省藍田県洩湖鎮
			長由盉＊	穆王在下減应。穆王饗醴。即井伯、大祝射。…	中期・ⅡA	陝西省長安県普渡村
			七年趞曹鼎＊	王在周般宮。旦、王格大室。井伯入右趞曹、位中廷、北嚮。…	中期・ⅡB	
			五祀衛鼎＊	衛以邦君厲告于井伯・伯邑父・定伯・琼伯・伯俗父。曰、…	中期・ⅡB	陝西省岐山県董家村
			豆閉簋＊	王格于師戲大室。井伯入右豆閉。…	中期・ⅡB	
			師虎簋＊	王在杜应、格于大室。井伯内右師虎、即位中廷、北嚮。…	中期・ⅡB	
			利鼎＊	王格于般宮。井伯内右利、位中廷、北嚮。…	中期	
			㲃簋＊	王在師嗣馬宮大室、即位。井伯内右㲃、位中廷、北嚮。…	中期	
			師毛父簋	王格于大室。師毛父即位、井伯右。…	中期	

		称謂	器名	銘文	時期	出土地
	B	𩣡馬井伯	師瘨簋＊	王在周師𩣡馬宮。格大室、即位。𩣡馬井伯□右師瘨、入門、位中廷。…	中期・ⅢA	陝西省武功県北坡村
			師奎父鼎＊	王格于大室。𩣡馬井伯右師奎父。…	中期・ⅢA	
			走簋	王在周。格大室、即位。𩣡馬井伯□右走。…	後期	
Ⅲ	A	井叔	井叔鼎＊	井叔作。	(懿孝時期)	陝西省長安県張家坡152号墓
			井叔方彝＊	井叔作旅彝。	前期	張家坡170号墓
			井叔杯＊	井叔作飲□。	前期	張家坡165号墓
			免卣(尊＊)	王在鄭。丁亥、王格大室。井叔右免。…	中期・ⅡB～ⅢA	
			免簋＊	王在周。昧爽、王格于大廟。井叔右免、即命。…	中期	
			曶鼎	王在遹应。井叔賜曶赤金鈞。… 井叔在異為□。曶使厥小子𪊍、以限訟于井叔。…	中期	
			弭叔簋＊	王在莽。格于大室、即位中廷。井叔内右師宋。…	後期・ⅢA	陝西省藍田県寺坡村
	B	井叔叔采	井叔鐘＊	井叔叔采作朕文祖穆公大鐘。…	後期	張家坡163号墓
	C	文考井叔	季𩡨作井叔簋	季𩡨肇作厥文考井叔宝障彝。子々孫々、其永宝用。	中期	
Ⅳ	A	鄭井叔	「鄭にかかわる称謂」表を参照のこと			
	B	咸井叔	趩觶＊	王在周、格大室。咸井叔入右趩。…	中期・Ⅱ	
	C	豊井叔	豊井叔簋＊	豊井叔作伯姫障簋。其万年。子々孫々、永宝用。	後期	陝西省扶風県斉村
Ⅴ	A	井季㚤(季㚤)	井季㚤卣＊(尊＊)	井季㚤作旅彝。	中期・ⅡB	
			井季㚤鼎	井季㚤作旅□。	中期	
			季㚤作旅簋	季㚤作旅簋。	中期	
	B	季𩡨	季𩡨作井叔簋	季𩡨肇作厥文考井叔宝障彝。子々孫々、其永宝用。	中期	
Ⅵ		井公	曶壺＊	王格于成宮。井公内右曶。…	中期	
Ⅶ		井人	五祀衛鼎＊	邦君厲眔付裘衛田、厲叔子夙、厲有𩣡𩀁季・慶癸・豳表・荊人敢・井人倡屖。…	中期・ⅡB	陝西省岐山県董家村
			井人鐘＊	井人人安曰、覭淑文祖皇考、克哲厥徳、得純用魯、	後期・Ⅲ	陝西省扶風県斉鎮村

				永終于吉。…		
			大克鼎＊	王若曰、…[illegible]賜汝井人奔于量。…	後期・ⅢB	陝西省扶風県法門寺
Ⅷ		井退	大克鼎＊	王若曰、…賜汝井退匔人。…	後期・ⅢB	陝西省扶風県法門寺
Ⅸ	A	井姫	𢐗伯甗＊	𢐗伯作井姫用甗。	前期・Ⅱ	陝西省宝鶏市茄家荘
			𢐗伯尊＊	𢐗伯作井姫用盂鑵。	中期・Ⅱ	陝西省宝鶏市茄家荘
			𢐗鼎＊	𢐗作井姫用鼎。	中期・ⅡA	陝西省宝鶏市茄家荘
			𢐗伯鼎＊	𢐗伯作井姫□鼎。	中期・ⅡA	陝西省宝鶏市茄家荘
			𢐗伯鼎＊	井姫啼亦列祖考□公宗室。…	中期・ⅡA	陝西省宝鶏市茄家荘
			伯訧父鬲	伯訧父作井姫・季姜障鬲。	中期	
			伯田父簋＊	伯田父作井姫宝簋。其万年。子々孫々、永宝用。	後期・ⅢA	
			龏伯簋＊	龏伯作井姫宝簋。子々孫々、用。	後期	
	B	井孟姫	仲生父鬲＊	仲生父作井孟姫宝鬲。其万年。子々孫々、永宝用。	後期	甘粛省寧県
Ⅹ	A	井（銘末）	井鼎＊	井。	（懿王・孝王）	張家坡152号墓
			伯章父鼎＊	伯章父作宝鼎。其子々孫々、永用。井。	後期・ⅢA	
			叔男父匜＊	叔男父作為霍姫媵旅匜。其子々孫々、其万年、永宝用。井。	後期・ⅢA	
	B	鄭井（銘末）	康鼎＊	…康拝稽首、敢対揚天子丕顕休、用作朕文考釐伯宝障鼎。子々孫々、其万年、永宝用。鄭井。	中期後期・ⅢA	
	C	豊井（銘末）	屖甗＊	屖作旅甗。子々孫々、永宝用。豊井。	中期・Ⅲ	陝西省扶風県斉家村
Ⅺ		井南伯	井南伯簋＊	隹八月初吉壬午、井南伯作□季姉好障簋。其万年。子々孫々、永宝、日用享孝。	中期	
Ⅻ		井姜	紀侯器＊	紀侯作紀井姜□母媵障簋。其万年。子々孫々、永宝用。	（西周後期）	
			井姜大宰巳簋＊	井姜大宰巳鋳其宝簋。子々孫々、永宝用享。	春秋前期	内蒙古哲里木盟札魯特旗

して「地域化」されていたものと判断できるだろう。

鄭井叔・咸井叔・豊井叔を「地域化」する地名について、咸は青銅器銘に例証がなく確実なことはいえないが(12)、鄭・豊の両地は、三年𤼈壺銘（中期・ⅢA）・𤼈鼎銘（中期）にそれぞれ、

図43　趩觶

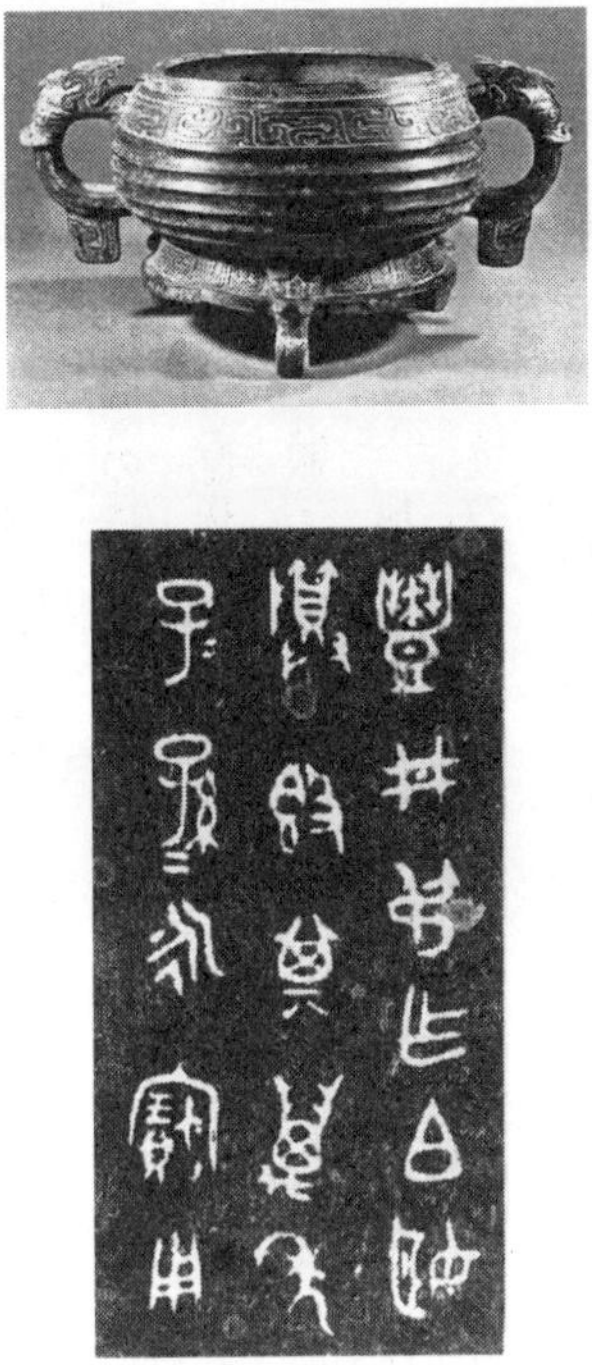

図44　豊井叔簋

隹三年九月丁巳、王在鄭、饗醴。呼虢叔、召𤼈、賜□俎。

これ三年九月丁巳、王　鄭に在りて、饗醴す。虢叔を呼び、𤼈を召さしめ、□俎を賜う。

隹三年四月庚午、王在豊。王呼虢叔、召𤼈、賜駒両。

これ三年四月庚午、王　豊に在り。王　虢叔を呼び、𤼈を召さしめ、駒両を賜う。

とある鄭・豊と同一地と考えられる。すでに第Ⅰ部第二章で述べたように、鄭・豊の両地は右の「王在鄭」と「王在豊」、

あるいは免簋銘（中期）の「鄭還」と元年師旋簋銘（後期・ⅢA）の「豊還」の対応関係にもみられるように、周王の経巡る地としてほぼ同等の機能を担っていた。鄭井叔・豊井叔という「地域化」された分族の存在は、この両地の同質性を改めて確認させる証拠ともなりうるのである。(13)

分類Ⅳの鄭井叔・咸井叔・豊井叔が地名を冠して分節された分族と考えられるならば、分類Ⅱ井伯・Ⅲ井叔・Ⅴ井季は、それとは異なって、地名を冠する必要のない、すなわち「地域化」されていない井氏に属するものと考えることができるはずである。表の断代欄から明らかなように、井伯・井叔・井季の称謂は既に西周中期頃には出揃っていたが、分類ⅢC（ⅤB）の季𩰪作井叔簋銘（中期）

季𩰪肇作厥文考井叔宝障彝。子々孫々、其永宝用。
季𩰪肇《はじ》めてその文考《ちち》井叔の宝障彝を作る。子々孫々、それ永く宝用せよ。

によって、井叔―（井）季𩰪という系譜が復元できることから、それらは単なる兄弟間の排行の併存ではなく、それぞれ井伯家・井叔家・井季家とでもいうべき分族に分節されていたものと判断できる。残念ながら、分類Ⅴの井季にかかわる青銅器銘はいずれも短銘で、そこから井季家についての情報を得ることはできないが、Ⅱ井伯・Ⅲ井叔については長銘の関係器が多数残され、同時に近年の発掘の成果も利用することができる。以下、井伯・井叔にかかわる青銅器銘を検討し、その王朝内での地位・役割等を確認することにしよう。

ⅡA井伯は、自作器である井伯甗銘（中期・Ⅱ）を除けば、他はすべて第三者の手にかかる青銅器銘に登場し、うち七年趞曹鼎銘（中期・ⅡB）・豆閉簋銘（中期・ⅡB）・師虎簋銘（中期・ⅡB）・利鼎銘（中期）・殺簋銘（中期）・師毛父簋銘（中期）では、すべて冊命儀礼の「右者」の役割を担っている。井伯とほぼ時代を同じくする冊命儀礼の「右者」としては、他に益公（王臣簋・申簋・休盤・詢簋）・栄伯（康鼎・衛簋・同簋・輔師嫠簋）・定伯（即簋）・南伯（裘衛簋）・密叔（趞簋）・伯俗父（庚季鼎）といった人名をあげることができるが、永盂銘（中期・Ⅱ）

益公内、即命于天子。公迺出厥命、賜畀師永厥田陰陽洛。彊眔師俗父田。厥眔公出厥命、井伯・栄伯・尹氏・師俗父・遣仲。

益公内りて、命に天子に即く。公すなわちその命を出だし、師永にその田を陰陽洛に賜畀《たま》う。彊は師俗父の田に眔《およ》ぶ。その公とその命を出だせしは、井伯・栄伯・尹氏・師俗父・遣仲なり。

あるいは、五祀衛鼎銘（中期・ⅡB）

衛以邦君厲告于井伯・伯邑父・定伯・⿰尢京伯・伯俗父。

衛　邦君厲と以《とも》に井伯・伯邑父・定伯・⿰尢京伯・伯俗父に告ぐ。

によって、彼らが王朝の権力中枢に位置し、王命の伝達や訴訟処理にかかわっていたことが知られる。ⅡBに分類された⿰鬲司馬井伯もまた、すべて冊命儀礼の「右者」として銘文に登場しており、やはり同様の地位にあったものと判断できる。ⅡA井伯とⅡB⿰鬲司馬井伯を同一人物と見なしうるかどうかは、他の栄伯・定伯などがすべて同一人物であるのかという問題と同じく、判断が難しいところではあるが(14)、少なくとも、井伯家・栄伯家・定伯家といった単位で考えた場合、西周の中期頃に、これらの氏族が王朝の権力中枢を構成していたことは確実である。なお、表の分類ＸＡにあげた伯章父鼎銘（後期・ⅢＡ）の銘末には別に「井」字が記されており、これをＸＢ康鼎銘と同じように処理すれば、伯章父は井伯章父であったと考えることが可能となる。

ついで、ⅢＡ井叔についてみると、免卣（尊）銘（中期・ⅡＢ～ⅢＡ）・免簋銘（中期）・弭叔簋銘（後期・ⅢＡ）では冊命儀礼の「右者」として銘文に登場し、曶鼎銘（中期）では、

王在遷応。井叔賜曶赤金鈞。
王　遷応に在り。井叔　曶に赤金鈞を賜う。

とあるように、曶に対する賜与を執り行い、また、

井叔在異為□。曶使厥小子𩰫、以限訟于井叔。
井叔　異に在りて□を為す。曶　その小子𩰫をして、限と以《とも》に井叔に訟えしむ。

のように、曶が限を訴えた訴訟を処理している。その王朝内における地位・役割はほぼ井伯に匹敵しており、やはり王朝の執政クラスの地位にあったものと判断してよいだろう。

さらに井叔について特筆すべきは、一九八三年より始められた灃西・張家坡の西周墓地発掘によって、井叔にかかわる青銅彝器ならびに墓葬が発見・確認されたことである。[15]報告に拠るならば、張家坡西周墓地北区においては、北

区最大の一五七号双墓道大墓から東方向に一五二号墓・一六八号墓・一七〇号墓の三つの単墓道大墓が並ぶことが確認され、それら大墓に付随する竪穴墓・車馬坑・馬坑が発見されている。墓葬はおしなべて盗掘の被害にあっており、一五七号墓・一六八号墓から有銘青銅彝器は発見されなかったものの、一五二号墓からは井叔鼎ならびに表分類XAの井鼎、一七〇号墓からは井叔方彝が出土し、さらに一六三号竪穴墓から井叔鐘、一六五号墓から井叔杯が出土している。報告書は四座の大墓を一五七号墓・一五二号墓・一六八号墓・一七〇号墓の順に歴代井叔の墓葬と判断しており、さらに一五七号墓に付随する一六三号墓については、二五〜三〇才の女性の人骨が出土したことから、これを一五七号墓井叔の夫人の墓葬とし、一六五号墓は四座の大墓と墓制上での等級差が認められることから井叔の親族あるいは近親者だろうと考えている。「井にかかわる称謂」表にはあげなかったが、井叔鼎が発見された一五二号井叔墓からは別に達盨(漆盨銅蓋)が出土している。

隹三年五月既生覇壬寅、王在周。執駒于鬲应。王呼巂趩、召達。王賜達駒。達拜稽首、対揚王休、用作旅盨。

これ三年五月既生覇壬寅、王　周に在り。駒を鬲应に執る。王　巂趩を呼び、達を召さしむ。王　達に駒を賜う。達拜稽首し、王の休を対揚し、用て旅盨を作る。

この達盨の作器者である達を一五二号墓の墓主井叔と認めることができるならば、それに先行する一六三号墓出土の井叔鐘銘

井叔叔采作朕文祖穆公大鐘。用喜楽文神人、用祈福禄寿敏魯。其子孫々、永日鼓楽茲鐘、其永宝用。

井叔叔采　朕《わ》が文祖穆公の大鐘を作る。用て文神人を喜楽し、用て福禄寿敏魯を祈る。それ子孫々、永く日にこの鐘を鼓楽し、それ永く宝用せよ。

の作器者井叔叔采（井叔采）[16]とともに、二代の井叔の名を知ることができる。[17]また井叔鐘の作器対象である「文祖穆公」は、禹鼎銘（後期・ⅢB）

禹曰、丕顕趠々皇祖穆公、克夾召先王、奠四方。肆武公亦弗遐忘朕聖祖考幽大叔・懿叔、命禹併朕祖考、政于井邦。

禹曰く、丕顕にして趠々たる皇祖穆公、克く先王を夾召し、四方を奠めたまえり。ゆえに武公もまた朕が聖祖考幽大叔・懿叔を遐忘したまわず、禹に命じて朕が祖考を併《つ》ぎて、井邦に政せしめたまう。

において、「井邦」の「政（嗣）」を命ぜられた禹の「皇祖穆公」と同一人物である可能性があり[18]、その場合、井叔家は西周後期に至ってもなお、その勢力を維持していたこととなる。[19]

以上、「地域化」されていない井氏の分族たる井伯・井叔・井季について論じてきたが、これら井氏の本貫の地は散氏盤銘（後期・Ⅱ）に「眉井邑田」「井邑封道」として登場する井邑だろうと考えられる。従来より、この井邑は現在の陝西省宝鶏近傍に存在したと考えられてきたが（劉節一九三六など）、表の分類Ⅸに示したように、宝鶏一帯の㣇国墓地から井姫に供された青銅彝器が数多く出土したことによって、井邑の地望比定はさらに重要な傍証を得るに至った。[20]しかしながら、すべての井氏がこの地に居住していたと考える必要はなく、先にみた灃西・張家坡の井叔家族墓の存在が示唆するように、井氏は王「都」をはじめとする王朝の主要な政治的・軍事的拠点に分散居住していたものと考えられる。第Ⅱ部第一章において指摘したように、周王と同様にそれぞれの「家」を保持していた周王臣下もまた、「王家」が複数地に分散していたのと同じく、その「家」を複数地に分散させていたと評価できるだろう。鄭井叔・咸井叔・豊井叔といった「地域化」された分族もまた、そのような分散居住を一つの契機として誕生したと考えられるのである。(21)

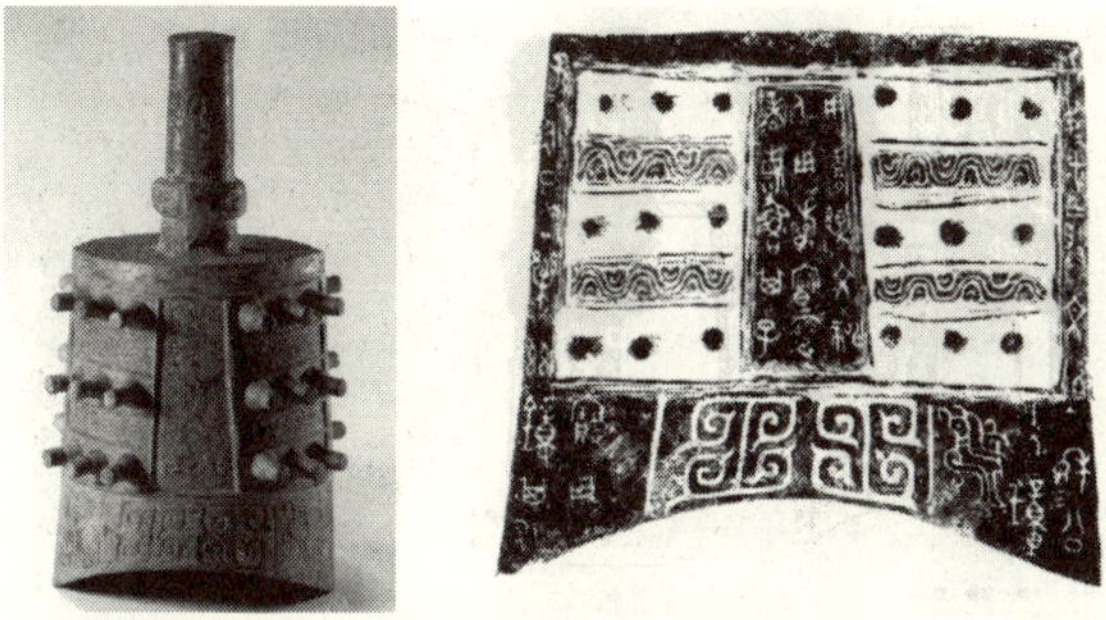

図45　井叔鐘

ところで、井にかかわる称謂には、以上見てきた井伯以下の称謂とは別に、表の分類Ⅰに配した井侯という称謂もあった。井侯とは、例えば麦尊銘（前期）に、

王命辟井侯、出矸、侯于井。
王　辟《きみ》井侯に命じ、矸を出でて、井に侯たらしむ。

とあるように、「侯于□」の表現によって井地に封ぜられた諸侯の謂であり(22)、麦尊銘は矸から井への移封を伝えているのである。この井（邢）国の初封の地については、これを現在の河南省邢丘近傍に求める考え方もあるが(23)、少なくとも、

隹戎大出于軧。井侯搏戎、徃命臣諫、以□□亜旅、処于軧。
これ戎大いに軧に出ず。井侯　戎を搏ち、命を臣諫に徃《いだ》し、□□亜旅を以《ひき》いて、軧に処らしむ。

図46　臣諫簋

との銘文をもつ臣諫簋（中期・ⅡA）が河北省邢台市近傍の元氏県から出土したことから、井（邢）国がこの邢台市近傍に存在していたことは確実だとされている（李学勤・唐雲明一九七九）。井侯簋銘（前期・ⅡA）の最後に、

用冊王命、作周公彝。

用て王命を冊し、周公の彝を作る。

と、井侯と周公との関係が明記されるように、[24] 井（邢）侯は『春秋左氏伝』僖公二四年

昔、周公 二叔の咸《やわら》がざるを弔む。故に親戚を封建し、以て周に蕃屏たらしむ。管・蔡・郕・霍・魯・衛・毛・聃・郜・雍・曹・滕・畢・原・酆・郇は、文の昭なり。邘・晋・応・韓は、武の穆なり。凡・蒋・邢・茅・胙・祭は、周公の胤なり。（昔、周公弔二叔之不咸。故封建親戚、以蕃屏周。管・蔡・郕・霍・魯・衛・毛・聃・郜・雍・曹・滕・畢・原・酆・郇、文之昭也。邘・晋・応・韓、武之穆也。凡・蒋・邢・茅・胙・祭、周公之胤也）。

に、周の「蕃屏」として列挙された「周公の胤」たる邢に相当するものである。井伯以下の井氏もまた、表分類ⅨA井姫・ⅨB井孟姫の存在から姫姓であったと判断でき、同じく姫姓である井侯との間には、魯侯と周王の側近く仕えた周公家、あるいは燕侯と召公家の関係に類した同族の分散居住を想定することができる。[25]

以上の考察から、井の一族は、封建諸侯としての井（邢）侯、井伯・井叔・井季という分族を含む「地域化」されていない井氏、さらに鄭井叔・咸井叔・豊井叔といった「地域化」された分族という三つの存在形態をもって、王朝の支配領域に分散居住していたものと考えられる。鄭にかかわる二文字の「氏族」名としては、鄭井叔のほかにも鄭虢仲・鄭鄧伯などの存在を指摘することができたが、次いで節を改めて、井氏に匹敵する青銅彝器を残している虢氏を検討し、西周期の氏族の分節化ならびに分散居住の実態を確認することにしたい。

第三節　虢氏の分節化

第二節と同様、虢にかかわる称謂の一覧を示そう。虢の関係器については、樋口隆康一九六〇の専論があり、また『通釈』においてもその収集が試みられているが、それ以後の史料の増加もあり、改めてここに収集を試みた。なお表の体裁は、先の「鄭にかかわる称謂」表・「井にかかわる称謂」表に準じている。[26]

虢にかかわる称謂

分類	称謂	青銅器名	青銅器銘	断代	出土地
Ⅰ	虢城公	班簋＊	王命毛伯、更虢城公服、甹王位、作四方亟。…	中期・ⅡA	
Ⅱ	虢伯	虢伯甗	虢伯作□甗、用。	中期	

			虢伯鬲	虢伯作姫大母障鬲。其万年。子々孫々、永宝用。	後期	
Ⅲ		虢仲	虢仲鬲＊	虢仲作始障鬲。	中期（後期）	陝西省岐山県京当
			虢仲盨＊	虢仲以王南征、伐南淮夷。在成周。作旅盨、茲盨有十又二。	後期・ⅢA	
			公臣簋＊	虢仲命公臣。嗣朕百工。…	後期・ⅢA	陝西省岐山県董家村
			何簋	王在華宮。王呼虢仲、入右何。…	後期	
			虢仲盨＊	虢仲作虢妃宝盨。子々孫々、永宝用。		河南省三門峡市上村嶺2009号墓
			虢仲鐘＊	…宝鈴鐘、…		上村嶺2009号墓
			虢仲簠＊	虢仲作丑姜宝簠。其万年。子々孫々、永宝用。		上村嶺2013号墓
			国子碩父鬲＊	虢仲之嗣国子碩父作季嬴羞鬲。其万年。子々孫々、永宝用享。		上村嶺標本SG：44・45
			虢仲鬲＊	虢仲作虢妃障鬲。其万年。子々孫々、永宝用。	春秋前期	
Ⅳ	A	城虢仲	城虢仲簋＊	城虢仲作旅簋。	後期	陝西省鳳翔県
	A’	城虢遣生	城虢遣生簋	城虢遣生作旅簋。其万年。子孫、永宝用。	中期	
	B	鄭虢仲	「鄭にかかわる称謂」表を参照のこと			
Ⅴ	A	虢叔	三年㾓壷＊	王在鄭、饗醴。呼虢叔、召㾓、賜□俎。…	中期・ⅢA	陝西省扶風県荘白村
			㾓鼎	王在豊。王呼虢叔、召㾓、賜駒両。…	中期	
			虢叔簋	虢叔作。	中期	
			虢叔盂＊	虢叔作旅盂。	中期	
			虢叔鬲	虢叔作障鬲。	後期	
			虢叔尊	虢叔作叔殷穀障朕。	後期	
			虢叔簠＊	虢叔作叔殷穀障簠。	後期	
			虢叔簠＊	虢叔作旅簠。其万年。永宝。	後期	
			虢叔盨	虢叔鋳行盨。子々孫々、永宝用享。	後期	
			虢叔鬲	虢叔作叔殷穀障鬲。	春秋前期	

	B	虢叔旅（虢旅）	虢叔旅鐘＊	虢叔旅曰、丕顕皇考恵叔、穆々秉元明徳、御于厥辟、得純亡愍。旅敢肇帥型皇考威義、□御于天子。…	後期・Ⅲ	
			鬲従鼎＊（簋＊）	王在周康宮徲大室。鬲従以攸衛牧告于王。曰、汝受我田牧、弗能許鬲従。王命省。史南以即虢旅、迺使攸衛牧誓。…	後期・ⅢB	
	C	虢叔大父	虢叔大父鼎＊	虢叔大父作隮鼎。其万年、永宝用。	後期	
Ⅵ	A	虢季	虢季鼎＊	虢季作宝鼎。季氏、其万年。子々孫々、永宝用享。		上村嶺2001号墓
			虢季作宝簋＊	虢季作宝簋。永用。		上村嶺2001号墓
			虢季作宝簋＊	虢季作宝簋。永宝用。		上村嶺2001号墓
			虢季作旅簋＊	虢季作旅簋。永宝用。		上村嶺2001号墓
			虢季盨＊	虢季作旅盨。永宝用。		上村嶺2001号墓
			虢季鬲＊	虢季作宝鬲。其万年。子々孫々、永宝用享。		上村嶺2001号墓
			虢季簠＊	虢季作宝□。永宝用。		上村嶺2001号墓
			虢季方壺＊	虢季作宝壺。永宝用。		上村嶺2001号墓
			虢季盤＊	虢季作宝盤。永宝用。		上村嶺2001号墓
			虢季豆＊	虢季作甫。子々孫々、用享。		上村嶺2001号墓
			虢季鐘＊	虢季作宝。		上村嶺2001号墓
			虢季鐘＊	虢季作宝、用享追孝。		上村嶺2001号墓
			虢季鐘＊	佳十月初吉丁亥、虢季作為□鐘。其音□雍、用義其家、用与其邦。虢季作宝、用享追孝于其皇考、用祈万寿、用楽用享。季氏、受福無疆。		上村嶺2001号墓
	B	虢季易父	師𩰫鼎＊	…𩰫敢対揚王休、用妥作公上父隮于朕考虢季易父𣪘宗。	中期・ⅡB	陝西省扶風県強家村
	C	虢季寛公幽叔	師臾鐘＊	師臾肇作朕剌祖虢季寛公幽叔・朕皇考徳叔大林鐘。…	後期・Ⅲ	陝西省扶風県強家村
				虢季子白作宝盤。丕顕子白、壮武于戎工、経維四方。		

	D	虢季子白	虢季子白盤＊	搏伐玁狁于洛之陽。折首五百、執訊五十。是以先行。趄々子白、献馘于王。…	後期	陝西省宝鶏虢川司
	D'	虢宣公子白	虢宣公子白鼎＊	虢宣公子白作隮鼎、用昭享于皇祖考、用祈眉寿。子々孫々、永用□宝	後期	
	E	虢季子組	虢季子組卣＊	虢季子組作宝彝。其万年。子々孫々、永宝用。	後期	
			虢季子組鬲	虢季子組作鬲。子孫、永宝用享。	春秋前期	
	E'	虢季氏子組	虢季氏子組簋＊	虢季氏子組作簋。其万年無疆。子々孫々、永宝用享。	後期・春秋Ｉ	陝西省鳳翔県
			虢季氏子組壺＊	虢季氏子組作宝壺。子々孫々、永宝、其用享。	後期	陝西省鳳翔県
			虢季氏子組鬲＊	虢季氏子組作鬲。子々孫々、永宝用享。	春秋前期・春秋Ｉ	
			虢季氏子組盤	隹十又一年正月初吉乙亥、虢季氏子組作盤。其万年無疆。子々孫々、永宝用享。		
	F	虢季氏子段	虢季氏子段鬲＊	虢季氏子段作宝鬲。子々孫々、永宝用享。	後期・春秋Ｉ	上村嶺1631号墓
	F'	虢文公子段	虢文公子段鼎＊	虢文公子段作叔妃鼎。其万年無疆。子孫、永宝用享。	後期・春秋Ｉ	
			虢文公子段鬲＊	虢文公子段作叔妃鬲。其万年。子孫、永宝用享。	後期・春秋Ｉ	
Ⅶ	A	虢碩父	虢碩父簠＊	虢碩父作旅簠。其万年。子々孫々、永宝用享。		上村嶺標本ＳＧ：62
			国子碩父鬲＊	虢仲之嗣国子碩父作季嬴羞鬲。其万年。子々孫々、永宝用享。		上村嶺標本ＳＧ：44・45
	B	虢宮父	虢宮父鬲＊	虢宮父作鬲。用従永征。		上村嶺標本ＳＧ：49
			虢宮父盤＊	虢宮父作盤。用従永征。		上村嶺標本ＳＧ：60
Ⅷ		史虢生	頌鼎＊（簋＊・壺＊）	王在周康昭宮。旦、王格大室、即位。宰引右頌、入門、位中廷。尹氏授王命書。王呼史虢生、冊命頌。…	後期・ⅢB	
Ⅸ		虢大子	虢大子元徒戈＊	虢大子元徒戈。	春秋前期	上村嶺1052号墓
Ⅹ		虢金氏孫	虢金氏孫盤＊	虢金氏孫作宝盤。子々孫々、永宝用。	春秋前期・ⅢB	上村嶺1601号墓
			虢金氏孫匜＊	虢金氏孫作宝匜。子々孫々、永宝用。	春秋前期・ⅢB	上村嶺1601号墓
Ⅺ		虢姞	虢姞鬲＊	虢姞作鬲。	後期・Ⅲ	

XII	虢王姞	趞叔吉父盨＊	趞叔吉父作虢王姞旅盨。子々孫、永宝用。	中期・ⅢB	
XIII	虢姜	虢姜鼎	虢姜作宝隮鼎。其万年。永宝用。	後期	
		虢姜簋	隹王四年。虢姜作宝簋。其永用享。	後期	
		虢姜簋	虢姜作宝隮簋。用祈追孝于皇考恵仲。…	後期	
XIV	虢嫿□	虢嫿□盤＊	虢嫿□作宝盤。子々孫々、永宝用。	春秋前期・春秋Ⅰ	上村嶺1820号墓
XV	虢妃魚母	蘇冶妊鼎＊	蘇冶妊作虢妃魚母媵。子々孫々、永宝用。	春秋前期・春秋Ⅰ	
		蘇冶妊盤	蘇冶妊作虢妃魚母盤。子々孫、永宝用之。	春秋	
XVI	虢孟姫	斉侯匜＊	斉侯作虢孟姫良女宝匜。其万年無疆。子々孫々、永宝用。	春秋前期・春秋ⅡB	

表より、分類ⅣAの城虢仲がⅣB鄭虢仲と同様の称謂法によっており、他のⅡ虢伯・Ⅲ虢仲・Ⅴ虢叔・Ⅵ虢季と区別されるべきことが見てとれる。虢氏内部もまた井氏と同様に分節されており、城虢仲・鄭虢仲は「城」「鄭」といった地名を冠して「地域化」された分族、虢伯・虢仲・虢叔・虢季は「地域化」されていない虢氏の分族に相当するものと判断できる。

城虢仲を「地域化」する地名「城」の地望については、次に示す二つの解釈が可能である。第一の解釈は表の分類Ⅰにあげた班簋銘（中期・ⅡA）

王命毛公、以邦冢君・土馭・𢦚人、伐東国痟戎。咸。王命呉伯曰、以乃𠂤、左比毛父。王命呂伯曰、以乃𠂤、右比毛父。趞命曰、以乃族、従父征、徣城、衛父身。

王　毛公に命ず、邦冢君・土馭・𢦚人を以《ひき》いて、東国の痟戎を伐て、と。咸《おわ》る。王　呉伯に命じて曰く、乃《なんじ》が𠂤を以いて、毛父に左比せよ、と。王　呂伯に命じて曰く、乃が𠂤を以いて、毛父に右比せよ、と。命を趞《は》っして曰く、乃が族を以いて、父の征に従い、城を偕《い》でて、父の身を衛れ、と。

に「城を偕《い》でて」とある「城」を城虢仲の「城」とする解釈。班簋銘が「東国痛戎」への征討活動を記録すること、また『春秋左氏伝』隠公元（前七二二）年に「制は厳邑なり、虢叔ここに死せり（制厳邑也、虢叔死焉）」とあることから、この城は『春秋左氏伝』の制邑、すなわち現在の河南省滎陽近傍の地と見なされることになる。[27] 第二の解釈は、城虢仲簋が出土した陝西省鳳翔の近傍にこれを求める考え方。[28] 鳳翔から宝鶏にかけての地もまた虢にかかわる伝承をもっており、[29] その近傍に城虢の地を求めることも可能である。この二つの解釈はいずれも確証をもつものではないが、鄭井叔・豊井叔の鄭・豊が陝西省境内の地であったと考えられること、城虢仲簋の出土地が陝西省鳳翔であることを勘案すれば、城虢の「城」を陝西省境内に求める説がやや説得力に優れるかとも思われる。

城虢の地望比定はこのあたりにとどめておき、次いで虢伯・虢仲・虢叔・虢季という「地域化」されていない虢氏について検討を加えることにしよう。分類Ⅱの虢伯は短銘の自作器を残すのみで詳細を知りえないが、Ⅲ虢仲は何簋銘（後期）において冊命儀礼の「右者」として登場し、虢仲盨銘（後期・ⅢA）

虢仲以王南征、伐南淮夷。在成周。作旅盨、茲盨有十又二。

虢仲　王と以《とも》に南征し、南淮夷を伐つ。成周に在り。旅盨を作り、この盨十又二有り。

では、周王とともに南淮夷の征討にあたったことが記録される。またⅤ虢叔は、三年瘐壺銘・瘐鼎銘においてともに「（王）虢叔を呼び、瘐を召さしむ」との表現で記録に登場していた。この「（王）呼□、召…」との表現は、例えば

大鼎銘（中期・ⅢA）

隹十又五年三月既霸丁亥、王在𥁕侲宮。大以厥友守。王饗醴。王呼善夫駷、召大以厥友、入攼。

これ十又五年三月既霸丁亥、王　𥁕侲宮に在り。大　その友と以《とも》に守る。王饗醴す。王　善夫駷を呼び、大を召すにその友と以にし、入りて攼《まも》らしむ。

図47　虢仲盨

あるいは、晋侯蘇鐘銘

六月初吉戊寅、旦、王格大室、即位。王呼善夫曰、召晋侯蘇。入門、位中廷。王親賜駒四匹。

六月初吉戊寅、旦、王　大室に格り、位に即く。王　善夫を呼びて曰く、晋侯蘇を召せ、と。門に入り、中廷に位す。王親ら駒四匹を賜う。

のように、王命を出納する善夫についても用いられる表現であった[30]。三年𤼈壺銘・𤼈鼎銘の虢叔もまた王命の出納にかかわるといった職掌を担っていたのだろう。

さらに鬲従鼎（簋）銘（後期・ⅢB）に登場する虢旅（虢叔旅）は、

隹卅又一年三月初吉壬辰、王在周康宮徲大室。鬲従以攸衛牧告于王。曰、汝受我田牧、弗能許鬲従。王命省。史南以即虢叔、迺使攸衛牧誓。

これ卅又一年三月初吉壬辰、王　周の康宮徲大室に在り。鬲従　攸衛牧と以《とも》に王に告ぐ。曰く、汝　我が田牧を受け、鬲従に許すこと能わず、と。王　省せしむ。史南以《とも》に虢旅に即き、すなわち攸衛牧をして誓わしむ。

とあるように、鬲従と攸衛牧との訴訟の処理に与っており、曶鼎銘に記録された井叔とほぼ同じ地位にあったものと考えられる。

「地域化」されていない虢氏にあって、最も注目されるのは表の分類Ⅵにあげた虢季の一群である。虢季（虢季氏）の生称としては、ⅥD子白（宣公子白）・ⅥE子組・ⅥF子段（文公子段）が知られているが、そのうちのⅥD虢季子白盤銘（後期）には、

虢季子白作宝盤。丕顕子白、壮武于戎工、経維四方。搏伐玁狁于洛之陽。折首五百、執訊五十。是以先行。趄々子白、献馘于王。

虢季子白　宝盤を作る。丕顕なる子白、戎工に壮武にして、四方を経維す。玁狁を洛の陽に搏伐す。折首五百・執訊五十あり。是を以て先行す。趄々たる子白、馘を王に献ず。

とあるように、玁狁征討における華々しい戦果が記録されている。子白に冠された「丕顕」という表現は、通常「丕顕なる文武」や「天子の丕顕なる魯休」のように周王に対して用いられるか、あるいは「丕顕なる皇祖考」のように

祖先に対して用いられるものであり、作器者自身に対して使用される用例は他に類例がない。虢季子白盤の巨大さ（長辺約一三七センチ・重二一五キログラム）ともあいまって、当時の虢季氏の勢力の大きさをうかがい知ることができる。

ところで、陝西省扶風県強家村の窖蔵から発掘された表分類ⅥBの師𩛥鼎銘（中期・ⅡB）・ⅥCの師臾鐘銘（後期・Ⅲ）には、それぞれ作器の対象として「朕《わ》が考《ちち》虢季易父」「朕が刺祖虢季寛公幽叔・朕が皇考徳叔」の名が見えており、師𩛥・師臾が虢季氏に属する人物であったことが確認できる（呉鎮烽・雒忠如一九七五）。師臾鐘銘に見える「朕が刺祖虢季寛公幽叔」については、これを一名とするか二名以上の連記とするか意見が分かれるが、少なくともその「幽叔」が、扶風県強家村窖蔵から同時に出土した即簋銘（中期・ⅡB）

即敢対揚天子丕顕休、用作朕文考幽叔宝簋。

即敢えて天子の丕顕なる休を対揚し、用て朕《わ》が文考《ちち》幽叔の宝簋を作る。

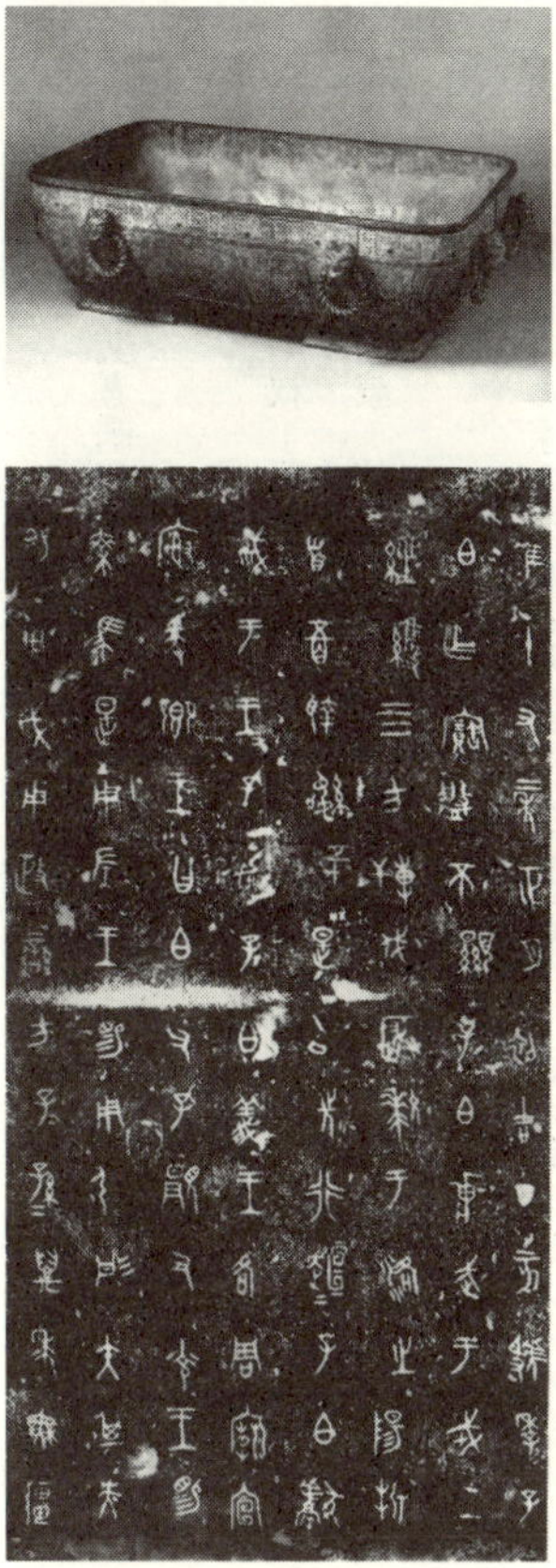

図48　虢季子白盤

に見える「朕が文考幽叔」に相当することは承認でき、そこから

即簋銘：幽叔―即

師臾鐘銘：幽叔―徳叔―師臾

という三代にわたる家系をたどることができる。[31] 師𩁹鼎銘に見える「朕《わ》が考《ちち》虢季易父」ならびに師𩁹をこの系譜のどこに接合するかは議論の分かれるところだろうが、[32] 虢季氏については、この虢季易父が現時点で確認できる最も早い時代の人物である。西周中期頃には既に虢氏内部で虢季氏が分節されていたものと考えられる。

以上、「地域化」されていない虢氏の分族としての虢伯・虢仲・虢叔・虢季について、その関係青銅器銘を見てきた。第二節で検討した井氏に比べれば、やや決定的な史料に欠ける憾みはあるが、それでもなお虢氏が西周王朝内の枢要な地位にあったことは主張できるだろう。以下、この点を確認するために、西周期の虢氏にかかわる文献史料を概観しておくことにする。

西周期の虢氏については、『春秋左氏伝』僖公五（前六五五）年

晋侯　復た道を虞に仮り以て虢を伐つ。…公曰く、晋は吾が宗なり、豈に我を害せんや、と。（宮之奇）対えて曰く、…虢仲・虢叔は、王季の穆なり、文王の卿士と為り、勲は王室に在り、盟府に蔵めらる。（晋侯復仮道於虞以伐虢。…公曰、晋、吾宗也、豈害我哉。対曰、…虢仲・虢叔、王季之穆也、爲文王卿士、勲在王室、蔵於盟

府)。

に見える虢仲・虢叔が最も時代の遡る虢氏への言及である。(33) 虢氏は「王季の穆」すなわち姫姓と伝えられるが、そのことは表の分類XVI虢孟姬の称謂から虢氏が姫姓であると判断されることに符合する。以下、文献史料に記録された虢氏の構成員を示せば、

懿王期：虢公(34)
夷王期：虢公(35)
厲王期：虢仲(36)・虢公長父(37)
宣王期：虢文公(38)
幽王期：虢石父（甫）(39)・虢公鼓(40)
東遷期(41)：虢公翰(42)

といった一覧を得ることができ、虢氏が王朝の征討活動にかかわっていたこと、ならびに、必ずしもすべてが肯定的な評価でないとしても、彼らが王朝の権力中枢にあって周王への影響力を行使しえたことが記録されている。すべてが史実ではないとしても、先の青銅器銘の検討から得た虢氏にかかわる知見を補足するものと評価できるだろう。

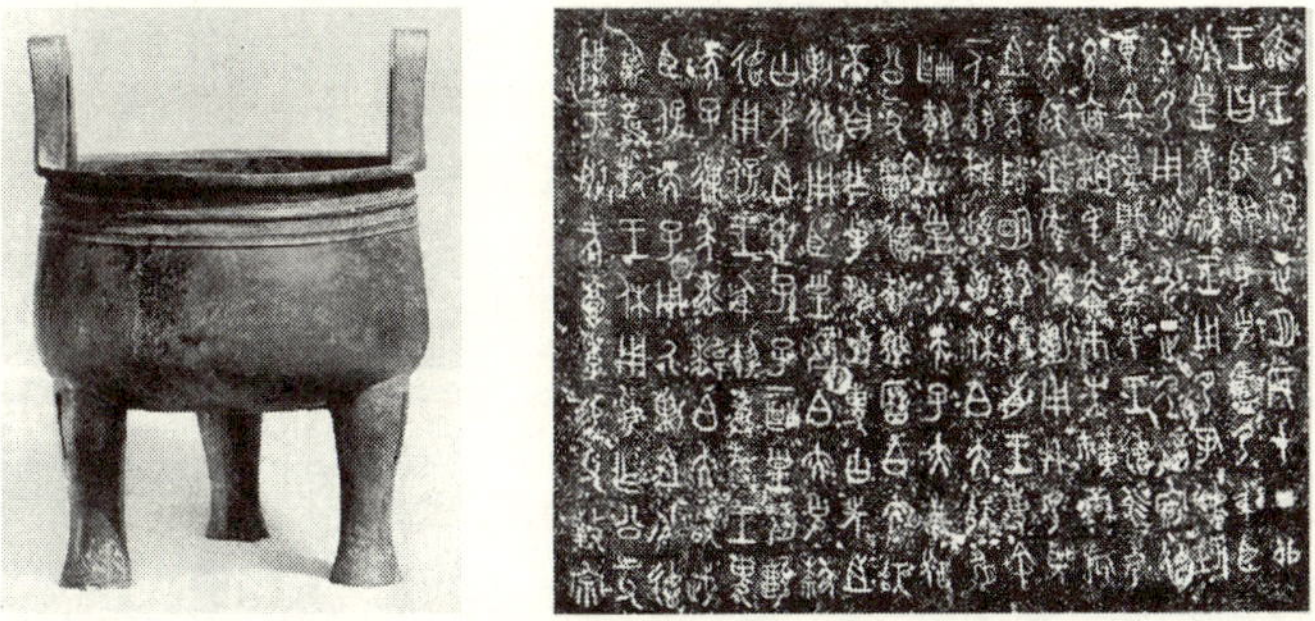

図49　師[illegible]鼎

ところで、文献史料には東虢・西虢・南虢・北虢・小虢という、虢の所在地にかかわる五つの名称が伝えられている。これらのいわゆる五虢については諸説あるが、[43] それらはほぼ「滎陽の虢」「平陸－陝の虢」ならびに「宝鶏の虢」の三つに整理でき、[44] そのうちの「平陸－陝の虢」については、「虢にかかわる称謂」表の出土地欄に度々登場する河南省三門峡市上村嶺での発掘調査がすすめられている。上村嶺虢国墓出土の青銅彝器は時代的にまとまりのよいものとされ、[45] その下限を紀元前六五五年の虢の滅亡に求めるならば、[46] その上限は西周期をさほど遡ることはないと考えられている。[47]「虢にかかわる称謂」表にも示したように、上村嶺の二〇〇一号墓からはⅥA虢季にかかわる青銅彝器が多数出土しており、それ以外にもⅧA虢碩父・ⅧB虢宮父の関係器が確認されている。さらに二〇〇九号墓からはⅢ虢仲にかかわる青銅彝器も出土していると報じられている（許永生一九九三、蔡運章一九九四、侯俊烈・王建明一九九九）。

表分類Ⅲの西周中期・後期の虢仲鬲が岐山県京当から、分類ⅥB師𩛥鼎ならびにⅥC師臾鐘が扶風県強家村から出土し、さらに分類ⅥD虢季子白盤が宝鶏虢川司から、ⅥE'虢季氏子組簋（後期・春秋Ⅰ）・虢季氏子組壺（後期）が鳳翔から出土したと伝えられていることから判断すれば、虢氏の本貫地は、とりあえず陝西省境内の「宝鶏の虢」に求めておいてよいであろう。[48] しかしながらそれと同時に、虢仲・虢季にかかわる青銅彝器が上村嶺の墓葬から出土していることは、少なくとも西周後期にはこの地に虢氏の一部が分散居住していた事実を示していると考えられる。「滎陽の虢」については、青銅器銘にその確証を見いだすことはできないが、先にも引いた『春秋左氏伝』隠公元年に「制は巌邑なり、虢叔ここに死せり」とあったこと、ならびに『国語』鄭語に鄭桓公の東遷にかかわってこの虢が言及されることから、[49] やはり虢氏が分散居住した土地の一つであったと考えることができるだろう。[50]

以上、虢にかかわる称謂を分析してきた。虢氏もまた井氏と同様に、「地域化」された分族をもつとともに、「地域化」されていない虢氏内部においても虢伯・虢仲・虢叔・虢季といった分族に分節していたことが指摘できた。そしてこれらの虢氏は、滎陽・平陸—陜・宝鶏あるいは鄭・城といった諸地に分散居住していたのである。

おわりに

第二節で検討した井氏、第三節で検討した虢氏は、いずれもその内部で分節し、諸地に分散居住していた。鄭井叔・鄭虢仲といった称謂は、鄭に井氏・虢氏の「地域化」された分族が居住していたことを示しているが、第一節で指摘したように、この鄭については、他に鄭鄧伯・鄭鄧叔・鄭義伯・鄭姜伯・鄭羌伯・鄭楙叔といった称謂の存在も確認できたのである。これらの称謂にかかわる史料は、鄭井叔・鄭虢仲ほど多くはないが、最後にこれらの称謂について可能な限りの検討を加えることで、本章の議論を結ぶことにしたい。

鄭鄧伯・鄭鄧叔は、鄭に「地域化」された鄧氏の分族と考えられる。鄭井叔の井・鄭虢仲の虢と同様に、鄧にかかわる称謂を一覧として示そう。(51)

鄧にかかわる称謂

分類		称謂	青銅器名	青銅器銘	断代	出土地
Ⅰ	A	鄧伯	盂爵＊	隹王初桒于成周。王命盂寧鄧伯。賓貝。用作父宝障彝。	前期・ⅠB	
	B	鄧伯吉射	鄧伯吉射盤＊	鄧伯吉射自作盥□。子々孫、万年、永宝用享。	春秋	
	C	鄧伯氏	鄧伯氏鼎	隹鄧八月初吉、伯氏姒氏作媥嫚臭媵鼎。其永宝用。	後期、春秋前期	
Ⅱ		鄭鄧伯	「鄭にかかわる称謂」表を参照のこと			
Ⅲ		鄧仲	鄧仲尊＊	鄧仲作宝障彝。	前期	陝西省長安県張家坡163号墓

Ⅳ		鄭鄧叔	「鄭にかかわる称謂」表を参照のこと			
Ⅴ		鄧孟	鄧孟壷＊	鄧孟作監嫚障壷。子々孫々、永宝用。	後期	
Ⅵ	A	鄧公	鄧公鼎＊	鄧公作旅障鼎。	（中期）	
			鄧公簋	隹十年四月、王在侯□。鄧公作旅簋。	後期	
			鄧公簋＊	鄧公作応嫚□朕簋。其永宝用。	後期	河南省平頂山市
			鄧公簋＊	隹鄧九月初吉、不故純夫人始迮鄧公、用為純夫人障□簋。	後期・春秋Ⅰ	
			鄧公匜＊	…鄧公□自作盥匜。	春秋	
	B	鄧公牧	鄧公牧簋＊	鄧公牧作饠簋。	春秋前期	（湖北省襄樊市）
	C	鄧公□	鄧公□鼎＊	鄧公□自作飤緐。其眉寿無期、永保用之。	春秋中期	湖北省襄陽山湾
Ⅶ		鄧子	鄧子盤＊	隹正月初吉丁亥、鄧子与□叔兵盥盤。…		湖北省鐘祥市
Ⅷ		鄧子午	鄧子午鼎＊	鄧子午之飤鐈。	春秋後期	
Ⅸ		鄧尹侯	鄧尹侯鼎＊	鄧尹侯之□□。	春秋後期	湖北省襄陽
Ⅹ		鄧孟媿	復公子伯舎簋＊	復公子伯舎曰、啟新、作我姑鄧孟媿媵簋。永寿用之。	後期	

西周期の鄧国については、『春秋左氏伝』昭公九年に、

王　詹桓伯をして晋に辞せしめて曰く、…武王　商に克つに及び、…巴・濮・楚・鄧は、吾が南土なり。（王使詹桓伯辞於晋曰、…及武王克商、…巴・濮・楚・鄧、吾南土也）。

とあり、武王克殷後に展開した周の「南土」の国の一つとしてその名が記録されている。また『国語』鄭語では、鄭桓公の「東遷」にあたって、

史伯対えて曰く、…成周に当たるは、南に荊・蛮・申・呂・応・鄧・陳・蔡・隨・唐あり。（史伯対曰、…当成周者、南有荊・蛮・申・呂・応・鄧・陳・蔡・隨・唐）。

とあるように、成周南方の国として言及されている。春秋期に至っても、『春秋経』桓公七（前七〇五）年（同年『春秋左氏伝』）、『春秋左氏伝』桓公九（前七〇三）年にその名が見え、(52)前六七八（魯荘公十六）年に楚によって滅ぼされたと伝えられる。(53)姓は曼、(54)夏の末裔とも殷の末裔とも伝えられる国で（陳槃一九六九　冊三）、鄧関係器が出土する湖北省襄樊近傍に存在していたと考えられている（周永珍一九八二）。表分類Ⅰの盂爵銘（前期・ⅠB）に、

隹王初𡍩于成周。王命盂寧鄧伯。賓貝。用作父宝障彝。

これ王初めて成周に𡍩す。王　盂に命じて鄧伯を寧せしむ。貝を賓せらる。用て父の宝障彝を作る。

とあるのは、その地望に矛盾せず、青銅器銘からも鄧が西周前期よりこの地に存在していたことが確認できる。

「鄧にかかわる称謂」表にあげた称謂には、Ⅰ鄧伯（鄧伯氏）(55)・Ⅲ鄧仲・Ⅴ鄧孟やⅥ鄧公といった称謂とともに、Ⅱ鄭鄧伯・Ⅳ鄭鄧叔という地名を冠した称謂も含まれていた。西周期の鄧国の地望を湖北省襄樊近傍の「南土」の地に求めることができるならば、鄭鄧伯・鄭鄧叔とは、鄭に居住して「地域化」されたその分族と理解しなければならない。この鄧国と鄭鄧伯・鄭鄧叔との関係は、先に第二節で指摘した井（邢）国と鄭井叔の関係と同じものであると評価できるだろう。

鄭を冠した氏族名には、他に鄭義伯・鄭姜伯・鄭羌伯・鄭楙叔などがあった。鄭義伯には、義伯簋銘「義伯作兗婦

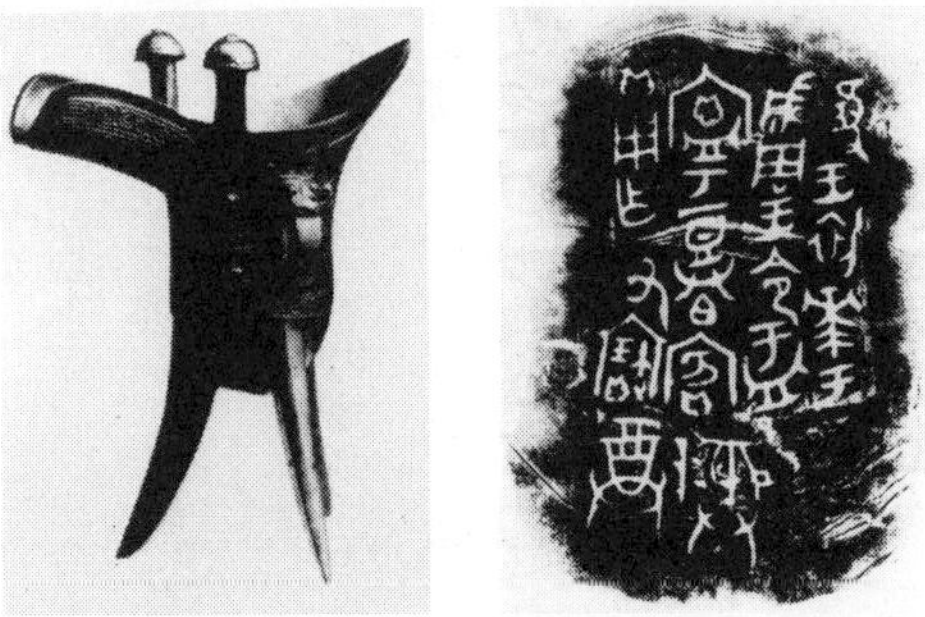

図50　盂爵

□姞（義伯　亮婦□姞を作る）」（西周）・義仲方鼎銘「義仲作厥父周季障彝（義仲　その父周季の障彝を作る）」（前期・Ⅱ）、鄭羌伯には羌仲虎簠銘「隹羌仲虎択其吉金、用自作宝簠。其子々孫々、永宝用享（これ羌仲虎その吉金を択び、用て自ら宝簠を作る。それ子々孫々、永く宝用して享せよ）」（後期）といった関係器の可能性があるものも存在するが、全体的に史料が不足しており明確なことはいえない。ただし、これまでの議論を踏まえるならば、これら鄭義伯・鄭姜伯・鄭羌伯・鄭楙叔もまた、鄭に「地域化」された分族の称謂であったと考えることは可能である。

第Ⅰ部で述べたように、周王朝の支配秩序は王身－王位－王家－周邦－四方として表現されていた。この秩序のなかに西周期の氏族の存在形態を位置づけるならば、井（邢）国・鄧国は王朝の「四方」を構成していた「万邦」の一つと理解することが可能である。またそれとは別に、王朝の権力中枢に位置していた井氏・虢氏などは、それぞれの「家」を保持しつつ、「王家」が複数地に分散していたように、やはり複数地に分散居住していた。そしてその氏族の内部では、井伯・井叔・井季、あるいは虢伯・虢仲・虢叔・虢季などの分族が分節されるとともに、鄭井叔・鄭虢仲、あるいは豊井叔といった「地域化」された分族も誕生していたのである。「四方」の地への遹省や、「周邦」内部の「都」を経巡る周王によって秩序を与えられていた周王朝は、同時にそのような諸地に分散居住していた諸氏の血縁関係によって、最終的には周王へと収斂する求心力を維持していたのである。

（1） 寰盤銘（後期）の「寰拝稽首、敢対揚天子丕顕叚休命、用作朕皇考鄭伯・鄭姫宝盤（寰拝稽首し、敢えて天子の丕顕なる叚休命を対揚し、用て朕が皇考鄭伯・鄭姫の宝盤を作る）」に見える「皇考鄭伯・鄭姫」のように、死者の称として「鄭」字が使用される事例がある。この「鄭」字は、例えば「鄭にかかわる称謂」表のＩＡ康鼎銘「用作朕文考𨤲伯宝障鼎（用て朕が文考𨤲伯の宝障鼎を作る）」に見える𨤲伯の「𨤲」字などと同様に、死者の「謚」号的用例の可能性があるので、ここでの考察からは除外した。

（2） 『大系』一八一召叔山父簠に「『奠白大嗣工』者、言鄭伯之大司空、職上係国、復係其国之爵、此例僅見」という。「伯」を「爵」と考えることには問題があるが、この称謂を「鄭伯」と「大嗣工」とに分かつことは承認されるべきである。

（3） 既に第Ⅱ部第一章の「おわりに」で指摘したように、嗣工を含む「嗣」職に「大」字が冠される事例は、すべて列国器において観察されるものである。

（4） 晋叔家父は、『史記』晋世家「穆侯卒、弟殤叔自立、太子仇出奔。殤叔三年、周宣王崩。四年、穆侯太子仇率其徒襲殤叔而立、是為文侯」に見える殤叔であろうとされる。また晋伯𦣞父についても、穆侯・殤叔の早逝した兄の可能性が考えられている。李学勤一九九五、周亜一九九六を参照のこと。

（5） 山東省文物考古研究所等一九八二。魯伯者父盤の出土した甲組二〇二号墓の年代については、「約属春秋早期」との判断がくだされている。なお、この魯伯者父に類した称謂としては、他に魯伯愈父［鬲（春秋前期・春秋Ⅰ）・簠（春秋前期）・盤（後期）・匜（後期）］、魯伯大父［簋（春秋前期）・簋（春秋前期・春秋Ⅰ）・簋（春秋前期）］、魯伯厚父［盤（春秋）］の存在が知られている。

（6） 『春秋左氏伝』襄公二七年「鄭伯享趙孟于垂隴、子展・伯有・子西・子産・子大叔・二子石従」の杜預注に「二子石、印段・公孫段」とある。『銘文選』（四）七七六鄭子石鼎を参照のこと。

（7） 『銘文選』（三）四五六鄭虢仲簋に「西周居鄭之大夫甚多、伝世有鄭虢仲悆鼎・鄭𤼈伯鬲・鄭𤼈叔鬲《ママ》・鄭義伯盨・鄭井叔蒦父鬲・鄭井叔康鬲《ママ》・鄭楙叔賓父壺・鄭雍遼父鼎等等。大多為西周中晩期器、此居鄭之大夫為王官、非鄭国的大夫」という。「大夫」という表現は必ずしも適切ではないだろうが、「鄭某」の称謂を姫姓鄭国と切り離して考える点は本章の主張と一致している。

（8）犀觚銘は、陝西省博物館・陝西省文物管理委員会一九六三に一三弦紋觚「□□□子々孫々□□□□□井」として著録された。のち『陝西』（二）一六七に犀觚「犀作旅觚。子々孫々永宝用。豊井」として再録されており、本表はこれに従った。

（9）『大系』八四康鼎に「康即鄭井叔盨之鄭井叔康、亦即曶鼎之井叔。盨銘云『…』、蓋康名、井叔字、鄭食邑所在地也。又有（鄭井叔）鐘、曰『…』、亦是同人之器。本鼎銘末有『鄭井』二字、即康所自署之下款。趩觶又称咸井叔、咸者宗周畿内地之咸林也。詩譜云『初宣王封母弟友於宗周畿内咸林之地、是為鄭桓公』。漢書地理志京兆尹鄭県下云『周宣王（弟　筆者補う）鄭桓公邑、有鉄官』。是知鄭井叔之鄭即是西鄭。…要之西鄭咸林実井叔康之旧封也。據曶鼎、井叔在孝王元二年已為王左右之重臣、而本鼎言始受命『死嗣王家』、是知此鼎必為懿世器」（引用にあたり奠を鄭に改めた）という。

また「断代」（六）八七免簠に「氏名的鄭井・咸井・鄭・井指同一個氏、凡有此氏名者乃一家之器、但不是一切井叔皆属于同一個人。此輩有井叔、上一輩下一輩都可以有井叔。茲就形制・花文及銘文内容定井氏諸器的先後如次：

・
約共・懿時　免組之井叔・咸井叔
懿或其後　　鄭井叔康
・

由此可知免組之井叔与鄭井叔康可能是一人、而此称鄭井応稍後于単称井叔的」（引用にあたり奠を鄭、白を伯に改めた）という。

（10）中国社会科学院考古研究所灃西発掘隊一九八六に「可見井叔・鄭井叔・豊井叔自有区別。如以食邑而別、鄭井叔・豊井叔理応在井叔之後」という。なお同論文では趩觶銘を「王在周、格大室、咸、井叔入右趩」と読み、咸井叔という称謂を認めないが、冊命金文にこのような書式はなく、咸井叔の存在を認めるべきである。また張長寿一九九〇をあわせて参照のこと。

（11）民族誌などにおいては、氏族制はクラン Clan（氏族）―リネージ Lineage（系族）―拡大家族といった分節構造をもつものとされる。しかしながら、中国の氏族制にこの概念を適用することは容易ではない。従って、本書では氏族本宗から分節された単位をとりあえず「分族」と表現することにする。なお中国の氏族制については、モーリス・フリードマン『中国の宗族と社会』（田村克己・瀬川昌久訳、一九八七年、弘文堂）を参照のこと。

(12) 咸地は、あるいは『春秋左氏伝』襄公十四（前五五九）年に、晋の率いる諸侯軍が秦を伐つに際して、涇水を渡って「棫林に至る（至于棫林）」と記された棫林の地であるかもしれない。盧連成一九八三は、この棫林を戜簋銘（中期・ⅡB）の「䮸林」、あるいは長甶盉銘（中期・ⅡA）などに登場する「減」と同一地と見なし、これを鳳翔県雍城一帯に比定している。

(13) 鄭井叔あるいは鄭虢仲の「鄭」字については、これを「畿甸」の「甸」字に理解する考え方がある。例えば、「王在鄭」の鄭を漢の京兆尹鄭県と認める李学勤一九九九「論西周鄭的地望」も、鄭井叔・鄭虢仲の「鄭」を「甸」の意味に解釈しようとしている。しかしながら、「王在鄭」「王在豊」のように、鄭と豊が地名として対応関係をもつことを踏まえたうえで、敢えて「鄭」字に「甸」の意味を与えようとするならば、豊井叔の「豊」あるいは咸井叔の「咸」にも、それぞれそれに対応する意味を与える必要があるだろう。

(14) 伊藤道治一九七三にこの問題についての言及がある。

(15) 発掘の報告には中国社会科学院考古研究所灃西発掘隊一九八六などがあるが、最終的には中国社会科学院考古研究所一九九九としてまとめられた。

(16) 一六三号墓からはM一六三：三四とM一六三：三五の二件の井叔鐘が出土している。本文はM一六三：三四に従ったが、M一六三：三五では「叔」字の下に重文記号がなく、作器者は「井叔采」と表記されている。

(17) 一五二号墓から出土した井鼎には「井」一字が記されるのみである。これを「井にかかわる称謂」表の分類Xに配した康鼎銘末の「鄭井」、屖甗銘末の「豊井」と比較すれば、この「井」は「地域化」されていない井氏を表すものと考えられる。

(18) 禹鼎と同一人物の作器にかかる叔向父禹簋銘（後期・ⅢB）に「叔向父禹曰、余小子、嗣朕皇考、肇帥型先文祖、恭明徳、秉威義、用𩰫圝奠保我邦・我家、作朕皇祖幽大叔障簋（叔向父禹曰く、余小子、朕が皇考を嗣ぎ、肇めて先文祖に帥型し、明徳を恭み、威儀を秉り、用て𩰫圝して我が邦・我が家を奠保し、朕が皇祖幽大叔の障簋を作る）」とあり、この両銘から

穆公－－－－幽大叔－懿叔－（叔向父）禹

という系譜を復元することができる。叔向父禹簋銘の「我が邦」が禹鼎銘の「井邦」を指していると考えられること、ならびに叔向父禹が「某叔」の家系に属していることからすれば、禹鼎銘の「皇祖穆公」が井叔鐘銘の「文祖穆公」と同一人物を指している可能性は高いだろう。なお、この穆公を例えば盠方尊（彝）銘「王格于周廟。穆公右盠、位于中廷、北嚮（王 周廟に格る。穆公 盠を右け、中廷に位し、北嚮す）」（中期・ⅡB）に見える穆公と同一人物とする見解もあるが、生称と祖先の称謂は区別されるべきだろう。

(19)　表の分類XAに配した叔男父匜銘（後期・ⅢA）の銘末に「井」とあり、作器者の叔男父は井叔男父であると考えられる。

(20)　盧連生・胡智生一九八八は、井氏の采邑ならびに分族の分節について「根拠考古発掘資料和伝世西周銅器銘文資料排比、従井侯始封、在畿内的井氏家族可能繁衍分化為三支、即井伯・井叔・井季。這三支世族各自世襲相承、留居王朝、食采于井邑。其中以井伯・井叔両支最為顕達、在西周中・晩期歴史上占有重要地位」（四二二頁）と述べている。

(21)　張長寿一九九〇は井叔家の世系を、

文考井叔…文祖穆公－□□－井叔采－井叔達－井叔□…－鄭井叔
　（文考井叔…の分枝）季魯、井季㚖
　（井叔□…の分枝）豊井叔

のように復元している。しかしながら、鄭井叔・豊井叔といった「地域化」された分族が井叔家からのみ分節されたと断定することはできない。井叔－井季という系譜が確認されるように、例えば井伯家から鄭井叔・豊井叔が分節された可能性も否定できないだろう。

(22)　「侯于□」の表現は、他に西周初期の大保罍（盉）銘「命克侯于匽（克に命じて匽に侯たらしむ）」、宜侯夨簋銘「王命虎侯夨。曰、繇、侯于宜（王 虎侯夨に命ず。曰く、ああ、宜に侯たれ）」（前期・ⅠB）、伯晨鼎銘「王命瓶侯伯晨。曰、嗣乃祖考、侯于瓶（王 瓶侯伯晨に命ず。曰く、乃が祖考を嗣ぎ、瓶に侯たれ）」（中後期）にも見えている。さらに魯国の「封建」を回顧した『詩経』魯頌・閟宮には「王曰、叔父、建爾元子、俾侯于魯、大啓爾宇、為周室輔。乃命魯公、俾侯于東、錫之山川、土田附庸」とあり、「侯于□」の表現が保存されている。

（23）『説文解字』六篇下に「邢、周公子所封、地近河内懐」とある。なお伊藤道治一九六九には、この邢の初封・遷徙についての議論がある（伊藤道治一九七五　二五九〜六一頁）。併せて参照されたい。

（24）この部分（さらにこの青銅彝器の作器者）については、二つの考え方がある。一つは『通釈』五九栄簋のように、作器者を栄とみなし、「周公の彝を作っているのは、その主家が周公の胤であるからである」とする考え方であり、いま一つは『銘文選』（三）六六邢侯簋のように、作器者を井（邢）侯とみなし、「此器主応是受王命的邢侯、但通篇銘文没有出現邢侯之名、与保卣銘相似」とする考え方である。いずれともにわかには決定しがたいが、井（邢）侯が周公の家系に属することは認められるであろう。

（25）井（邢）侯と井氏の「井」字に字形上の相違が認められることは、「断代」（六）八七免簋ならびに樋口隆康一九六三に指摘がある。しかしながら、この相違は必ずしも厳密なものではなく、あるいは異体字の範疇におさまるものとも考えられる。樋口隆康一九六三はこの点についての判断を保留するが、伊藤道治一九六九は両者を同一氏族と考えている。なお、尚志儒一九九三は井（邢）侯を姫姓、井氏を姜姓と考えるが、井氏が姫姓であることを示す史料となる井姫・井孟姫といった称謂をいかに理解しているか不明である。

（26）洛陽市北窰村三七四（三一四？）号墓から出土した西周前期の戈に「□公」との銘文がある。蔡運章一九九六ｂは「疑此字可能為虢」との判断を示すが、拓本が不明瞭なために、その判断を検証できない。さらに、洛陽市文物工作隊一九九九は、これを「虢公戈」と表記しているが（三六四頁）、拓本が掲載されておらず、やはりその判断を検証できない。従って、本章ではこの「虢公戈」を虢関係器としては取り上げないこととする。

（27）「断代」（二）十二班簋および（六）八七免簋、『通釈』七九孟簋　班簋。黄盛璋一九八一ａなど。

（28）『大系』二〇班簋および二四四虢文公鼎、郭沫若一九七二、『銘文選』（三）三五五城虢仲簋など。

（29）『漢書』地理志上弘農郡陝県自注に「故虢国。…北虢在大陽、東虢在滎陽、西虢在雍州」とあり、『漢書』地理志上右扶風虢県がこれに相当する。また『水経』渭水注には「(雍)県、故秦徳公所居也。晋書地道記以為西虢地也。漢書地理志以為西

虢県。太康記曰、虢叔之国矣。有虢宮、平王東遷、叔自此之上陽、為南虢矣」とある。

(30)「(王)呼□、召…」の表現が善夫に限定されたものでないことはいうまでもない。他に大師虘簋銘（中期・ⅡB）の師晨、盠駒尊銘（中期・Ⅱ）の師遽、達盨銘の嶲趩、克鐘（鎛）銘（後期・Ⅲ）の士曶がこの表現をともなって青銅器銘に登場している。

(31)『通釈』補一〇師訊鼎。なお呉鎮烽・雒忠如一九七五は師臾鐘銘の「朕剌祖虢季寃公幽叔」を一名と見なすものの、この人物を師望鼎銘（中期・ⅢB）の作器対象である「朕皇考寃公」と同一人物と考え、

寃公―師望―師臾

との系譜を復元し、即簋銘の即を「与師臾似系一家」と見なしている。また黄盛璋一九八四は師臾鐘銘の「朕剌祖虢季寃公幽叔」を虢季寃公・幽叔の二名と見なし、

虢季寃公―師望（幽叔）―即（徳叔）―師臾

という四世代にわたる系譜を復元している。

(32)木村秀海一九八二は師訊を師臾鐘銘の「虢季寃公幽叔」と同一人物だろうとする。一方、李学勤一九七九・同一九九〇「師訊鼎剩議」、あるいは蔡運章一九九六cは、師臾鐘銘の「虢季寃公幽叔」を虢季・寃公・幽叔の三名と見なし、

虢季―師訊（寃公）―師望（幽叔）―即（徳叔）―師臾

という五世代にわたる系譜を復元している。

(33)『書経』周書　君奭「惟文王、尚克修和我有夏、亦惟有若虢叔、有若閎夭、有若散宜生、有若泰顛、有若南宮括」、あるいは、『国語』晋語四「(胥臣)対曰、…臣聞、…文王在母不憂、在傅弗勤、処師弗煩、事王不怒、孝友二虢、而恵慈二蔡、刑于大姒、比於諸弟」なども文王と虢との関係を伝えている。

(34)『今本竹書紀年』「(懿王)二十一年、虢公帥師北伐犬戎、敗逋」。

(35)『後漢書』西羌伝「夷王衰弱、荒服不朝。乃命虢公率六師伐太原之戎。至于兪泉、獲馬千匹」。注に「見竹書紀年」とあるように、『竹書紀年』の記事に拠るものである。『今本竹書紀年』はこれを夷王七年にかける。

（36）『後漢書』東夷伝「厲王無道、淮夷入寇。王命虢仲征之、不克」。王国維『古本竹書紀年輯校』は「案此条、章懐太子注不云出紀年。然范史四裔伝三代事、皆用史記及紀年修之。此条不見史記、当出紀年也」と判断する。ただし方詩銘・王修齢一九八一などは、この判断に同意していない。また『今本竹書紀年』はこれを「三年、淮夷侵洛。王命虢公長父征之、不克」に作る。

（37）『呂氏春秋』仲春紀　当染「周厲王染於虢公長父・栄夷終」。高誘注に「虢・栄、二卿士也」という。ただし、この虢公長父を『荀子』成相篇は孰公長父に作り、『墨子』所染篇は厲公長父に作る。

（38）『国語』周語上「宣王即位、不藉千畝。虢文公諫曰、不可、…。王不聴」。また『今本竹書紀年』「(宣王十五年)、王錫虢文公命」。

（39）『国語』晋語一「史蘇曰、…周幽王伐有褒、褒人以褒姒女焉。褒姒有寵、生伯服。於是乎与虢石甫比、逐太子宜臼而立伯服」、『国語』鄭語「(史伯) 対曰、…夫虢石父讒諂巧従之人也、而立以為卿士」。

（40）『呂氏春秋』仲春紀　当染「幽王染於虢公鼓・祭公敦」。ただし虢公鼓を『墨子』所染篇は傅公夷に作る。

（41）「東遷期」という概念については吉本道雅一九九〇を参照のこと。

（42）『春秋左氏伝』昭公二六年正義「汲冢書紀年云、平王奔西申、而立伯盤以為大子、与幽王倶死于戯。先是、申侯・魯侯及許文公立平王於申。以本大子故称天王。幽王既死、而虢公翰又立王子余臣於携、周二王並立。二十一年、携王為晋文公所殺。以本非適故称携王」。

（43）日本では上原淳道一九五七、樋口隆康一九六〇に五虢についての言及がある。また最近では、蔡運章一九九六ａがこの問題を扱っている。

（44）中国科学院考古研究所一九五九　第四章「結語」に「由這些引文看、可知虢有三処、一在今河南滎陽一帯、一在今山西平陸和河南陝県一帯、一在今陝西宝鶏一帯。其他文献、也没有越出這三個地区。没有解決的是、東・西・南・北的名称応該安在那一処。大体説来、滎陽一帯是東虢、諸家似無異議、其他両処、則抵牾甚多。按先秦文献、只単称虢、并無東・西等名称。…這些是後人為便于区別而加上的」(四八頁)という。譚其驤主編『中国歴史地図集』も西周期の虢の地望をこの三地に求めている。
(45) 林巳奈夫一九七二　四七三頁。また樋口隆康一九六〇は、時代的まとまりのよさのほかに、蘇・芮等の青銅彝器とのまとまりを指摘する。
(46) 『春秋経』僖公二(前六五八)年に「虞師・晋師滅下陽」とあり、同年『春秋左氏伝』に「夏、晋里克・荀息帥師会虞師、伐虢、滅下陽」という。また同僖公五(前六五五)年に「八月甲午、晋侯囲上陽。…冬十二月丙子朔、晋滅虢。虢公醜奔京師」とある。
(47) 上村嶺虢国墓の年代については、中国科学院考古研究所一九五九が西周晩期(紀元前九世紀中葉)から東周早期(下限は紀元前六五五年)と考える(四九頁)のに対し、郭宝鈞一九八一は紀元前七七〇年の周室東遷から紀元前六五五年までと考えている(七〇頁・一九七頁)。『国語』鄭語に「(桓公)問於史伯曰、王室多故、余懼及焉、其何所可以逃死。史伯対曰、…当成周者、…西有虞・虢・晋・隗・霍・楊・魏・芮」とあるように、鄭桓公の東遷に際して「平陸—陝の虢」が言及されること、ならびに『今本竹書紀年』に「幽王七年、虢人滅焦」とあることなどを勘案すれば、この「平陸—陝の虢」は西周期にまで遡及しうるものと考えるべきである。近年、上村嶺で発掘調査された二〇〇一号墓・二〇一一号墓・二〇一二号墓の年代について、河南省文物考古研究所・三門峡市文物工作隊一九九九は、「西周晩期晩段(即宣・幽時期)」(五二八頁)との判断をくだしている。
(48) 河南省文物考古研究所・三門峡市文物工作隊一九九九は、この点について「陝西宝鶏一帯依文献所載為西虢所在地、伝世虢国銅器中多言出于此地者、但建国至今、宝鶏一帯発掘的衆多西周墓葬中、却無一例虢国墓発現、令人狐疑」(五三七頁)と述べている。
(49) 『国語』鄭語に「史伯対曰、…其済・洛・河・潁之間乎。是其子男之国、虢・鄶為大。虢叔恃勢、鄶仲恃険。是皆有驕侈怠慢之心、而加之以貪冒。…君若以成周之衆、奉辞伐罪、無不克矣。若克二邑、鄔・弊・補・舟・依・𩣡・歴・華、君之土也。…公説、乃東寄帑与賄。虢・鄶受之、十邑皆有寄地」とある。
(50) 蔡運章一九九六aは、「乙未、争貞、呼虢眔曼、八月」(『甲骨文合集』四五三一)を引いて、虢が殷代以来の地名であったこと、かつ河南省滎陽県氾水鎮近傍に存在する「平咷城」が東虢の故城であったことを主張している。

(51) 鄧にかかわる称謂には、鄧を「异」字に作るものと「𢍏」字に作るものが含まれている。「异」字に作るものはⅠA鄧伯・ⅠC鄧伯氏・Ⅲ鄧仲・Ⅴ鄧孟・ⅥA鄧公・ⅥB鄧公牧であり、「𢍏」字に作るものはⅠB鄧伯吉射・Ⅱ鄭鄧伯・Ⅳ鄭鄧叔・ⅥA鄧公・ⅥC鄧公□・Ⅶ鄧子・Ⅷ鄧子午・Ⅸ鄧尹侯・Ⅹ鄧孟媿という内訳になる。この字体の相違によって「异」と「𢍏」とを分かつ考えもあるが（中国社会科学院考古研究所灃西発掘隊一九八六）、ⅥAの鄧公関係器に両字体が併存することから、とりあえずは両字を異体字と考えておく。

(52)『春秋経』桓公七年「夏、穀伯綏来朝。鄧侯吾離来朝」、同年『春秋左氏伝』に「春、穀伯・鄧侯来朝」という。また『春秋左氏伝』桓公九年には「巴子使韓服告于楚、請与鄧為好。楚子使道朔将巴客以聘於鄧。鄧南鄙鄾人攻而奪之幣、殺道朔及巴行人。楚子使薳章讓於鄧。鄧人弗受。夏、楚使闘廉帥師及巴師囲鄾。鄧養甥・聃甥帥師救鄾。…鄧師大敗、鄾人宵潰」とある。

(53)『春秋左氏伝』荘公六年「楚文王伐申、過鄧。鄧祁侯曰、吾甥也。止而享之。騅甥・聃甥・養甥請殺楚子。鄧侯弗許。…還年、楚子伐鄧。十六年、楚復伐鄧、滅之」。

(54)『春秋左氏伝』桓公十一（前七〇一）年に鄭荘公夫人として鄧曼の名が見え、同桓公十三（前六九九）年及び荘公四（前六九〇）年には楚武王夫人として鄧曼の名が見える。桓公十一年杜預注に「曼、鄧姓」といい、青銅器銘もこれに一致している。『大系』一七六鄧孟壷を参照。

(55) この鄧伯氏という称謂は、例えば「鄭にかかわる称謂」表ⅢDの鄭伯氏や「虢にかかわる称謂」表Ⅵの虢季氏と同じである。

第Ⅳ部

第Ⅳ部の課題

先の第Ⅰ部・第Ⅱ部・第Ⅲ部においては、青銅器銘を主たる史料としつつ、西周期の国制をめぐるいくつかの問題を検討してきた。第Ⅰ部では、王身―王位―王家―周邦―四方と観念されていた秩序の存在、ならびにその秩序を維持・回復するために「四方」の地にまで経巡っていた周王の姿を確認し、さらにこの経巡る王の所在に注目しつつ、宗周・成周や周（岐周）のみならず、「鄭還」や「豊還」といった組織が存在する鄭や豊もまた周王の「都」たりえたことを主張した。第Ⅱ部では「王家」およびそれに深くかかわっていた宰の問題を取り上げ、さらにそこから西周期の官制へと考察をすすめ、具体的職掌を指示しようとする「嗣」概念によって構築される官制（「行政」）は、水平的に分割された職掌の集積として立ち現れることを指摘した。第Ⅲ部ではこの王朝の支配スタッフを供給する氏族の問題へと議論をすすめ、［排行］某父といった称謂が急増する西周中期頃から氏族内部での分節化が進展し、地名を冠して「地域化」された分族も出現していたことを主張したのである。

以上三部の議論では、青銅器銘を主たる史料とした関係もあり、考察の対象をほぼ西周期に限定したのであったが、ここ第Ⅳ部では、その対象を東周期（主に春秋期）へと拡げたいと思う。ただしそれは、あくまでも先の三部での考察を承けたものであり、それらの考察の結果を東周期において検証しようとするものである。第Ⅳ部も先の三部と同様に二章から成っているが、その二つの論考には別の目的・方法論が与えられている。

第一章「『県』制の遡及」は、国制の一端を担う「県」制の問題を取り扱う。そこでは、相当量の蓄積をもつ東周期「県」制の研究に、西周期についての議論が接合できるかどうかを検証したい。これは、ややもすれば孤立しがちであった西周史研究を、東周期以降を対象とする諸々の研究へと橋渡しする可能性を探るための試みである。

次いで第二章「分裂する王室」では、東周期の周王室を考察の対象としたい。ここでは『春秋左氏伝』『国語』をはじめとした文献が主たる史料となるが、青銅器銘とは質的に異なるこれらの史料を用いた考察を通して、先の三部における検討結果の幾分かを検証してみたい。文献史料の分析から導かれた周王室の動向を踏まえてはじめて、西周期の王朝・王室との対比が可能となるはずである。そして、その検証によって、西周期と東周期の連続性ないしは断絶が指摘できるだろう。

第一章 「県」制の遡及

はじめに

第Ⅰ部第二章「周王の『都』」においては、周王の巡り来る地であった鄭あるいは豊に「鄭還」「豊還」といった組織が存在しており、そこには師氏などの軍事集団が駐屯するとともに、その経済的基盤を支える林・虞・牧といった諸官が配されていたであろうことを主張した。しかしながら、そこでの議論は、「還」にかかわるであろう諸々の青銅器銘の検討から、その実態をいわば帰納的に推定したものであり、「鄭還」「豊還」といった組織の歴史的な位置づけを念頭においたものではなかった。そこで、本章では「鄭還」「豊還」の「還」そのものに注目し、その検討をふまえたうえで、西周期の「還」という組織の系譜をたどってみたいと思う。

さて、この「還」字の字義については、古くは阮元『積古斎鐘鼎彝器款識』（一八〇四年）の巻七　穴（免）簠条に「還は寰に通ず、寰は古えの県字。穀梁隠元年伝に、寰内諸侯とあり。釈文に、寰の音は県、寰内は圻内なりとあり（還通寰、寰古県字。穀梁隠元年伝、寰内諸侯。釈文、寰音県、寰内、圻内也）」との指摘があるように、これを「県」字に通ずるものとする考え方があった[1]。これを以下、「還＝県」説と記すこととするが、この「還＝県」説はその後も唐蘭などに引き継がれてはいるものの（唐蘭一九八六巻五中　三二一免簠）、例えば『通釈』一一五免簠に「西周のとき、郡県の制はまだ行なわれていなかった」と述べられているように、郡県制（とくに「県」制）の遡及という問題系のなかで、いわば常識論として否定され、以後ほとんど学界の注目を集めることはなかった。しかしながらその一方で、今日の学界で主流をなしていると思われる「苑」「園」に訓ずる説や、[2]あるいは「王領の直営地」とする説も、[3]実は明確な根拠にもとづいて主張されたものではなく、「還」に配された林などの諸官から印象論的に導かれた推論にすぎなかったのである。

西周期の「還」をめぐる議論は、常識論と印象論のなかに放置され、議論がそれ以上深まることはなかった。このような状況にあって、李家浩一九八七「先秦文字中的〝縣〟」は、「鄭還」「豊還」の「還」字が「県」字に比定されうること、ならびに「県」制は従来の理解とは異なり、西周期にまで遡ることを主張したのである。李論文は、阮元に始まる「還＝県」説を改めて主張するという学説史的位置を占めることになるだろう。本章は、この李論文の主張を吟味することから始めたいと思う。われわれはそれを手掛かりとして、「県」制の遡及にかかわる問題にたどりつくはずである。

第一節　「県」制遡及に関する議論―李家浩一九八七の吟味

李家浩一九八七は、西周期の青銅器銘に見える「還」字を論じる第一章、春秋・戦国期の青銅器銘・陶文・印文などの「還＝県」説関係史料を紹介する第二章、「還＝県」説の文献学的・文字学的根拠、ならびに「県」字の字義の変化を論じる第三章からなっている。しかしながら、その論理展開はこの章立てとはやや異なっており、第三章での文献学的・文字学的根拠にもとづいて、「還＝県」説関係の史料を西周期にまで遡って追求し、そこから改めて「県」字の字義の変化を論じるという構成をとっているものと判断される。

李論文は、阮元が引いた『穀梁伝』隠公元年ならびに『経典釈文』[4]のほか、『礼記』王制・『国語』斉語・『広韻』・『説文解字』新附字「寰」・『汗簡』・顔師古『匡謬正俗』などの文献史料を「還＝県」説の根拠として取り上げ、あわせて「還」字あるいは「寰」字の音符「瞏」と「県」字の古音の近さを主張している。

確かに李氏が指摘するように、『穀梁伝』隠公元年「寰内諸侯、天子の命有るに非ざれば、出でて諸侯に会するを得ず（寰内諸侯、非有天子命、不得出会諸侯）」の「寰内諸侯」は、『礼記』王制「天子の県内諸侯は禄なり。外諸侯は嗣なり（天子之県内諸侯、禄也。外諸侯、嗣也）」の「県内諸侯」に対応しており、「寰」字と「県」字の近さは承認されるべきである。しかしながら、この場合の「寰内」「県内」は、別に『礼記』王制に「天子の県内、方百里の国九、…（天子之県内、方百里之国九、…）」とあり、『経典釈文』に「寰内、圻内也」あるいは「畿内、本或いは圻に作る。音は祈（畿内、本或作圻。音祈）」とあるように、王朝の畿内の意味で使用されている。[5] これに対して、顔師古『匡謬正俗』巻八「県は寰なり。宇県・州県の字はもと寰に作る。後に県字を借りてこれと為す（県、寰。宇県・州県字本作寰。後借県字為之）」、あるいは『広韻』去声霰韻「県は郡県なり。…古えは寰に作る（県、郡県也。…古作寰）」などは、郡県の「県」字が本来は「寰」字に作られていたことを主張しており、先の訓詁とはニュアンスの異なった解釈となっている。『説文解字』九篇上「県」字の段玉裁注が「顔師古　古え県邑の字は寰に作る、と云うは、また臆説たり（顔師古云、古県邑字作寰、亦為臆説）」として『匡謬正俗』の説を斥けるのは、「県」字（あるいは「寰」字）についての二つの解釈・訓詁が必ずしも整合的ではない点にかかわっているのである。

それでは、李論文においてこの「県」はいかなるものと理解されているのであろうか。李氏によるならば、「県」

には少なくとも以下に述べる二つの意味がある。まず第一に、国都あるいは大城周辺の広い地域（国都或大城邑四周的広大地区）としての「県」。李氏に従えば、鄭は周穆王の都、豊は文王の都した豊京（鎬京遷都のあとも周都の一つとして機能した）であり、かつ「睘」声に従う字の多くには「環繞」という字義がある。従って、「鄭還」「豊還」とは国都である鄭・豊をとりまく地域、すなわち「県鄙」と熟す場合の「県」という意味になるのである。(6) 次いで第二の意味は、郡（あるいは都）の下位の行政単位としての「県」。これはすなわち郡県制の「県」につらなるものであるが、管轄する地区全体、すなわち県城とそれ以外の広い地域（既包括県城、也包括県城以外的広大地区）をも含むと考えるところに李論文の特徴がある。以上二つの「県」がどのような関係にあるのか李論文には明言されていないが、第一義の「県」が西周・春秋期の史料について述べられているのに対して、第二義の「県」が戦国期の史料についての説明であることを思えば、恐らくは第一義→第二義というような変化を想定しているものと考えられる。

以上、李家浩一九八七を簡単に要約してきたが、李氏が「県」字に与えた二つの解釈は、実はかつて「県」字（あるいは「寰」字）に対して与えられていた二つの訓詁、すなわち王畿としての「県」と郡県の「県」という訓詁の焼き直しであることに気付く。李氏はこの二つの訓詁の相違を、恐らくは西周・春秋期から戦国期へという時代的変化のなかへ解消しようとしているのであり、かつ両者共通に「広大地区」との表現が用いられているように、その連続性を「環繞」という字義の共通性で支えようとしているのである。

「西周のとき、郡県の制はまだ行なわれていなかった」といった常識論で否定されてきた「県」制の問題を、文献学的・文字学的根拠にもとづいて西周期にまで遡及させようとした李論文の意義は大きいだろう。しかしながら、同時に「還＝県」説を「環繞」の字義で支えようとする論理展開－すなわちそれは、「還＝県」説を「還」字のほうから説明することでもある－は、逆にそれまでの「県」制にかかわる研究との接合をむずかしくしてしまった。李論文には指摘されていないが、『説文解字』に「県、繫也」とあるように、[7]「県」字には「かかる」という伝統的訓詁が存在している。[8]西周期の「還」との関係など想定だにしなかった従来の東周期・秦漢期の「県」制の議論において、「県」とはなによりも「かかる」ものであったはずであり、そこに「環繞」という字義を持ち込むことには相当な困難がともなうはずである。李論文のなかに「県」制をめぐる研究史についての言及が全く見られず、自説の研究史的意義すら主張されることがないのは、「環繞」という字義によって「県」制遡及の議論を支えようとした論理展開の当然の帰結であるように思える。

本章は、李家浩一九八七によって改めて提起された「還＝県」説に触発されつつ、「県」制遡及の問題を検討しようとするものであるが、「還」字あるいは「県」字の字義に拘泥することは李論文の轍を踏むことになりかねない。「県」制遡及の問題に取り組む前提として、まず最初に、東周期の「県」制をめぐる研究史を筆者なりに整理しておきたいと思う。その整理を経てはじめて、西周期への「県」制遡及の議論は意味をもちえるだろう。

第二節　東周期の「県」制をめぐる研究史

日本における「県」制（郡県制）の研究史にあって、増淵龍夫一九五八「先秦時代の封建と郡県」が画期的な業績であったことは贅言を要しないだろう。増淵論文の内容あるいはその意義は諸家の言及・批評によって既に周知のものとなっているが、[9]ここでは本章の問題関心にそって改めてその内容・問題点を整理しておこうと思う。

増淵龍夫一九五八が分析の対象とする「県」制の上限を決定しているのは、

尚書の諸誥や西周金文に、私たちの問題とする意味での「県」が記されていないので、周制としての県については、何ごとも発言できない。やはり「県」は、東周時代に入ってからの問題として、考うべきであろう。（四六一頁）[10]

という認識である。この認識はなにも増淵氏にのみ限ったものではなく、「還＝県」説を意識しないすべての研究者に共有されていたものであろうが、この認識によって増淵氏の研究には次の二つの方向性が与えられることとなる。まず第一に、春秋県の出現以前は「私たちの問題追求に必要な限りにおいての前提的仮説」（三九三頁）として取り扱われること。第二に、それに関連して、春秋県出現を一つの画期とし、そこに何らかの重要な変化を見いだそうとすること、という二つの方向性である。そしてそのような方向づけに従って、春秋県の出現に対して、

一、中央権力との関係の仕方の変化

二、邑内部の社会構造の変化

という二つの問題系が設定されたのである（四三九頁）。

第一の問題系―中央権力との関係の仕方の変化―については、春秋県研究に画期をもたらした顧頡剛一九三七の見解が批判的に継承されている。顧氏は春秋県を君主直轄地と采邑とに二分するデュアリズムに陥ったが、増淵氏はそれを春秋県のもつ両面性として捉え直し、春秋県には「その邑の生産物をもって自己の一族を養う采邑としての一面」と、「公の規制下にあって、公に命ぜられてその邑を官守する、公邑的性格の一面」（四五九頁）がある、との重要な

指摘をおこなったのであった。

春秋期における県の性格をこのように理解した場合、その前後の時代との関係は次のように把握されることになる。まず第一に、春秋県は秦漢的県と直接的にはつながらないということ。すなわち、秦漢的専制支配のもとにある県が出現するためには、「君主の強力な専制権力と、その権力をささえる物的基盤を必要」（四八四頁）とするが、これらは主に戦国期に持ち越される課題として理解されているのである。次いで西周期との関係でいえば、西周期の封邑・封国にも春秋県と同様の二面性が想定されていることが重要である。増淵氏は西周後期の樊仲（樊仲山父）の官守とされる陽樊の例を引きつつ、「君より命ぜられて邑を官守することと、君より采邑として賜わることとは、実は同一のことではなかったのであろうか」（四五五頁）との認識を示している。このように、第一の問題系において西周期の封邑・封国と春秋県との類似性が認められたことは、この問題系では春秋県の出現を画期とし、そこに何らかの重要な変化を見いだそうとする試みが成立しないことを意味している。そこで、第二の問題系が浮上してくる。

第二の問題系―邑内部の社会構造の変化―は、右に述べたように、春秋県出現の画期を示すべき問題系として設定されている。増淵氏に拠るならば、春秋県出現以前の邑の内部においては氏族的伝統と族的組織はいまだ強く（四三五頁）、春秋県設置にともなう「出民」の措置は、この邑内部における族的秩序の破砕を目的としたものであった。県設置にともなう邑の族的秩序の破砕、ここに春秋県出現の画期が見いだされたのであるが[11]、これに対しては、「出民」あるいは徙民が住民の族的秩序破砕による県設置を必ずしも予定するものではなかった、という池田雄一一九七七の批判がある[12]。さらに西周期を主に扱ってきた本書とのかかわりについていえば、春秋県の「前提的仮説」として扱われる西周期の邑が、氏族的伝統や族的組織を強く残していたとする氏の「仮説」そのものにも問題があるといわざるをえない。増淵氏は当時の甲骨文・青銅器銘研究の成果を取り入れつつ、温・原を中心とする河内諸邑の歴史を殷周期にまで遡って考察されたが、氏の依拠したそれらの研究が現時点においてもなお説得力をもっているとはいいがたい[13]。そしてなによりも、増淵氏の論理展開そのものに、族的秩序の保持とその破砕という一種のデュアリズムが内包されている点が気にかかるのである。

西周期における「県」制の存在を主張する李家浩一九八七の問題提起に触発されつつ、増淵龍夫一九五八の内容・問題点をまとめてみたのであるが、増淵氏に続く研究の多くもやはり、氏の設定した二つの問題系を主要な考察の対象とするものであった。以下にはそれらの研究をあとづけ、増淵氏以降の「県」制研究の成果を確認することにしたい[14]。

五井直弘一九六八は基本的に増淵龍夫一九五八の方向性を引き継ぎつつも、前六世紀頃から顕著になる県邑の細分化（分邑別県）を指摘し、直接的支配にかかる「新しい県」の出現を強調した。増淵論文の設定した二つの問題系に即していえば、（一）第一次氏より分かれた第二次氏がこれら細分化された県邑を管領したが、第二次氏は必ずしも永続的なものではなく、その権限・性格についてはそれ以前の県大夫との間に差違が想定できること[15]、（二）軍制の進展による民への兵役賦課が強化されるなど、県邑住民の族的秩序の存在が不可能になりつつあったこと、が主張されているのである。増淵氏が殷・西周期あるいは戦国・秦漢期という前後の時代との対比において、春秋期を一括して理解しがちであったのに対し、春秋期における「県」制変化の可能性を指摘したものと位置づけることができるだろう。

池田雄一一九七七も、前後の時代との対比という文脈で、春秋県の性格に言及する。春秋県出現に際しての「出民」の評価については既に触れたが、秦漢的県との比較に関しても、池田氏は次のように指摘している。すなわち、春秋県はその世襲化・封邑化のゆえに「その限界、秦漢的県との断絶」（一一五頁）が強調されがちであるが、その限界は当初の秦漢的県においてもいまだ解決しえてはいない。春秋県が「県」と呼ばれるように、公の支配下にその地を「繋」けようとする方向性は秦漢的県につながる、との指摘であった。「県」制の歴史的連続性に注意を払った論点を評価すべきである。(16)

増淵龍夫一九五八の論理構造にもかかわる以上の論考を経て、「県」制の研究は個別的実証の段階へと移行していったように思われる。秦・楚の県と晋・斉の県をそれぞれ君主の直轄地・采邑として二元論的に区別する顧頡剛一九三七の主張は増淵氏によって否定されたが、さりとて各諸侯国の「県」制の実態がそれによって充分に解明されたわけでもなかった。個別的実証研究が要請されるゆえんであるが、同時にそれは増淵氏が設定した二つの問題系のなかで展開されたものでもあった。以下には主要な研究対象とされた楚・晋二国について、それぞれの領域における研究史をあとづけることにしよう。

増淵龍夫一九五八は、顧頡剛一九三七の主張を否定する意味において、春秋楚県の世襲的傾向を指摘したが、これに異議を唱えたのが平勢隆郎一九八一であった。平勢氏は県管領者（県君・県公・県尹）の系譜を個別的に検討したうえで、楚では「県の世襲支配が一般に否定され、楚の春秋県が大きく変質していた」（四九頁）ことを主張した。(17)以後、氏の主張は春秋楚県研究の定説として受け入れられることとなるが、(18)それは世襲否定という現象の指摘であるにとどまり、その原因にまで踏み込んだものではなかった。この問題に対して一定の解答を与えようとしたのが安倍道子一九八四であり、楚県管領者（県公・県尹）の任務は軍事指揮権に限定されており、従って県は世族の勢力基盤たりえず、管領権をめぐる争いもおこりえない、との理解が示されたのであった。後述するように、この時期の「県」制研究にあっては県の軍事的側面が強調されつつあり、安倍氏の主張もその潮流のなかに位置づけることができるが、この理解を増淵氏の第一の問題系―中央権力との関係の仕方の変化―に置き直してみるならば、それは楚県の公邑的性格が改めて強調されたことにほかならない。安倍道子一九八六においては、このような性格をもつ県の管領者は「官邑公」と称され、それとは別に采邑的支配をともなう「封邑公」の出現・存在が指摘されるに至るが、そのことは、増淵氏が斥けた顧頡剛一九三七の二元論が春秋楚県研究の場において再び主張されたことを意味している。[19] 議論はまさに一回りした。

それでは増淵龍夫一九五八が設定した第二の問題系—邑内部の社会構造の変化—は、増淵氏以後の楚県研究においてどのように議論されてきたのであろうか。春秋県設置にともなって邑の族的秩序が破砕されるとの主張は谷口満一九八二においても依然見いだされるものであったが、[20] 安倍道子一九八四はこの理解に重要な変更をもたらした。氏によるならば、楚県設置にともない旧支配者（国君あるいはその継承者）はその存在を否定されたが、その一方で楚の軍団を構成する大夫・国人層の秩序はほとんどそのまま維持された。このことは楚県の族的秩序破砕の程度がかなり軽微であったことを意味するとともに、これらの楚県に楚国からの離脱・復国への可能性をひらく構造的弱点ともなったのである。このように県設置にともなう社会構造の変化を旧支配者と居住民に分けて検討しようとする視点は、顧久幸一九八四あるいは平勢隆郎一九八七による某国と某県（例えば沈国と沈県）の併存事例の指摘とも相まって、増淵氏の問題設定に一定の修正を迫るものであった。これらの研究成果ならびに西嶋定生氏等の新県説をうけた谷口満一九八七は、居住民の構造変化の度合いによって、楚県を①徙民による新設の県邑、②旧国邑を利用しながらも住民構成が変化したもの、③旧国邑で住民構成にほとんど変化がないもの、の三つのタイプに分類した。しかしながら、この分類を援用するならば、楚県居住民の社会構造には、徙民によって変化したものから殆ど変化しなかったものまでの、あらゆる可能性が含まれてしまうことになる。そしてそのことは、県設置にともなう邑内部の社会構造の変化を主張していた増淵氏の第二の問題系が、少なくとも県の居住民に関する限り意味を失ってしまうことを意味している。先に引いた池田雄一一九七七の指摘と併せて考えるならば、「県」制研究における第二の問題系は、いまや県邑の旧支配者にのみ有効な議論となりつつある。[21]

春秋楚県の研究において、増淵龍夫一九五八が設定した第一の問題系が一回りし、第二の問題系が居住民の社会構造に関して意味を失ったのは、そこに第三の問題系とでもいうべき県の軍事的機能をめぐる議論が存在していたからである。[22] 県の軍事的機能への言及は増淵氏以前にも当然存在しており、またそれ以降においても米田賢次郎一九六八や池田雄一一九七七・同一九八一などに全般的な指摘がみられるが、春秋楚県についていうならば、すべての県が辺境交戦の地に設置され、辺境防衛の機能をもっていたことを指摘した楊寛一九八一が研究史上重要な位置をしめるものと思われる。楊氏の見解は氏の郷遂制をめぐる研究（楊寛一九六五b）とあわせて理解すべきものではあるが、氏によるならば、楚県は「都鄙の制」によって国人から賦を徴発する制度を維持し、本来の国人を主力とする軍隊編成を保持していたとされるのである。楊寛一九八一はさらに楚県の第二の特徴として、県の長官は国君によって任命派遣されること、従って楚県は長官の采邑ではなく国君の直接支配する地であったこと、長官の主要な職掌は軍事的なものであったことを指摘している。楚県を「軍事基地」「軍事都市」と規定し、その軍を「一種の常備軍」とみなす安倍道子一九八四は、楊寛一九八一で示されたこれらの論点を引き継いだが、同時にそこで展開された一連の議論が増淵龍夫一九五八の二つの問題系に大きな変更をもたらしたのであった。ここで改めて確認するならば、第一の問題系に関しては、楚県管領者の世襲否定の議論を補強し、第二の問題系に関しては、県邑内部の族的秩序破砕が軽微であったことが主張されたのである。また楚国の地理的構造を軍事的観点から捉え、楚県に軍事拠点創設という意義を見いだそうとする谷口満一九八二・同一九八七の主張も、やはりこの第三の問題系に属していたといえるだろう。

それでは、春秋県のもう一つの主要な研究対象であった晋県について、その研究史はどのように整理できるだろうか。増淵氏以降の晋県の研究についていえば、増淵龍夫一九五八が設定した第二の問題系にかかわる研究はほとんど見あたらず、第一の問題系と本節で指摘した第三の問題系が専ら研究の対象とされてきた。第一の問題系については、晋国世族の管領邑支配を扱った平勢隆郎一九八二・同一九八五をあげるべきではあるが、この両論文の問題設定は増淵氏の問題系をそのままの形で引き継いだものではなかった。すなわち平勢氏によるならば、一統の公権が春秋・戦国期を通じて支配し続けた秦や楚と、春秋・戦国の境に公権が断絶する晋や斉とでは、考察の対象は異なるべきである。晋や斉において考察すべきは、春秋県の「支配に失敗した権力」ではなく、「戦国王権に先行し接続する世族権力」（平勢隆郎一九八二　三五頁）でなければならない。増淵氏が設定した第一の問題系における「中央権力」（あるいは上部権力）が、戦国期への接続という規準によって分類され、問題系自体が読み替えられているのである。趙氏・魏氏・韓氏という戦国王権に接続する世族の本邑は世襲的に支配されていたこと（平勢隆郎一九八二）、春秋後期には世族宗主の権力が超越化し、その支配する県邑における管領者の世襲支配は否定されつつあったこと（平勢隆郎一九八五）、これらの結論はその問題系の読み替えに対応している。

第三の問題系にかかわる晋県研究は、都市研究の分野からもたらされた。府・庫関係の青銅器銘を扱った佐原康夫一九八四は、府・庫の官僚機構が春秋末から戦国期にかけて整備されることにもとづき、官僚的に支配される軍事的都市が行政の基本的単位である県として把握されるとの理解を示した[(23)]。また江村治樹一九八六・同一九八九は、三晋都市の他地域に対する独自性を強調するものの、やはり兵器製造や貨幣発行による三晋都市の軍事的・経済的自立性を主張し、あわせてその主体としての都市住民に言及している[(24)]。第三の問題系における晋県の研究は、その研究対象の性質から主に戦国期に限定されてはいるが、先の楚県における研究を参照するならば、春秋期においても当然考慮されるべき問題系といえるだろう。

以上、増淵龍夫一九五八ならびにそれに続く諸研究を、増淵氏が設定した二つの問題系、ならびに第三の問題系にそって整理してきた。中央権力との関係の仕方の変化という第一の問題系は、専ら県管領者の世襲有無という問題として扱われつつ、楚・晋において異なった展開をたどってきた。また邑内部の社会構造の変化という第二の問題系は、「県」制そのものの研究領域においては、いまやその意義を失ったように思われる。そしてそれに代わって第三の問題系、すなわち県の軍事的機能をめぐる議論が重要な位置をしめつつあると総括できるだろう。

第三節　再び「県」制遡及に関する議論

ここでの議論を始めるにあたって、増淵龍夫一九五八が設定した第一の問題系について若干の検討を加えておきたい。「邑が県となることによって、中央権力との関係の仕方がどう変化するのか」（四三九頁）というこの問題系は、専ら県管領者の世襲の有無を指標として議論され、世襲の存在＝采邑的支配の側面強化、世襲の否定＝公邑的支配（さらには官僚的支配）との性格づけがおこなわれてきた。(25) 既に述べたように、平勢氏は戦国王権への接続という基準によってこの「中央権力」を二分し、晋や斉のように公権が春秋・戦国の境に断絶する諸侯国において、分析の対象とされるべき「中央権力」は、「戦国王権に先行し接続する」春秋世族でなければならないとの理解を示したのであった。この理解あるいは問題設定は、来るべき戦国期への展開という一般的な議論としてはもちろん正しいのであろうが、それによって増淵氏が設定した第一の問題系を読み替えてよいかとなると、ことはそれほど単純ではない。すなわち、従来の議論で県邑を世襲管領する主体として「中央権力」に対置されてきたのは、世族を含めた卿大夫層であったはずであり、(26) たとえ「戦国王権に先行し接続する」という限定が付されたとしても、その世族が今度は「中央権力」として分析されたのでは、議論の論理的整合性を保つことができないのである。平勢氏が示したように、世族を含めた卿大夫層とはまさしく「中央権力」の一部なのであり、従来「県管領者による世襲支配の否定の有無」という主題にそって議論されてきたのは、「中央権力との関係」ではなく、実は「中央権力での関係」なのであった(27)。そしてこの「中央権力での関係」が春秋期の開始とともに急激に変化したものでない以上、増淵氏が第一の問題系において春秋県と西周期の封邑・封国との間に明確な差違を見いだしえなかったのはむしろ当然ですらあった。「県管領者による世襲支配の否定の有無」をめぐる議論が無意味であるといっているのではない。それが「県」制をめぐる重要な研究領域であることはいうまでもないが、少なくとも「中央権力との関係」という問題系にとっては二義的なものであると考えるのである。県邑の支配は中央権力内部における権力闘争の対象の一つなのであって、そのことと「中央権力との関係」という問題系で議論されるべき「県」制の問題とは次元を異にしているのである。

「中央権力との関係」を問題にすることは、中央権力を頂点とする権力構造のなかで県がどのように位置づけられ、どのような機能を担っていたのかを問うことであろう。増淵龍夫一九五八が「県とされた邑の内部は軍事行政的見地から新たに組織化されることになる」（四七〇頁）と指摘した「組織化」こそ第一の問題系で取り上げるべき課題であり(28)、その「組織化」は「軍事行政的見地」から要請されてくるのである。本章で指摘した第三の問題系、すなわち県の軍事的機能をめぐる議論は、ここにおいて第一の問題系と重なることとなる。そして「軍事行政的見地」が、程度の差こそあれ、春秋期以前においても存在していたはずのものである以上、「やはり『県』は、東周時代に入ってからの問題」という増淵氏の、そしてすべての研究者に共有されていたであろう認識は、もはや廃棄してもよいはずである。「西周のとき、郡県の制はまだ行なわれていなかった」と断定してしまうのではなく、李家浩一九八七によって改めて「県」制の議論に持ち込まれた西周期の「還」についての問題を、我々はそろそろ考え始めてもよいだろう。

李家浩一九八七は、西周期の青銅器銘に見える「鄭還」「豊還」を国都（鄭・豊）をとりまく地域の称と理解していたが、これは「還」字の字義としての「環繞」に引きずられた議論であるにすぎない。西周期の「還」を「県」制の系譜に位置づけるためには、「還」の「中央権力との関係」、すなわち「軍事行政的見地」による「組織化」の問題を検討しなければならないのである。

本書の第Ⅰ部第二章ならびに第Ⅲ部第二章で主に議論した「鄭還」「豊還」、あるいは鄭・豊両地についての議論をまとめると、次のようになるだろう。

一、「還」には、元年師旋簋銘「豊還左右師氏」（後期・ⅢA）が示すように、軍事集団が駐屯していた。
二、「還」には、免簠銘「鄭還林眔虞眔牧」（中期）が示すように、軍事集団の経済的基盤を支える林・虞・牧などの諸官が配されていた。
三、鄭あるいは豊は、「王在鄭」「王在豊」といった青銅器銘が示すように、周王の巡り来る地であり、王「都」と評価しうる地であった。
四、鄭あるいは豊には、鄭井叔・鄭虢仲・鄭鄧伯あるいは豊井叔など、井氏・虢氏といった有力氏族や諸侯の「地域化」された分族が居住していた。

このうち、「軍事行政的」組織化にとりあえずかかわるのは、（一）の軍事集団と、その経済的基盤を支える（二）の諸官の存在であろう。西周期の軍事集団がどのように組織化されていたのか依然不明な点も多いが、「還」に左右師氏といった軍事集団やその経済的基盤を支える諸官が配されていたことはまぎれもない事実であり、この点において、第三の問題系として設定した県の軍事的機能をめぐる諸研究の成果とつらなるものがある。いまここで改めて確認するならば、楚県については、県が辺境防衛の機能をもっていたことを主張した楊寛一九八一、県を「軍事基地」「軍事都市」とし、その軍を「一種の常備軍」と規定した安倍道子一九八四、あるいは県設置には軍事拠点創設という意義があると主張した谷口満一九八二・同一九八七などの研究があった。また晋県についても、対象とする時代はやや降るものの、行政的な組織化について、都市の府・庫にかかわる官僚機構の整備をあとづけた佐原康夫一九八四、またその軍事都市的性格を主張した江村治樹一九八六などの研究をあげることができるだろう。

さらに、「鄭還」「豊還」が存在した鄭・豊は、右の（三）に示したように、周王の巡り来る地であり、その意味で中央権力に直接「繫」かる地でもあった。第Ⅰ部第二章で検討したように、周王が経巡る地には、他に軍事集団ないしはその駐屯地を意味する「𠂤」字をともなう地や、周王の行宮・離宮を意味する「㡱」字をともなう地も含まれていたが、鄭・豊にはさらに、右の（四）に示したように、有力氏族や諸侯の「地域化」された分族が居住していたことは注目されてよい。かつて五井直弘一九六八が指摘したように、春秋晋国においては、前六世紀頃から県邑の細分化がすすみ、第一次氏より分かれた第二次氏がこれらの県邑を管領する事例が観察されるようになる。例えば、郤氏の一族のなかで「冀、州、温、苦、などの邑を賜わって、冀、温、苦等の氏を称する者」や、「趙衰の子趙同、趙括、趙嬰がそれぞれ原、屏、楼邑を与えられて、原同、屏括、楼嬰と称し、魏犨の子孫が呂邑に封ぜられて、呂錡、呂相とよばれた」（十二頁）事例などがこれに相当するが、これはまさに地名を冠して「地域化」される分族の生成過程を示していると評価できるはずである。西周期の鄭・豊と春秋期の原などの邑を比較したとき、「中央権力」を構成していた有力氏族の分族が分散居住し、同時に「地域化」されていくという現象をともに認めることができるのである。

以上、西周期の「還」と春秋県がともに「中央権力」に「繫」かり、軍事行政的に組織化されていること、またその地に「中央権力」を構成する氏族の分族が分散居住して「地域化」されていくことを述べた。阮元に始まり唐蘭・李家浩へと引き継がれた「還＝県」説は、主に「還」字あるいは「寰」字と「県」字との文献学的・文字学的近さを根拠として主張されてきたものであったが、以上述べてきたような西周期の「還」と春秋期の「県」の担っていた機能あるいは形態の共通点を踏まえるならば、ここで改めて「還＝県」説を承認し、西周期の「還」を「県」制の系譜のなかに位置づけることは充分可能であろうと考えるのである。

おわりに

増淵龍夫一九五八は、春秋県と秦漢的県が直接的にはつながらないことを指摘していた。秦漢的専制支配のもとにある県が出現するためには、「君主の強力な専制権力と、その権力をささえる物的基盤」が必要であり、それは主に戦国期において次第に形作られていくものであった。増淵龍夫一九五七は、この君主の強力な専制権力を支える物的基盤を山林藪沢や公田に求めた論考であったが、そこで増淵氏は戦国期以降の官僚制研究のやはり「前提的仮説」（三三二頁）として西周期の官制に言及している。氏は西周期の「還」に言及する免簠銘などを引き、そこに登場している林・虞・牧などの諸官を宗周畿内の山林藪沢を管理するためにおかれた役職と見なし、それを君主による山林藪沢の家父長制的領有化の「端緒的形態」（三四三頁）と評価したのであった。この評価は興味深い。西周期を論考の「前提的仮説」として取り扱う、その行論のあり方は増淵龍夫一九五八のそれと全く同じでありながら、ここでは二元論的対比は登場せず、逆に「端緒的形態」が発見されているのである。

注目すべきは、増淵氏が「端緒的形態」を発見した場が西周期の「還」であったことである。「還」に配された林・

虞・牧が、山林藪沢の家父長制的領有化の「端緒的形態」であるならば(29)、それと同様に、「還」もまた春秋期（ないしは戦国期）以降に本格的に展開していくであろう「県」制の「端緒的形態」と位置づけることができるのではないだろうか。「尚書の諸誥や西周金文に、私たちの問題とする意味での『県』が記されていないので、周制としての県については、何ごとも発言できない」と増淵氏は述べられたが、実は「私たちの問題とする意味での『県』」は西周期の青銅器銘に「還」として登場していたのである。

（1）本来は「縣」字に作るべきであるが、本章においては引用文を含めてすべて「県」字を使用する。

（2）『大系』九〇免簠に「還当読為苑」とあり、同九一免卣に「于西鄭設有離宮別苑」とある。また「断代」（六）八八免簠には「此器〝還林〟即園林或苑林。還仮作園、…是園即圜」とある。伊藤道治一九八七もまた「還」字を「苑」字にあてて理解している（一三〇頁・二四八頁など）。

（3）『通釈』一一五免簠ならびに一四〇師旋簋。

（4）『経典釈文』の原文は「寰内、音県、古県字。一音環、又音患。寰内、圻内也」。

（5）『礼記』王制「天子之県内、方百里之国九、…」の鄭玄注に「県内、夏時天子所居州界名也。殷曰畿。詩殷頌曰、邦畿千里、維民所止。周亦曰畿」とある。

（6）叔夷鐘（鎛）（春秋後期）の「其県三百」もこの範疇に入るとされる。

（7）段玉裁注はこの「繋」字を「系」字に作るべきと指摘する。

（8）『釈名』釈州国にも「県、県（懸）也。県（懸）係於郡也」とある。

（9）例えば西嶋定生一九六一第五章第三節「郡県制の形成と二十等爵制」、佐藤武敏一九七一、池田雄一一九七七、平勢隆郎一九八二・同一九八五、谷口満一九八七など。

（10）以下の増淵論文の頁数は、増淵龍夫一九九六所収論文の頁数を記す。

(11) 増淵龍夫一九五八に「封邑・封国は、その邑の原住氏族の組織秩序をそのまま保持させたまま、これを総体として服属させる形で邑を支配する形式であり、春秋時代の県は、その邑の原住氏族の組織秩序の中核を破砕して、これを支配する形式なのではなかろうか」(四六九頁)とある。なお、春秋県の出現によって族的秩序が完全に破砕されたのではなく、別の原理を補いながら形を変えて残存し続けたこと、そこに増淵氏の関心があったことはいうまでもない。

(12) 池田氏は、徙民を「滅した国の住民にたいする治安対策としての色あいが濃い」(一二八頁)ものと理解している。

(13) 本書の「緒言」で論じたように、殷周期の邑内部の社会構造は、実はさほど明らかにされてこなかった。甲骨文は邑内部の構造を探るには明らかな限界をもっているし、西周期の青銅器銘による研究からは、西周中期から後期にかけて王畿内の邑が分断・解体され、その構成員が領主的支配のもとに組み込まれていったであろうことが推定されている。

(14) 主に秦漢的県の解明に焦点があてられた西嶋定生氏の一連の研究、あるいは木村正雄氏の研究などは、本章の課題に直接関係しない。従って、本章においてはこれらの研究の成果に言及しない。

(15) 五井氏はさらに、封邑散在化にともなう世族の氏族的結合の弛緩を指摘している。五井直弘一九六九はその実証的研究である。

(16) もちろん、春秋県の設置が辺境地などの限定された地域にとどまり、急速な発展がみられなかったこと、中央集権化の面で充分方向づけられていなかったことなど、春秋県の「限界」が別に指摘されていることはいうまでもない。

(17) 平勢隆郎一九九八bに再録された論考ではやや表現が異なる(二五二頁)が、論旨に基本的な変更が無い限り、研究史的立場からオリジナルの表現を用いる。以下も同様の立場をとることとするが、再録にあたって新たに加えられた議論については、別に取り扱うこととなる。

(18) 岡田功一九八一はこれに対して否定的な見解を示した(第一章注七)が、谷口満一九八七には「春秋楚県における県管領者の世襲否定というこの事実は、…以降今日に至るまで楚史研究者共通の理解となっているといってよいであろう」(四二頁)とある。

(19) 安倍道子一九八六の注八五に「増淵龍夫氏は…春秋時代の県を公邑か私邑かという対立概念で考えた顧頡剛の立場を批判

してをられるが、春秋期の楚で明確に県と断定できるものは世襲支配ではないところから、楚県は官邑と見ることができると考える」とある。

(20) 谷口満一九八二では、県設置にともなう族的秩序の破砕は、「県」制施行＝支配者集団の破壊、遷邑＝居民の族的秩序の破砕という二段構えで理解されている。

(21) 春秋時代の滅国の事例を検討した小林伸二一九八九も、滅国とは国君や支配層の存立を否定する行為であること、居民（被支配層）の社会構造には不変性が認められること、を主張している。

(22) 増淵龍夫一九五八も当然、県に軍事的拠点としての性格があることを指摘するが、この指摘は論文の主要な関心とはならず、問題系として設定されることはなかった。

(23) 佐原康夫一九八六は、戦国時代に進行した城郭の変化を、君主が百官を従えて住む都城と、それに行政的・軍事的に従属する多数の都市の二元化として捉えている。

(24) 同様の指摘は、江村治樹一九九八にも見られる。

(25) 平勢隆郎一九八一は先行研究を要約したのち、「春秋県の変質を検討する上での主要な指標は、県管領者による世襲支配の否定の有無ということになる」（三七頁）と指摘している。ただし、平勢隆郎一九九八b所収論文ではこの部分は削除されている。

(26) 平勢隆郎一九九八bでは平勢隆郎一九八二の再録にあたって、「県制の成立過程を研究する際、春秋県を支配していくはずの上部権力としては、主に晋・楚・斉などのいわゆる君主が念頭におかれてきた。増淵龍夫氏は、晋の県を主として検討し、…そこで検討された際も、『晋公』が念頭に置かれている」（二六二頁）との一文を加えている。

(27) 平勢隆郎一九九八aは松井嘉徳一九九三でのこの指摘に対して、「この指摘は、西周金文に見える『鄭還』・『豊還』を国都（鄭・豊）をとりまく地域の称と理解し、そこに配備されていた左右師氏の軍事的性格とその組織化を論ずることからも明らかなように、県制に関する研究が前提とする中央と地方という場合の地方とは異なって、中央に近接する地域（鄭・豊）を問題とするものである」と述べている（一七五頁）。主張の一部に誤解があり、かつ論旨も難解なのではあるが、少なくとも増淵龍夫一九五八が設定した問題系は、「中央権力との関係」という権力論的関心に支えられていたのであって、「中央と地方」といったような地政学的関心に支えられたものではない、ということは指摘できるだろう。なお、一九九八ｂへの再録にあたっては、引用部分を含めた注全体に大幅な加筆が施されている（四六七～九頁）。ついて検討されたい。

(28) 池田雄一一九七七にも「かかる春秋の県の軍事的側面については、支配の貫徹という面からみれば、これはより集権化への方向性をもつものであった」（一二二頁）との指摘がある。

(29) 本論の第Ⅱ部第二章においては、「飼」概念によって指示された具体的職掌を周王のオイコスとの関連で理解した。マックス・ウェーバー『支配の社会学』（世良晃志郎訳、創文社、一九六〇年）第四節二「名望家支配と純粋家父長制」に「オイコスを基盤として－換言すれば分化した家権力を基盤として－生れるところの支配構造の形式、すなわち家産制的支配」（一五一頁）とあるのを参照すれば、それは家父長制的・家産制的支配として現れるはずである。

第二章　分裂する王室

はじめに

本書の第Ⅲ部で西周期の氏族制の問題を取り扱ったが、その第一章「西周の氏族制」では、西周中期頃から伯・仲・叔・季・孟といった排行をともなった［排行］某父（某［排行］某父）という称謂が増加することを指摘した。西周中期は同時に、「□嗣」の表現によって具体的な職掌を指示する冊命儀礼が確立する時期でもあり、その儀礼を記録した冊命金文もやはりその頃から急増している。この二つの現象は並行関係にあり、［排行］某父（某［排行］某父）という称謂は、一族内部での系譜上の位置づけを念頭においた称謂であるとともに、「□嗣」の表現で職掌を指示された人物が自らの個性を主張する称謂でもあったと考えたのである。また第二章「分節する氏族」では、鄭井叔・鄭虢仲あるいは豊井叔といった称謂を手掛かりとして、これらの地名を冠した称謂は氏族の分散居住を一つの契機として誕生した「地域化」された分族の称謂であること、さらに「地域化」されていない氏族内部においても、例えば井氏における井伯・井叔・井季といったような分族が分節されていたことを主張した。

以上の議論からは、西周期の氏族が伯・仲・叔・季・孟といった排行をともないつつ分節していった様子をうかがうことができる。そうであるならば、これらの氏族とある意味では同質であった周の王室もまた、その内部において同じように分節化の道をたどっていたはずである。そもそも同姓諸侯の「封建」とは、周王子弟を王室の本宗から分節し、その所領へと「地域化」することにほかならない。周の「封建」といえば周初に集中的に行われた「封建」がまずは想起されるが、[1]その後も周王室は分族を分節しえたはずである。西周後期に至って厲王あるいは宣王の子とされる鄭桓公の「封建」が記録されるのは、[2]その一例と言えるだろう。

本章では、この鄭桓公の「封建」を手掛かりとし、分節し分裂する周王室へと考察をすすめていきたい。

第一節　鄭桓公の「封建」

本書第Ⅰ部第二章では西周期の鄭が周王の「都」たりうることを主張したが、その「おわりに」において、鄭桓公「封建」の地とされる鄭について『漢書』地理志に付された臣瓚注と顔師古注の対立を紹介した。両者の対立は、漢志京兆尹鄭県が周穆王の「都」であったか否かにかかわるものであったが、その対立は同時に、周王の「都」には臣下を「封建」することができないという前提を共有したうえでの対立でもあった。臣瓚は鄭を穆王以下の「都」と考えたために、鄭桓公「封建」の地を別に求めることとなり、顔師古は鄭を桓公「封建」の地と考えたがために、鄭を穆王以下の「都」と認めることができなかったのである。

臣瓚の注は『竹書紀年』に拠るものであり別途検討が必要であるが、一方の顔師古注、さらには漢志鄭県の班固自注「周宣王の弟鄭桓公の邑（周宣王弟鄭桓公邑）」の系譜をたどっていくと、『史記』鄭世家の、鄭桓公友は、周厲王の少子にして宣王の庶弟なり。宣王立つこと二十二年、友初めて鄭に封ぜらる。（鄭桓公友者、周厲王少子而宣王庶弟也。宣王立二十二年、友初封于鄭）。

という一文にたどりつく(3)。しかしながら、その系譜はここで途切れてしまい、それ以前に遡ることができない。鄭桓公について『史記』が依拠するのは、彼の事績について最もまとまった情報を提供する『国語』鄭語であるが、その鄭語には、

（桓公）乃ち東のかた帑と賄とを寄す。虢・鄶これを受け、十邑皆な寄地有り。幽王八年にして桓公　司徒と為り、九年にして王室始めて騒ぎ、十一年にして斃る。（乃東寄帑与賄。虢・鄶受之、十邑皆有寄地。幽王八年而桓公為司徒、九年而王室始騒、十一年而斃）。

とあるように、鄭の「東遷」は示唆されるものの、その「封建」にかかわる情報は何一つ含まれていないのである(4)。桓公の「封建」という判断は『史記』に始まるものと考えるべきだが(5)、それでは何故に『史記』は鄭桓公の「封建」を明言するのであろうか。

『春秋左氏伝』隠公三（前七二〇）年には、鄭桓公の子武公と孫荘公について次のような記事がある。

鄭武公・荘公は平王の卿士たり。王　虢に弐するあり。鄭伯　王を怨む。王曰く、これ無し、と。故に周・鄭交も質す。王子狐　鄭に質と為り、鄭の公子忽　周に質と為る。王崩じ、周人将に虢公に政を畀えんとす。四月、

鄭の祭足　師を帥いて温の麦を取る。秋また成周の禾を取る。周・鄭交も悪む。（鄭武公・荘公為平王卿士。王弐于虢。鄭伯怨王。王曰、無之。故周・鄭交質。王子狐為質於鄭、鄭公子忽為質於周。王崩、周人将畀虢公政。四月、鄭祭足帥師取温之麦。秋又取成周之禾。周・鄭交悪）。

周王が王朝の卿士であった鄭の政権を奪い、それを虢公に与えようとしたため、鄭がその報復として温・成周の穀物を奪うという事件にまで発展したのである。鄭にかわって政権の座に就こうとした虢は、本書第Ⅲ部第二章で検討をくわえた虢の末裔、具体的には「平陸－陝の虢」の末裔であるが、春秋期に至っても、『春秋左氏伝』隠公八（前七一五）年に「虢公忌父始めて周に卿士と作る（虢公忌父始作卿士于周）」とあるように、王朝の卿士たるべき家系であった。この事件は『史記』鄭世家にも記録されているが、そこでは僅かに、

鄭　周地を侵し、禾を取る。（鄭侵周地、取禾）。

とあるのみで、事件の原因となった鄭と虢の政権抗争については何一つ触れるところがない[6]。

また『春秋経』桓公五（前七〇七）年に「秋、蔡人・衛人・陳人　王に従いて鄭を伐つ（秋、蔡人・衛人・陳人従王伐鄭）」と記録された周王による鄭征討について、同年『春秋左氏伝』は、

（桓）王　鄭伯の政を奪う。鄭伯　朝せず。秋、王　諸侯を以いて鄭を伐ち、鄭伯これを禦ぐ。王　中軍と為る。虢公林父　右軍に将たり、蔡人・衛人これに属す。周公黒肩　左軍に将たり、陳人これに属す。（王奪鄭伯政。

鄭伯不朝。秋、王以諸侯伐鄭、鄭伯禦之。王爲中軍。虢公林父将右軍、蔡人・衛人屬焉。周公黒肩将左軍、陳人屬焉)。

との説明を加えている。政権を奪われた鄭伯が朝見を拒否し、[7] それに端を発して周王・虢公林父・周公黒肩に率いられた鄭征討の軍が起こされたのである。これに対して『史記』鄭世家は僅かに、

荘公　周に朝せず。周桓王　陳・蔡・虢・衛を率いて鄭を伐つ。(荘公不朝周。周桓王率陳・蔡・虢・衛伐鄭)。

と記すのみで、鄭荘公が朝見しなくなった原因に言及しようとしない。

以上、『史記』鄭世家の二つの記事が不完全なものとなってしまったのは、『史記』が周王朝の卿士としての鄭の立場に一切言及せず、結果として王朝内部の政権抗争を記録しようとしないからである。しかしながら、それは何も鄭にのみ限ったことではない。注目すべきは、『春秋左氏伝』桓公五年の記事において右軍・左軍を率いたと記録されていた虢公林父と周公黒肩の扱いである。『史記』鄭世家は周公黒肩を完全に無視し、かろうじて登場する虢も、本来彼らの指揮下にあったはずの陳・蔡・衛といった諸侯国と同列に扱われている。[8]『史記』に周王朝の卿士の存在を無視ないしは軽視する傾向があることは明らかである。[9]

本来、鄭は周王朝の卿士の家系として文献史料に記録されていた。しかしながら、『史記』は鄭を卿士として扱おうとはしなかった。[10] 十二諸侯年表に鄭が含まれていることが明示するように、『史記』は鄭を魯や斉などと同様の「封建諸侯」と理解していたのである。確かに、後に鄭は周王朝の卿士としての立場を離脱し、「封建諸侯」として振

る舞うようになるが[11]、そのことと鄭が本来は王朝の卿士であったこととは厳密に区別されるべきであった。しかしながら、『史記』は鄭を当初から「封建諸侯」として扱ってしまったのであり、「封建諸侯」である以上、その「封建」ないしは「封地」に言及しなければならなかったのである。それが『史記』鄭世家の、

宣王立つこと二十二年、（鄭桓公）友初めて鄭に封ぜらる。（宣王立二十二年、友初封于鄭）。

という一文であった[12]。そして、この『史記』の判断を受け継いでしまった臣瓚や顔師古といった後代の注釈家たちが、一諸侯国の所領が周王の「都」に存在するはずがないと考えたのは、ある意味では極めて理にかなった解釈ですらあったといえるだろう。

第二節　分節する王室

周王の一族に出自する周王子弟（及びその子孫）が王朝の卿士となるのは、特に鄭に限られたことではない。第Ⅲ部第二章で検討した虢氏は、『春秋左氏伝』僖公五年に「虢仲・虢叔は、王季の穆なり。文王の卿士と為り、勲は王室に在り、盟府に蔵めらる（虢仲・虢叔、王季之穆也。爲文王卿士、勲在王室、蔵於盟府）」とあるように、周王子弟に出自し、王朝の卿士となったという伝承をもっていた。残念ながら、西周期の青銅器銘に周王子弟の動向を伝えるものは存在しないが[13]、厲王あるいは宣王の子と伝えられる鄭桓公の事例から推しても、西周期の周王子弟がやはり何らかの政治的役割を担っていたであろうことは想像に難くない。

周王室系譜（西周期後半・春秋期）

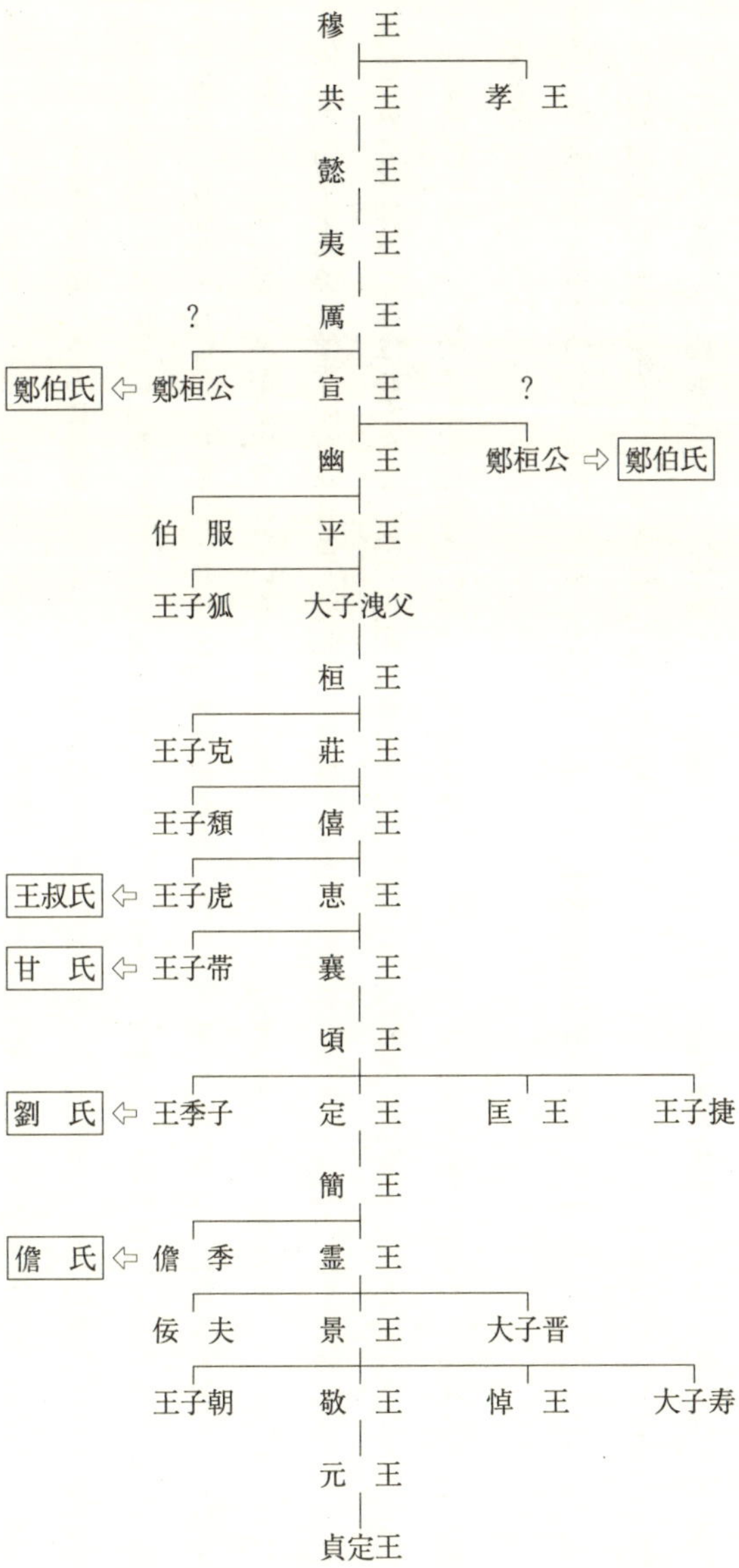

一方、文献史料においては、鄭桓公あたりから周王子弟にかかわる記録が登場するようになる。西周期後半から春秋期にかけての周王室の系譜を示しておくが[14]、この系図を一見しても明らかなように、春秋期に入るとほぼ各世代の周王子弟についての記録が残されるようになる。そして、これら周王子弟のなかで、鄭桓公およびその子武公・孫荘公のように、その子孫の代にまで家系がたどれるものとして、王子虎を始祖とする王叔氏、王子帯に始まる甘氏、王季子に始まる劉氏、そして儋季を始祖とする儋氏の四家系を見いだすことができるのである。

王叔氏は王子虎（王叔文公）に次いで、王叔桓公（王孫蘇）・王叔簡公（陳生）の名が文献史料に記録される。王叔桓公については周公閲、さらに召戴公・毛伯衛との政権抗争が記録され[15]、王叔簡公もまた政権抗争の当事者として記録に登場し、最終的には晋に出奔したことが記録されている[16]。王子帯（甘昭公）を始祖とする甘氏については、甘成公・甘景公・甘簡公・甘悼公・甘平公・甘桓公の名が知られており[17]、王季子（劉康公）に始まる劉氏にも劉定公・劉献公・劉文公・劉桓公の名が記録されている[18]。また儋季の子儋括は、『春秋左氏伝』襄公三〇（前五四三）年に記録された佞父（周景王の弟）擁立の首謀者として記録に登場しており[19]、さらにその子儋翩の名も記録に見えている[20]。その地位について正確なことはわからないが、王朝の権力中枢に位置しえた家系と判断することは許されるだろう[21]。これらの四家系は、鄭桓公に始まる鄭伯氏と同様、王室の分族として、新たな氏族名をともなって文献史料に登場していたのである。

王季子を始祖とする王室の分族が劉氏と称したのは、例えば『春秋左氏伝』昭公二二（前五二〇）年「劉氏　劉に如く（劉氏如劉）」の記事が示しているように、彼らが劉を采邑としていたからである[22]。王室の分族がその采邑の名を称すること、すなわち「地域化」された分族として分節されることは、王子帯を始祖とする甘氏においても同様に観察することができる。『春秋左氏伝』僖公二四（前六三六）年「初め、甘昭公　恵后に寵有り（初、甘昭公有寵於恵后）」の杜預注に、

甘昭公は王子帯なり。邑を甘に食む。河南県西南に甘水有り。（甘昭公、王子帯也。食邑於甘。河南県西南有甘水）。

とあるのに従えば、彼らが甘氏と称したのはその采邑の名に因むものであった。この甘については、『続漢書』郡国志一河南尹河南県条に甘城の名が見え、その他『水経注』[23]や『史記』周本紀正義に引く『括地志』[24]にも甘城についての言及がある。

劉氏・甘氏がその采邑の名に因むもの、すなわち劉・甘という地名を帯びて「地域化」された分族であったのに対し、王子虎を始祖とする王叔氏は明らかにその命名法を異にしている。「王叔」の「叔」は排行に由来するものと考えるべきであり、それは劉氏の始祖劉康公が「王季子」と呼ばれるのと同じ範疇に属しうる称謂である。[25]王叔氏とは「地域化」されていない周王室の分族と考えることが可能となるだろう。もちろん、西周期の青銅器銘と東周期を扱った文献史料には「質」の差とでもいうべき相違があり、両者を単純に比較することには慎重であらねばならないが、『春秋左氏伝』あるいは後世の注釈家たちが王叔氏の采邑について何も語ることができないのは、王叔氏が「地域化」されていない王室の分族であったことを間接的に示しているのではないだろうか。

それでは、これらの王室分族の采邑と王朝の「都」の間にはいかなる関係を想定すべきであろうか。右に見た劉氏の采邑劉について、『春秋左氏伝』隠公十一(前七一二)年に次のような記事がある。

王、鄔・劉・蔿・邘の田を鄭より取り、鄭人に蘇忿生の田：温・原・絺・樊・隰郕・欑茅・向・盟・州・陘・隤・懐を与う。(王取鄔・劉・蔿・邘之田于鄭、而与鄭人蘇忿生之田：温・原・絺・樊・隰郕・欑茅・向・盟・州・陘・隤・懐)。

ここに見える「劉の田」が劉邑そのものと完全に同一視できるか疑問なしとしないが、[26]この「劉の田」と劉氏の采邑との間に一定の関係を想定することは可能である。[27] 漢志河南郡緱氏県の班固自注に「劉聚、周の大夫劉子の邑（劉聚、周大夫劉子邑）」とあるのに拠れば、劉氏の采邑はこの緱氏県に存在していたことになる。[28] ところで『史記』周本紀集解に引く徐広が、

周亡ぶるの時におよび、凡そ七県、河南・洛陽・穀城・平陰・偃師・鞏・緱氏なり。（周比亡之時、凡七県、河南・洛陽・穀城・平陰・偃師・鞏・緱氏）。

と述べるのを信頼すれば、滅亡時に周王室が支配しえた地域は僅かに七「県」のみであり、そのなかに緱氏が含まれている。『国語』周語下に「定王に及び、劉氏亡ぶ（及定王、劉氏亡）」との記録があり、注釈家はこの定王を貞王（貞定王）（在位前四六八～前四四一年）[29] に作るべきとするが、[30] いずれにせよ、劉氏は周王室の滅亡時には既に歴史の舞台からその姿を消していたのである。王領から劉氏の采邑、そして再び王領へという劉地の変遷を想定することはある程度可能である。

この劉地の変遷は、王領と周王子弟（及び子弟を始祖とする分族）の采邑との互換性を示しているように思われる。この点について、戦国期の西周君・東周君の「封建」を検討してみよう。『史記』周本紀には、この西周君・東周君について次のような記録がある。

考王　その弟を河南に封ず。これを桓公と為し、以て周公の官職を続がしむ。桓公卒し、子の威公代わりて立つ。威公卒し、子の恵公代わりて立つ。乃ちその少子を鞏に封じ、以て王を奉ぜしめ、東周恵公と号す。（考王封其

弟于河南。是爲桓公、以続周公之官職。桓公卒、子威公代立。威公卒、子恵公代立。乃封其少子於鞏、以奉王、号東周恵公）。

考王（在位前四四〇～前四二六年）の弟桓公が河南に「封」ぜられ、後にその一族東周恵公が鞏に分家し、西周・東周が並立するに至ったのである。[31] ここに記された河南の地はかつての周王の居城であった王城に比定されており、[32] 桓公を河南の地に「封」じた考王はその東の成周（洛陽）にあったものと考えられる。周王が王城より成周の地に徙った時期は必ずしも明確ではないが、一般的には後に検討を加える王子朝の乱（前五二〇～前五一六年）を契機としたものとされている。[33] 西周桓公はかつての周王の居城に「封」ぜられたということになる。ここにおいても、王領（王「都」）と周王子弟の采邑との互換性ないしは併存関係を認めることができるだろう。[34]

話を鄭に戻そう。厲王ないしは宣王の子とされる桓公に始まり、子の武公・孫の荘公へと続く鄭伯氏は、既に見てきたように王朝の卿士を世襲する家系であった。それは王子虎（王叔文公）に始まる王叔氏、王子帯（甘昭公）の甘氏、王季子（劉康公）の劉氏とほぼ同様の役割を担っていた王室の分族なのであり、鄭に「封建」された「封建諸侯」という『史記』以降の判断を適用すべき存在ではなかった。それでは、鄭伯氏を王室内部で分節し、卿士の地位を世襲した分族と見なした場合、その一族の動向はどのように考えるべきなのであろうか。

先に述べたように、鄭桓公について最もまとまった情報を提供するのは『国語』鄭語の記録であった。

（桓公）乃ち東のかた帑と賄とを寄す。虢・鄶これを受け、十邑皆な寄地有り。幽王八年にして桓公 司徒と為り、九年にして王室始めて騒ぎ、十一年にして斃る。（乃東寄帑与賄、虢・鄶受之、十邑皆有寄地。幽王八年而桓公為司徒、九年而王室始騒、十一年而斃）。

とあるように、そこには鄭の「東遷」が示唆されていたのである。『史記』以降の漢代文献では、例えば漢志河南郡新鄭県の班固自注に、

詩の鄭国、鄭桓公の子武公の国する所なり。（詩鄭国、鄭桓公之子武公所国）。

とあるように、鄭の東遷は桓公の子武公の事績として語られるようになるが、その一因は鄭桓公の死を幽王と同年のことと判断したためであった[35]。しかしながら、そのような判断がくだされた、より本質的な原因は、『史記』以降の文献が鄭を「封建諸侯」と理解してしまったことにある。「封建諸侯」である以上、その遷徙は歴史上のある特定の時点で発生する「事件」でなければならなかった。しかしながら、鄭桓公は実際には西周末期の卿士なのであり、その場合、参照されるべきは「封建諸侯」の遷徙ではなく、第Ⅲ部第二章で検討を加えた井氏・虢氏といった王朝の権力中枢に位置した諸氏族の動向でなければならない。

虢氏を例にとれば、西周期の虢氏は内部で分節しつつ、複数地に分散居住していた。これらの虢氏は、「滎陽の虢」「平陸－陜の虢」ならびに「宝鶏の虢」の三つに整理できるだろうが、それと同様に鄭桓公に始まる鄭伯氏についても、その分散居住を想定できないであろうか。漢志京兆尹鄭県の臣瓚注は、

幽王既に敗れ、二年にして會を滅ぼし、四年にして虢を滅ぼし、鄭父の丘に居る。これを以て鄭の桓公と為す。（幽王既敗、二年而滅會、四年而滅虢、居於鄭父之丘。是以為鄭桓公）。

のように、鄭桓公による會（鄶）・虢の滅国を記録している。『韓非子』内儲説下には、また、

鄭桓公将に鄶を襲わんと欲す。先に鄶の豪傑・良臣・弁智・果敢の士を問い、盡く姓名を与《あ》げ、鄶の良田を択びてこれに賂い、官爵の名を為してこれを書く。因りて為《いつわ》りて壇場を郭門の外に設けてこれを埋め、これに釁るに雞豭を以てし、盟状の若くす。鄶君以て内難なりと為し、盡くその良臣を殺す。桓公　鄶を襲い、遂にこれを取る。（鄭桓公将欲襲鄶。先問鄶之豪傑・良臣・弁智・果敢之士、盡与姓名、択鄶之良田賂之、為官爵之名而書之。因為設壇場郭門之外而埋之、釁之以雞豭、若盟状。鄶君以為内難也、而盡殺其良臣。桓公襲鄶、遂取之）。

といった説話も記録されており、[36] 鄭桓公の東方における所領獲得をテーマとした説話群が存在していたことが知られる。[37] さらに『史記』鄭世家索隠に引く『世本』に、

桓公　棫林に居り、拾に徙る。（桓公居棫林、徙拾）。

とあるように、桓公には棫林・拾といった土地との関係も記録されているのである。[38] 鄭を「封建諸侯」と理解する『史記』において、これらの説話（記録）が採用されることは困難であったろうが、[39] 鄭伯氏の分散居住を念頭におい

た場合、そのすべてが史実かどうかという問題は残るだろうが、これらの地名がその居住地にかかわる記憶として伝えられ、文献に書きとどめられたという可能性を認めることができるはずである。

『国語』鄭語は鄭の「東遷」を示唆していた。そこには虢・鄶などの一〇邑に先行する鄭の采邑（本貫）についての情報は含まれていなかったが、いま仮に、鄭桓公の「鄭」を、甘昭公の甘・劉康公の劉と同様に、その采邑の名とするならば、西周期の鄭として最初に想起されるべきは青銅器銘に見えていた鄭でなければならない(40)。「王在鄭（王鄭に在り）」という銘文が示すように、この地は王「都」の一つでありえたが、同時にそこには鄭井叔・鄭虢仲・鄭伯といった諸氏族の分族も居住していたのである。臣瓚あるいは顔師古は周王の「都」に臣下を「封建」することができないとの前提を共有していたが、既に述べたように、王領（王「都」）と臣下の采邑は必ずしも排他的な関係にはない。西周期の鄭に鄭井叔・鄭虢仲などが「地域化」したように、周王子弟としての桓公もまた鄭に「地域化」しえた可能性を認めてもよいはずである(41)。

第三節　分裂する王室

鄭伯氏さらには王叔氏・甘氏・劉氏といった周王室の分族は、その采邑あるいは排行などによって分節され、王卿士の地位を世襲した。それでは、それら分族の始祖となった周王子弟はいかなる政治的役割を担っていたのであろうか。いま、『春秋左氏伝』から周王子弟が果たした政治的役割を拾い出すと、

一、人質

：王子狐（隠公三年(42)）

二、会盟　　：大子鄭［後の襄王］（僖公五年[43]）・王子党（僖公一〇年[44]）・王子虎（僖公二八・二九年[45]）
三、策命儀礼：王子虎（僖公二八年[46]）
四、聘礼　　：王季子［劉康公］（宣公一〇年[47]）
五、征討　　：王季子［劉康公］（成公十三年[48]）

といった事例をあげることができる。（一）の人質などは周王子弟としての身分に直接由来するものであろうが[49]、他の役割は周王子弟のみが独占的に担っていたものではない。例えば、『春秋経』隠公七（前七一六）年「冬、天王使凡伯来聘」の記事で聘礼を担当している凡伯は、周公旦の子孫と伝えられ、王朝の「公卿」の地位にあったとされる[50]。その他、『春秋左氏伝』荘公二七（前六六七）年「王　召伯廖をして斉侯に命を賜わしむ（王使召伯廖賜斉侯命）」の召伯や、同荘公三〇（前六六四）年「王　虢公に命じて樊皮を討たしむ（王命虢公討樊皮）」の虢公など、卿士の地位にあった者が会盟・聘礼・征討などを担当した事例は数多く存在している。周王子弟は王朝の卿士の担うべき役割を補完すべく期待されていた存在であったと言うことができるだろう。そして、その役割がその子孫へと世襲的に引き継がれていったとき、王叔氏・甘氏・劉氏などといった新たな卿士の家系が成立するのである。

しかしながら、王朝の政治を支える卿士の家系の始祖となり、自身もまた卿士の役割を補完していた周王子弟は、同時にまた王室内部で頻発した王位継承をめぐる内乱の当事者でもありえた。『春秋左氏伝』を通観したとき、荘王期に周公黒肩が擁立しようとした王子克[51]、恵王期の王子頽、襄王期の王子帯、景王期に儋括が擁立しようとした佞夫[52]、悼王・敬王期の王子朝など、周王子弟にはむしろ内乱の当事者としての印象が強くつきまとう。王朝の政治を支えるとともに内乱の当事者ともなりうるという、まさに諸刃の刃的存在として周王子弟は王朝・王室内にその位置をしめていたのである。(53) 以下には、右に記した内乱のうち、その経緯が比較的詳細にたどれる三つの内乱、すなわち王子頽の乱と王子帯の乱、ならびに王子朝の乱をとりあげ、分裂する王室の実際を観察することにしたい。なお、三〇二頁には関係地の地図を掲げてあるので、参照されたい。

前六七五年、恵王（在位前六七六～前六五三年）の叔父王子頽の擁立を謀る内乱が勃発した。『春秋左氏伝』荘公十九（前六七五）年には、この内乱の経緯が次のように記録されている。

恵王即位するに及び、蔿国の圃を取りて以て囿と為す。辺伯の宮は王宮に近し、王これを取る。王　子禽祝跪と詹父の田を奪いて、膳夫の秩を収む。故に蔿国・辺伯・石速・詹父・子禽祝跪乱を作し、蘇氏に因る。秋、五大夫　子頽を奉じて以て王を伐つも、克たず、出でて温に奔る。蘇子　子頽を奉じて以て衛に奔る。衛師・燕師周を伐ち、冬、子頽を立つ。（及恵王即位、取蔿国之圃以為囿。辺伯之宮近於王宮、王取之。王奪子禽祝跪与詹父田、而収膳夫之秩。故蔿国・辺伯・石速・詹父・子禽祝跪作乱、因蘇氏。秋、五大夫奉子頽以伐王、不克、出奔温。蘇子奉子頽以奔衛。衛師・燕師伐周、冬、立子頽）。

恵王に所領あるいは俸禄を奪われた蔿国・辺伯・石速・詹父・子禽祝跪の「五大夫」は、蘇子の支援を受けて王子頽を擁立し、一旦は温さらに衛に逃れた後、衛・燕（南燕）の力を借りて王子頽を擁立することに成功した。この内乱は前六七三年、鄭伯厲公・虢叔によって鎮圧され、恵王は王城に復帰することとなるが、(54) この間、恵王は『春秋左氏

伝』荘公二〇（前六七四）年に、

夏、鄭伯遂に王を以いて帰る。王　櫟に処る。秋、王及び鄭伯　鄔に入る。遂に成周に入り、その宝器を取りて還る。（夏、鄭伯遂以王帰。王処於櫟。秋、王及鄭伯入于鄔。遂入成周、取其宝器而還）。

とあるように、櫟から鄔へとその居所を遷していた(55)。

恵王の居所と記録された両地のうち、櫟は鄭の別都ともされ、前六九七年に勃発した鄭の内乱に際しては、鄭伯厲公がこの地に居を遷したと伝えられる(56)。一方の鄔は、先に引いた『春秋左氏伝』隠公十一（前七一二）年の記事に鄭から周へ移譲された土地として記録されており、周桓王の治世に周の支配下に入った土地であった。王子頽の乱を逃れた恵王は、卿士鄭の所領ならびに王領へと居所を遷しつつ、最終的に王城へと復帰したのである。

恵王に続く襄王（在位前六五二～前六一九年）の治世には、王子帯の乱が勃発した。王子帯の乱は『春秋左氏伝』に前後二回記録されるが(57)、その第二次の内乱は、『春秋左氏伝』僖公二四（前六三六）年に次のように記録されている。

初め、甘昭公（王子帯・大叔）恵后に寵有り。恵后将にこれを立てんとするも、未だ及ばずして卒す。昭公　斉に奔り、王これを復す。また隗氏に通じ、王　隗氏を替《はい》す。頽叔・桃子曰く、…。遂に大叔を奉じ狄師を以いて王を攻む。王の御士将にこれを禦がんとす。王曰く、…。王遂に出で、坎欿に及び、国人これを納む。秋、頽叔・桃子　大叔を奉じ狄師を以いて周を伐ち、大いに周師を敗り、周公忌父・原伯・毛伯・富辰を獲る。王出でて鄭

に適き、氾に処る。（初、甘昭公有寵於恵后。恵后将立之、未及而卒。昭公奔斉、王復之。又通於隗氏、王替隗氏。頽叔・桃子曰、…。遂奉大叔以狄師攻王。王御士将禦之。王曰、…。王遂出、及坎欿、国人納之。秋、頽叔・桃子奉大叔以狄師伐周、大敗周師、獲周公忌父・原伯・毛伯・富辰。王出適鄭、処于氾）。

王子帯を奉じた頽叔・桃子及び狄の反乱にともない、襄王は先ず王領の坎欿に逃れ[58]、一旦は国人に連れ戻されるが、その後、反乱軍の再度の攻撃に敗れて鄭の氾に逃れることとなった[59]。襄王が難を逃れた坎欿及び氾についての情報は限られるが[60]、『春秋左氏伝』僖公二四（前六三六）年には、

鄭伯　孔将鉏・石甲父・侯宣多と官・具を氾に省視し、しかる後にその私政を聴くは、礼なり。（鄭伯与孔将鉏・石甲父・侯宣多省視官・具于氾、而後聴其私政、礼也）。

という記事が見えている。官とは官司、具とは器具の謂であり、この一文は周王の居所の官司や調度を整えることを述べたものとされる。

周王の居所の官司や調度を整えることは、内乱時にのみ観察される行為ではなく、既に注釈家が指摘しているように、平時における周王の「巡狩（巡守）」においても観察することができる[61]。王子頽の乱の平定後、恵王が虢へ巡狩したことについて、『春秋左氏伝』荘公二一（前六七三）年に、

王　虢の守を巡る。虢公　王宮を玤に為る。王これに酒泉を与う。（王巡虢守。虢公為王宮于玤。王与之酒泉）。

との記録があり、これによって巡狩先の玤に「王宮」が造営されたことが知られる。周王の赴いた地に「王宮」が造営されることは前六三二年の踐土の盟においても確認でき、『春秋左氏伝』僖公二八年には、

王宮を踐土に作る。(作王宮于踐土)。

との記録が現れる。踐土に造営された「王宮」は、別に「王所」「王庭」とも記され[62]、その場において周王への朝見あるいは諸侯との会盟が執り行われたのである。「王宮」とは周王の政治能力が機能するために設定された場の謂であり、逆にそのような場が設定されることによって、周王はその政治能力をはじめて発揮しえたのである。

この「王宮」を参照するならば、王子帯の乱を逃れた襄王が鄭の氾に遷ったとき、その地の「官・具」が整えられた意味も自ずと明らかとなるだろう。鄭伯は襄王の「官・具」を整えることによって、周王の政治能力が発揮される場を設定していたのであり、そのことによって襄王の周王としての正当性を主張していたのである。先にみた王子頽の乱においても、鄔に難を逃れた恵王は成周の「宝器」を持ち出していた。「宝器」が周王の政治能力の象徴であることは明らかであり、その「宝器」の所在によって周王としての正当性が主張されていたのである。

本書の第Ⅰ部において、西周期の青銅器銘に記録された周王の所在について検討した。西周期の周王の行動範囲は、宗周・成周・周や鄭・豊といった王「都」のみならず、行宮ないしは離宮を意味する「𢈔」や、軍事集団ないしはその駐屯地を意味する「𠂤」の展開によって「四方」の地にまで達していた。「王在」あるいは「王格」といった表現で示されていたように、周王はそれらの地に設けられた「廟」や「宮」で諸々の儀礼を執り行い、王朝の秩序を維持

していたのであった。前六七三年に虢に巡狩した恵王のために造営された「王宮」、あるいは前六三二年の践土の盟に際して造営された「王宮」は、まさに西周期の「宮」の系譜につらなるものである。そしてさらに、王子頽の乱に際して恵王が難を逃れた櫟や鄔、王子帯の乱に際して襄王が難を逃れた坎欿や汜といった地にも、この「王宮」の系譜につらなる施設が設けられていたと考えてよいはずである。内乱によって分裂する王室、ならびにその際の周王の所在をあとづけることは同時に、経巡る王の末裔たちの行動を観察することでもある。

春秋期の周王室における最大の内乱となった王子朝の乱は前五二〇年に勃発した。景王（在位前五四四～前五二〇年）の崩御を契機とした後継者争いは、王子猛（悼王）・王子匄（敬王）・王子朝の三人を主役としつつ[63]、前五一六年に一応の終焉を迎えるまで、王朝内の諸勢力や諸侯を巻き込みながら複雑な展開をたどることになる。いま、『春秋経』から内乱にかかわる記事を抜き出せば、

一、夏四月乙丑、天王崩。（昭公二二年　前五二〇年）
二、王室乱。（昭公二二年）
三、劉子・単子以王猛居于皇。（昭公二二年）
四、秋、劉子・単子以王猛入于王城。（昭公二二年）
五、冬十月、王子猛卒。（昭公二二年）
六、晋人囲郊。（昭公二三年　前五一九年）
七、天王居于狄泉。尹氏立王子朝。（昭公二三年）

八、夏、叔詣会晋趙鞅・宋楽大心・衛北宮喜・鄭游吉・曹人・邾人・滕人・薛人・小邾人于黄父。（昭公二五年　前五一七年）

九、冬十月、天王入于成周。尹氏・召伯・毛伯以王子朝奔楚。（昭公二六年　前五一六年）

という九つの記事をあげることができる。これらの記事は内乱の転換点を記録したものと考えられるが、以下には『春秋左氏伝』の記述を補いつつ、王子朝の乱の展開をあとづけることとしたい（三〇二頁の地図を参照）。

一、夏四月乙丑、天王崩。

二、王室乱。

景王崩御の後、単子（単穆公）・劉子（劉文公）らに支持された王子猛（悼王）に対して、王子朝が反旗を翻した。(64) 六月丁巳㊺（以下、干支番号を付す）、景王の葬儀が営まれ、王子朝は職禄を失った百工および霊王・景王の族を率い、郊・要・餞［三邑、周地（杜預注、以下同例）］の兵力によって劉子を攻め、反乱の火蓋を切って落とした。癸亥㊻には劉子が采邑の劉に逃れ、一方の単子は悼王を王城の荘宮から連れ出すが、王子朝側の王子還によって王を奪還される。乙丑②、平時［周地］に逃れた単子を追った王子朝側の群王子が逆に敗死し、王子朝は京に奔った。『春秋左氏伝』の記録に拠る限り、翌年六月まで王子朝はこの地に留まることとなる。(65) 王子朝が京に奔った翌日の丙寅③、単子は京を攻撃し、劉子は王城に帰還した。さらに辛未⑧に鞏簡公が、乙亥⑫には甘平公がそれぞれ王子朝の拠る京を攻撃するが、その地を陥落させることはできない。反乱はこの時点では、王城にあった悼王の争奪戦の段階にある。

三、劉子・単子以王猛居于皇。

七月戊寅⑮、晋に事態の急を告げるために、単子は王子猛（悼王）とともに平時・圃車から皇に赴いた。皇は王城の東、現在の河南省鞏県の西南に位置する地とされている。(66) 王子朝の乱において周王が王城を離れるのはこれがはじめてであり、(67) 以後一〇月に至るまで悼王はこの地に留まる。この間、王城は悼王側の王子処によって守られ、百工との関係も修復されるが、八月辛酉58に司徒醜が王子朝側に敗れ、再び百工は悼王から離叛する。己巳⑥、百工は単氏の「宮」を攻めるが敗退し、翌庚午⑦には単子が反撃して、辛未⑧に東圉［百工所在、洛陽東南有圉郷］を攻撃した。この時点では、悼王および王子朝のいずれも、王城を掌握できない状況にあったものと思われる。

四、秋、劉子・単子以王猛入于王城。

一〇月丁巳54(68)、晋が内乱に介入し、九州の戎（陸渾の戎）および焦・瑕・温・原の師を率いて、王子猛（悼王）を王城に復帰させる。しかし、依然王子朝の勢力も強く、庚申57には単子・劉子が郊で、陸渾の戎が社［周地］(69) でそれぞれ敗北を喫している。

五、冬十月、王子猛卒。

十一月乙酉22(70)、王子猛（悼王）が死亡し、己丑26に弟の王子匄が王位に即いた。敬王である。十二月庚戌47には、晋が陰（平陰）・侯氏・谿泉［鞏県西南有明谿泉］・社に、王師が氾(71)・解［洛陽西南有大解・小解］・任人(72)にそれぞれ駐屯し、閏月辛丑38に王子朝の拠る京を攻撃してその西南部を破壊した。

六、晋人囲郊。

翌年正月壬寅㊴には、晋師と王師が王子朝の支配下にあった郊を囲み、癸卯㊵には郊および鄩〔鞏県西南有地名鄩中〕が壊滅した。

七、天王居于狄泉。尹氏立王子朝。

敬王と王子朝の立場が逆転し、王子朝が王城に入城する。『史記』周本紀はこの間の事情を「敬王元年、晋人　敬王を入れんとするも、子朝自立し、敬王　入るを得ず、沢に居る（敬王元年、晋人入敬王、子朝自立、敬王不得入、居沢）」と記しており、『春秋左氏伝』昭公二三年正月丁未㊹の「王師　沢邑に在り（王師在沢邑）」の記事に対応している。沢は経文の狄泉と同地とされ、[73]その地望については、『春秋経』の杜預注「狄泉、今の洛陽城内大倉西南の池水なり。時に城外に在り（狄泉、今洛陽城内大倉西南池水也。時在城外）」の如く、成周築城に際して城内に取り込まれたものとされている。[74]四月乙酉㉒、単子が訾〔在鞏県西南〕を占領し、劉子が牆人[75]・直人を占領。これに対して王子朝は六月壬午⑲に、京から支持勢力の一翼を担う尹氏の采邑尹に入り、尹をめぐる攻防戦の後、甲午㉛の日に王城に入城する。一方の敬王は、庚寅㉗に単子・劉子・樊斉らとともに、劉氏の采邑劉へと居所を遷している。王城に入城した王子朝は、七月戊申㊺にかつての悼王の居所であった荘宮に入り、翌年正月辛丑㊳に召簡公・南宮嚚・甘桓公（敬王側の甘平公の子）らの朝見をうけ、戊午(55)には鄔に進駐している。鄔はかつて恵王が王子頽の乱を逃れた地である。

王子朝が西王、敬王が東王と呼ばれたように、[76]王子朝はこの時点では実質的に周王の地位にあったものと考えられ、周王の並立状況がここに出現したことになる。このことは内乱の両当事者の立場は相対的なものにすぎず、ともにその正当性を主張しえたことを示している。[77] 王子帯の乱を逃れた襄王の居所となった氾の例から考えれば、この時点で王城に入城していた王子朝は言うにおよばず、狄泉さらに劉に居所を構えていた敬王にもまた、その正当性を主張するための場が設定されていたことが想定できるだろう。

八、夏、叔詣会晋趙鞅・宋楽大心・衛北宮喜・鄭游吉・曹人・邾人・滕人・薛人・小邾人于黄父。

九、冬十月、天王入于成周。尹氏・召伯・毛伯以王子朝奔楚。

前五一七年、晋が再び内乱に介入し、黄父の会において敬王を王城に復帰させる旨が宣言される。[78] 翌前五一六年の四月、単子は晋に事態の急を告げ、五月戊午55の尸氏［在鞏県西南偃師城］、戊辰⑤の施谷［周地］の戦いの後、七月、敬王は劉より渠［周地］・褚氏［洛陽県南有褚氏亭］・萑谷・胥靡・滑［皆周地。胥靡・滑、本鄭邑］に至り、晋は闕塞［洛陽西南尹闕口也］に布陣してこれを支援する。一〇月辛丑38、敬王はさらに郊・尸（尸氏）に至り、十一月辛酉58には晋軍が鞏を攻略した。ここに至って、王子朝側の召簡公が寝返り、王子朝はその支持勢力とともに楚に亡命し、前五〇五年にその地で殺されることとなる。[79] 敬王は癸酉⑩に成周に入った後、甲戌⑪にその襄宮で盟し、さらに十二月癸未⑳には王城の荘宮に入っている。敬王と王子朝の立場はここに再び逆転した。[80]

以上、王子朝の乱における王子猛（悼王）・王子匄（敬王）ならびに王子朝の行動を観察してきた。内乱に関係する地名を地図（三〇二頁）に示しておいたが、その分布は現在の洛陽から鞏県にかけての範囲にほぼ収まるものと考えて大過ないだろう。このたかだか五〇～六〇キロ程度の広がりしかもたない彼らの行動圏は、東王・西王という称号が示すように、まさに王室を二分して争われた内乱の舞台としては、あまりにも狭すぎるとの印象を禁じえない。

実際、先の王子頽の乱で恵王が鄭の櫟に難を逃れ、王子帯の乱で襄王が同じく鄭の汜に難を逃れたこと、あるいは王子頽の乱の後、前六七三年に恵王が虢に巡狩したことを想起してみても、王子朝の乱における周王の行動圏は著しく縮小しているのである。

この周王の行動圏の縮小は、王朝の卿士であった虢が紀元前六五五年に滅亡し[81]、同じく卿士であった鄭が次第にその立場から離脱して「封建諸侯」化していく過程と連動している[82]。春秋期の周王は、もはや王領ないしは卿士の所領にしか移動しえないのであり、虢の滅亡、鄭の「封建諸侯」化の後に勃発した王子朝の乱においても、周王はその縮小してしまった範囲内において、やはり王領や卿士劉氏の采邑などへと移動するしかなかったのである。

かつて「四方」の地にまでその足跡を印した周王の末裔たちは、いまやその経巡る王としての属性を失いつつあった。王子帯の乱にあたって、『春秋経』僖公二四（前六三六）年に「天王出でて鄭に居る（天王出居于鄭）」と記録され、これに対して『春秋左氏伝』は、

天子は出づること無し。書して「天王出でて鄭に居る」と曰うは、母弟の難を辟くればなり。（天子無出。書曰天王出居于鄭、避母弟之難也）。

との注釈を与えている。「天子は天下を以て家と為す、故に在す所を居と称す。天子に外無し、しかるに出と書するは、王の匹夫の孝に蔽み、天下の重を顧みず、よりてその母弟の難を辟くるを譏ればなり（天子以天下為家、故所在称居。天子無外、而書出者、譏王蔽於匹夫之孝、不顧天下之重、因其辟母弟之難）」と『春秋経』の杜預注に敷衍されるように、「外」の無い周王に対して敢えて「出」字が用いられたのは、襄王の行動に対する道義的評価をこめる

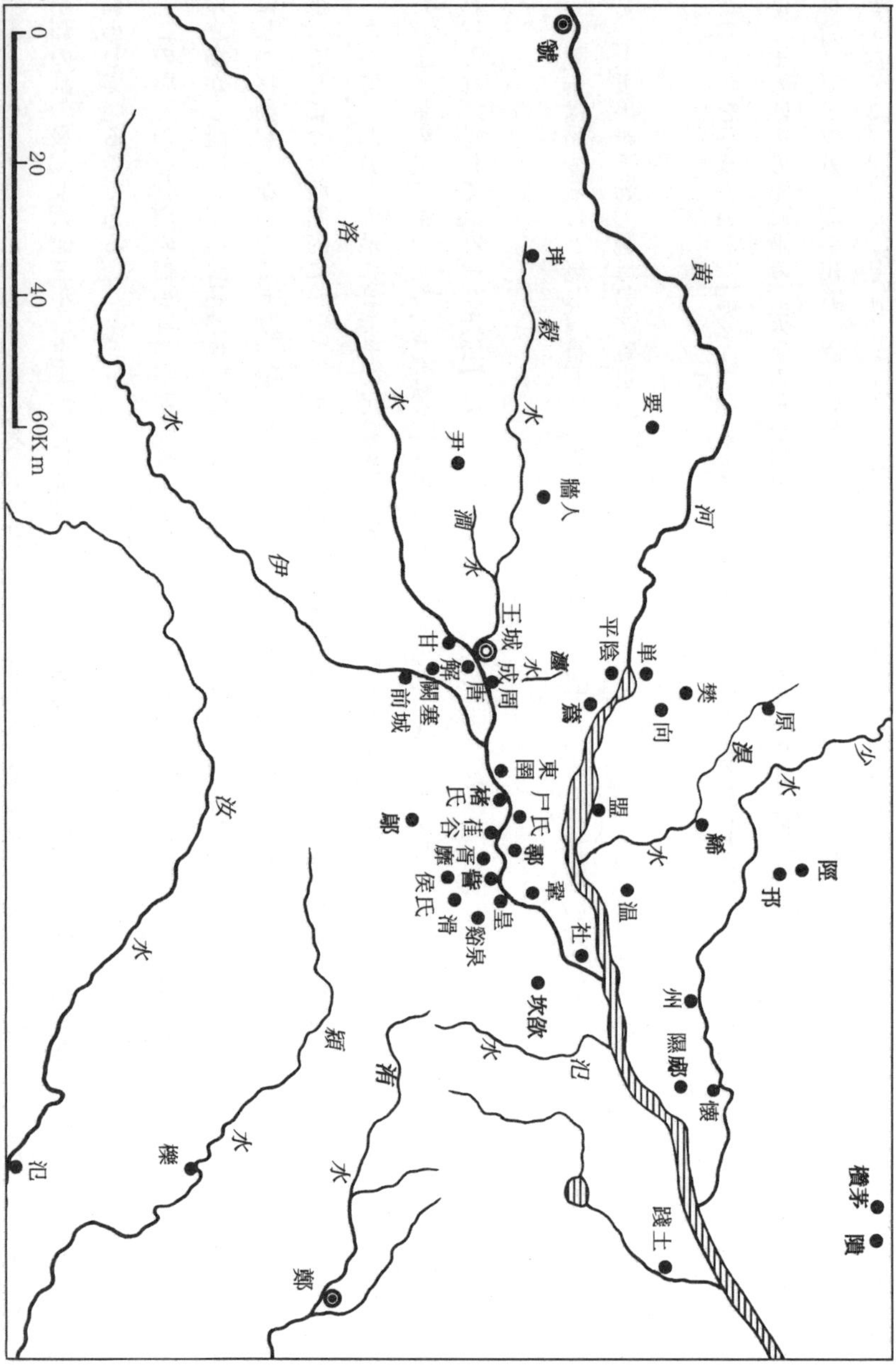
0
20
40
60K m
虢
黄
河
洛
水
伊
水
汝
水
穀
水
瀍
水
王城
成周
平陰
温
盟
原
向
懐
邘
鞏
甘
偃師
前城
關塞
杜
陘
汜
潁
水
洧
水
鄭
櫟
汜

ためであると解釈されているのである。しかしながら、そのような道義的評価はいざしらず、ここに、かつては「四方」の地にまでその足跡を印した周王の記憶と、春秋期の周王に残されていた行動圏とのギャップへの戸惑いを読みとることは許されるであろう。

おわりに

莊王期に周公黒肩が擁立しようとした王子克、恵王期の王子頽、襄王期の王子帯、景王期に儋括が擁立しようとした佞夫、悼王・敬王期の王子朝など、春秋期の王室はまさに内乱の連続であった。しかしながら、王室の内乱は春秋期以降に多発する、この時代特有の現象であったと判断することは早計である。幽王の敗死、平王の東遷として一般には語られる周の「東遷」もまた、王室の内乱をともなうことが近年主張されている。[83]『春秋左氏伝』昭公二六年の正義に引かれる『竹書紀年』に、

平王　西申に奔り、伯盤を立てて以て大子と為すも、幽王と倶に戯に死せり。これより先、申侯・魯侯及び許文公　平王を申に立つ。もと大子たるを以ての故に天王と称す。幽王既に死し、虢公翰また王子余臣を携に立て、周の二王並び立つ。二十一年、携王　晋文公の殺すところと為る。もと適に非ざるを以ての故に携王と称せり。

（平王奔西申、而立伯盤以為大子、与幽王倶死于戯。先是、申侯・魯侯及許文公立平王於申。以本大子故称天王。幽王既死、而虢公翰又立王子余臣於携、周二王並立。二十一年、携王為晋文公所殺。以本非適故称携王）。

との記述があり、幽王・大子伯盤（『史記』では伯服）と平王、平王と携王といった王室の分裂が伝えられている。[84]春秋期にしきりに記録されるようになる王室の分裂・内乱は、「東遷期」にまで遡りえることが知られる。

そしてさらに周王室の系譜をたどるとき（二八三頁の系譜を参照）、そこに共王→懿王→孝王→夷王という世代を逆行する王位継承を見いだすことができる。[85]原則として父子相続制を採用していた周王室において、この世代を逆行する王位継承は明らかに異常である。『史記』周本紀に「懿王の時、王室遂に衰え、詩人　刺を作す（懿王之時、王室遂衰、詩人作刺）」と記されるように、王室の衰微が懿王にかけて語られるは、王室の分裂を暗示しているかの如きである。そして、さらにいうならば、その暴虐侈傲ゆえに国人の反乱を招き、遂には彘に出奔したと伝えられる厲王についても、その出奔の原因を彼の個人的な資質にかけるよりは、むしろ王室の分裂・内乱といった事態を想定したほうがより真実に近いのではないかと思われる。もちろん、これらの推論に確たる証拠があるわけではないが、本書の第Ⅲ部で指摘したように、西周の中期頃から王朝を構成する諸氏族の分節化が観察できるようになることを考えあわせたとき、周王室内部にあっても同様に分節化が進行し、時として王統の分裂・内乱へと事態が展開することもありえたのではないか、という可能性を示しておきたいと思う。

（1）　周初の「封建」の記録としては、僅かに『尚書』の数篇や『春秋左氏伝』定公四年などの文献史料、さらに宜侯矢簋銘（前期・ⅠB）、大保罍（盉）銘（『考古』編集部一九八九、殷瑋璋一九九〇、陳平一九九一、張亜初一九九三などを参照）などの青銅器銘が残されているにすぎない。また周初「封建」の地政学的分析については、伊藤道治一九六七を参照のこと。

（2）　鄭桓公を厲王の子、宣王の弟とする史料には『史記』鄭世家「鄭桓公友者、周厲王少子而宣王庶弟也」、同十二諸侯年表鄭桓公元年条「周宣王母弟」などがあり、宣王の子であることを示唆する史料には『国語』周語中「(富辰)対曰、…鄭出自宣王」などがある。

（3）　同様の情報は、燕召公世家「釐侯二十一年、鄭桓公初封於鄭」、楚世家「熊徇十六年、鄭桓公初封於鄭」にも見られる。

（4）『春秋左氏伝』隠公十一（前七一二）年「（鄭伯）曰、…吾先君新邑於此」、同昭公十六（前五二六）年「子産対曰、昔我先君桓公与商人皆出自周、庸次比耦、以艾殺此地、斬之蓬蒿藜藋、而共処之」も鄭の「東遷」を示唆するが、その「封建」についての情報は何一つ含まれていない。

（5）『国語』鄭語に「幽王八年而桓公為司徒」とあった記事が、『史記』鄭世家では「封三十三歳、百姓皆便愛之。幽王以爲司徒」と記され、十二諸侯年表　宣王二二（前八〇六）年条には「鄭桓公友元年、始封」と記される。『史記』の紀年記事は、周宣王四六年・幽王十一年・鄭桓公三六年という三人の「在位」年数が記録された「譜諜」のようなデータが存在し、かつ鄭桓公の死を幽王と同年とする（『史記』十二諸侯年表　鄭桓公三六年（幽王十一年）条に「以幽王故、為犬戎所殺」とある）ことで容易に計算できる。『史記』が鄭桓公の「封建」について、『国語』あるいは『春秋左氏伝』以上の情報をもっていたと考える必要はない。

（6）　この事件については、ほかに楚世家「（武王）二十一年、鄭侵天子之田」、十二諸侯年表　鄭荘公二四年条「侵周、取禾」との記録があるが、そのいずれも事件の原因に言及しない。

（7）　正義に「隠三年伝称王弍于虢、謂欲分政於虢、不復専任鄭伯也。及平王崩、周人将畀虢公政、即周鄭交悪、未得与之。八年伝曰、虢公忌父始作卿士于周、於是始与之政、共鄭伯分王政矣。九年伝曰、鄭伯為王左卿士、然則虢公為右卿士、与鄭伯夾輔王也。此言王奪鄭伯政、全奪与虢、不使鄭伯復知王政。故鄭伯積恨、不復朝王」という。

（8）『春秋経』『春秋公羊伝』『春秋穀梁伝』には蔡・衛・陳の三国が記録されるのみであり、そこから『史記』の「周桓王率陳・蔡・虢・衛伐鄭」という記述は派生しえない。『史記』の記事は『春秋左氏伝』の省略と考えなければならない。

（9）　上原淳道一九五八に「平王が東遷した東周以後になると、筆致がかなり変わってきて、卿士のいちいちの言動などは詳しく叙述しないようになる」（上原淳道一九九三　一四九頁）との指摘がある。また吉本道雅一九九六は『史記』における小国の軽視を指摘している。

（10）『史記』は確かに鄭桓公について「司徒（西周期の嗣土に相当する）」という官名を記録しているが、これは『国語』鄭語

「桓公為司徒」の引き写しにすぎない。『史記』全体で周王朝の「司徒」に言及するのは、鄭桓公を除けば、周本紀「九年、武王上祭于畢。東観兵、至于盟津。為文王木主、載以車、中軍。武王自称太子発、言奉文王以伐、不敢自専。乃告司馬・司徒・司空・諸節」、同「武王曰、嗟、我有国冢君、司徒・司馬・司空・亜旅・師氏・千夫長・百夫長」、宋微子世家「武王曰、於乎、維天陰定下民、相和其居、我不知其常倫所序。箕子対曰、…八政、一曰食、二曰貨、三曰祀、四曰司空、五曰司徒、六曰司寇、七曰賓、八曰師」という武王期の三例のみである。『史記』が西周期の「司徒（𤔲土）」の実際についての知識を持っていたとは考えられない。

(11)『春秋左氏伝』僖公二八（前六三二）年「（五月）丁未、（晋侯）献楚俘于王、駟介百乗、徒兵千。鄭伯傅王、用平礼也」は、城濮の戦後の献俘の次第を記している。この時の鄭伯（文公）の行動は、卿士の地位に由来するものと考えられる。しかしながら、この文公の死後、鄭が王室の卿士としての役割を果たしたことを示唆する史料を見いだすことができない。おそらく鄭は、この前後に王朝の卿士としての立場を離脱していったものと考えられる。

(12)『史記』は、斉太伯世家「封師尚父於斉営丘」、魯周公世家「封周公旦於少昊之虚曲阜」、燕召公世家「封召公於北燕」、管蔡世家「封叔鮮於管、封叔度於蔡」「封叔振鐸於曹、封叔武於成、封叔処於霍」、陳杞世家「封之於陳」、衛康叔世家「以武庚殷餘民封康叔為衛君、居河・淇間故商墟」、晋世家「封叔虞於唐」といったように、諸侯の「封建」については、その「封地」に言及しようとする。鄭世家の「友初封于鄭」という記事もまた、その範疇にあるといえるだろう。

(13) というよりも、西周期の周王子弟の動向を伝える史料は、周初の「封建」にかかわる事例を除けば、ほとんど何も存在していない。

(14) 陳厚輝『春秋世族譜』ならびに常茂徠『増訂春秋世族源流図考』に拠る。

(15)『春秋左氏伝』文公十四（前六一三）年「春、頃王崩。周公閲与王孫蘇争政、故不赴」、ならびに同十四年「周公将与王孫蘇訟于晋。王叛王孫蘇、而使尹氏与聃啓訟周公于晋。趙宣子平王室而復之」。

(16)『春秋左氏伝』宣公十五（前五九四）年「王孫蘇与召氏・毛氏争政。使王子捷殺召戴公及毛伯衛、卒立召襄」。杜預注は王孫蘇（王叔桓公）・召戴公・毛伯衛の三人について「三人皆王卿士」との判断をくだしている。

(17)『春秋左氏伝』襄公一〇（前五六三）年「王叔陳生与伯輿争政。王右伯輿。王叔陳生怒而出奔。及河、王復之、殺史狡以説焉。不入、遂処之。晋侯使士匄平王室、王叔与伯輿訟焉。王叔之宰与伯輿之大夫瑕禽坐獄於王庭、士匄聴之。王叔之宰曰、…。瑕禽曰、…。范宣子曰、天子所右、寡君亦右之、所左、亦左之。使王叔氏与伯輿合要、王叔氏不能挙其契。王叔奔晋」。杜預は王叔陳生と伯輿の二人に「二子、王卿士」との注を与えている。また『国語』周語中には「晋既克楚于鄢、使郤至告慶于周。未将事、王叔簡公飲之酒、交酬好貨皆厚、飲酒宴語相説也。明日、王叔子誉諸朝。郤至見邵桓公、与之語。邵公以告単襄公曰、…。…郤至帰、明年死難。及伯輿之獄、王叔陳生奔晋」との説話が記録されている。

(18)『春秋左氏伝』昭公十二（前五三〇）年「甘簡公無子、立其弟過。過将去成・景之族。成・景之族賂劉献公。丙申、殺甘悼公、而立成公之孫鰌」の記事から、成公・景公・簡公・悼公（過）の存在が知られる。また鰌（甘平公）および甘桓公は、王子帯の乱に際して、『春秋左氏伝』昭公二二（前五二〇）年「辛未、鞏簡公敗績于京。乙亥、甘平公亦敗焉」ならびに『春秋左氏伝』昭公二四（前五一八）年「召簡公・南宮嚚以甘桓公見王子朝」の記事に登場する。杜預は甘平公に対して「周卿士」との注を与えている。

(19) 劉定公（劉夏）については、『春秋経』襄公十五（前五五八）年「劉夏逆王后于斉」の杜預注に「劉夏非卿、故書名」という。しかし、前注に引いた『春秋左氏伝』昭公十二年の記事に登場する劉献公について、杜預が「劉献公亦周卿士」との注を与え、『春秋左氏伝』哀公三（前四九二）年の「劉氏・范氏世為昏姻」の記事に対して「劉氏、周卿士」という注を与えるように、劉氏は卿士を世襲する家系であったと考えてよいであろう。

(20)『春秋左氏伝』襄公三〇（前五四三）年「初、王儋季卒、其子括将見王而歎。単公子愆旗為霊王御士、過諸廷、聞其歎、而言曰、烏乎、必有此夫。入以告王、且曰、必殺之。不慼而願大、視躁而足高、心在他矣。不殺、必害。王曰、童子何知。及霊王崩、儋括欲立王子佞夫。佞夫弗知。戊子、儋括囲蔿、逐成愆。成愆奔平時。五月癸巳、尹言多・劉毅・単蔑・甘過・鞏成殺佞夫。括・瑕・廖奔晋」。

(21)『春秋左氏伝』定公六（前五〇四）年「周儋翩率王子朝之徒、因鄭人、将以作乱于周。鄭於是乎伐馮・滑・胥靡・負黍・狐人・闕外。六月、晋閻没戍周、且城胥靡」。同定公七（前五〇三）年「春二月、周儋翩入于儀栗以叛」「夏四月、単武公・劉桓公敗尹氏于窮谷」「冬十一月戊午、単子・劉子逆王于慶氏。晋籍秦逆王。己巳、王入于王城、館于公族党氏、而後朝于荘宮」。

(22) 杜預注に「帰其采邑」とある。

(23) 『水経』甘水注「余按、甘水東一十許里洛城南、有故甘城焉。北対河南故城、世謂之鑒洛城。鑒・甘声相近、即故甘城也。為王子帯之故邑矣。是以昭叔有甘公之称焉」。

(24) 『史記』周本紀正義引『括地志』「故甘城在洛州河南県西南二十五里。左伝云、甘昭公、王子叔帯也。洛陽記云、河南県西南二十五里、甘水出焉、北流入洛。山上有甘城、即甘公菜邑也」。

(25) 「王季子」という称謂は、第Ⅲ部第二章で言及した「虢季子白」「虢季子組」といった称謂を連想させる。

(26) 本文に引いた伝文に対し、楊伯峻一九八一は「依荘公十九年伝観之、温于荘公十九年仍為蘇氏邑。以金文証之、如敔簋銘云、夷王賞敔于敆五十田、于早五十田、則此所謂温田者、亦王田之在温者耳。非以其全邑与鄭、故温仍得為蘇氏邑」との理解を示している。西周期の「田」については、松井嘉徳一九八四を参照のこと。

(27) 『春秋左氏伝』宣公一〇（前五九九）年「秋、劉康公来報聘」に対して、楊伯峻一九八一は「劉即隠十一年伝『王取鄔・劉・蔿・邘之田于鄭』之劉、春秋之前為鄭邑、至桓王時為周邑。定王時、劉康公始食采於劉。在今河南省偃師県南」との注釈を与えている。

(28) 梁暁景一九八五によれば、河南省偃師県緱氏鎮陶家村に劉城遺址（東西六五〇メートル・南北一二二〇メートル）が存在するという。

(29) 戦国期の年代については平勢隆郎一九九五が全面的に検討を加えているが、ここではとりあえず楊寛一九九七の判断に従っておく。

(30) 『国語』周語下韋昭注に「定亦当為貞」とある。

(31) 河南に「封」ぜられた一族から東周恵公が分かれる経緯については、他に史料が残されている。『史記』趙世家「(成侯七年) 与韓攻周。八年、与韓分周以為両」、『韓非子』内儲説下「公子朝、周太子也。弟公子根甚有寵於君。君死、遂以東周叛、分為両国」、『韓非子』難三「公子宰、周太子也。公子根有寵、遂以東州（周）反、分而為両国」、『韓非子』説疑「故周威公

身殺、国分為二」、『呂氏春秋』先識覧「(周)威公薨、肂九月不得葬。周乃分為二」、『漢書』古今人表東周恵公条班固自注「威公子」などである。楊寛一九九七は、これらの史料を整理して「周考王把他的弟弟掲分封在河南、即西周桓公、形成一個西周小国。西周桓公去世、其子威公代立。公元前三六七年、西周威公去世、少子公子根和太子公子朝争立、発生内乱、韓趙両国帮助公子根在鞏（今河南省鞏県西南）独立、以『奉王（周顕王）』為名、洛陽因此也属於東周。這様周就分裂為西周和東周両個小国」（二九七頁）と述べる。

(32) 東周期の王城については、飯島武次一九九八第六章第一節「東周時代の都城遺跡」を参照のこと。

(33) 本文に引いた周本紀の正義に「按、自敬王遷都成周、号東周也。桓公都王城、号成周桓公」とある。後藤均平一九六〇・同一九六一ならびに李学勤一九八四b第二章「周」を参照のこと。

(34) 周王朝最後の王赧（在位前三一四～前二五六年）について、『史記』周本紀に「王赧時東西周分治。王赧徙都西周」とある。正義に「敬王従王城東徙成周。十世至王赧、従成周西徙王城。西周武公居焉」とあるように、王赧は河南王城の「西周」に遷徙したこととなるが、この王城に西周武公が居住していたことは、周本紀の後文に「(王赧五十九年）秦昭王怒、使将軍摎攻西周。西周君（武公）奔秦、頓首受罪、盡献其邑三十六、口三万。秦受其献、帰其君於周。周君・王赧卒、周民遂東亡」（秦本紀もほぼ同文）とあることから明らかである。王朝最末期の混乱時のことであり、普遍的な事象と見なすことはできないかもしれないが、周王の「都」と王室分族の采邑が併存しえた可能性を示唆するものと考える。

(35) 『史記』鄭世家「二歳、犬戎殺幽王於驪山下、并殺桓公」。また鄭玄『詩譜』「幽王為犬戎所殺、桓公死之。其子武公与晋文侯定平王於東都王城、卒取史伯所云十邑之地」など。

(36) 『説苑』権謀篇にも、これに類した説話が記録されている。

(37) 『春秋公羊伝』桓公十一年「古者、鄭国処于留。先鄭伯有善于鄶公者、通乎夫人、以取其国而遷鄭焉、而野留」もまた、おなじテーマに属した説話である。

(38) この棫林は、あるいは『春秋左氏伝』襄公十四（前五五九）年「秦人毒涇上流、師人多死。鄭司馬子蟜帥鄭師以進、師皆従之、至于棫林、不獲成焉」に見える棫林（杜預注「棫林、秦地」）に相当するかもしれない。

(39)『史記』鄭世家「(桓公)東徙其民雒東、而虢・鄶果献十邑、竟国之。二歳、犬戎殺幽王於驪山下、并殺桓公」の記事は矛盾に満ちている。前半部分は『国語』鄭語に拠りつつも、それに「竟にこれに国す」との一文が付加され、それにも拘わらず、桓公は幽王とともに犬戎に敗死してしまうのである。「竟にこれに国す」という一文のすわりが悪いことは明らかで、集解は韋昭の「後武公竟取十邑地而居之、今河南新鄭也」という注釈を引くこととなる。桓公の死、武公の東遷という「常識」の形成過程を見ることができるが、それとともに「竟にこれに国す」という表現から、鄭を「封建諸侯」と見なす『史記』の判断をうかがうことができる。

(40) 本論第Ⅲ部第二章第一節「鄭にかかわる称謂」表において、「鄭伯」などの姫姓鄭国関係の称謂をあげておいた。青銅器銘において、例えば「鄭伯」の「鄭」字は、西周期の地名として使用される「鄭」字と基本的に同じである。

(41) 陝西省鳳翔県の秦雍城遺址から「棫陽」の銘をもつ瓦当が出土している。盧連成一九八三などは、この瓦当銘を一つの根拠として、この地を『世本』の棫林にあて、さらに『史記』秦本紀「徳公元年、初居雍城大鄭宮」といった史料を引いて、これを西周期の鄭に関連づける。盧連成一九八三は最後に「鄭桓公由鳳翔一帯雍地東徙河南新鄭之前、曾暫時栖居于陝西華県一帯(『漢書』地理志京兆尹鄭県：筆者補う)、即『世本』所載之〝拾〟地、〝拾〟地因此而改称為鄭地」と述べるが、鳳翔の地を西周期の鄭に当てるには根拠が不足している。また京兆尹鄭県がかつて「拾」と呼ばれていたことを裏付ける史料は存在しない。

(42)『春秋左氏伝』隠公三(前七二〇)年「鄭武公・荘公為平王卿士。王弍于虢。鄭伯怨王。王曰、無之。故周・鄭交質。王子狐為質於鄭、鄭公子忽為質於周」。

(43)『春秋経』僖公五(前六五五)年「公及斉侯・宋公・陳侯・衛侯・鄭伯・許男・曹伯会王世子于首止」。同年『春秋左氏伝』「会於首止、会王大子鄭、謀寧周也」。この会盟は杜預注に「恵王以恵后故、将廃大子鄭而立王子帯。故斉桓帥諸侯、会王大子、以定其位」と説明される。

(44)『春秋左氏伝』僖公一〇(前六五〇)年「夏四月、周公忌父・王子党会斉隰朋立晋侯」。

(45)『春秋左氏伝』僖公二八(前六三二)年「王子虎盟諸侯于王庭。要言曰…」。『春秋左氏伝』僖公二九(前六三一)年「夏、公会王子虎・晋狐偃・宋公孫固・斉国帰父・陳轅濤塗・秦小子慭、盟于翟泉、尋践土之盟、且謀伐鄭也」。

(46)『春秋左氏伝』僖公二八年「丁未、（晋侯）献楚俘于王、駟介百乗、徒兵千。鄭伯傅王、用平礼也。己酉、王享醴、命晋侯宥。王命尹氏及王子虎・内史叔興父策命晋侯為侯伯」。杜預注に「尹氏・王子虎皆王卿士也。叔興父、大夫也」という。また『国語』周語上は、この策命を「襄王使太宰文公及内史興賜文公命」と記しており、王子虎は太宰の地位にあったと伝える。

(47)『春秋経』宣公一〇（前五九九）年「秋、天子使王季子来聘」、同年『春秋左氏伝』「秋、劉康公来報聘」。また『国語』周語中「定王八年、使劉康公聘於魯」。

(48)『春秋左氏伝』成公十三（前五七八）年「公及諸侯朝王、遂従劉康公・成粛公会晋侯伐秦」。

(49) 春秋期の人質については、小倉芳彦一九七〇　Ⅰ・三「中国古代の質」を参照のこと。

(50) 杜預『春秋釈例』会盟朝聘礼第二に「王之公卿、皆書爵。祭伯・凡伯是也」とある。

(51)『春秋左氏伝』桓公十八（前六九四）年「周公欲弑荘王而立王子克。辛伯告王、遂与王殺周公黒肩。王子克奔燕」。

(52)『春秋経』襄公三〇（前五四三）年「天王殺其弟佞夫」。同年『春秋左氏伝』の記事は注二〇に引いた。

(53) 同様のことは、春秋期諸侯国の公子についても当てはまるだろう。そのうち、鄭の公子については松井嘉徳一九九二を参照のこと。

(54)『春秋左氏伝』荘公二一（前六七三）年「夏、同伐王城。鄭伯将王自圉門入、虢叔自北門入。殺王子頽及五大夫」。『国語』周語上は王子頽の乱について「恵王三年、辺伯・石速・蔿国出王而立子頽。王処於鄭三年。王子頽飲三大夫酒、子国為客、楽及徧儛。鄭厲公見虢叔、曰、…、盍納王乎。虢叔許諾。鄭伯将王自圉門入、虢叔自北門入、殺子頽及三大夫、王乃入也」と記す。

(55)『史記』周本紀・十二諸侯年表・燕召公世家・衛康叔世家・鄭世家は、恵王が温に出奔したと記すが、これは梁玉縄『史記志疑』が指摘するように誤りであり、温へ出奔したのは王子頽および「五大夫」とすべきである。

(56)『春秋経』桓公十五（前六九七）年「秋九月、鄭伯突入于櫟」の杜預注に「櫟、鄭別都也」とある。また荘公二〇年の『左氏会箋』には「櫟、堅城也。鄭厲久居之、今処王於此」とある。

（57）第一次の内乱は、『春秋左氏伝』僖公十一（前六四九）年に「夏、揚・拒・泉・皐・伊・雒之戎同伐京師、入王城、焚東門。王子帯召之也。秦・晋伐戎以救周。秋、晋侯平戎于王」、同僖公十二（前六四八）年に「王以戎難故、討王子帯。秋、王子帯奔斉」と記録される。
（58）杜預注に「坎欿、周地。在河南鞏県東」とある。
（59）『国語』周語中は、王子帯の乱の経緯を「初、恵后欲立王子帯、故以其党啓狄人。狄人遂入、周王乃出居于鄭。晋文公納之」と記録する。
（60）氾は河南省襄城県の南に位置する南氾であろうとされる。『左氏会箋』に「鄭之西南之境、南近於楚、西近於周」とある。
（61）僖公二四年の『左氏会箋』に「周語曰、王巡守、則君親監之。鄭伯蓋行是礼也」とある。また楊伯峻一九八一は「戦国策趙策三云、天子巡狩、諸侯辟舎、納筦鍵、摂衽抱几、視膳於堂下。天子已食、退而聴朝也。賈誼新書礼篇云、礼、天子適諸侯之宮、諸侯不敢自阼階。阼階者、主之階也。天子適諸侯、諸侯不敢有宮、不敢為主人、礼也。此皆謂天子巡狩、至于諸侯之国都、居于其宮之事、与此天子避難、与鄭伯異地異宮雖有不同、而其実質則大相似」と述べている。
（62）『春秋経』僖公二八年「公朝于王所」「壬申、公朝于王所」。杜預注に「王在踐土、非京師、故曰王所」というが、『春秋左氏伝』隠公七（前七一六）年「鄭公子忽在王所」の「王所」は周に人質となった公子忽への言及であり、明らかに京師を指している。京師であるとないとに拘わらず、周王の居所は「王所」と呼ばれたのであろう。楊伯峻一九八一　僖公二八年注を参照のこと。また「王庭」は『春秋左氏伝』僖公二八年「王子虎盟諸侯于王庭」に見え、杜預注に「踐土宮之庭」とある。
（63）景王の大子寿は前五二七（魯昭公十五）年に既に死亡しており、この度の内乱には関与していない。
（64）内乱の原因については、『春秋左氏伝』昭公二二年に「王子朝・賓起有寵於景王。王与賓孟説之、欲立之。劉献公之庶子伯蚠事単穆公、悪賓孟之為人也、願殺之。又悪王子朝之言、以為乱、願去之。…夏四月、王田北山、使公卿皆従、将殺単子・劉子。王有心疾、乙丑、崩于栄錡氏。戊辰、劉子摯卒、無子、単子立劉蚠。五月庚辰、見王、遂攻賓起、殺之、盟群王子于単氏」とある。また『国語』周語下には「及景王多寵人、乱於是始生。景王崩、王室大乱」とある。
（65）京の地望は明らかではない。『春秋左氏伝』隠公元（前七二二）年に鄭の共叔段の采邑として京の名が見えており、もしこの地に相当するものと考えるならば、現在の滎陽附近ということになる。高士奇『春秋地名考略』は「子朝奔京、当即京索之京、在今開封府滎陽県、見鄭国京城」と判断するが、別に楊伯峻一九八一は江永『春秋地理考実』の「考諸伝、…京邑近前城、在伊水之南、洛陽之西南也」に拠って、王子朝の奔った京を鄭の京とは別地であると考えている。京の地望比定は必ずしも確定的なものではなく、ここでは一応、王城の近郊の地という理解にとどめておく。

(66) 楊伯峻一九八一は『欽定春秋伝説彙纂』を引いて、「皇、據彙纂、当在今鞏県西南」という。

(67) 『左氏会箋』に「王始出王城、故経書之」という。

(68) 杜預注に「丁巳在十月。経書秋、誤」という。

(69) 楊伯峻一九八一は『欽定春秋伝説彙纂』を引いて、「彙纂云、黄河西自偃師界入鞏県、洛水入之。有五社渡、又為五社津。光武遣耿弇等軍五社、備滎陽以東、即此。則在今鞏県東北」という。

(70) 杜預注に「経書十月、誤」という。

(71) 江永『春秋地理考実』に「按此当為西氾、開封府氾水県。今音祀、古音凡。与河南府鞏県接界」とある。楊伯峻一九八一も、これを引き継いで「疑即成（公）四年伝『取氾』之氾、在今鞏県東北」という。

(72) この地のことはよくわからない。江永『春秋地理考実』には「按亦周邑」、楊伯峻一九八一には「当即洛陽附近地」というのみである。

(73) 高士奇『春秋地名考略』巻一　成周条。

(74) 成周築城のことは、『春秋左氏伝』昭公三二（前五一〇）年、同定公元（前五〇九）年に見える。昭公三二年の「秋八月、王使富辛与石張如晋、請城成周」の杜預注に「子朝之乱、其余党多在王城。敬王畏之、徙都成周。成周狭小、故請城之」という。成周の築城については、大島利一一九五九、後藤均平一九六〇・同一九六一などを参照のこと。

(75) 『欽定春秋伝説彙纂』に「今河南府新安県東北有白牆村、疑是其処」とある。

(76) 『春秋左氏伝』昭公二三年「八月丁酉、南宮極震。萇弘謂劉文公、君其勉之、先君之力可済也。周之亡也、其三川震。今西王之大臣亦震、天棄之矣。東王必大克」。杜預注に「子朝在王城、故謂西王」「敬王居狄泉、在王城之東、故曰東王」とある。

(77)『春秋左氏伝』昭公二四年には、さらに「冬十月癸酉、王子朝用成周之宝珪沈于河。甲戌、津人得諸河上。陰不佞以温人南侵、拘得玉者、取其玉。将売之、則為石。王定而献之。与之東訾」といった説話が記録されている。王子朝と敬王の立場が流動的であったことを示そうとしているのだろう。

(78)『春秋左氏伝』昭公二五年に「夏、会于黄父、謀王室也。趙簡子令諸侯之大夫輸王粟、具戍人、曰、明年将納王」とある。

(79)『春秋左氏伝』定公五年「春、王人殺子朝于楚」。

(80)前五〇四年から前五〇二年にかけて、王子朝の余党である儋翩の乱が勃発している。注二一を参照。『春秋左氏伝』定公六（前五〇四）年に「冬十二月、天王処姑蕕、辟儋翩之乱也」とあるように、敬王は姑蕕に難を逃れた後、翌年の十一月戊午(55)に晋の籍秦に送られ、己巳⑥に王城に復帰して荘宮で朝見をうけている。敬王が難を逃れた姑蕕の地望については、杜預注に「周地」とあるのみで、その詳細を知りえないが、『史記』周本紀「（敬王）十六年、子朝之徒復作乱、敬王奔于晋。十七年、晋定公遂入敬王于周」のように、敬王が晋に難を逃れたと理解するのは、敬王に対する晋の支援を曲解したものである。これについては、梁玉縄『史記志疑』に「案、左伝定六年、天王処于姑蕕。杜注周地、則王未嘗奔晋也。此与表並誤」との指摘がある。

(81)『春秋左氏伝』僖公二（前六五八）年に「夏、晋里克・荀息帥師会虞師、伐虢、滅下陽」とあり、同僖公五（前六五五）年に「八月甲午、晋侯囲上陽。…冬十二月丙子朔、晋滅虢。虢公醜奔京師」とある。

(82)鄭の「封建諸侯」化については、注十一を参照のこと。

(83)周の東遷については吉本道雅一九九〇を参照のこと。

(84)『春秋左氏伝』昭公二六（前五一六）年に「王子朝使告于諸侯曰、…至于幽王、天不弔周、王昏不若、用愆厥位。携王奸命、諸侯替之、而建王嗣、用遷郟鄏」とあり、携王の存在に言及している。

(85)『史記』周本紀には「共王崩、子懿王囏立。懿王之時、王室遂衰、詩人作刺。懿王崩、共王弟辟方立、是為孝王。孝王崩、諸侯復立懿王太子燮、是為夷王」とある。ただし、三代世表には「孝王方、懿王弟」とあり、『世本』の記述と一致するが、ここでは梁玉縄『史記志疑』の「孝王乃共王弟、此誤以為懿王弟、亦猶人表誤以懿王為穆王子也」に従う。

結びにかえて

本書のもととなった既発表論文は、次の通りである。

松井一九八六「西周期鄭（奠）の考察」（『史林』第六九巻四号）
松井一九八九「周王子弟の封建－鄭の始封・東遷をめぐって」（『史林』第七二巻四号）
松井一九九〇「周王朝の王畿について」（『古史春秋』第六号）
松井一九九三「『県』制遡及に関する議論及びその関連問題」（『泉屋博古館紀要』第九巻）
松井一九九五「宰の研究」（『東洋史研究』第五四巻第二号）
松井一九九六「西周官制研究序説」（島根大学法文学部社会システム学科紀要『社会システム論集』第一号）
松井一九九九ａ「仲山父の時代」（『東洋史研究』第五七巻第四号）
松井一九九九ｂ「周の領域とその支配」（『中国史学』第九巻）
松井二〇〇一「周の国制－封建制と官制を中心として」（『殷周秦漢時代史の基本問題』）

これらの論考は、おおよそ十五年間にわたって執筆されてきたものであるが、この間、筆者自身の考えも当然変化してきたし、考察の主要な対象となる青銅器銘の史料状況も大きく変化した。青銅器銘の著録集としては、既に一九八三年に出版された『金文總集』『商周金文集成』があり、そこにはそれぞれ八〇〇〇件以上の青銅器銘が著録されていたが、一九九四年に出版が完了した『殷周金文集成』(中華書局)は、それを上回る一一九八三件の青銅器銘を著録するとともに、青銅彝器の出土地・所蔵機関ならびに拓本の出所を明示し、あわせてそれぞれの青銅器銘に断代案を付すという画期的な試みを成し遂げたのである。[1]もちろん、この『集成』についても、青銅彝器の器影・数値データが添えられていない、あるいは過去の著録にかかわるデータが少ない、といった欠点を指摘することはできるが、それを差し引いてもなお、その網羅的史料集成の意義は高く評価されるべきである。一方、青銅彝器についての考古学的・型式学的研究も、一九八四年に出版された林巳奈夫『殷周時代青銅器の研究―殷周時代青銅器綜覧一』、ならびに一九八九年の『春秋戦国時代青銅器の研究―殷周時代青銅器綜覧三』(吉川弘文館)の出現によって、[2]網羅的研究へとその様相を変えつつあった。

本書のもととなった諸論考の執筆時期は、青銅器銘ならびに青銅彝器の研究がまさに網羅的研究へと変化しつつあった時期に重なっており、論考自体も執筆時期が降るに従ってより網羅的な方向へと傾斜していった。松井一九九六・松井一九九九aなどに付した一覧表は、その網羅的研究の成果を実際に示したものである。もちろん、筆者自身、網羅的研究の危険性を承知していないわけではない。史料を網羅的に収集することは同時に、そのなかに「ゴミ」のデータを抱え込む危険性をはらんでおり、議論にあらぬ混乱が持ち込まれる可能性があることもまた事実である。青銅器の型式学的分類・断代を試みた林氏の研究にあっては、収蔵機関が確定できるもの、ないしは考古学的発掘データを備えているもののみが考察の対象とされ、分類・分析のなかに「ゴミ」のデータが紛れ込むことが慎重に回避されている。青銅器銘研究の場にあっても、この態度は当然踏襲されるべきであり、この点について、『集成』が青銅彝器の所蔵にかかわるデータを含んでいたことは重要であった。『集成』によって、従来とは比較にならないほど多数の青銅彝器の所蔵機関が確認できるようになり[3]、それによって青銅器銘の数多くが青銅彝器の実在を根拠として利用できるようになったのである。

青銅器銘の網羅的研究の最大のメリットは、従来の研究ではほとんど顧みられることのなかった青銅器銘を考察の対象にできることである。青銅器銘の釈読としては最大クラスの『商周青銅器銘文選』（文物出版社、一九八六～一九九〇年）に収録された青銅器銘は、殷代・戦国期を含めて九二五件に及ぶが[4]、実際それらの青銅器銘のすべてが研究に供されてきたわけではなかった。従来、西周期の青銅器銘でもっとも頻繁に利用された冊命金文（ならびにそれにかかわる青銅器銘）は一〇〇件程度にすぎないのである。西周・春秋期の青銅器銘約四八〇〇件のうち、文字数が三〇字から三九字の青銅器銘は約一五〇件、四〇字から四九字の青銅器銘は約八〇件、五〇字以上の青銅器銘は約二四〇件という内訳になるが、従来の青銅器銘研究の主要な対象はほぼこの範囲内におさまっていたのである。このことは逆に、数文字ないしは一〇数字～二〇数字といった短い青銅器銘は従来殆ど顧みられることはなく、実に四〇〇〇件以上のデータが放置されていたことを意味している。松井一九九九ａは、その放置されたデータのなかから、［排行］某父（某［排行］某父）という称謂にかかわるもの、ならびに［排行］（某［排行］）にかかわるデータを集め、その史料的価値を主張しようとした試みであった。もちろん、その試みがすべてであるはずはなく、例えば図象記号と呼ばれる氏族を表象する記号の分析など[5]、今後の課題とすべきテーマは数多く存在している。さらにいうならば、銘文をもたない青銅彝器をも含めた青銅器資料全体の考察も要請されてくるはずである。

青銅器銘の網羅的収集、ならびに青銅彝器の網羅的研究という研究状況の進展にあって、比較的早くに上梓された論考は、その史料の収集・分析などの問題を含めて、現時点ではもはや通用しえないものとなっている。本書では、それらの論考に新たな史料を補充し、議論を整理しなおしたうえで、四部八章の構成のなかに配置することとした。本書の構成と既発表論文との対応関係は次のようになる。

緒言　松井二〇〇一の一部(6)
第Ⅰ部　第一章　松井一九九九b
　　　　第二章　松井一九八六の後半
第Ⅱ部　第一章　松井一九九五の前半
　　　　第二章　松井一九九六
第Ⅲ部　第一章　松井一九九九a
　　　　第二章　松井一九八六の前半
第Ⅳ部　第一章　松井一九九三
　　　　第二章　松井一九八九の一部・松井一九九〇の一部

比較的新しい論考は、その姿をほぼ保っているが、執筆時期が遡るにつれて旧稿に対する改変の度合いは強まっている。特に松井一九八六は第一章・第二章・第三章と第四章・第五章の二つに分割され、前半は第Ⅲ部第二章に、後半は第Ⅰ部第二章に配置されることとなった。前後が逆に配置されたこと、あるいは史料の補充、議論の整理などによって、旧稿の面影は相当程度失われてしまったが、逆にこの論考が本書の二ヶ所に配置されえたことは、松井一九八九以降の論考が実は松井一九八六の問題設定のなかにおさまっていたことを示してもいる。

本書は、二〇〇〇年に京都大学に提出した学位論文に補筆・訂正を加えたものである。学位論文の審査にあたっては、礪波護・池田秀三・浅原達郎の三先生から貴重なご意見を頂戴し、それを本書の補筆・訂正に活かせたことに感謝したい。さらに本書のもととなった論考を執筆しはじめた十五年前、さらには中国古代史研究を志した学部学生のころにまで遡るならば、大学院入試に失敗してくさっていた私に、神戸大学におられた伊藤道治先生を紹介してくださった島田虔次先生をはじめ、学部・大学院で中国考古学を教わった樋口隆康先生、学術振興会特別研究員時代に指導教官となっていただいた林巳奈夫・小南一郎両先生など、すばらしい先生方のもとで研究の第一歩を踏み出せたことに感謝したい。また、間瀬収芳・冨谷至・籾山明・浅原達郎の諸先輩や、佐原康夫・角谷常子・吉本道雅・船越信・藤田高夫、さらには岡村秀典・宮本一夫といった、ともに中国古代史研究を志す畏るべき学友たちと学生時代を過ごせたことにも感謝したい。試行錯誤を繰り返す日々にあって、これら諸先生・諸先輩・畏友たちから与えていただいた助言・知的刺激ほどありがたいものはなかった。そして最後に、このような刺激的環境に居られるよう常に援助の手をさしのべてくれた両親と、まだ海の者とも山の者ともわからない私に嫁してきてくれた妻、そして安らぎとともに、あるいはそれを上まわるかもしれない喧騒をもたらしてくれる三人の娘たちに、感謝の気持ちを捧げたいと思う。

なお、本書の出版にあたっては、日本学術振興会から平成十三年度科学研究費補助金（研究成果公開促進費）の交付を受けた。

（1）『金文總集』と『殷周金文集成』、ならびに『商周青銅器銘文選』の所収青銅器銘の対照については、季旭昇二〇〇〇を参照のこと。

（2）林巳奈夫氏には別に『殷周時代青銅器紋様の研究―殷周時代青銅器綜覧二』（吉川弘文館、一九八六年）がある。

（3）『集成』著録の一一九八三件の青銅器銘のうち、その所蔵データが添えられているものは七〇〇〇件以上にのぼる。

（4）白川静『金文通釈』に著録された青銅器銘は、関係器として言及される青銅器銘を含めれば、約一一〇〇件となる。

（5）林巳奈夫一九六八は、その先駆的業績である。また、岡村秀典一九九七もこの問題を取り扱っている。

（6）松井二〇〇一の執筆は一九九七年に遡る。これは本書を構想するにあたってのラフスケッチとでもいうべきものであり、松井一九九九ａ・一九九九ｂはその構想に基づいて執筆された。本書が刊行されたいま、その使命は終わったというべきかもしれないが、ラフスケッチにはラフスケッチなりの味もある。

著者略歴
松井　嘉徳（まつい　よしのり）
1956年奈良県に生まれる。
京都大学文学部史学科（東洋史学専攻）卒業。
京都大学大学院文学研究科東洋史学博士後期課程単位取得退学。
島根大学法文学部助教授を経て現在、同教授。
京都大学博士（文学）。

汲古叢書34
周代国制の研究
二〇〇二年二月二八日　発行
著　者　松　井　嘉　徳
発行者　石　坂　叡　志
整版印刷　富　士　リ　プ　ロ
発行所　汲　古　書　院
〒102-0072 東京都千代田区飯田橋二-五-四
電　話　〇三（三二六五）九七六四
FAX　〇三（三二二二）一八四五

ISBN4 - 7629 - 2533 - 0　C3322

青 銅 器 銘 一 覧
（および引用索引）

第Ⅲ部第一章「西周の氏族制」にあげた三つの表（一六六～一七五頁、一八四頁、一九〇～一九四頁）については、別途その一覧を示した。

青銅器名　引用ページ数

『集成』著録・断代案[1]　『研究』著録・断代案　『分期断代』著録・断代案[2]

＜2画＞

七年趞曹鼎　69・216・220

2783・中期　鼎269・ⅡB　鼎62・或為共王7年

九年衛鼎　70

2831・中期　鼎52・共王前後

十三年㾓壺　68

9723-9724・中期　壺82・ⅢA　壺9・中期孝王前後

十五年趞曹鼎　69

2784・中期　鼎228・ⅡB　鼎49・共王

＜3画＞

三年師兌簋　75・134・206

4318-4319・後期　簋397・ⅢB　簋84・後期厲王前後

三年裘衛盉　87・119

9456・中期　盉79・Ⅲ　盉9・共王前後

三年㾓壺　74・107・109・219・228・232・233

9726-9727・中期　壺81・ⅢA　壺4・中期偏晩約当孝王前後

大鼎　107・109・233

2806-2808・中期　鼎286・ⅢA　鼎75・後期厲王前後

大克鼎　31・35・57・68・90・96・97・**98**・99・104・116・119・124・139・218

2836・後期	鼎297・ⅢB	
大盂鼎	28・31・37・127・**128**・136	
2837・前期	鼎187・ⅠB	鼎39・康王
大保簋	38	
4140・前期	簋99・ⅠA	簋3・成王
大保罍	156・246・304	
『考古』1990-1		
大保盉	大保罍に同じ	
『考古』1990-1		盉4・成王
大師虘簋	70・106・107・108・**109**・248	
4251-4252・中期	簋319・ⅡB	簋35・中期約当孝王前後
大豊簋	126・129	
4261・前期	簋91・ⅠA	簋36・武王
小子生尊	39・127・129・157	
6001・前期		
小克鼎	84	
2796-2802・後期	鼎298-299・ⅢB	鼎54・中後期之交的夷厲之世
小臣守簋	52	
4179-4181・西周		
小臣単觶	60	
6512・前期	觶85・ⅠA	
小臣逋鼎	127・129	
2581・前期		
小臣静彝	156	
『銘文選』171		
小臣謎簋	60・84・197	
4238-4239・前期	簋259・ⅡA	簋96・前期康王前後
小盂鼎	42・43・45・126・128	
2839・前期		
矢王簋	211	
3871・後期		

＜4画＞

不晳方鼎　**61**・63
　2735-2736・中期　方鼎77・Ⅱ　鼎12・中期
不嬰簋　42・45
　4328-4329・後期　簋75・後期
中方鼎　61
　2751-2752・前期
中甗　35
　949・前期
五年琱生簋　129・130・147
　4292・後期　簋343・ⅢA　簋98・中期
五祀㝬鐘　25
　358・後期　鐘18・厲王
五祀衛鼎　87・198・216・217・221
　2832・中期　鼎235・ⅡB　鼎51・共王前後
井鼎　218・223・245
　『張家坡西周墓地』M152：51
井鼎　66
　2720・前期中期
井人鐘　217
　109-112・後期　鐘40・Ⅲ
井伯甗　216・220
　873・中期　甗57・Ⅱ
井叔鐘　217・223・224・**225**・245・246
　356-357・後期　鐘16・中期懿孝
井叔鼎　217・223
　『張家坡西周墓地』M152：15　鼎26・中期孝王前後
井叔杯　217・223
　6457・前期
井叔方彝　217・223
　9875・前期　方彝10・中期懿孝前後
井季㚸鼎　217

2199・中期

井季㚸卣　217

5239・中期　卣209・ⅡB

井季㚸尊　井季㚸卣に同じ

5859・中期　觶形尊24・ⅡB

井侯簋　52・216・226

4241・前期　簋229・ⅡA　簋5・前期

井南伯簋　218

4113・中期　簋92・中期偏晩

井姜大宰巳簋　121・218

3896・春秋前期

元年師兌簋　69・75・88・134・139・140・145・206

4274-4275・後期　簋392・ⅢB　簋83・後期厲王前後

元年師旋簋　62・63・73・**74**・75・124・135・143・220・270

4279-4282・後期　簋346・ⅢA　簋68・中期約当夷王前後

兮甲盤　40・45・**47**・136・137・164・165・182・186・188・195・196・202・205・206

10174・後期　盤74・ⅢB　盤12・宣王

兮吉父簋　182・200

4008・後期

公臣簋　102・103・228

4184-4187・後期　簋350・ⅢA

友父簋　186

3726-3727・中期

毛公鼎　20・32・33・35・36・52・90・125・134・141・143・156・203

2841・後期　鼎310・ⅢB　鼎69・宣王時期標準器

王盂　51・67・70

『考古与文物』1998-1

王臣簋　221

4268・中期　簋94・中期孝王前後

＜5画＞

令鼎　101・138・144・147
2803・前期

令簋　39・127・129
4300-4301・前期　簋267・ⅡA　簋49・康昭

令方尊　**34**・86・102・126・127・128
6016・前期　觚形尊116・ⅠB　尊7・昭王

令方彝　令方尊に同じ
9901・前期　方彝41・ⅠB　方彝4・昭王

卯簋　103・104・118・119
4327・中期

史密簋　45
『考古与文物』1989-3

史頌鼎　85・115
2787-2788・後期　鼎300・ⅢB　鼎55・後期厲王前後

史頌簋　史頌鼎に同じ
4229-4236・後期　簋387・ⅢB　簋74

史懋壷　106・116
9714・中期

史牆盤　**30**・31・39・41・51・66
10175・中期　盤52・Ⅱ　盤8・共王時期標準器

召卣　60・197
5416・前期　卣163・ⅡA　卣12・前期昭王前後

召尊　召卣に同じ
6004・前期　觚形尊128・ⅡA　尊17・前期後段約当昭王前後

召圜器　127・129・157
10360・前期

此鼎　69・79・80・155
2821-2823・後期　鼎289-290・ⅢA　鼎70・74

此簋　此鼎に同じ
4303-4310・後期　簋363・ⅢA　簋86・後期宣王前後

永盂　78・**79**・80・87・88・118・148・206・216・221

10322・中期　　大型盂7・Ⅱ

申簋　　69・135・145・205・221

4267・中期

＜6画＞

伊簋　　70・96・97・101・102・135・137

4287・後期　　簋378・ⅢB　　簋73・約為厲王前後

休盤　　221

10170・中期　　盤62・ⅢA　　盤7・共王前後

仲生父鬲　　218

729・後期

仲作旅彝甗　　189

859・前期

仲辛父簋　　181

4114・中期

仲偁父鼎　　45

2734・中期

仲幾父簋　　52

3954・後期

仲戲父簋　　176

4102-4103・中期

吉父鼎　　182

2512・後期

同簋　　118・133・140・141・160・221

4270-4271・中期

多友鼎　　22・42・**43**・45・46・48・50・60

2835・後期　　鼎77・後期偏早

戍嗣鼎　　83・84

2708・殷　　鼎127・殷後期ⅢB

成鐘　　69・86

『上海博物館集刊』第8期　p131

邛大宰壷　　121

9706・春秋

＜7画＞

攸戒鼎　84

『上海博物館集刊』第8期p133

何簋　228・232

4202・後期

伯□父鼎　36

2487・中期

伯田父簋　218

3927・後期　簋359・ⅢA

伯吉父鼎　182・183

2656・後期　鼎276・ⅢA

伯吉父簋　182・183

4035・後期　簋382・ⅢB

伯吉父匜　182・183

10226・後期

伯考父鼎　166・176

2508・中期後期

伯作蔡姫宗彝尊　190

5969・中期　觶形尊9・ⅡA

伯作彝鼎　189

1728-1729・前期　鼎17・前期

伯克壷　102

9725・後期　壷18・後期厲王前後

伯車父盨　204

4382-4383・後期　盨3・ⅢA

伯姜鼎　70

2791・前期

伯唐父鼎　85

『張家坡西周墓地』M183：5　鼎61・約当昭穆之際

伯㫄父卣　203

5390・前期

伯梁其盨　200

4446-4447・後期　盨16・ⅢB　盨15・後期偏早

伯試鬲　218

615・中期

伯章父鼎　218・222

2465・後期　鼎282・ⅢA

伯筍父鼎　211・213

2513-2514・後期、春秋前期　鼎334・春秋Ⅰ

伯筍父盨　211・213

4350・後期

伯晨鼎　246

2816・中後期

伯駟父盤　206

10103・後期

克鐘　60・69・119・248

204-208・後期　鐘41・Ⅲ　鐘21・後期前段、約当厲王前後

克鎛　克鐘に同じ

209・後期

利鼎　153・154・216・220

2804・中期

利簋　52・**59**・63・126・127・129・147

4131・前期　簋86・ⅠA　簋39・武王

即簋　133・136・137・221・235・236・248

4250・中期　簋324・ⅡB　簋28

呉方彝　70・111・113・**114**・115・132

9898・中期　方彝6・中期懿王前後

呉虎鼎　87

『考古与文物』1998-3　鼎64・宣王時期的標準器

呂行壷　30・45・198

9689・前期

呂服余盤　84・127・131・133

10169・中期			
夅伯甗	186		
894・前期		甗46・ⅠB	
応侯見工鐘	**41**・50・70・84・119		
107-108・中後期		鐘54・Ⅲ	鐘13・中期共王前後
臣卿鼎	46・84		
2595・前期			
臣卿簋	臣卿簋に同じ		
3948・前期			
臣諫簋	216・**226**		
4237・中期		簋231・ⅡA	簋6・前期
豆閉簋	77・127・130・133・144・204・216・220		
4276・中期		簋322・ⅡB	簋27・共懿
走簋	155・217		
4244・後期			簋23・共王前後
麦方鼎	127・129・216		
2706・前期			
麦尊	216・225		
6015・前期			
麦盉	127・129・216		
9451・前期		盉77・Ⅲ	
麦方彝	216		
9893・前期			

＜8画＞

乖伯簋	46		
4331・後期			簋29
免簋	69・132・140・217・222		
4240・中期			
免簠	73・**74**・76・132・140・141・151・152・220・270・272		
4626・中期			
免卣	72・217・222		

5418・中期

免尊　免卣に同じ

6006・中期　觶形尊43・ⅡB～ⅢA

叔向父禹簋　118・205・245・246

4242・後期　簋400・ⅢB

叔夷鐘　157・273

272-284・春秋後期

叔夷鎛　叔夷鐘に同じ

285・春秋後期

叔男父匜　218・246

10270・後期　匜51・ⅢA

叔専父盨　211

4454-4457・後期　盨6・ⅢA　盨8・中期後段夷王前後

叔隋卣　126

4132-4133・前期　雑9

叔徳簋　118

3942・前期　簋40・成王

叔賓父盨　210

4377・後期

叔趯父卣　127・129

5428-5429・前期　卣183・ⅡA

叔趯父尊　叔趯父卣に同じ

『考古』1979-1

命簋　86

4112・前期　小型盂88・Ⅱ　簋32・中期

国子碩父鬲　185・228・230

『三門峡虢国墓』標本SG：44・45

宜侯夨簋　39・246・304

4320・前期　簋187・ⅠB　簋4・康王

宗周鐘　25・26・**27**・29・30・31・36・37・40・46・56

260・後期　鐘49・Ⅲ　鐘26・厲王時期標準器

庚季鼎　133・159・202・206・221

2781・中期
庚嬴鼎　127・129
2748・前期　鼎40・康王前後
彔戜卣　60・74・141・143
5419-5420・中期　卣199・ⅡB
曶鼎　70・127・132・145・155・217・222・234
2838・中期
曶簋　86
『文物』2000-6
曶壷　77・84・149・217
9728・中期
牧簋　70・159
4343・中期　簋45・中期偏晩約当孝夷前後
盂爵　239・241・**242**
9104・前期　爵224・ⅠB
季亀作旅簋　217
3444・中期
季魯作井叔簋　217・220
3949・中期
羌仲虎簠　242
4578・後期
虎簋　133・139・141・145・201・202
『考古与文物』1997-3　簋26・穆王？
長由盉　63・107・144・145・216・245
9455・中期　盉60・ⅡA　盉8・穆王時期標準器
斉大宰帰父盤　121
10151・春秋
斉侯匜　231
10272・春秋前期　匜15・春秋ⅡB

＜9画＞
匽侯旨鼎　40・126

2628・前期　鬲鼎95・ⅠB　鼎28・康王

南申伯大宰簋　121

4188-4189・後期

南宮乎鐘　29

181・後期　鐘46・Ⅲ　鐘29・宣王前後

南宮柳鼎　75・84・134・**140**・141・143

2805・後期　鼎285・ⅢA　鼎66・後期偏早

臤尊　60・206

6008・中期　尊22・中期偏早

城虢仲簋　228・232

3551・後期

城虢遣生簋　228

3866・中期

弭伯簋　119・**187**・188・196・202・206

4257・後期　簋399・ⅢB　簋66・共王前後

弭叔簋　70・**196**・202・206・217・222

4253-4254・後期　簋347・ⅢA　簋67・懿孝

恒簋　132・139・140

4199-4200・中期

𢦚方鼎　60

2789・中期　方鼎86・ⅡB　鼎14・中期穆王前後

𢦚方鼎　141

2824・中期　方鼎87・ⅡB　鼎20・中期穆王前後

𢦚簋　42・45・60・159・245

4322・中期　簋300・ⅡB　簋13・中期約当穆王前後

[illegible]尊　53・**64**・86

6014・前期　觚形尊83・ⅠA　尊３・成王時期標準器

栄伯鬲　118

632・中期

柞鐘　158

133-139・後期　鐘38，50・Ⅲ　鐘27・後期前段厲王前後

柞伯簋　**65**・144

『文物』1998-9

段簋　71

4208・中期　簋19・中期前段

禹甗　60・206

948・中期　甗49・Ⅱ

禹鼎　206

2721・中期　鼎248・ⅡB　鼎48・前期偏晩

禹鼎　45・46・56・84・205・224・245・246

2833-2834・後期　鼎301・ⅢB

紀侯器　218

『上海博物館集刊』第8期p135

逆鐘　97・**100**・101・102

60-63・後期　鐘17・中期後段、約当孝夷前後

追簋　127・131

4219-4224・中期　簋341・ⅢA　簋51・中期

郲大宰簠　121

4623-4624・春秋前期

＜10画＞

剛刧卣　38

5383・前期　卣16・前期

剛刧尊　剛刧卣に同じ

5977・前期　觚形尊61・ⅠA　尊13・前期

員方鼎　39

2695・中期　鼎3・前期

員卣　45・46

5387・前期　卣184・ⅡA

員尊　員卣に同じ

觚形尊141・ⅡA

函皇父盤　184・186

10164・後期　盤69・ⅢB　盤11・後期前段

害簋　111・114・135・144

4258-4260・後期

宰甫卣　117

5395・殷

宰椃角　83・84・94・**95**

9105・殷　角５・殷後期Ⅲ

宰獣簋　90・**91**・92・93・96・97・101・102・134・137・155

『文物』1998-8　簋54・孝王前後

孱甗　215・218・244・245

919・中期　甗64・Ⅲ

師毛父簋　216・220

4196・中期

師同鼎　43・45

2779・後期

師克盨　28・52・75・134・141・142

4467-4468・後期　盨12

師酉簋　72・88・133・136・141・142・158

4288-4291・中期　簋383・ⅢB　簋81・後期

師奎父鼎　133・217

2813・中期　鼎275・ⅢA　鼎50・共王前後

師虎簋　62・63・115・124・127・130・132・135・136・216・220

4316・中期　簋323・ⅡB　簋25・懿王前後

師俞簋　93・134

4277・後期

師臾鐘　229・235・236・238・248

141・後期　鐘48・Ⅲ　鐘15・中期後段懿孝

師旂鼎　198・204

2809・中期　鼎233・ⅡB　鼎47・康王前後

師望鼎　35・115・248

2812・中期　鼎303・ⅢB

師湯父鼎　106・107

2780・中期　鼎261・ⅡB　鼎53・共王前後

師寰簋　45・53・75

4313-4314・後期　簋377・ⅢB　簋72・後期偏早
師嫠簋　111・113・115・124・134・145・206
4324-4325・後期　簋376・ⅢB　簋69・厲王前後
師晨鼎　80・87・88・93・133
2817・中期
師詢簋　31・52
4342・後期
師瘨簋　70・77・135・217
4283-4284・中期　簋365-366・ⅢA　簋88-89・共王前後
師覩鼎　33・229・235・236・**237**・238
2830・中期　鼎259・ⅡB　鼎41・共王
師遽簋　106・116
4214・中期　簋93・中期懿王前後
師遽方彝　70・105・**106**・107
9897・中期　方彝46・Ⅱ　方彝８・中期共懿前後
師訧簋　97・99・102・103・199
4311・後期　簋46・夷厲前後
師類簋　135・151
4312・後期
效卣　107・108
5433・中期　卣20・中期偏早
效尊　效卣に同じ
6009・前期　觶形尊10・ⅡA　尊20・中期偏早
旅鼎　60・159
2728・前期　鼎29・前期成康
晋伯𩛥父甗　212
『上海博物館集館』７p43
晋叔家父壺　212
『文物』1995-7　壺15・西周末或春秋初期
晋叔家父盤　212
『中国文物報』1995-1-15
晋侯邦父鼎　206

『文物』1994-8　鼎57・宣王
晋侯喜父盤　206
『文物』1995-7
晋侯蘇鐘　20・**22**・23・24・37・40・45・55・56・57・59・60・109・119・233
『上海博物館集館』７ｐ３～13　鐘9，10，12
殷簋　133・139
『考古与文物』1986-4
班簋　52・227・231・232
4341・中期　簋233・ⅡＡ　簋59・前期後段
敔簋　77・86・158・216・220
4243・中期
鬲従鼎　69・229・233
2818・後期　鼎309・ⅢＢ　鼎71・或為後期厲王前後
鬲従簋　鬲従鼎に同じ
4278・後期

＜11画＞
啓卣　38・39・56・61
5410・前期　卣215・ⅡＢ～ⅢＡ
啓尊　38・39
5983・前期　觶形尊42・ⅡＢ～ⅢＡ
啓貯簋　84
4047・中期
康鼎　58・90・96・119・136・137・210・**214**・215・218・221・222・243・245
2786・中期後期　鼎288・ⅢＡ　鼎65・後期
康侯簋　52・77・**78**・148
4059・前期　簋123・ⅠＡ　簋７・成王封康叔于衛時
庸伯□簋　39
4169・前期　簋295・ⅡＢ
徠鐘　135・141・157・158

『文博』1987-2

敔簋	42・45・52・68・119・308	
4323・後期		
敔簋	101	
『考古与文物』1991-6		
望簋	69・90・96・111・113・115・136・137	
4272・中期		
梁其鐘	200	
187-192・後期	鐘37・Ⅲ	鐘22・後期前段
梁其鼎	200	
2768-2770・後期	鼎306・ⅢB	鼎67・後期偏早
梁其壷	200	
9716-9717・中期	壷91・ⅢB	壷12・後期偏早
犾馭簋	39	
3976・中期		
翏生盨	39・45・46	
4459-4461・後期	盨21・ⅢB	盨4・後期約当厲王前後

＜12画＞

善鼎	68	
2820・中期		
善夫山鼎	65・68・70・122・135	
2825・後期	鼎312・ⅢB	鼎72・宣王
善夫吉父鬲	182・183・200	
700-704・後期	鬲55・Ⅲ	
善夫吉父鼎	182	
『考古与文物』1990-5		
善夫吉父簠	182	
4530・後期		
善夫吉父鑐	182・**183**	
9962・後期		
善夫吉父盂	182・183	

10315・後期

善夫克盨　69

4465・後期　盨12・ⅢB　盨11・後期厲王前後

善夫梁其簋　200

4147-4151・後期　簋80・後期偏早

翏鼎　39・45・147

2740-2741・前期　鼎212・ⅡA

復尊　97・99

5978・前期　觚形尊100・ⅠB　尊15・前期

復公子伯舎簋　240

4011-4013・後期

揚方鼎　126

2612-2613・前期　方鼎40・ⅠA

揚簋　76・87・135・138・**139**・150・152・157

4294-4295・後期

散氏盤　87・151・224

10176・後期　盤55・Ⅱ

散氏車父壷　178・**179**・180

9669・中期

散伯車父鼎　178・**179**・180・204

2697-2700・後期　鼎272・ⅢA　鼎59・中期偏晩約当夷王前後

散車父簋　**179**・180・204

3881-3886・後期　簋386・ⅢB　簋76-77・中期後段

散車父壷　178・**179**・180・204

9697・中期　壷74・ⅢA

散季簋　204

4126・後期

曾仲斿父豆　203

4673-4674・春秋前期　豆12・春秋Ⅰ

曾仲斿父壷　203

9628-9629・春秋前期　壷97・春秋Ⅰ

曾侯仲子斿父鼎　203

	2423-2424・春秋前期	鼎354・春秋Ｉ	
無叀鼎	76・87・135・141・142		
	2814・後期	鼎260・ⅡＢ	鼎58・或為宣王前後
無㠱簋	40		
	4225-4228・後期	簋375・ⅢＢ	簋31・中期偏晩約当懿王前後
番生簋	52・125・130・134・156		
	4326・後期	簋361・ⅢＡ	
過伯簋	39・45・46		
	3907・前期	簋199・ⅡＡ	
達盨	108・223・248		
	『張家坡西周墓地』M152：28・36・41		
鄂叔簋	189		
	3574・前期	簋189・ＩＢ	簋37・前期
鄂侯馭方鼎	39・107・108		
	2810・後期		

＜13画＞

寰鼎	120		
	2819・後期		
寰盤	120・243		
	10172・後期		盤10・後期厲王前後
微䜌鼎	134・141		
	2790・後期		
新邑鼎	84		
	2682・前期	鬲鼎101・ＩＢ	
新邑戈	84		
	10885・前期		
楚簋	85・133・139・140		
	4246-4249・後期		
禽簋	39		
	4041・前期	簋159・ＩＢ	簋16・成王
禽鼎	禽簋に同じ		

『三代』4-2

義盉	86・159		
9453・中期			
義仲方鼎	242		
2338・前期		方鼎84・Ⅱ	
義伯簋	241		
3619・西周			
彝伯簋	218		
3722・後期			
裘衛簋	70・106・116・221		
4256・中期		簋299・ⅡB	簋22・穆王前後
詢簋	88・101・135・141・142・158・221		
4321・後期		簋320・ⅡB	簋30・中期偏晩約当共懿
𢦚簋	87・135・138・151		
4255・後期			
豊井叔簋	215・217・**219**		
3923・後期			
頌鼎	15・58・69・85・111・113・115・120・122・**123**・124・125・132・135・136・137・138・155・230		
2827-2829・後期		鼎314・ⅢB	鼎73・後期偏早約当厲王前後
頌簋	頌鼎に同じ		
4332-4339・後期		簋380・ⅢB	簋71・後期約当厲王前後
頌壷	頌鼎に同じ		
9731-9732・後期		壷88・ⅢB	壷17・後期厲王前後

＜14画＞

㝬簋	25・**26**・29・32・33・90・101		
4317・後期		簋338・ⅢA	簋47・厲王
彊鼎	218		
2192・中期		鼎214・ⅡA	
彊伯甗	218		
908・前期		甗60・Ⅱ	

強伯鼎	218		
2277-2278・中期		鼎227・ⅡA	
強伯鼎	218		
2676-2677・中期		鼎224・ⅡA	
強伯尊	218		
5913・中期		鳥獣形尊21・Ⅱ	
䢅鼎	45		
2731・中期			
盠駒尊	248		
6011・中期		鳥獣形尊23・Ⅱ	
盠方尊	29・84・127・132・134・155・156・246		
6013・中期		觚形尊146・ⅡB	尊9・中期後段約当懿孝
盠方彝	盠方尊に同じ		
9899-9900・中期		方彝47・Ⅱ	方彝9・中期懿孝前後
稽卣	60・206		
5411・中期			
蔡簋	52・90・**92**・96・97・102・111・112・113・116・119・133・134・136		
4340・後期			
蔡尊	86		
5974・前期中期			
蔡大善夫簠	121		
『考古』1989-11			
誨鼎	39		
2615・前期			
誨簋	39		
3950-51・中期			簋43・昭王南征楚荊時
輔師𠭰簋	118・133・145・221		
4286・後期		簋302・ⅡB	簋21・中期
静方鼎	61・**62**・69・133		
『文物』1998-5			鼎11・昭王
静簋	67・70・132・143・**144**・148		

4273・中期　簋309・ⅡB　簋14・穆王前後
鳴士卿尊　84
5985・前期　觚形尊86・ⅠB

<15画>

滕大宰得匜　121
『文物』1998-8
虢大子元徒戈　230
11116-11117・春秋前期
虢文公子段鬲　230
736・後期　鬲77・春秋Ⅰ　鬲18・後期後段
虢文公子段鼎　230
2634-2636・後期　鼎343-344・春秋Ⅰ
虢仲鐘　228
『光明日報』1999-11-2
虢仲鬲　228・238
561-562・中期（後期）
虢仲鬲　228
708・春秋前期
虢仲盨　39・228・232・233
4435・後期　盨11・ⅢA
虢仲盨　228
『光明日報』1999-11-2
虢仲簠　228
『文物』2000-12
虢伯鬲　228
709・後期
虢伯甗　227
897・中期
虢叔鬲　228
524-525・後期
虢叔鬲　228

603・春秋前期

虢叔簋　228

3244・中期

虢叔盨　228

4389・後期

虢叔簠　228

4498・後期

虢叔簠　228

4514-4515・後期

虢叔尊　228

5914・後期

虢叔盂　228

10306-10307・中期

虢叔大父鼎　229

2492・後期

虢叔旅鐘　229

238-244・後期　鐘47・Ⅲ　鐘24・後期厲王前後

虢季鐘　229

『三門峡虢国墓』M2001：46・47

虢季鐘　229

『三門峡虢国墓』M2001：50・51

虢季鐘　229

『三門峡虢国墓』M2001：45・49・48・44　鐘23・後期後段

虢季鬲　229

『三門峡虢国墓』M2001：70・110・85・73・74・68・116・69　鬲20・後期後段

虢季鼎　229

『三門峡虢国墓』M2001：390・66・82・83・106・71・72

虢季盨　229

『三門峡虢国墓』M2001：81・91・79・97　盨14・後期偏晩

虢季簠　229

『三門峡虢国墓』M2001：77・78

虢季豆　229
　『三門峡虢国墓』M2001：105・148
虢季方壷　229
　『三門峡虢国墓』M2001：90・92　壷16・後期後段
虢季盤　229
　『三門峡虢国墓』M2001：99
虢季子白盤　22・43・45・230・234・**235**・238
　10173・後期　鑪1　盤19・宣王
虢季子組鬲　230
　661・春秋前期
虢季子組卣　230
　5376・後期
虢季氏子段鬲　230
　683・後期　鬲79・春秋Ⅰ　鬲19・後期後段
虢季氏子組鬲　230
　662・春秋前期　鬲78・春秋Ⅰ
虢季氏子組簋　230・238
　3971-3973・後期　簋404・春秋Ⅰ
虢季氏子組壷　230
　9655・後期
虢季氏子組盤　230
　『周金文存』4-8
虢季作宝簋　229
　『三門峡虢国墓』M2001：86・94・75
虢季作宝簋　229
　『三門峡虢国墓』M2001：67・146
虢季作旅簋　229
　『三門峡虢国墓』M2001：95
虢金氏孫盤　230
　10098・春秋前期　盤70・ⅢB
虢金氏孫匜　230
　10223・春秋前期　匜57・ⅢB

虢姜鼎　231
2472・後期
虢姜簋　231
3820・後期
虢姜簋　231
4182・後期
虢姞鬲　230
512・後期　鬲71・Ⅲ
虢宣公子白鼎　230
2637・後期
虢宮父鬲　186・230
『三門峡虢国墓』標本SG：49
虢宮父盤　186・230
『三門峡虢国墓』標本SG：60
虢碩父簠　185・230
『三門峡虢国墓』標本SG：62
虢嫿□盤　231
10088・春秋前期　盤80・春秋Ⅰ
鄭大内史匜　121・211
10281・春秋
鄭大師小子甗　88
937・後期
鄭子石鼎　211
2421・春秋前期
鄭井叔鐘　210
21-22・後期　鐘58・春秋Ⅰ
鄭井叔甗　210
926・後期
鄭井叔康盨　210
4400-4401・中期
鄭井叔蒦父鬲　210
580・春秋前期

鄭井叔蒦父鬲　210
581・春秋前期
鄭氏伯高父甗　211
938・春秋前期
鄭同媿鼎　211
2415・西周
鄭伯盤　211
10090・春秋前期　盤78・春秋Ⅰ
鄭伯匜　209・211・**212**
『中原文物』1990-1
鄭伯大嗣工簠　121・211・212
4601-4602・春秋前期　簠10・春秋Ⅰ
鄭伯氏叔皇父鼎　211
2667・春秋
鄭伯筍父鬲　211
730・後期
鄭伯筍父甗　211
925・後期
鄭叔蒦父鬲　210
579・春秋前期
鄭牧馬受簋　86
3878-3880・後期
鄭羌伯鬲　210
659-660・春秋前期
鄭姜伯鼎　210
2467・後期
鄭姜伯匜　210
10204・後期
鄭㦰句父鼎　211
2520・春秋前期
鄭師□父鬲　211
731・春秋前期

鄭雍邍父鼎　211
2493・春秋前期
鄭楙叔賓父壷　210
9631・後期
鄭義伯盨　210
4391・後期　盨20・ⅢB
鄭義伯罏　210
9973・春秋
鄭義羌父盨　211
4392-4393・後期
鄭臧公之孫鼎　211・213
『考古』1991-9
鄭臧公之孫缶　211・213
『考古』1991-9
鄭虢仲簋　210
4024-4026・後期　簋395・ⅢB　簋87・後期
鄭虢仲悆鼎　210
2599・春秋前期
鄭鄧伯鬲　210
597-599・春秋前期　鬲58・Ⅲ
鄭鄧伯鼎　210
2536・後期
鄭鄧叔盨　210
4396・後期
鄭鋳友父鬲　211
684・後期
鄧子盤　240
『江漢考古』1993-4
鄧子午鼎　240
2235・春秋後期
鄧公鼎　240
『考古与文物』1990-5

鄧公簋　240
3775-3776・後期
鄧公簋　240
3858・後期
鄧公簋　240
4055・後期　簋409・春秋Ⅰ
鄧公匜　240
10228・春秋
鄧公□鼎　240
2573・春秋中期
鄧公牧簋　240
3590-3591・春秋前期
鄧尹侯鼎　240
2234・春秋後期
鄧仲尊　239
5852-5853・前期
鄧伯氏鼎　239
2643・後期、春秋前期
鄧伯吉射盤　239
10121・春秋
鄧孟壷　240
9622・後期
駒父盨　**35**・48
4464・後期
魯大宰邍父簋　121
3987・春秋前期
魯大嗣徒豆　121
4689-4691・春秋　豆4・春秋ⅡB
魯伯大父簋　243
3974・春秋前期
魯伯大父簋　243
3988・春秋前期　簋403・春秋Ⅰ

魯伯大父簋　243
3989・春秋前期

魯伯者父盤　212・243
10087・春秋

魯伯厚父盤　243
10086・春秋

魯伯愈父鬲　243
690-695・春秋前期　鬲82・春秋Ⅰ

魯伯愈父簠　243
4566-4568・春秋前期

魯伯愈父盤　243
10113-10115・後期

魯伯愈父匜　243
10244・後期

魯宰駟父鬲　206
707・春秋前期

＜16画＞

穆公簋　60・84・106・107
4191・中期

繁卣　127
5430・中期　卣17・中期偏早

衛鼎　36
2733・中期　鼎242・ⅡB

衛簋　58・119・221
4209-4212・中期　簋333・ⅢA　簋50・共王前後

諫簋　93・134・140
4285・後期　簋65・孝王前後

賢簋　127
4104-4106・中期　簋357・ⅢA　簋24・中期偏早

遹簋　67・107・108
4207・中期　簋264・ⅡA　簋90・穆王時期標準器

肅簋	39・45		
3732・前期			簋61・前期後段

＜17画＞

盩嗣土幽尊	159		
5917・前期中期		觚形尊140・ⅡA	
盩嗣土幽卣	159		
5344・前期			
賸匜	70		
10285・後期		匜48・ⅢA	
豈簋	60・68・77・114・136・151・159・221		
4266・中期		簋294・ⅡB	
趞鼎	120		
2815・後期			鼎76・宣王前後
趞叔吉父盨	231		
4416-4418・中期		盨17・ⅢB	
鮮鐘	69		
143・後期		鐘43・Ⅲ	

＜18画＞

趩觶	217・**219**・244		
6516・中期		觶138・Ⅱ	尊25・孝王前後
鄦簋	69・135・140・145		
4296-4297・後期			簋70・厲王前後

＜19画＞

蘇冶妊鼎	231		
2526・春秋前期		鼎325・春秋Ⅰ	
蘇冶妊盤	231		
10118・春秋			

＜20画＞

獣方鼎　118

2729・前期　方鼎70・ⅠB　鼎9・康王前後

＜21画＞

𤼈鐘　51・85・127・131

251-256・中期　鐘51・Ⅲ　鐘25

𤼈鼎　71・74・219・228・232・233

2742・中期

𤼈盨　70・93

4462-4463・中期　盨4・ⅢA　盨6・中期孝王前後

＜23画＞

𤔲簋　134

4215・後期　簋368・ⅢA

1. 『集成』に著録されていない場合には、適宜その著録を示した。
2. 『分期断代』の断代案の引用については、「西周」を省略し、「早期」を前期に、「晩期」を後期に改めた。また「恭王」も共王に改めた。

第Ⅲ部第一章「西周の氏族制」
表（一六六～一七五頁）所掲青銅彝器著録

伯某父（某伯某父）

称　謂	青　銅　器　名　（『集成』著録 ：『研究』著録）
伯者父	簋＊（3748：簋81）
伯甬父	卣＊（5390）
伯衛父	盉＊（9435：盉56）
伯丁父	令簋＊（4300-4301：簋267）
伯懋父	簋＊（『文物』1994-7）・小臣謎簋＊（4238-4239：簋259）・召卣＊（5416：卣163）・召尊＊（6004：觚形尊128）・小臣宅簋＊（4201：簋312）・呂行壺（9689）・師旂鼎＊（2809：鼎233）
伯殺父	尊（5973）
伯享父	器（10563）
伯宜父	小臣伝卣（4206）
伯辟父	競簋＊（4134-4135：簋313）・競卣＊（5154：卣206）・縣妃簋＊（4269：簋290）
伯□父	卣＊（5103：卣194）
伯俗父	庚季鼎＊（2781）・五祀衛鼎＊（2832：鼎235）
伯邑父	五祀衛鼎＊（2832：鼎235）・裘衛盉＊（9456：盉79）
伯雍父	彔簋＊（4122：簋308）・彔𢦏卣＊（5419-5420：卣199）・盤＊（10074：匜盤1）
伯遅父	鼎＊（2195：鼎268）
伯先父	鬲＊（649-658：鬲67）
伯賓父	簋＊（3833-3834：簋349）
伯車父	壺＊（9697：壺74）・盨＊（4382-4383：盨3）
伯百父	簋（3920）・盉＊（9425：盉71）・盤＊（10079：盤57）
伯庸父	鬲＊（616-623：鬲52）・盉＊（9437：盉80）
伯唐父	鼎＊（『張家坡西周墓地』M183：5）
伯中父	簋＊（4023）
伯幾父	簋＊（3765-3766）
伯夌父	甗＊（923）
伯山父	壺＊（9608）
伯蔡父	簋＊（3678）
伯試父	鬲（615）

伯汁父	鬲（671）
伯□父	鼎（2487）
伯角父	盉（9440）
伯考父	鼎（2508）・簋＊（『考古与文物』1985-4・1990-5）・盤＊（10108）
伯濼父	壺＊（9570）・壺＊（9620）
伯上父	鬲（644）
伯庶父	盨＊（4410：盨9）・壺＊（9619：壺83）・簋（3983）・簋（『薛氏』134-1）・匜（10200）
伯吉父	鼎＊（2656：鼎276）・簋＊（4035：簋382）・匜（10226）
伯章父	鼎＊（2465：鼎282）
伯田父	簋＊（3927：簋359）
伯夸父	盨＊（4345：盨1）
伯寬父	盨＊（4438-4439：盨7）
伯魚父	壺＊（9599-9600：壺85）
伯揚父	賸匜＊（10285：匜48）
伯家父	鬲＊（682）・簋＊（3856-3857：簋396）・簋（4156）
伯公父	盨＊（4384）・簠＊（4628：簠4）・壺＊（9656）・勺＊（9935-9936：瓚3）・盂（10314）
伯多父	盨＊（4368-4371：盨15）・盨（4419）・壺＊（9613）
伯辛父	鼎＊（2561：鼎313）
伯椉父	妊小簋＊（4123：簋385）
伯邦父	鬲＊（560：鬲53）
伯夏父	鬲＊（719-728：鬲68）・鼎＊（2584）・鐳（9967-9968）
伯頵父	鼎＊（2649）・簋＊（4027）
伯梁父	簋＊（3793-3796）
伯駟父	盤＊（10103）
伯嚨父	簠＊（4536）
伯好父	簋＊（3691）
伯嘉父	簋＊（3679-3680）
伯喜父	簋＊（3837-3839）
伯□父	簋＊（3995）
伯侯父	盤＊（10129）
伯龢父	師獸簋（4311）
伯冢父	鬲（576）
伯□父	甗（900）
伯鄀父	鼎（2597）
伯逊父	簋（3887）
伯戚父	簠（4554）
伯正父	匜（10231）

伯蔍父	鼎＊（2580）
伯咸父	鼎（2197）
伯鹿父	鼎（2500）
伯虘父	鼎（2535）
伯㚤父	簋（3762）
伯筍父	鼎＊（2513-2514：鼎334）・盨（4350）
伯其父	簠＊（4581）
伯□父	簠（4535）
散伯車父	鼎＊（2697-2700：鼎272）
兮伯吉父	盨＊（4426）・兮甲盤＊（10174：盤74）
成伯孫父	鬲＊（680）
成伯邦父	壺（9609）
晋伯𨟻父	甗＊（『上海博物館集刊』７）
鄭伯筍父	鬲＊（730）・甗（925）
曾伯宮父	鬲＊（699）
筍伯大父	盨＊（4422）
輔伯䧹父	鼎＊（2546）
豊伯車父	簋（4107）
芮伯多父	簋（4109）
史伯碩父	鼎（2777）
犀伯魚父	鼎（2534）
毛伯㖟父	簋＊（4009：簋405）
単伯遼父	鬲＊（737）
魯伯愈父	盤＊（10113-10115）・匜＊（10244）・鬲＊（690-695：鬲82）・簠＊（4566-4568）
魯伯大父	簋＊（3974）・簋＊（3988：簋403）・簋＊（3989）
魯伯者父	盤＊（10087）
魯伯厚父	盤＊（10086）
紀伯庭父	盤＊（10081：盤85）・匜＊（10211）

仲某父（某仲某父）

称　謂	青　銅　器　名　（『集成』著録：『研究』著録）
仲旂父	鼎＊（2373）
仲隻父	簋（3543）
仲䖒父	簋＊（4102-4103）・盤（『三代』17-10）
仲伐父	甗＊（931：甗65）
仲□父	鬲＊（544：鬲72）
仲𣅀父	鼎＊（2533）

仲競父	卧尊＊（6008）
仲偁父	鼎（2734）
仲□父	簋（3546）
仲辛父	簋（4114）
仲追父	彝（9882）
仲自父	卣＊（5246：卣192）・鼎（2046）・簋＊（3545）・簋＊（3753-3754）・盉（9410）・盨（4453）・壷（9672）
仲枏父	鬲＊（746-752：鬲54）・匕＊（979：匕7）・簋＊（4154-4155：簋351）
仲南父	壷＊（9642-9643：壷84）
仲義父	鼎＊（2207-2211）・鼎＊（2541-2545：鼎308）・盨（4386-4387）・罍＊（9964-9965：罍62）
仲殷父	簋＊（3964-3970：簋379）・鼎＊（2463-2464）
仲倗父	楚簋＊（4246-4249）
仲生父	鬲＊（729）
仲其父	簠＊（4482-4483）
仲宦父	鼎＊（2442）
仲⋈父	簋（3757-3759）
仲叀父	簋＊（3956-3957）
仲遼父	匜＊（『文物』1996-7）
仲爯父	鼎＊（2529）・簋＊（4188-4189）
仲酉父	甗（901）・簋（3547）
仲□父	鬲（681）
仲信父	甗（942）
仲師父	鼎（2743-2744）
仲言父	簋（3548）
仲駒父	簋（3936-3938）
仲幾父	簋（3954）
仲閔父	盨（4398）
與仲雩父	方甗＊（911：甗63）
束仲□父	簋＊（3924）
食仲走父	盨＊（4427）
南仲邦父	駒父盨＊（4464）
王仲皇父	盉＊（9447）
鮇仲鄭父	簋（3895）
曾仲大父	簋＊（4203-4204：簋407）
曾仲斿父	豆＊（4673-4674：豆12）・壷＊（9628-9629：壷97）
冶仲考父	壷（9708）

叔某父（某叔某父）

称　　謂	青　銅　器　名　（『集成』著録：『研究』著録）
叔偈父	觶＊（6458）
叔𨞼父	戈＊（『文物』1994-7）
叔䟌父	卣＊（5428-5429：卣183）・尊＊（『考古』1979-1）
叔㮚父	簋＊（3764）
叔五父	盤＊（10107）
叔師父	鼎＊（2411）
叔䌛父	㒼簋＊（4195：簋360）
叔各父	簋＊（『考古与文物』1993-5）
叔友父	簋（3725）
叔趙父	爯＊（11719）
叔碩父	甗＊（928：甗72）・鼎（2596）
叔鄂父	簋＊（4056-4058：簋356）
叔専父	盨＊（4454-4457：盨6）
叔男父	匜＊（10270：匜51）
叔向父	簋＊（3849-3855：簋381）・簋＊（4242：簋400）・簋＊（3870）
叔皇父	鬲＊（588）・鼎（2667）
叔伐父	鼎＊（2050）
叔□父	鼎＊（2440）
叔侯父	簋＊（3802-3803）・匜（10203）
叔䪝父	簋＊（3921-3922）
叔多父	簋＊（4004-4006）
叔㚤父	簋＊（4068-4070）
叔讌父	盨＊（4375-4376）
叔□父	鼎＊（『考古与文物』1990-5）
叔良父	匜＊（『考古』1984-2）・盨（4409）
叔智父	鼎＊（『文物』1999-9）
叔䔍父	鼎（2511）
叔若父	簋（3555）
叔臨父	簋（3760）
叔角父	簋（3959）
叔皮父	簋（4090）
叔倉父	盨（4351）
叔賓父	盨（4377）
叔邦父	簠（4580）・盨盨（4469）
叔高父	匜（10239）
叔□父	匜（10248）
叔盂父	鼎（2412）

叔虎父	鼎（2343）
叔牙父	鬲（674）・簠（4499）
叔邍父	甗（947）
叔家父	簠（4615）
楇叔知父	鬲＊（542）
趞叔吉父	盨＊（4416-4418：盨17）
虢叔大父	鼎＊（2492）
鄦叔山父	簋＊（3797-3801）
芮叔䆓父	簋＊（4065-4067）
鬲叔興父	盨＊（4405）
晋叔家父	方壷＊（『文物』1995-7）・盤（『中国文物報』1995-1-15）
辛叔皇父	簋（3859）
鄭楙叔賓父	壷（9631）
□叔多父	盤（『攈古』3・1・74）
邾叔豸父	簠＊（4592）
召叔山父	簠＊（4601-4602：簠10）
鄭井叔蒦父	鬲＊（580）・鬲＊（581）・鬲＊（579）
考叔㝬父	簠＊（4608-4609：簠6）
戴叔慶父	鬲（608）
孫叔師父	壷＊（9706）

季某父（某季某父）

称　　謂	青　銅　器　名　（『集成』著録：『研究』著録）
季良父	簠＊（4563-4564：簠13）・盉＊（9443：盉72）
季右父	鬲＊（559）
季隠父	匜＊（『文物』2000-12）
季宮父	簠＊（4572：簠12）
季□父	簋（3877）
憻季遽父	卣＊（5357-5358：卣78）・尊＊（5947：觚形尊74）
鄂季奞父	簋＊（3669）
殳季良父	壷＊（9713）
黄季佗父	戈＊（『考古』1989-1）
黄季俞父	盤（10146）

孟某父

称　　謂	青　銅　器　名　（『集成』著録：『研究』著録）
孟𧧍父	壷＊（9571：壷67）

孟狂父	鼎＊（『張家坡西周墓地』M183：4）・甗＊（『張家坡西周墓地』M183：3）・簋＊（『張家坡西周墓地』M183：2）
孟辛父	鬲＊（738-740：鬲60）
孟𢘅父	簋＊（3704）
孟鄭父	簋＊（3842-3844）
孟𦧶父	簋＊（3960-3961）・簋＊（3962-3963）
孟淠父	鼎（2213）
孟上父	壺＊（9614）
孟皇父	匜（10185）

『集成』に著録されていない場合には、適宜その著録を示した。

『薛氏』は『歴代鐘鼎彝器款識』

『三代』は『三代吉金文存』

『攈古』は『攈古録金文』

第Ⅲ部第一章「西周の氏族制」
表（一八四頁）所掲青銅彝器著録

称　謂	青　銅　器　名　（『集成』著録 ：『研究』著録）
夆莫父	卣＊（5245：卣210）
才興父	鼎＊（2183）
中友父	匜＊（10224：匜49）・簋＊（3755-3756：簋344）・盤＊（10102：盤61）
琱我父	簋＊（4048-4050：簋398）
函皇父	鼎＊（2548：鼎311）・鼎＊（2745：鼎302）・簋＊（4141-4143：簋384）・盤＊（10164：盤69）・匜＊（10225）
賓車父	壷＊（9601-9602：壷90）
紀華父	鼎＊（2418）
召楽父	匜＊（10216）
曼龔父	盨＊（4431-4434）
嬰士父	鬲＊（715-716）
溓俗父	鼎（2466）
虢碩父	簠＊（『三門峡虢国墓』標本SG62）
虢宮父	鬲＊（『三門峡虢国墓』標本SG49）・盤＊（『三門峡虢国墓』標本SG60）
費奴父	鼎＊（2589：鼎342）
斉趫父	鬲＊（685-686）
卓林父	簋＊（4018）
邾友父	鬲＊（717）
宋眉父	鬲＊（601）

『集成』に著録されていない場合には、適宜その著録を示した。

第Ⅲ部第一章「西周の氏族制」
表（一九〇～一九四頁）所掲青銅彝器著録

［排行］作□（某［排行］作□）

時代	排行	青　銅　器　名（『集成』著録：『研究』著録）	小計	計
前期	伯	伯作爵＊（8300）・伯作鬲（465）・伯作鼎＊（1720・1722-1724）・伯作彝鬲＊（494）・伯作彝鼎＊（1728-1729）・伯作彝甗＊（829-830：甗47）・伯作彝簋＊（3285-3292：簋213）・伯作彝卣（5022）・伯作彝尊（5690）・伯作彝觶＊（6361-6363：觶70）・伯作宝鼎＊（1725）・伯作䵼鼎（1726）・伯作障彝卣＊（5104：卣189）・伯作宝鼎＊（1914）・伯作宝簋＊（3353-3357）・伯作宝壺＊（9528-9529：壺66）・伯作宝彝鼎＊（1917-1920）・伯作宝彝甗＊（857）・伯作宝彝簋＊（3358-3361）・伯作宝彝卣＊（5105-5107）・伯作宝彝尊＊（5765：觚形尊130）・伯作宝彝器（10540）・伯作旅簋＊（3351-3352：簋328・小型盂79）・伯作旅甗＊（858）・伯作旅彝尊＊（5763-5764）・伯作旅彝器（10541）・伯作父癸爵（8976）・伯作宝障彝簋＊（3492-3598：簋245・284）・伯作宝障彝卣（5178-5183）・伯作南宮簋＊（3499：簋181）・伯作宝用障簋＊（3541-3542：簋227）・伯作乙公簋＊（3540：簋230）・伯罍＊（9813）・伯作文公卣（5316）・伯作其祖考觶＊（6503：觶140） 毛伯戈＊（『文物』1996-7）・豊伯戈＊（11014）・邶伯鬲（506）・邶伯鼎（1911）・過伯爵（8991）・強伯鬲＊（507）・強伯甗＊（895）・強伯甗＊（908：甗60）・強伯簋＊（3527-3529）・強伯簋＊（3616-3617：簋270）・強伯簋＊（3618：簋217）・強伯盉＊（9409）・強伯盤＊（10064：盤47）・或伯鼎（1913）・矢伯鬲＊（514-515）・矢伯旅甗＊（871）・王伯鼎（2030）・闋伯作宝鼎（2041）・闋伯作旅鼎＊（2042）・堇伯鼎＊（2155-2156）・堇伯器（10571）・陵伯鼎＊（2160-2161：方鼎55）・陵伯簋＊（3524-3525：簋163）・陵伯卣＊（5224-5225：卣155）・陵伯尊＊（5847）・陵伯盉＊（9414：盉34）・麦伯觶＊（6453）・䊷伯器（10546）・□伯簋＊（3480）・丸伯簋＊（3482：簋266）・□伯壺＊（9554）・亶伯簋＊（3526：簋272）・荒伯簋＊（3530-3531：簋218）・綸伯卣（5221）・兪伯卣＊（5222：卣200）・兪伯尊＊（5849：觚形尊106）・兪伯器（10566）・汪伯卣（5223）・濦伯卣＊（5226-5227：卣156）・濦伯尊＊（5848：觚形尊87）・メ伯卣＊（5235：卣121）・散伯卣＊（5300-5301）・	80	124

		禾伯尊(5871)・康伯壷＊(『文物』1994-7)・雍伯鼎＊(2531)		
	仲	仲作彝尊(5691)・仲作齋鼎(1731)・仲作宝彝鬲(509)・仲作旅鼎(1922)・仲作旅罐＊(9986)・仲作旅彝甗＊(859) 尌仲盤＊(10056)・楠仲鼎(2045)・微仲鬲＊(521)・厥仲鬲＊(『宝鶏𢐗国墓地』BZM4:75)・鄧仲尊＊(5852-5853)・簇仲簋＊(『張家坡西周墓地』M285：2)・義仲鼎＊(2338：方鼎84)・遽仲觶＊(6495)	14	
	叔	叔作觶(6195)・叔作宝壷＊(9512：壷58)・叔作彝鬲＊(489)・叔作宝彝卣(5109)・叔作宝彝器(10542)・叔作障鼎＊(1927)・叔作旅彝卣(5108)・叔作姒障簋＊(3365)・叔作宝障彝鼎＊(2053-2054)・叔作宝障彝卣＊(5185)・叔作宝障彝器(10547-10548)・叔作母觚＊(7272)・叔作単公鼎＊(2270)・叔作父丁簋(3605) □叔鼎＊(1733)・井叔方彝＊(9875)・井叔杯＊(6457)・朿叔甗＊(896)・朿叔卣＊(5303：卣125)・応叔鼎(2172)・鄂叔簋＊(3574：簋189)・戒叔尊＊(5856)・外叔鼎＊(2186：鼎263)	23	
	季	季作宝彝鼎＊(1931) □季鬲(495)・王季鼎＊(2031)・嬴季簋(3558)・嬴季尊＊(5860)・□季鼎＊(2325)	6	
	孟	ト孟簋＊(3577：簋173)	1	
中期	伯	伯作鼎＊(1721：鼎241)・伯作簋＊(3293)・伯作旅鼎＊(1915：鼎203・1921)・伯作旅彝鼎(1916)・伯作姫觶＊(6456)・伯簋＊(『考古与文物』1990-5) 庸伯鼎＊(『考古与文物』1990-5)・井伯甗＊(873：甗57)・微伯鬲＊(516-520：鬲62)・□伯鼎(2044)・桊伯簋(3481)・夷伯簋(3483)・□伯簋＊(3484)・事伯尊(5813)・虢伯甗(897)・𢐗伯鼎＊(2276)・𢐗伯鼎＊(2277-2278：鼎227)𢐗伯羊尊＊(5913：鳥獣形尊21)	18	42
	仲	仲作公爵(8824)・仲作旅甗＊(860)・仲作宝簋＊(3364)・仲作旅宝鼎(2048) 楠仲簋＊(3363)・虢仲鬲＊(561)・桑仲簋＊(3549)・敔仲簋＊(3550)・冶仲尊＊(5881：觶形尊21)・舌仲觶＊(6494)	10	
	叔	叔作旅鼎＊(1928-1929：鼎266) 虢叔簋(3244)・虢叔盂＊(10306-10307)・井叔鼎＊(『張家坡西周墓地』M152：15)・芮叔鼎(1924)・夨叔簋＊(『考古与文物』1990-1)・陵叔鼎(2198)・尹叔鼎(2282)	8	
	季	季作宝盤＊(10048)・季作旅彝觶(6434) 嬴季卣＊(5240：卣164)・𢐗季卣＊(5241)・𢐗季尊＊(5858)	5	
	孟	孟作旅爵＊(8820：爵256)	1	

後期	伯	𥎦伯盨＊（4346）・□伯盨＊（4347）・散伯匜（10193）・寺伯鬲＊（589-591）	4	20
	仲	虢仲鬲＊（562）・城虢仲簋＊（3551）・宗仲盤＊（10071：匜盤2）・宗仲匜＊（10182）・唐仲鼎＊（『張家坡西周墓地』M319：1）・媄仲簋（3620）	6	
	叔	叔作旅匜（10180） 虢叔鬲（524-525）・虢叔簠＊（4498）・虢叔尊（5914）・□叔匜＊（10181：匜60）・趞叔鼎＊（2212）・弭叔鬲＊（572-574：鬲64）・降叔甫（4669）	8	
	季	良季鼎（2057） 虢季鐘＊（『三門峡虢国墓』M2001：46・47）	2	
	孟		0	
春秋	伯	□伯簠（4484）・鄭鄧伯鬲＊（597-599：鬲58）	2	5
	仲		0	
	叔	叔作蘇子鼎＊（1926：鼎321） 虢叔鬲（603）・尹小叔鼎＊（2214：鼎350）	3	
	季		0	
	孟		0	

［排行］作□（某［排行］作□）＋作器への願望

時代	排行	青　銅　器　名（『集成』著録：『研究』著録）	小計	計
前期	伯	伯卣＊（5371）・伯簋＊（3864）・伯盂＊（10312：大型盂8）	3	4
	仲	仲簋＊（3723：簋311）	1	
	叔		0	
	季		0	
	孟		0	
中期	伯	伯簋（3690）・伯簋＊（3718）・伯尊＊（5969：觶形尊9） 康伯簋＊（3720-3721）・弭伯匜（10215）・右伯鼎＊（2488）・□伯鬲（697）・夆伯鬲＊（696）・呂伯簋（3979）・中伯壺＊（9667-9668：壺51）・格伯簋＊（3952：簋362）・井南伯簋＊（4113）	12	16
	仲	仲卣（5341-5342） 倗仲鼎（2462）・紀仲壺＊（6511）	3	
	叔	縈叔卣＊（5382）	1	
	季		0	
	孟		0	
	伯	中伯盨＊（4355-4356：盨8）・中伯簋（3946-3947）・鄭姜伯匜＊（10204）・葬伯簋＊（3722）・散伯簋＊（3777-3780：簋354）・尋伯匜＊（10221）・戲伯鬲＊（666-667：鬲66）・鄭姜伯鼎＊（2467）・鄭義伯盨＊（4391：盨20）・望伯鬲＊（『陝西』4-192）・湋伯簋＊	16	

		(3821)・邾伯鬲＊（669：鬲89）・杜伯鬲＊（698）・杜伯盨＊（4448-4452：盨14）・虢伯鬲（709）・善夫旅伯鼎＊（2619）		
後期	仲	圅交仲簠＊（4497）・召仲鬲（672-673）・兮仲簋＊（：簋374）・兮仲簋＊（3808-3814）・兮仲鐘＊（65-71：鐘52）・黄仲匜（10214）・曾仲盤（10097）・旅仲簋＊（3872）・鄭虢仲簋＊（4024-4026：簋395）・封仲簋（4124）・弭仲簠（4627）・虢仲簠＊（『文物』2000-12）	12	61
	叔	鄭井叔鐘＊（21-22：鐘58）・鄭井叔甗（926）・虢叔簠＊（4514-4515）・弭叔盨＊（4385：盨22）・弭叔盨＊（4430）・京叔盨（4381）・京叔盤＊（10095）・□叔盨＊（4378）・昜叔盨＊（4390）・鄭鄧叔盨（4396）・害叔簋＊（3805-3806）・㝬叔簋＊（4552）・㝬叔㝬姬簋＊（4062-4067）・㝬叔鼎＊（2767：鼎292）・矩叔壺＊（9651-9652）・嗣馬南叔匜＊（10241：匜55）・豊井叔簋＊（3923）・𩵋叔盨＊（4425）	18	
	季	虢季作宝簋＊（『三門峡虢国墓』M2001：86・94・75）・虢季作宝簋＊（同M2001：67・146）・虢季作旅簋＊（同M2001：95）・虢季盨＊（同M2001：81・91・79・97）・虢季簠＊（同M2001：77・78）・虢季方壺＊（同M2001：90・92）・虢季盤＊（同M2001：99）・虢季鐘＊（同M2001：50・51・46・47）・虢季豆＊（同M2001：105・148）・虢季鬲＊（同M2001：70・110・85・73・74・68・116・69）・虢季鼎＊（同M2001：390・66・82・83・106・71・72）・虢季鐘＊（同M2001：45・49・48・44）・寺季鬲＊（718）・□季鼎＊（2585：鼎333）	14	
	孟	鄧孟壺＊（9622）	1	
春秋	伯	鄭伯盤＊（10090：盤78）・鄭羌伯鬲＊（659-660）・梁伯戈＊（11346）・鄭義伯鑐＊（9973）	4	16
	仲	□仲簠＊（4534）・封仲甗（933）・虢仲鬲＊（708）	3	
	叔	子叔壺＊（9603-9604：壺103）・鋳叔簠＊（4560）・鋳叔鼎（2568）・商丘叔簠＊（4557-4559：簠3）・慶叔匜（10280）・夆叔盤＊（10163）・夆叔匜＊（10282：匜21）	7	
	季	専車季鼎＊（2476）・黄季鼎＊（2565：鼎340）	2	
	孟		0	

『集成』に著録されていない場合には、適宜その著録を示した。

図版出所目録

		器影	拓本
図1	晋侯蘇鐘第1鐘	『全集』西周2-57	『全集』西周2-57
図2	㝬簋	『全集』西周1-68	『集成』4317
図3	宗周鐘	『全集』西周1-188	『集成』260
図4	史牆盤	『全集』西周1-198	『集成』10175
図5	令方彝	『分類図録』A646	『分類図録』R315
図6	駒父盨	『陝西』4-133	『陝西』4-133
図7	応侯見工鐘第1鐘	『全集』西周2-95	『集成』107
図8	多友鼎	『全集』西周1-37	『集成』2835
図9	兮甲盤	『通考』下冊839	『集成』10174
図10	利簋	『全集』西周1-49	『集成』4131
図11	不㫫方鼎	『陝西』3-58	『集成』2735
図12	静方鼎	出光美術館提供	『文物』1998-5　p86
図13	㺇尊	『全集』西周1-152	『集成』6014
図14	柞伯簋	『文物』1998-9　封底	『文物』1998-9　p56
図15	遹簋	『通考』下冊307	『集成』4207
図16	免簠		『集成』4626
図17	元年師旋簋	『全集』西周1-64	『集成』4279-1
図18	康侯簋	『通考』下冊259	『集成』4059
図19	永盂	『全集』西周1-72	『集成』10322
図20	宰獸簋	『文物』1998-8　p83	『文物』1998-8　p85
図21	蔡簋		『集成』4340A
図22	宰椃角	『新泉屋』図版52	『集成』9105-1
図23	大克鼎	『全集』西周1-31	『集成』2836

図24	逆鐘	『陝西』4-185	『陝西』4-185～188
図25	師遽方彝	『全集』西周1-133	『集成』9897-1
図26	大師虘簋	『全集』西周1-67	『集成』4252-1
図27	呉方彝	『大全』515	『集成』9898A
図28	頌鼎	『大全』317	『集成』2829
図29	大盂鼎	『全集』西周1-25	『集成』2837B
図30	揚簋	『大全』414	『集成』4295
図31	南宮柳鼎	『陝西』4-105	『陝西』4-105
図32	静簋	『通考』下冊271	『集成』4273
図33	散車父壺	『陝西』3-123	『陝西』3-123
図34	散氏車父壺	『陝西』3-124	『陝西』3-124
図35	散伯車父鼎	『陝西』3-113	『陝西』3-113
図36	散車父簋	『陝西』3-118	『陝西』3-118
図37	伯吉父簋	『陝西』3-100	『陝西』3-100
図38	善夫吉父鑐	『古文字研究』10　p263	『古文字研究』10　p263
図39	弭伯簋	『文物』1966-1　p5	『集成』4257
図40	弭叔簋	『全集』西周2-130	『集成』4253
図41	鄭伯匜	『中原文物』1990-1　p104	『中原文物』1990-1　p104
図42	康鼎	『通考』下冊64	『集成』2786
図43	趩觶	『大全』453	『集成』6516
図44	豊井叔簋	『陝西』3-139	『陝西』3-139
図45	井叔鐘	『全集』西周1-184	『張家坡』図版125
図46	臣諫簋	『大全』357	『集成』4237
図47	虢仲盨	『通考』下冊369	『集成』4435
図48	虢季子白盤	『全集』西周2-143	『集成』10173
図49	師𩛥鼎	『陝西』3-105	『陝西』3-105
図50	盂爵	『日精華』3-227	『集成』9104

『集成』	『殷周金文集成』1984～1994年
『新泉屋』	『新修泉屋清賞』1971年
『全集』	『中国青銅器全集』1993～1998年
『陝西』	『陝西出土商周青銅器』1979～1984年
『大全』	『中国文物精華大全　青銅巻』1994年
『張家坡』	『張家坡西周墓地』1999年
『通考』	『商周彝器通考』1941年
『日精華』	『日本蒐儲支那古銅精華』1959～1964年
『分類図録』	『殷周青銅器分類図録』1977年

引用文献一覧

＜青銅器銘・青銅彝器著録類＞　ならびに略称

『大系』　郭沫若『両周金文辞大系図録攷釈』（1935年。増訂新版1957年）

「断代」　陳夢家「西周銅器断代」（１）～（６）（『考古学報』第９冊、1955年。同第10冊、1955年。同1956年第１期～第４期、1956年）

『通釈』　白川静『金文通釈』（白鶴美術館誌１～56輯、1962～1984年）

『陝西』　陝西省考古研究所・陝西省文物管理委員会・陝西省博物館編『陝西出土商周青銅器』（１）～（４）（1979～1984年）

『研究』　林巳奈夫『殷周時代青銅器の研究―殷周時代青銅器綜覧１』（吉川弘文館、1984年）、『春秋戦国時代青銅器の研究―殷周時代青銅器綜覧３』（吉川弘文館、1989年）

『銘文選』　上海博物館商周青銅器銘文選編写組・馬承源『商周青銅器銘文選』（１）～（４）（文物出版社、1986～1990年）

『集成』　中国社会科学院考古研究所『殷周金文集成』（１）～（18）（中華書局、1984～1994年）

『大全』　国家文物局『中国文物精華大全　青銅巻』（商務印書館・上海辞書出版社、1994年）

『全集』　『中国青銅器全集』（１）～（16）（文物出版社、1993～1998年）

『分期断代』　王世民・陳公柔・張長寿『西周青銅器分期断代研究』（文物出版社、1999年）

<論考　日本>

浅原達郎

1986　「西周金文と暦」（『東方学報』京都　第58冊）

2000　「西周後期の編鐘の設計－戎肆庵読裘記之三」（『東方学報』京都　第72冊）

安倍（齋藤）道子

1984　「春秋楚国の申県・陳県・蔡県をめぐって」（『東海大学紀要　文学部』第41輯）

1986　「春秋後期の楚の『公』について－戦国封君出現へ向けての一試論」（『東洋史研究』第45巻第２号）

飯島武次

1998　『中国周文化考古学研究』（同成社）

池田雄一

1977　「商鞅の県制－商鞅の変法（１）」（『中央大学文学部紀要　史学科』第22号）

1981　「中国古代聚落の展開」（『地域と民衆－国家支配の問題をめぐって』歴史学研究別冊特集、青木書店）

伊藤道治

1964　「甲骨文・金文に見える邑」（『研究』第33号、神戸大学文学会。のち伊藤道治1975に再録）

1967　「左伝に見える西周封建制度について」（『東洋史研究』第26巻第３号。のち伊藤道治1975に再録）

1969　「両周地理考」（『研究』第43号、神戸大学文学会。のち伊藤道治1975に再録）

1973　「永盂銘考」（『神戸大学文学部紀要』２）

1975　『中国古代王朝の形成－出土資料を中心とする殷周史の研究』（創文社）

1977　「盠彝銘考」（『神戸大学文学部紀要』 6 ）
1987　『中国古代国家の支配構造－西周封建制度と金文』（中央公論社）
1996　「“干支卜、王曰貞” 卜辞と “余一人”－王権と祭祀」（『関西外国語大学研究論集』 第63号）

上原淳道
1957　「虢の歴史および鄭と東虢との関係－『鄭の文化』 第二章」（『古代学』 6 巻 2 号。のち上原淳道1993に再録）
1958　「卿士をめぐる争い、および、鄭伯称王説の検討－『鄭の文化』 第三章」（『東京大学教養学部人文科学科紀要』 第14輯。のち上原淳道1993に再録）
1993　『上原淳道　中国史論集』（汲古書院）

江村治樹
1986　「戦国三晋都市の性格」（『名古屋大学文学部研究論集』 xcv・史学32。のち江村治樹2000に一部再録）
1989　「戦国時代の都市とその支配」（『東洋史研究』 第48巻第 2 号。のち江村治樹2000に再録）
1998　「戦国時代における都市の発達と秦漢官僚制の形成」（『岩波講座　世界歴史』 3 、岩波書店。のち江村治樹2000に一部再録）
2000　『春秋戦国秦漢時代出土文字資料の研究』（汲古書院）

大島利一
1959　「中国古代の城について」（『東方学報』 京都　第30冊）

太田幸男
2000　「日本における中国古代都市国家論の検討－貝塚茂樹・宮崎市定両氏の所論に関して」（『西嶋定生博士追悼論文集　東アジア史の展開と日本』、山川出版社）

岡田功
1981　「楚国と呉起変法－楚国の国家構造把握のために」（『歴史学研究』 490）

岡村秀典
1997　『青銅器の図象記号による殷後期社会の研究』（平成７年度～平成８年度科学研究費補助金研究成果報告書）
小倉芳彦
1970　『中国古代政治思想研究　『左伝』研究ノート』（青木書店）
小野沢精一
1958　「『左伝』に見える『室』の意味と春秋時代の財産」（『日本中国学会報』10。のち小野沢精一1982に再録）
1982　『中国古代説話の思想史的考察』（汲古書院）
貝塚茂樹
1946　『中国古代史学の発展』（弘文堂。のち『貝塚茂樹著作集』第４巻中央公論社、1977年に再録）
木村秀海
1982　「陝西省扶風県強家村出土の西周青銅器銘文新釈」（『人文論究』第31巻第４号）
1985　「西周官制の基本構造」（『史学雑誌』第94編第１号）
1997　「西周官制における『師』」（『東方学会創立五十周年記念東方学論集』）
1998　「周師」（『関西学院史学』25号）
五井直弘
1968　「春秋時代の県についての覚書」（『東洋史研究』第26巻第４号）
1969　「春秋時代の晋の大夫祁氏・羊舌氏の邑について－中国古代集落史試論」（『中国古代史研究』第３、吉川弘文館）
後藤均平
1960　「成周と王城」（『和田博士古稀記念東洋史論叢』、講談社）
1961　「王才成周考」（『東洋学報』第44巻第３号）
小林伸二
1989　「春秋時代の滅国について」（『中国古代史研究』第６、研文出版）

小南一郎

1996　「説工」（『華夏文明与伝世蔵書』、中国社会科学出版社）

1999　「史の起源とその職能」（『東方学』第98輯）

佐藤武敏

1971　「商鞅の県制に関する覚書」（『中国史研究』6号）

佐原康夫

1984　「戦国時代の府・庫について」（『東洋史研究』第43巻第1号）

1986　「春秋戦国時代の都城について」（『古史春秋』第3号）

1995　「漢長安城再考」（『日本中国考古学会会報』第5号）

1999　「漢長安城の空間構造と都城制度」（礪波護『中国歴代王朝の都市管理に関する総合的研究』、平成8年度～平成10年度科学研究費補助金研究成果報告書）

下野義朗

1985　「ヨーロッパ中世国家の構造」（『中世史講座』第4巻、学生社）

白川静

1955　「釈史」（『甲骨金文学論叢』1集、油印本。のち白川静1979に再録）

1969　『説文新義』（白鶴美術館、1969～1974年）

1979　『甲骨金文学論集』（朋友書店）

竹内康浩

2001　「此鼎銘文考釈－陝西省岐山県董家村出土青銅器の研究（3）」（『東洋文化研究所紀要』第141冊）

谷口満

1982　「霊王弑逆事件前後－古代楚国の分解（その二）」（『史流』第23号）

1987　「春秋楚県試論－新県邑の創設およびその行方」（『人文論究』第47号）

田村和親

1988　「西周期における徳の構造と機能－殷周統治形態論序章」（『二松学舎大学論集』第31号）

豊田久
1979　「周王朝の君主権の構造について－『天命の膺受』者を中心に」(『東洋文化』第59輯。のち松丸道雄1980に再録)
1989　「周王朝と『成』の構造について－『成周』はなぜ『成』周と呼ばれたか」(『東洋文化研究所紀要』第109冊)
1992　「成周王朝と『賓』－西周青銅器銘文に現れた『賓』について」(1)(『鳥取大学教育学部研究報告』(人文・社会科学) 第43巻第2号)
1998　「成周王朝の君主とその位相－豊かさと安寧」(水林彪・金子修一・渡辺節夫編『王権のコスモロジー』、弘文堂)
内藤湖南
1949　『支那史学史』(弘文堂。のち『内藤湖南全集』第11巻　筑摩書房、1969年に再録)
中江丑吉
1925　『支那古代政治思想史』第1巻(のち中江丑吉1950に再録)
1950　『中国古代政治思想』(岩波書店)
仁井田陞
1951　「中国社会の『封建』とフューダリズム」(『東洋文化』第5輯。のち仁井田陞1962に再録)
1962　『中国法制史研究　奴隷農奴法・家族村落法』(東京大学出版会、1991年補訂)
西嶋定生
1961　『中国古代帝国の形成と構造－二十等爵制の研究』(東京大学出版会)
林巳奈夫
1966　「中国先秦時代の旗」(『史林』49巻2号)
1968　「殷周時代の図象記号」(『東方学報』京都　第39冊)
1972　「春秋戦国時代文化の基礎的編年」(『中国殷周時代の武器』附論二)
1983　「殷－春秋前期金文の書式と常用語句の時代的変遷」(『東方学報』京都　第55冊)

1996　「殷周時代における死者の祭祀」(『東洋史研究』第55巻第3号)
樋口隆康
1960　「虢国銅器考」(『東方学』第20輯)
1963　「西周銅器の研究」(『京都大学文学部紀要』7。のち『展望アジアの考古学　樋口隆康教授退官記念論集』新潮社、1983年に再録)
平勢隆郎
1981　「楚王と県君」(『史学雑誌』第90編第2号。のち平勢隆郎1998bに再録)
1982　「春秋晋国世族とその管領邑」(『鳥取大学教育学部研究報告』(人文・社会科学) 第33巻。なお続編1983は同報告第34巻に収められたが、本書では平勢隆郎1982と一括する。のち平勢隆郎1998bに再録)
1985　「趙孟とその集団成員の『室』－兼ねて侯馬盟書を検討する」(『東洋文化研究所紀要』第98冊。のち平勢隆郎1998bに再録)
1987　「『左伝』昭公十三年『霊王遷許胡沈道房申於荊焉』をめぐって－対楚従属国の遷徙問題」(『東洋史研究』第46巻第3号。のち平勢隆郎1998bに再録)
1995　『新編　史記東周年表－中国古代紀年の研究序説』(東京大学出版会)
1998a　「殷周時代の王と諸侯」(『岩波講座　世界歴史』3、岩波書店。のち平勢隆郎1998bに再録)
1998b　『左伝の史料批判的研究』(汲古書院)
藤家禮之助
1992　『アジアの歴史』(南雲堂)
船越信
1991　「宰椃角」(『泉屋博古館紀要』第7巻)
堀敏一
1989　「中国古代の家と戸」(『明治大学人文科学研究所紀要』27冊。のち堀敏一1996に再録)
1996　『中国古代の家と集落』(汲古書院)

2000　『中国通史－問題史としてみる』（講談社学術文庫）

堀米庸三

1949　『中世国家の構造』（『社会構成史体系』第3部、日本評論社。のち堀米庸三1976に再録）

1976　『ヨーロッパ中世世界の構造』（岩波書店）

増淵龍夫

1957　「先秦時代の山林藪沢と秦の公田」（『中国古代の社会と文化』、東京大学出版会。のち増淵龍夫1960ならびに1996に再録）

1958　「先秦時代の封建と郡県」（一橋大学研究年報『経済学研究Ⅱ』。のち増淵龍夫1960ならびに1996に再録）

1960　『中国古代の社会と国家－秦漢帝国成立過程の社会史的研究』（弘文堂）

1996　『新版　中国古代の社会と国家』（岩波書店）

松井嘉徳

1984　「西周土地移譲金文の一考察」（『東洋史研究』第43号第1巻）

1986　「西周期鄭（奠）の考察」（『史林』第69巻4号）

1989　「周王子弟の封建－鄭の始封・東遷をめぐって」（『史林』第72巻4号）

1990　「周王朝の王畿について」（『古史春秋』第6号）

1992　「鄭の七穆－春秋世族論の一環として」（『古代文化』第44巻第1号）

1993　「『県』制遡及に関する議論及びその関連問題」（『泉屋博古館紀要』第9巻）

1995　「宰の研究」（『東洋史研究』第54巻第2号）

1996　「西周官制研究序説」（島根大学法文学部社会システム学科紀要『社会システム論集』第1号）

1999a　「仲山父の時代」（『東洋史研究』第57巻第4号）

1999b　「周の領域とその支配」（『中国史学』第9巻）

2001　「周の国制－封建制と官制を中心として」（『殷周秦漢時代史の基本

問題』、汲古書院）

松丸道雄

1970　「殷周国家の構造」（『岩波講座　世界歴史』4、岩波書店）

1977　「西周青銅器製作の背景」（『東洋文化研究所紀要』第72冊。のち松丸道雄1990に再録）

1979　「西周青銅器中の諸侯製作器について」（『東洋文化』第59号。のち松丸道雄1990に再録）

1980　『西周青銅器とその国家』（東京大学出版会）

松丸道雄・竹内康浩

1993　「西周金文中の法制史料」（滋賀秀三編『中国法制史　基本資料の研究』、東京大学出版会）

松本光雄

1952　「中国古代の邑と民・人との関係」（『山梨大学学芸学部研究報告』3号）

1953　「中国古代社会に於ける分邑と宗と賦について」（『山梨大学学芸学部研究報告』4号）

宮本一夫

1999　「琉璃河墓地からみた燕の政体と遼西」（『考古学研究』第46巻第1号。のち宮本一夫2000に増補再録）

2000　『中国古代北疆史の考古学的研究』（中国書店）

武者章

1979　「西周冊命金文分類の試み」（『東洋文化』第59号。のち松丸道雄1980に再録）

籾山明

1982　「秦の隷属身分とその起源－隷臣妾問題に寄せて」（『史林』65巻6号）

1991　「皇帝支配の原像－民爵賜与を手がかりに」（松原毅編『王権の位相』、弘文堂）

吉本道雅

1990　「周室東遷考」（『東洋学報』第71巻第3・4号）

1991a　「淮夷小考」（河内良弘『清朝治下の民族問題と国際関係』、平成2年度科学研究費補助金研究成果報告書）

1991b　「西周冊命金文考」（『史林』74巻5号）

1994　「春秋五等爵考」（『東方学』第87輯）

1996　『史記を探る－その成り立ちと中国史学の確立』（東方書店）

1997　「楚公冢鐘の周辺」（『泉屋博古館紀要』第13巻）

米田賢次郎

1968　「二四〇歩一畝制の成立について－商鞅変法の一側面」（『東洋史研究』第26巻第4号）

渡辺信一郎

1996　『天空の玉座－中国古代帝国の朝政と儀礼』（柏書房）

＜論考・報告　中国＞

殷瑋璋

1990　「新出土的太保銅器及其相関問題」（『考古』1990年第1期）

尹盛平

1983　「試論金文中的“周”」（『考古与文物』叢刊第3号、『陝西省考古学会第一届年会論文集』）

1988　「金文史料に見える『周』について」（『中国陝西省宝鶏市周原文物展』図録、高木智見訳）

1992　『西周微氏家族青銅器群研究』（文物出版社）

于省吾

1964　「略論西周金文中的“六𠂤”和“八𠂤”及其屯田制」（『考古』1964年第3期）

1965　「関于《論西周金文中六𠂤八𠂤和郷遂制度的関係》一文的意見」（『考古』1965年第3期）

王輝
1983　「弭界鼎通読及其相関問題」(『考古与文物』1983年第6期)
1997　「周初王盂考跋」(『第三届国際中国古文字学研討会論文集』)
王貴民
1986　「商朝官制及其歴史特点」(『歴史研究』1986年第4期)
王軒
1965　「山東鄒県七家峪村出土的西周銅器」(『考古』1965年第11期)
王世民
1997　「晋侯蘇鐘筆談」(『文物』1997年第3期)
汪中文
1993　『両周官制論稿』(復文図書出版社)
1999　『西周冊命金文所見官制研究』(国立編訳館)
王長啓
1990　「西安市文物中心収蔵的商周青銅器」(『考古与文物』1990年第5期)
王斌
2000　『虢国墓地的発現与研究』(社会科学文献出版社)
王龍正・姜濤・袁俊烈
1998　「新発現的柞伯簋及其銘文考釈」(『文物』1998年第9期)
郭宝鈞
1981　『商周銅器群綜合研究』(文物出版社)
郭沫若
1952　「周官質疑」(『金文叢攷』)
1958　「輔師𠭯簋考釈」(『考古学報』1958年第2期)
1972　「《班簋》的再発現」(『文物』1972年第9期)
河南省文物考古研究所・三門峡市文物工作隊
1999　『三門峡虢国墓（第一巻）』(文物出版社)
季旭昇
2000　『《金文總集》与《殷周金文集成》銘文器号対照表－附《商周青銅

器銘文選》器号対照』（芸文印書館）

許永生

1993　「従虢国墓地考古新発現談虢国歴史概況」（『華夏考古』1993年第４期）

許倬雲

1984　『西周史』（聯経出版事業公司。増訂本、1994年、生活・読書・新知三聯書店）

侯外廬

1955　『中国古代社会史論』（邦訳に太田幸男・岡田功・飯尾秀幸『中国古代社会史論』1997年、名著刊行会がある）

『考古』編集部

1989　「北京琉璃河出土西周有銘銅器座談紀要」（『考古』1989年第10期）

黄錫全・李祖才

1991　「鄭臧公之孫鼎銘文考釈」（『考古』1991年第９期）

侯俊烈・王建明

1999　「三門峡虢国墓地2009号墓獲重大考古成果」（『光明日報』1999年11月２日。のち王斌2000に再録）

黄盛璋

1956　「周都豊鎬与金文中的莽京」（『歴史研究』1956年第10期。のち黄盛璋1982に再録）

1981a　「班簋的年代・地理与歴史問題」（『考古与文物』1981年第１期）

1981b　「関於金文中的“莽京（莽）・蒿・豊・邦”問題弁正」（『中華文史論叢』1981年第４輯）

1982　『歴史地理論集』（人民出版社）

1984　「扶風強家村新出西周銅器群与相関史実之研究」（『西周史研究』、人文雑誌叢刊第二輯）

黄然偉

1978　『殷周青銅器賞賜銘文研究』（龍門書店。のち黄然偉1995に再録）

1995　『殷周史料論集』（三聯書店）
顧久幸
1984　「沈県和沈尹－兼論楚県的性質」（『楚史論叢』初集）
故宮博物院
1995　『唐蘭先生金文論集』（紫禁城出版社）
顧頡剛
1937　「春秋時代的県」（『禹貢』半月刊第７巻第６・７合期）
呉鋒烽・雒忠如
1975　「陝西省扶風県強家村出土的西周銅器」（『文物』1975年第８期）
蔡運章
1988　「《𤔲師》新解」（『中原文物』1988年第４期）
1994　「論虢仲其人－三門峡虢国墓地研究之一」（『中原文物』1994年第２期。のち王斌2000に再録）
1996a　「虢国的分封与五個虢国的歴史糾葛－三門峡虢国墓地研究之三」（『中原文物』1996年第２期。のち王斌2000に再録）
1996b　「洛陽北窑西周墓青銅器銘文簡論」（『文物』1996年第７期）
1996c　「西虢史迹及相関問題」（『洛陽考古発現与研究』、『中原文物』特刊。のち王斌2000に再録）
左言東
1981　「西周官制概述」（『人文雑誌』1981年第３期）
山東省文物考古研究所
1996　「山東済陽劉台子西周六号墓清理報告」（『文物』1996年第12期）
山東省文物考古研究所等
1982　『曲阜魯国故城』（斉魯書社）
史言
1972　「扶風荘白大隊出土的一批西周銅器」（『文物』1972年第６期）
周亜
1996　「館蔵晋侯青銅器概論」（『上海博物館集刊』第７期）

周永珍
1982　「両周時期的応国・鄧国銅器及地理位置」(『考古』1982年第１期)
朱鳳瀚・張栄明
1998　『西周諸王年代研究』(貴州人民出版社)
尚志儒
1993　「西周金文中的井国」(『文博』1993年第３期)
襄樊市博物館
1991　「湖北襄陽団山東周墓」(『考古』1991年第９期)
徐錫台
1987　『周原甲骨文綜述』(三秦出版社)
徐天進
1998　「日本出光美術館収蔵的静方鼎」(『文物』1998年第５期)
斉文濤
1972　「概述近年来山東出土的商周青銅器」(『文物』1972年第5期)
陝西周原扶風文管所
1982　「周原発現師同鼎」(『文物』1982年第12期)
陝西省博物館・陝西省文物管理委員会
1963　『扶風斉家村青銅器群』(文物出版社)
宗徳生
1981　「＜西周莽京新考＞質疑」(『中華文史論叢』1981年第４輯)
段志洪
1994　『周代卿大夫研究』(文津出版社)
中国科学院考古研究所
1959　『上村嶺虢国墓地』(科学出版社)
中国社会科学院考古研究所
1999　『張家坡西周墓地』(中国大百科全書出版社)
中国社会科学院考古研究所澧西発掘隊
1986　「長安張家坡西周井叔墓発掘簡報」(『考古』1986年第１期)

張亜初
1993　「太保罍・盉銘文的再探討」(『考古』1993年第1期)
張亜初・劉雨
1986　『西周金文官制研究』(中華書局)
趙学謙
1959　「記岐山発現的三件青銅器」(『考古』1959年第11期)
張光裕
2000　「新見㫚簋銘文対金文研究意義」(『文物』2000年第6期)
趙誠
1988　『甲骨文簡明詞典－卜辞分類読本』(中華書局)
張政烺
1989　「伯唐父鼎・孟員鼎・甗銘文釈文」(『考古』1989年第6期)
張長寿
1990　「論井叔銅器－1983～1986年灃西発掘資料之二」(『文物』1990年第7期)
張懋鎔
1981　「鎬京新考」(『中華文史論叢』1981年第4輯)
陳雲鸞
1980　「西周葊京新考」(『中華文史論叢』1980年第1輯)
陳漢平
1986　『西周冊命制度研究』(学林出版社)
陳全方
1988　『周原与周文化』(上海人民出版社)
陳佩芬
2000　「新獲両周青銅器」(『上海博物館集刊』第8期)
陳槃
1969　『春秋大事表列国爵姓及存滅表譔異』(中央研究院歴史語言研究所専刊之五二)

陳平
1991　「克罍・克盉銘文及其有関問題」(『考古』1991年第9期)
陳夢家
1956　『殷虚卜辞綜述』(科学出版社。1988年、中華書局)
1962　『美帝国主義劫掠的我国殷周銅器集録』(科学出版社。松丸道雄改編『殷周青銅器分類図録』1977年、汲古書院)
程平山・周軍
2000　「商周管邑地望考略」(『中原文物』2000年第4期)
唐蘭
1962　「西周銅器断代中的“康宮”問題」(『考古学報』1962年第1期。のち故宮博物院1995に再録)
1972　「《永盂銘文解釈》的一些補充－并答読者来信」(『文物』1972年第11期。のち故宮博物院1995に再録)
1976　「𣪘尊銘文解釈」(『文物』1976年第1期。のち故宮博物院1995に再録)
1986　『西周青銅器銘文分代史徴』(中華書局)
杜正勝
1979　『周代城邦』(聯経出版事業公司)
馬承源
1996　「晋侯蘇編鐘」(『上海博物館集刊』第7期)
北京師範大学国学研究所
1997　『武王克商之年研究』(北京師範大学出版社)
北京大学考古学系・山西省考古研究所
1994　「天馬－曲村遺址北趙晋侯墓地第二次発掘」(『文物』1994年第1期)
馮時
1997　「晋侯蘇鐘与西周暦法」(『考古学報』1997年第4期)
1998　「略論晋侯邦父及其名・字問題」(『文物』1998年第5期)
方詩銘・王修齢

1981　『古本竹書紀年輯証』（上海古籍出版社）

彭曦・許俊成

1981　「穆公簋蓋銘文簡釈」（『考古与文物』1981年第4期）

穆暁軍

1998　「陝西長安県出土西周呉虎鼎」（『考古与文物』1998年第3期）

楊寛

1964　「論西周金文中“六𠂤”“八𠂤”和郷遂制度的関係」（『考古』1964年第8期）

1965a　「再論西周金文中“六𠂤”和“八𠂤”的性質」（『考古』1965年第10期）

1965b　「試論西周春秋間的郷遂制度和社会結構」（『古史新探』、中華書局。のち楊寛1999に再録）

1965c　「試論西周春秋間的宗法制度和貴族組織」（『古史新探』、中華書局。のち楊寛1999に再録）

1981　「春秋時代楚国県制的性質問題」（『中国史研究』1981年第4期）

1984　「西周王朝公卿的官爵制度」（『西周史研究』、人文雑誌叢刊第二輯。のち楊寛1999に再録）

1997　『戦国史　1997増訂版』（台湾商務印書館。『戦国史』の初版は1955年に上海人民出版社から、また第1次増訂版は1980年に上海人民出版社から出版された。増訂のたびに内容の増加が著しいので、本論では1997年増訂版を使用する）

1999　『西周史』（台湾商務印書館、上海人民出版社）

楊伯峻

1981　『春秋左伝注』（中華書局）

洛陽市文物工作隊

1999　『洛陽北窑西周墓』（文物出版社）

羅西章

1974　「陝西扶風県北橋出土一批西周青銅器」（『文物』1974年第11期）

1979　「陝西扶風発現西周厲王㝬簋」（『文物』1979年第４期）

1980　「扶風出土的商周青銅器」（『考古与文物』1980年第４期）

1998a　「西周王盂考－兼論莽京地望」（『考古与文物』1998年第１期）

1998b　「宰獸簋銘略考」（『文物』1998年第８期）

李学勤

1979　「西周中期青銅器的重要標尺－周原荘白・強家両処青銅器窖蔵的綜合研究」（『中国歴史博物館館刊』1979年第１期。のち李学勤1990に再録）

1983　「師同鼎試釈」（『文物』1983年第６期。のち李学勤1990に再録）

1984a　「穆公簋蓋在青銅器分期上的意義」（『文博』1984年第２期。のち李学勤1990に再録）

1984b　『東周与秦代文明』（文物出版社。増訂本、1991年、文物出版社）

1990　『新出青銅器研究』（文物出版社）

1992　「釈“郊”」（『文史』第36輯）

1994　「膳夫山鼎与西周年暦問題」（『陝西歴史博物館館刊』第1輯。のち李学勤1999に再録）

1995　「《史記晋世家》与新出金文」（『学術集林』巻４）

1997a　「静方鼎考釈」（『第三届国際中国古文字学検討会論文集』）

1997b　「静方鼎与周昭王暦日」（『光明日報』1997年12月23日。のち李学勤1999に再録）

1998　「呉虎鼎考釈－夏商周断代工程考古学筆記」（『考古与文物』1998年第３期。のち李学勤1999に再録）

1999　『夏商周年代学札記』（遼寧大学出版社）

2000　「西周青銅器研究的堅実基礎－読《西周青銅器分期断代研究》」（『文物』2000年第5期）

李学勤・唐雲明

1979　「元氏青銅器与西周的邢国」（『考古』1979年第１期。のち李学勤1990に再録）

李家浩
1987　「先秦文字中的“縣”」(『文史』第28輯)
李俊山
1990　「永城出土西周宋国銅匜」(『中原文物』1990年第1期)
李仲操
1998　「王作帰盂銘文簡釈－再談葊京為西周宮室之名」(『考古与文物』1998年第1期)
劉雨
1982　「金文葊京考」(『考古与文物』1982年第3期)
劉自読・路毓賢
1991　「周至敔簋器蓋銘文考釈」(『考古与文物』1991年第6期)
劉節
1936　「古邢国考」(『禹貢』4－9)
梁暁景
1985　「劉国史迹考略」(『中原文物』1985年第4期)
李零
1992　「“車馬”与“大車”(跋師同鼎)」(『考古与文物』1992年第2期。のち李零1998に再録)
1998　『李零自選集』(広西師範大学出版社)
盧連成
1983　「周都淢鄭考」(『考古与文物』叢刊第2号　『古文字論集』1)
1995　「西周金文所見葊京及相関都討論」(『中国歴史地理論叢』1995年第3輯)
盧連成・胡智生
1988　『宝鶏𢐗国墓地』(文物出版社)
盧連成・羅英烈
1981　「陝西武功県出土楚簋諸器」(『考古』1981年第2期)

周代國制的研究　中文要旨

第　I　部

第 1 章「周的領域及其統治」

周王朝的整個統治領域爲包括夷狄「邦」在内的「四方」(「四國」或「萬邦」),同時通過「周邦」而連接于「王家」「王位」「王身」。因文王受命、武王克殷而體現了正統性的周王作爲秩序的核心、源泉，王朝統治了這「王身－王位－王家－周邦－四方」的領域。

表現爲「我心及四方」的周王的統治意識，通過王命下達、「四方」(「萬邦」)受命得以實現，對于叛亂等王朝秩序的動搖，周王通過「遹省」等軍事行動巡游「四方」之地，以圖恢復其統治秩序。平日以諸侯的謁見、覲見所實現的王朝秩序，混亂時反而要求了移動秩序的核心、源泉－周王。

始于周王，擴展向「王家－周邦－四方」的王命傳達線路，同時也是服侍進貢之線路。順著這條線路收斂至秩序之核心、源泉－周王那里的財富，重新作爲周王的下賜流向「周邦－四方」。「王命→進貢→下賜」這一循環線路布滿于「王身－王位－王家－周邦－四方」的王朝統治領域，賦豫周王的統治以實效性。

第 2 章「周王的『都』」

表現爲「王在□」或「王格□」的周王所在地可分爲五大類；（1）宗周、成周（新邑)、周（岐周)、葊京等王朝的「都城」,（2）大廟、康廟、康宮等設施,（3）𩁹𠂤等含有「𠂤」字的軍事集團駐扎地,（4）上侯应等含有「应」字的行宮、離宮所在地,（5）其它的豐、畢、鄭等地。連貫西周全期，周王不僅巡視

了（1）王朝的「都城」、含有（3）的「𠂤」字或（4）的「应」字的地方，而且還巡視了（5）中所列舉的諸個地方，于那些地方的設施主持舉行了各種各樣的儀禮。

（5）的各個地方中，就史料比較豐富的鄭來看，其「鄭還」里存在過軍事集團以及支撑其經濟基礎的組織。并且在鄭，有過管轄其區域的鄭𤔲土、管轄鄭人的鄭人善夫這樣的官。「鄭還」和存在于文王「都城」豐的「豐還」有對應關係，而且鄭人善夫和管轄周（岐周）人的周人𤔲工也有對應關係。如果認可周（岐周）或豐爲王朝的「都城」，那麼還可考慮鄭也是王朝的「都城」。

王朝秩序的核心、源泉－周王體現了王朝的中心。表現爲「王在□」「王格□」的宗周以下的地方，與其說它們自身擁有「都城」的屬性，還不如說是因周王的所在才得以確立「都城」的地位。

第　Ⅱ　部

第1章「『王家』與宰」

與宰關係密接的「王家」中，不僅有叫作臣、妾、𡚬、庸、百工的臣民，甚至還包括了分爲動產的多種財富和土地。正像「畢王家」所暗示的那樣，可認爲「王家」分散于數個地方。于是和屬于周王的「王家」同樣，周王的臣下也擁有他們各自的「家」。

歷來證實宰與周王的下賜密接相關。通過研究相關青銅器銘，可以證實宰以「王呼宰□，賜…」這種表現方式出現過銘文里。「王呼宰□，賜…」這種表現方法、雖是爲了明確與下賜直接相關的人物，可這也只不過是從全部青銅器銘中檢出的僅僅七例特殊表現而已。宰出現于其四例中，這說明宰擔當的職務與周王的下賜、卽與「王家」的財富流出密接相關。

在宰擔任「儐右」的冊命儀禮上，封與受命者的職務均限于「王家」關系的。歷來，大家設定「儐右」和受命者之間的官制或身分上的統屬關係，以此爲根据反復進行了復元西周時期官制的嘗試，但正像已證實的那樣，「儐右」與受命者

之間沒有任何統屬關係。卽使在宰擔任「儐右」的冊命儀禮上，宰和受命者的關係也只不過就所指示的具體職務而產生，受命者統屬于「儐右」宰的這種官制上、身分上的等級構造沒有必要設定。

第 2 章「西周的官制」

在冊命金文里，同時存在著以下兩種概念；（1）抽象地表現受命者服侍的「事」，（2）表現其具體職務的「嗣」。當初，「事」概念含有祭祀或者軍事的意思，而西周中期時起逐漸抽象化，「用事」「更祖考事」式的套句用例開始增多。

另一方面，在冊命儀禮上，由「嗣」的表現所下達的具體職務可分爲四大類；（1）與家、宮、室相關職務，（2）與土地相關職務，（3）與軍事相關職務，（4）與儀禮相關職務。它們于以周王爲核心、源泉所編成的王朝秩序中，與流向周王的納貢（「四方之積」）以及由屬于土地、軍事集團、設施的臣民所創造出的財富、以這些財富爲基礎所經營的軍事、儀禮方面的行爲緊密相關。

下達具體職務的「嗣」概念，于西周時期初次出現。動詞句「嗣□」轉化爲官名時，嗣土、嗣馬、嗣工或有嗣這些「嗣」職開始出現。這個「嗣」字的造語能力很强，爾後也產生新的「嗣」職。同時，早期成立的參有嗣；嗣土、嗣馬、嗣工這些官名變得抽象化、普遍化，與具體職務的關係也不再明確。例如揚簋銘「作嗣工，官嗣量田甸眔嗣应眔嗣芻眔嗣寇眔嗣工司」，是繼敍任嗣工之後，具體職務重新通過「官嗣」的表現而得以指示。

「嗣」概念是下達具體職務、水平分割職務的。在冊命金文里，「作（官名）」這樣的表現極少出現，冊命儀禮并不以官制的構築爲目標。冊命儀禮是爲了由「嗣」向臣下指示具體職務，通過冊命儀禮而等級官制得以構築的認識是錯誤的。因爲當時的「行政」是以具體職務的集聚而呈現的。

第　Ⅲ　部

第 1 章「西周的氏族制」

出現在青銅器銘里的人名中，常能看到以伯、仲、叔、季的排行和對男子的美稱「父」爲構成要素的〔排行〕某父式的稱謂（例如像伯吉父這種）。通過收集分析相關青銅器銘，可以證實三個特點；（１）這種稱謂集中出現于西周中期到春秋早期，（２）帶伯排行的人數占絕對優勢，（３）銘文字數10～20字左右的占多半。

〔排行〕某父及冠與其「氏族」名的某〔排行〕某父這種稱謂，也可表記爲某某父、某父。這些稱謂在銘文里，有與制作青銅器的事實及想要制作青銅器的願望强烈相聯結的傾向。另一方面，周王所稱呼他們的「名」是用于冊命儀禮、征討活動等公式場合的，可以看出兩者的使用分工明確。〔排行〕某父的稱謂其最重要的意義在于考慮了一族的祭祀，在那里使用青銅器。

西周中期〔排行〕某父的稱謂之所以頻頻出現，是因爲那時冊命儀禮也已確立并非常盛行。〔排行〕某父的稱謂既考慮到了一族內部的系譜結構，同時它省略排行，就像也可變爲某某父（某父）這樣，也能表現作器者的自我個性。作器者擁有「名」并擔任封與的職務而獲得了社會地位，他以〔排行〕某父之稱謂制作了青銅器。

稱作〔排行〕某父的人物其公式活動將會開出一條路子，即〔排行〕某父這個稱謂在公式場合也將得以使用。而且如同伯吉父也可稱作善夫吉父一樣，也存在取代排行而使用官名、身分名的現象。西周時期還尚未從氏族制原理中完全脫離出來，但可以說通過使其氏族制原理與王朝官制的、身分的原理結合，王朝的權力構造得到了構築和維持。

第２章「分節的氏族」

〔排行〕某父的稱謂由于再冠以「氏族」名也可變爲某〔排行〕某父。冠〔排行〕某父的「氏族」名基本爲一個字，但從其中也可發現鄭井叔蒦父、或城虢仲、鄭虢仲、鄭井叔、鄭鄧伯、鄭鄧叔等兩個字的「氏族」名。

通過收集分析與井相關聯的稱謂，可以證實，井氏中不僅鄭井叔，還存在過咸井叔、豐井叔這樣的冠以地名（鄭、咸、豐）而「地域化」了的分族。與此不同，也存在未冠以地名的井伯、井叔、井季的稱謂。位于王朝權力中樞的井氏也在其

內部分節出了井伯、井叔、井季家系。并且可以認爲河北省邢臺市附近存在過的封建諸侯邢侯（井侯）也是井的一族。這樣井氏以封建諸侯的邢侯（井侯）、未被「地域化」的井氏、「地域化」了的井氏三種存在形態分散居住在王朝的統治領域之中。

以上所看到的井氏存在形態，于和鄭虢仲相關的虢氏也可得到證實。虢氏也和井氏同樣，包括鄭虢仲、城虢仲這樣「地域化」了的分族和虢伯、虢仲、虢叔、虢季這種還未「地域化」的分族。可以想像出虢氏和滎陽、平陸一陝、寶雞三地的關係，認爲虢氏在這些地方曾經分散居住過。

如果將這些諸氏族置于「王身－王位－王家－周邦－四方」的王朝統治領域里，我們能將封建諸侯邢侯（井侯）認爲構成「四方」的「萬邦」之一。與此不同，井氏、虢氏等位于王朝權力中樞，就像「王家」分散于數個地方一樣，也分散居住在數個地域。周王朝通過周王向「四方」遹省、巡游「周邦」內部的「都城」而獲得了統治秩序，同時也通過分散居住在那些地方諸氏族的血緣關係，維持了收斂于周王的向心力。

第　Ⅳ　部

第 1 章「追溯縣制」

鄭還、豐還的「還」字通于「縣」字的解釋，始于阮元，經唐蘭由李家浩繼承。這個「還＝縣」的學說暗示了東周時期以降的「縣」可以追溯到西周時期的「還」這一可能性，但其史學史的探討尚不充分。

增淵龍夫氏「先秦時代的封建和郡縣」（1958年）是開創了日本「縣」制研究先河的。增淵論文將「縣」分析的上限定于東周時期，然後就春秋縣的出現設定了兩個問題系列；（１）與中央權力關係方式的變化，（２）邑內部社會構造的變化。這兩個問題系列在增淵論文之後的各個論考中也基本上得以繼承，主要作爲縣管領者的世襲和邑內部的氏族制瓦解問題展開了討論，但在我們現在看來，其有效性已喪失了。

縣管領者的世襲問題作爲「和中央權力關係」這一問題系列展開了討論，然而實際上它屬于「于中央權力關係」的議題。本來應該以「和中央權力關係」進行討論的是，縣邑的「于軍事行政的見地看到的組織化」的問題。如果就西周時期的「還」看，置有「還」的鄭、豐兩地能直接「繫」于中央權力，配置于「還」的有軍事集團和支撐其經濟基礎的百官。而且在鄭、豐存在過鄭井叔、鄭虢仲或豐井叔這些「地域化」了的氏族分族，這與冠以管領邑名的東周時期「第二次氏」的存在相類似。在「于軍事行政的見地看到的組織化」的問題系列上，我認爲可以判斷「還」是東周時期「縣」的追溯形態。

第 2 章「分裂的王室」

相傳爲厲王或宣王之子的鄭桓公被「封建」，是來源于『史記』以來的錯誤解釋。『史記』認爲他是「封建諸侯」，而無視王朝卿士的地位。

鄭桓公及其末裔鄭伯氏與東周時期的王叔氏、甘氏、劉氏一樣，出身于周王子弟，世襲王朝卿士的地位。甘氏、劉氏是冠以各自的采邑名而「地域化」了的分族，我認爲與他們一樣，鄭伯氏的氏名是來自于其采邑名，其存在形態所應參照的不是所謂「封建諸侯」的那些家系，而是井氏、虢氏這些西周時期的家系。

据説，鄭桓公與包括鄭在內爲衆多的土地有密接關聯。將鄭桓公判斷成「封建諸侯」的『史記』未能採用與鄭以外的土地相關的傳説。并且對鄭桓公「封建」之地的鄭，圍繞著其爲王朝「都城」的爭論錯綜複雜。但如果將鄭伯氏作爲與井氏、虢氏同樣的存在考慮時，與衆多土地的關聯暗示了一族分散居住的可能性，因而也就再沒有必要考慮「都城」鄭和桓公采邑的排他性關係。

周王子弟成爲世襲卿士的始祖，同時也成了因王位繼承而發動內亂的核心。春秋時期發生于王室的王子頽、王子帶、王子朝之內亂均有記錄。這些內亂發生之際，周王所能移動的範圍限于王領和卿士所領之內，且隨著時代推移而縮小。周王曾經留足跡及「四方」之地，而他的末裔已在失去作爲巡游王者的屬性。